"十四五"职业教育国家规划教材

"十二五"职业教育国家规划教材
经全国职业教育教材审定委员会审定

建筑材料

第 5 版

主　编　张晨霞　刘仁玲
副主编　王秀花　马维华　杨素霞
参　编　孙武斌　王红霞　梁美平
焦同战　斯琴娜　甄小丽
潘艳飞　黄燕燕

机械工业出版社

本书为“十二五”职业教育国家规划教材修订版，根据现行的标准和规范编写而成，共12章，主要介绍了建筑工程中常用建筑材料的基本组成、技术要求、性能、应用及材料的验收、保管、质量控制等内容。本书以材料的性能和应用为主线，注意理论与实际相结合，突出实用性，在内容安排上注意深度和广度之间的平衡。“建筑材料”课程的任务是使学生具有建筑材料的基础知识和试验技能，在实践中具有正确选用与合理使用建筑材料的基本能力，并为有关专业课打下基础。为适应目前学生的阅读和学习特点，书中语言表述尽量通俗化；为便于学生的复习和巩固，每章后均有习题；为方便教学，本书配有课件、教案、课程标准、整体设计等信息化资源，也建设了“建筑材料”国家在线开放课程，开放课程设有各重点知识点的教学视频、习题和讨论区，广大师生可配合本书使用，课程链接为 https://next. xuetangx. com/course/imaa08281001495/1076613。

本书可作为职业院校建筑工程类专业及其相关专业的教材，也可作为电大、职大、函大及行业相关专业培训用书，还可供有关技术人员参考。

图书在版编目（CIP）数据

建筑材料 / 张晨霞，刘仁玲主编. -- 5版. 北京：机械工业出版社，2024. 5（2025. 8重印）. --（“十二五”职业教育国家规划教材）. -- ISBN 978-7-111-72395-0

Ⅰ. TU5

中国国家版本馆CIP数据核字第2024DH2709号

机械工业出版社（北京市百万庄大街22号　邮政编码100037）

策划编辑：王靖辉　　责任编辑：王靖辉　陈紫青

责任校对：梁　园　张亚楠　　责任印制：刘　媛

三河市宏达印刷有限公司印刷

2025年8月第5版第3次印刷

184mm×260mm · 18. 25印张 · 449千字

标准书号：ISBN 978-7-111-72395-0

定价：55. 00元

电话服务

客服电话：010-88361066

010-88379833

010-68326294

网络服务

机　工　官　网：www. cmpbook. com

机　工　官　博：weibo. com/cmp1952

金　　书　　网：www. golden-book. com

机工教育服务网：www. cmpedu. com

关于“十四五”职业教育国家规划教材的出版说明

为贯彻落实《中共中央关于认真学习宣传贯彻党的二十大精神的决定》《习近平新时代中国特色社会主义思想进课程教材指南》《职业院校教材管理办法》等文件精神，机械工业出版社与教材编写团队一道，认真执行思政内容进教材、进课堂、进头脑要求，尊重教育规律，遵循学科特点，对教材内容进行了更新，着力落实以下要求：

1. 提升教材铸魂育人功能，培育、践行社会主义核心价值观，教育引导学生树立共产主义远大理想和中国特色社会主义共同理想，坚定“四个自信”，厚植爱国主义情怀，把爱国情、强国志、报国行自觉融入建设社会主义现代化强国、实现中华民族伟大复兴的奋斗之中。同时，弘扬中华优秀传统文化，深入开展宪法法治教育。

2. 注重科学思维方法训练和科学伦理教育，培养学生探索未知、追求真理、勇攀科学高峰的责任感和使命感；强化学生工程伦理教育，培养学生精益求精的大国工匠精神，激发学生科技报国的家国情怀和使命担当。加快构建中国特色哲学社会科学学科体系、学术体系、话语体系。帮助学生了解相关专业和行业领域的国家战略、法律法规和相关政策，引导学生深入社会实践、关注现实问题，培育学生经世济民、诚信服务、德法兼修的职业素养。

3. 教育引导学生深刻理解并自觉实践各行业的职业精神、职业规范，增强职业责任感，培养遵纪守法、爱岗敬业、无私奉献、诚实守信、公道办事、开拓创新的职业品格和行为习惯。

在此基础上，及时更新教材知识内容，体现产业发展的新技术、新工艺、新规范、新标准。加强教材数字化建设，丰富配套资源，形成可听、可视、可练、可互动的融媒体教材。

教材建设需要各方的共同努力，也欢迎相关教材使用院校的师生及时反馈意见和建议，我们将认真组织力量进行研究，在后续重印及再版时吸纳改进，不断推动高质量教材出版。

机械工业出版社

前　言

近年来，我国职业教育事业迅猛发展，土建学科职业教育的教学改革工作也不断深化，建筑领域的新技术、新标准也不断推出和更新。为了及时更新知识，更好地满足我国职业教育人才培养目标的要求，推动我国示范性高职院校的发展，编者对第4版进行了修订。

本次修订以全面贯彻党的教育方针，落实立德树人根本任务为指导思想，顺应职业教育的发展、强化校企合作，修订过程中充分征求行业、企业专家意见，深入探讨教材内容与“1+X”职业技能等级要求的融合，邀请企业人员参与编写“常用建筑材料性能检测与检验”部分内容，结合教材内容进一步挖掘相关思政元素，在学习和实践中培养学生独立分析问题和解决问题的能力、团队协作能力，传承工匠精神、劳模精神、职业精神，使学生树立良好的职业道德情操和家国情怀。

按照“新颖、独特、实用”的原则，本书在第4版的基础上，对知识点和内容架构进行了小幅的调整，主要修订内容如下：

1. 将党的二十大精神、职业精神和工匠精神融入教材内容中，将绿色发展、可持续发展理念贯穿建筑材料的生产、使用、贮存等过程。

2. 更新了各章节内容中涉及的各类现行标准、规范，整合充实了新标准、新规范增加的内容，删减了过时的相关内容。

3. 根据国家建筑节能标准的施行以及绿色建筑、海绵城市等新要求的推出，进一步增加了节能、保温、防水等新型建筑材料的介绍。

本书由内蒙古建筑职业技术学院张晨霞、刘仁玲任主编，内蒙古建筑职业技术学院王秀花、马维华、杨素霞任副主编。教材编写具体分工为：绪论、第一章、第二章、附录由张晨霞、内蒙古建筑职业技术学院孙武斌编写，第三章由内蒙古建筑职业技术学院王红霞编写，第四章第一节至第七节由王秀花、内蒙古建筑职业技术学院梁美平编写，第四章第八节至第十一节由内蒙古建筑职业技术学院焦同战编写，第五章、第六章由杨素霞编写，第七章由刘仁玲编写，第八章由内蒙古建筑职业技术学院甄小丽编写，第九章由内蒙古农业大学潘艳飞编写，第十、十一章由内蒙古建筑职业技术学院斯琴娜编写，第十二章由马维华、内蒙古海誉工程项目管理公司黄燕燕编写。

本书为职业教育国家精品在线开放课程配套教材，编者为用书教师提供了课程整体设计、单元设计、参考教案、PPT课件、练习题及答案、试卷及答案，以及微课动画。此外，读者可登录本课程在线学习网站 https://

next. xuetangx. com/course/imaa08281001495/1076613，根据实际情况进行线上和线下相结合的教学。

此次修订虽然在内容编撰、文字描述、图文排列、整体构架和述语准确等方面进行了认真的推敲，但也难免有不当之处，诚请读者指出不足，提出宝贵意见。

编　者

微课视频列表

教学视频

名　称	二维码	名　称	二维码
01. 什么是建筑材料		10. 水泥强度的测定	
02. 材料与质量有关的性质		11. 水泥的验收、运输与储存	
03. 材料的亲水性与憎水性		12. 混凝土概述	
04. 材料与热有关的性质		13. 砂的粗细度和颗粒级配	
05. 石灰的生产及应用		14. 石子的粗细程度和颗粒级配	
06. 石膏的生产与应用		15. 混凝土和易性的测定	
07. 水泥概述		16. 影响混凝土和易性因素	
08. 水泥凝结时间的测定		17. 混凝土强度的影响因素和改善措施	
09. 水泥体积安定性测定		18. 混凝土的耐久性	

（续）

名　称	二维码	名　称	二维码
19. 混凝土外加剂		23. 钢材的拉伸性能	
20. 砌筑砂浆的技术性质-和易性		24. 钢材的工艺性能	
21. 墙体材料-墙用砌块		25. 钢材的标准及应用	
22. 钢材的基本知识		26. 防水材料-防水卷材	

实操视频

名　称	二维码	名　称	二维码
01. 石子压碎指标试验		06. 砂堆积密度试验	
02. 水泥细度测定		07. 混凝土拌合物和易性试验	
03. 水泥标准稠度用水量试验		08. 混凝土试块制作	
04. 水泥体积安定性测定		09. 钢筋拉伸试验	
05. 砂筛分析试验		10. 钢筋冷弯试验	

（续）

动画视频			
名　称	二维码	名　称	二维码
01. 构件受力变形分析		07. 沥青黏滞度试验	
02. 材料弹塑性变形		08. 沥青针入度试验	
03. 水泥凝结时间的测定		09. 沥青延度试验	
04. 水泥标准稠度测定		10. 沥青软化点试验	
05. 水泥体积安定性测定		11. 防水卷材低温柔性检验	
06. 砂堆积密度测定			

目　　录

绪　论

什么是建筑材料

一、我国建筑材料的发展状况及趋势

众所周知，建筑业的发展水平和规模代表着整个社会的发展状况，而建筑材料的发展又标志着建筑业的发展水平，新材料、新技术、新工艺的开发和利用，推动着建筑业的发展和进步，所以社会的发展和进步，某种程度上无疑受到建筑材料发展的制约。

人类发展的几千年历史，也是建筑材料发展的历史。在生产力发展水平十分低下的原始社会，人类是以本能利用天然材料穴居巢处。随着生产力水平的不断提高，有了伐木搭棚，利用天然材料进行简单的生产，从本能的遮风避雨到了改善生存条件，材料的使用也从本性化到了根据需求去选择和使用。随着生产力发展的飞跃，加工和生产材料的成就也日益辉煌。从公元前 7 世纪的万里长城，到福建泉州的洛阳桥、山西应县木塔、西安兵马俑等，都充分证明了中国人在材料生产、使用以及施工方面的伟大智慧。

新中国成立以来，我国建材业得到了迅速发展，从少品种到多品种，从单功能到多功能，从单一材料到复合材料，都证明了我国建筑材料发展速度之快、数量之大是惊人的。尤其是 20 世纪以来，生产力水平有了史无前例的提高。但纵观全球，我国建筑材料的发展仍不容乐观，存在这样那样的问题。

20 世纪是人类物质财富增长的鼎盛时期。人类创造了巨大的生产力，但也陷入了前所未有的困境，由于大量的开发、建设，甚至恶性竞争、掠夺，地球生态环境遭受了严重的毁坏。改变现状，还自然于本色，已成为全球今后发展的目标。走可持续发展之路，发展绿色建材已势在必行。

综上所述，在人类的发展史中，建筑材料的发展伴随着生产力水平的提高，建筑材料从无到有，从天然利用到工业化生产，从品种单一到多样化，性能不断完善、功能不断增多、质量不断提高。人类使用材料的理念也在不断更新。在新型材料层出不穷的现代社会，人类对建筑的要求已不是原始的遮风挡雨、自我防护，而是舒适、美观、自然、多功能，所以说材料的发展反映出各个时代物质、科学、文化、文明的特征和标志。

进入 21 世纪以来，我国现代科学技术迅猛发展，经济建设水平也日益提高，经济发展已转到靠科技、靠信息求发展的轨道上来。建材业必须以信息化带动工业化、现代化，走科技含量高、经济效益好、资源消耗低、环境污染少、人力资源优势充分发挥的新型道路，以发展具有节约能源、减少资源消耗、有利于生态环境为特征，而且科技含量高、经济附加值高的新型建筑材料。

新型建筑材料的发展目前主要在墙体材料、装饰材料、防水材料三大领域。全国范围内取缔黏土砖、装饰材料十项规定、防水材料质量保证期规定三大举措的实施，吹响了走可持续发展、开发绿色建材之路的进军号。墙体材料必须向节能、利废、隔热、高强、空心、大块方向发展；装饰材料必须向装饰性、功能性、适用性、环保性、耐久性方向发展；防水材料必须向耐候性、高弹性、环保性发展，同时大力发展仿生学，从形式模仿向组成模仿、结构模仿、生物机能模仿发展。

二、建筑材料在建筑工程中的作用

建筑材料是建筑业发展的物质基础，建筑材料的正确选择、合理使用，以及新材料的开发利用对建筑业来讲起到了事半功倍的作用，主要体现于以下几个方面：

1. 建筑材料的费用是决定建筑工程造价的主要因素

建筑材料通过人力、机具营造出建筑物，建筑物的主体是由建筑材料组成的。建筑工程造价的60%以上是由材料费用决定的。材料费用高，建筑工程造价就高，建筑材料的质量好坏、功能多少、档次高低、性能优劣直接影响建筑工程造价。如用质量好、功能多、档次高、性能优的建筑材料营造建筑物，工程造价中80%将是材料的费用。

2. 合理选择、正确使用建筑材料，决定着建筑物的使用功能及耐久性

不同的工程类别，不同的使用环境，不同的功能要求，对材料的自身性能要求有着本质的区别，合理选择建筑材料是建筑物营造的前提。要根据建筑物自身的特点合理选择材料，如建筑物的使用环境是潮湿的，水中的，还是干燥的；使用性质是一般民用住宅，还是工业厂房；结构形式是钢筋混凝土结构，还是钢骨混凝土结构。这些差异对材料的性能要求有着本质的区别，只有合理选择、正确使用，才能使结构的受力特性与材料的特性有机结合、统一，最大限度地发挥材料的效能。

3. 材料的质量决定建筑物的质量

材料的质量、性能直接影响建筑物的使用、耐久和美观。由于材料品质问题而引发建筑物质量明显下降、使用功能降低或不满足原有使用功能要求，甚至造成“豆腐渣”工程的事例屡见不鲜。所以，加强管理，严把材料质量关是保证建筑物质量的前提。

4. 材料的发展影响结构形式及施工方法

设计、施工、管理三者是密切相关的、统一的体系。材料是基础，它决定了建筑物的形式及施工方法。水泥、钢筋的问世，使钢筋混凝土结构得以形成；轻质、高强材料的发展，使高层建筑不断更新；随着绿色建筑材料的开发、利用，出现了山水城市、绿色建筑、生态房屋。

5. 新技术、新工艺的开发，依赖于建筑材料的更新

建筑技术要发展，建筑材料必须先行。新技术、新工艺的问世，往往依赖于建筑材料的改革，随着高效钢筋的开发、利用，新型钢筋焊接工艺得到了开发及应用。无黏结预应力施工技术的推广，新材料的出现，促进了建筑物形式的变化、设计方法的改进、施工技术的革新。

三、建筑材料的检验与标准

建筑材料是否合格、能否用于工程中，取决于其技术性能是否达到相应的技术标准要求。材料的检验是通过必要的检测仪器，依据一定的检测方法进行的。建筑材料质量的检测在建筑工程中占有重要位置，通过对材料质量的检验能科学地鉴定建筑物的质量，评判施工质量。建筑材料的检测包括原材料、半成品及构件的质量检验，现场工程的质量检验两部分。其检测结果（或报告）是材料验收、建筑工程质量验收的技术依据。

目前，我国材料质量和工程质量的总体水平参差不齐，工程质量事故时有发生。而材料质量不合格引发工程质量事故占很大比例，这与检测不到位、验收不严格、施工队伍技术力量薄弱及对检测工作缺乏深入了解有直接关系。因此，提高施工企业、检测人员的整体技术水平对保证工程质量具有重要意义，而材料质量检测技术作为一种应用科学技术是相关技术

人员必须掌握的。

建筑材料检验的依据是各项有关的技术标准、规程、规范及规定。建筑材料标准中对原材料、产品、工程质量、检验方法、评定方法等作出了技术规定。所以在选用材料及施工中应用材料都应按技术标准执行。我国的技术标准分为国家标准、行业标准、地方标准和企业标准四类。

（1）国家标准　在全国范围内适用。由国务院标准化行政主管部门编制，由国家质量监督检验检疫总局审批并发布。国家标准是最高标准，具有指导性、权威性。

（2）行业标准　在全国性的行业范围内适用。当没有国家标准而又需要在全国某行业范围内统一技术要求时制定，由中央部委标准机构指定有关研究机构、院校或企业等起草或联合起草，报主管部门审批，国家质量监督检验检疫总局备案后发布；当国家有相应标准颁布时，该项行业标准废止。

（3）地方标准　在某地区范围内适用。凡没有国家标准和行业标准时，可由相应地区根据生产厂家或企业的技术力量，以能保证产品质量的水平，制定有关标准。

（4）企业标准　只限于企业内部适用，是在没有国家标准和行业标准时，企业为了控制生产质量而制定的技术标准，必须以保证材料质量，满足使用要求为目的。

技术标准有试行与正式之分，强制性与推荐性之分，如 GB/T××××—××××和 GB××××—××××，T 表示推荐性标准，无 T 表示强制性标准。各类标准具有时间性，由于技术水平不断提高，不同时期标准必须与之相适应，所以各类标准只反映某时期内的技术水平及标准。

四、本课程教学思路

“建筑材料”是一门专业基础课，涉及工程中常用的建筑材料，内容多而杂。

通过本门课程的学习应达到两个目的，一是为其他专业课提供材料的基础知识；二是为将来从事技术工作打下基础。通过本课程的学习，要掌握材料的性能及应用的基本理论知识，了解材料有关技术标准，掌握常用材料检测的基本技能。所以，正确地选择材料、合理地使用材料、准确地鉴定材料、科学地开发材料是本课程的教学核心。

第一章　材料的基本性质

【学习目标】

通过本章学习，在明辨建筑材料的各种基本性质（物理性质、力学性质、耐久性）的含义、衡量指标及影响因素的基础上，可以初步判断材料的性能和应用范围，为以后进一步学习各种材料的性质，正确选择、合理使用建筑材料打下基础。

【了解】 建筑物及周围环境对建筑材料的基本要求。

【熟悉】 与各种物理过程相关的材料的性质，如材料与水有关的性质、与热有关的性质等。

【掌握】 材料的基本物理性质及基本物性参数对材料的物理性质、力学性能、耐久性等的影响。

建筑材料是构成建筑的物质基础，直接关系建筑物的安全性、功能性以及使用寿命和经济成本。建筑物对处在不同建筑部位的建筑材料有不同的性质要求，例如：梁、板、柱、基础、承重墙、框架等承重部位所使用的建筑材料，要求具有足够的强度和抵抗变形的能力，以保证建筑物具有足够的使用安全性。又如屋面、墙体等围护结构则要求建筑材料具有保温、隔热、吸声以及防水、防渗甚至防冻能力，以满足建筑物在使用功能上的需求。某些工业建筑还要求材料具有耐热、防腐蚀等特殊性能。此外，建筑物的耐久性在很大程度上也取决于所使用的建筑材料的耐久性，如何抵抗各种自然因素（如干湿度变化、冷热变化、反复冻融、紫外线辐射等）及其他有害介质的长期作用而保持材料以及建筑物原有性质不发生明显改变，是建筑材料所应具有的一项长期性质，对于延长建筑物的使用寿命，减少维修量以及建筑总成本至关重要。

由上可见，建筑材料的性质是多方面的，某种建筑材料应具备何种性质，这要根据它在建筑物中的作用和所处的环境来决定。

本章仅介绍建筑材料性质中与工程使用密切相关的、带有普遍性的、比较重要的物理性质、力学性质和耐久性，即为材料的基本性质，以便于初步判断材料的性能和应用范围，从而正确地选择与合理地使用建筑材料。

材料与质量有关的性质

第一节　材料的物理性质

一、与质量有关的性质

1. 密度、表观密度、堆积密度

对应于不同的状态下材料单位体积所具有的质量，可以分为密度、表观密度和堆积密度。

（1）密度　指材料在绝对密实状态下单位体积的质量，按下式计算：

$$\rho=\frac{m}{V} \tag{1-1}$$

式中　ρ——密度（g/cm^3）；

m——材料的质量（g）；

V——材料在绝对密实状态下的体积（cm^3），简称为绝对体积或实体积。

材料密度的大小取决于其组成物质的原子量和分子结构，原子量越大，分子结构越紧密，材料的密度则越大。

建筑材料中除少数材料（钢材、玻璃等）接近绝对密实外，绝大多数材料内部都包含有一些孔隙。在自然状态下含孔块体材料的体积 V_0 是由固体物质的体积（即绝对密实状态下材料的体积）V 和孔隙体积 V_k 两部分组成的(图 1-1)。那么在测定这些含孔块体材料的密度时，需将其磨成细粉（粒径小于 0.2mm）以排除其内部孔隙，经干燥后用李氏密度瓶测定其绝对体积。材料磨得越细，受测材料孔隙排除越充分，测得的实体体积越接近绝对体积，所得到的密度值越精确。对于某些较为致密但形状不规则的散粒材料，在测定其密度时，可以不必磨成细粉，而直接用排水法测其绝对体积的近似值（因颗粒内部的封闭孔隙体积没有排除），这时所求得的密度为视密度。混凝土所用砂、石等散粒状材料常按此法测定密度。

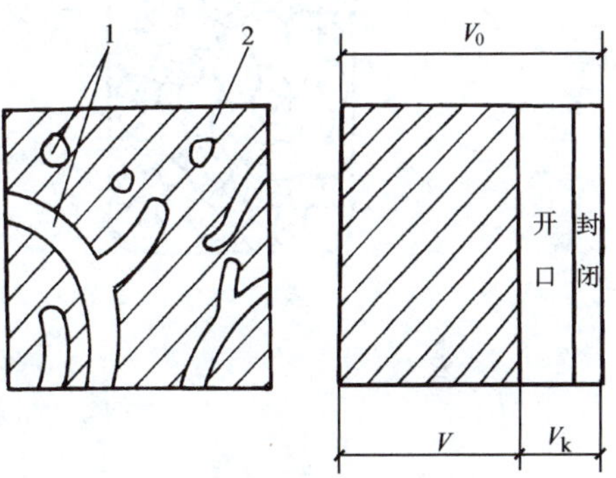

图 1-1　材料组成示意图

1—孔隙　2—固体物质

利用材料的密度可以初步了解材料的品质，并可用它进行材料的孔隙率计算和混凝土配合比计算。

（2）表观密度　表观密度指材料在自然状态下单位体积的质量，按下式计算：

$$\rho_0=\frac{m}{V_0} \tag{1-2}$$

式中　ρ_0——材料的表观密度（kg/m^3 或 g/cm^3）；

m——材料的质量（kg 或 g）；

V_0——材料在自然状态下的体积（简称自然体积或表观体积，m^3 或 cm^3），包括材料的实体积和所含孔隙体积。

表观密度的大小除取决于密度外，还与材料孔隙率及孔隙的含水程度有关。材料孔隙越多，表观密度越小；当孔隙中含有水分时，其质量和体积均有所变化。因此，在测定表观密度时，须标明含水情况；没有特别标明时常指气干状态下的表观密度，在进行材料对比试验时，则以绝对干燥状态下测得的表观密度值（干表观密度）为准。

工程上可以利用表观密度推算材料用量，计算构件自重，确定材料的堆放空间。

（3）堆积密度　堆积密度是指散粒状或粉状材料在自然堆积状态下单位体积的质量，用下式表示：

$$\rho_0'=\frac{m}{V_0'} \tag{1-3}$$

式中 ρ_0'——材料的堆积密度（kg/m^3）；

m——材料的质量（kg）；

V_0'——材料的自然堆积体积，包括颗粒体积和颗粒之间空隙的体积（图1-2），即按一定方法装入容器的容积。

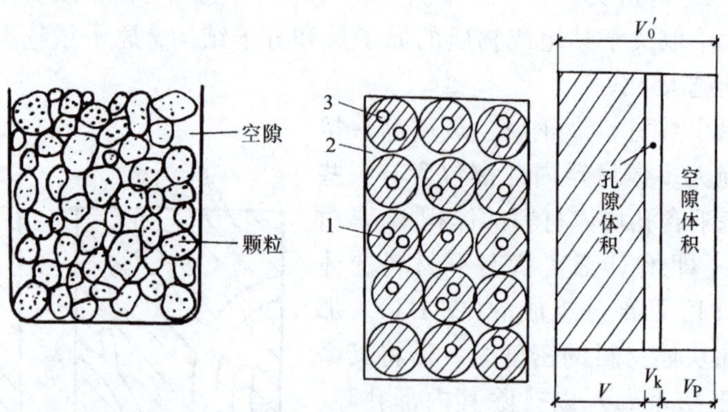

图1-2 散粒材料堆积及体积示意图

1—固体物质 2—空隙 3—孔隙

材料的堆积密度取决于材料的表观密度以及测定时材料的装填方式和疏密程度。松堆积方式测得的堆积密度值要明显小于紧堆积时的测定值。工程中通常采用松散堆积密度确定颗粒状材料的堆放空间。

2. 孔隙率、密实度、空隙率

（1）孔隙率 孔隙率是指材料内部孔隙体积占材料总体积的百分率，以 P 表示，可用下式计算：

$$P=\frac{V_0-V}{V_0}\times100\%=\left(1-\frac{\rho_0}{\rho}\right)\times100\% \tag{1-4}$$

式中 P——材料的孔隙率；

V_0——材料的自然体积(cm^3 或 m^3)；

V——材料的绝对密实体积(cm^3 或 m^3)。

孔隙率的大小直接反映了材料的致密程度，其大小取决于材料的组成、结构以及制造工艺。材料的许多工程性质（如强度、吸水性、抗渗性、抗冻性、导热性、吸声性等）都与材料的孔隙有关。这些性质不仅取决于孔隙率的大小，还与孔隙的大小、形状、分布、连通与否等构造特征密切相关。

工程上常常按孔隙的连通性，将孔隙分为开口孔隙（简称开孔）和闭口孔隙（简称闭孔）。开孔是指那些彼此相通，并且与外界相通的孔隙，如常见的毛细孔。材料内部开口孔隙增多会使材料的吸水性、吸湿性、透水性、吸声性提高，但是抗冻性和抗渗性变差。闭孔是指那些彼此不连通，而且与外界隔绝的孔隙。材料内部闭口孔隙的增多会提高材料的保温隔热性能和耐久性。

（2）密实度 密实度是指材料体积内被固体物质所充实的程度，也就是固体物质的体积占总体积的比例，以 D 表示：

$$D=\frac{V}{V_0}\times100\%=\frac{\rho_0}{\rho}\times100\% \tag{1-5}$$

式中 D——材料的密实度。

密实度、孔隙率是从不同角度反映材料的致密程度，一般工程上常用孔隙率。密实度与孔隙率的关系为：$P+D=1$。

（3）空隙率 空隙率是指散粒或粉状材料颗粒之间的空隙体积占其自然堆积体积的百分率，用 P' 表示：

$$P'=\frac{V_0'-V_0}{V_0'}\times100\%=\left(1-\frac{\rho_0'}{\rho_0}\right)\times100\% \tag{1-6}$$

式中 P'——材料的空隙率；

V_0'——材料的自然堆积体积（cm^3 或 m^3）；

V_0——材料的颗粒体积（cm^3 或 m^3）。

空隙率的大小，反映了散粒或粉状材料的颗粒之间相互填充的紧密程度。空隙率在配制混凝土时可作为控制混凝土粗、细集料配料以及计算混凝土含砂率的依据。

由上可见，材料的密度、表观密度、孔隙率及空隙率等是认识材料、了解材料性质与应用的重要指标，常称为材料的基本物理性质。常用建筑材料的密度、表观密度、堆积密度和孔隙率见表 1-1。

表 1-1 常用建筑材料的密度、表观密度、堆积密度和孔隙率

材料	密度 ρ/(g/cm^3)	表观密度 ρ_0/(kg/m^3)	堆积密度 ρ_0'/(kg/m^3)	孔隙率(%)
石灰岩	2.60	1800~2600	—	—
花岗岩	2.60~2.90	2500~2800	—	0.5~3.0
碎石（石灰岩）	2.60	—	1400~1700	—
砂	2.60	—	1450~1650	—
黏土	2.60	—	1600~1800	—
普通黏土砖	2.50~2.80	1600~1800	—	20~40
黏土空心砖	2.50	1000~1400	—	—
水泥	3.10	—	1200~1300	—
普通混凝土	—	2000~2800	—	5~20
轻集料混凝土	—	800~1900	—	—
木材	1.55	400~800	—	55~75
钢材	7.85	7850	—	0
泡沫塑料	—	20~50	—	—
玻璃	2.55	—	—	—

二、与水有关的性质

1. 亲水性与憎水性

材料的亲水性与憎水性

材料在使用过程中经常会与水接触，那么首先遇到的问题就是材料能否被水润湿。润湿是指水被材料表面吸附的过程，它与材料本身的性

质有关。

材料的亲水性与憎水性可用润湿角θ来说明，如图1-3所示。

润湿角是在材料、水、空气三相的交点处，沿水滴表面的切线（γ_{LG}）与水和固体的接触面（γ_{LS}）之间的夹角。当$0\leqslant\theta\leqslant90°$时，材料表面可被水所湿润（图1-3a），水可被材料所吸附，这种材料称为亲水性材料，材料的这种性能称为亲水性。反之，当$90°<\theta\leqslant180°$时，材料表面不可被水湿润（图1-3b），材料称为憎水性材料，这种性能称为材料的憎水性。

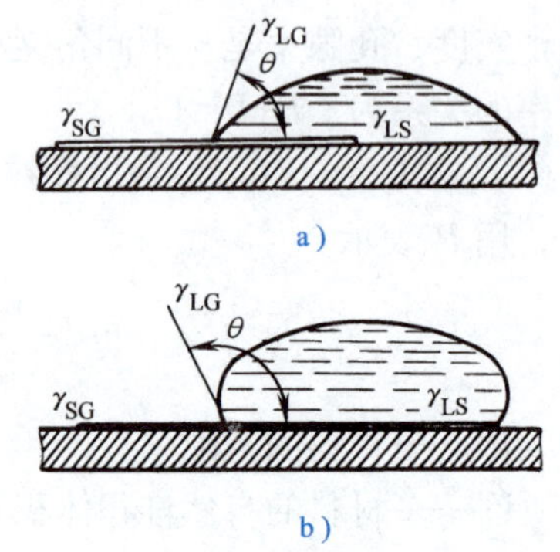

图1-3 材料的润湿示意图
a）亲水性材料 b）憎水性材料

材料的亲水性与憎水性主要取决于材料的组成与结构。有机材料一般是憎水性材料，而无机材料都是亲水性材料。

水在亲水性材料（如砖、木材、石材、混凝土）的表面能铺展并自发地润湿表面，在憎水性材料（如沥青、石蜡、塑料等）的表面有自动收缩成珠的趋势，不能润湿材料的表面。因此，憎水性材料常用作防水、防潮、防磨材料，也可用作亲水性材料的表面处理，以提高其耐久性。

2. 吸水性

吸水性是指材料在浸水状态下吸收水分的性质。吸水性的大小用吸水率来表示，吸水率有以下两种表示方法：

（1）质量吸水率　材料吸水饱和时，其所吸收水分的质量占材料干燥时质量的百分率，按下式计算：

$$W_{质}=\frac{m_{湿}-m_{干}}{m_{干}}\times100\% \tag{1-7}$$

式中　$W_{质}$——材料的质量吸水率；

$m_{湿}$——材料吸水饱和后的质量（g）；

$m_{干}$——烘干至恒重的质量（g）。

（2）体积吸水率　材料吸水饱和时，吸入水分的体积占干燥材料自然体积的百分率，可按下式计算：

$$W_{体}=\frac{V_{水}}{V_0}\times100\%=\frac{m_{湿}-m_{干}}{V_0}\times\frac{1}{\rho_{H_2O}}\times100\% \tag{1-8}$$

式中　$W_{体}$——材料的体积吸水率；

$V_{水}$——材料在吸水饱和时，吸入水的体积（cm^3）；

V_0——干燥材料在自然状态下的体积（cm^3）；

ρ_{H_2O}——水的密度（g/cm^3），在常温下$\rho_{H_2O}=1.0g/cm^3$。

质量吸水率与体积吸水率的关系为：

$$W_{体}=W_{质}\rho_0 \tag{1-9}$$

式中　ρ_0——材料在干燥状态的表观密度（g/cm^3）。

材料吸水率的大小不仅取决于材料本身是亲水的还是憎水的，而且与材料的孔隙率大小

及孔隙特征密切相关。开口孔隙越多，材料吸水率越大；材料内部开口连通孔径较小时，因毛细管作用而容易吸水。

水分的吸入给材料带来一系列不良的影响，往往使材料的许多性质发生改变：体积膨胀，保温性能下降，强度降低，抗冻性变差等。

3. 吸湿性

材料在潮湿的空气中吸收水分的性质，称为吸湿性。吸湿性的大小用含水率来表示，可按下式计算：

$$W_{含}=\frac{m_{含}-m_{干}}{m_{干}}\times 100\% \tag{1-10}$$

式中　$W_{含}$——材料的含水率；

$m_{含}$——材料含水时的质量（g）；

$m_{干}$——材料烘干到恒重时的质量（g）。

材料含水率的大小不仅取决于自身的特性（亲水性、孔隙率和孔隙特征），还受周围环境条件的影响，随温度、湿度变化而改变。

4. 耐水性

耐水性是指材料长期在饱和水作用下而不被破坏，强度也不显著降低的性质。材料的耐水性用软化系数表示，可按下式计算：

$$K_{软}=\frac{f_{饱}}{f_{干}} \tag{1-11}$$

式中　$K_{软}$——材料的软化系数；

$f_{饱}$——材料在饱和状态下的抗压强度（MPa）；

$f_{干}$——材料在干燥状态下的抗压强度（MPa）。

软化系数一般在0~1之间变化，其值越小，说明材料吸水饱和强度降低越多，材料耐水性越差。软化系数大于0.80的材料，通常可以认为是耐水材料。对于经常位于水中或处于潮湿环境中的重要建筑物所用的材料，要求其软化系数不得低于0.85；对于受潮较轻或次要结构所用材料，软化系数允许稍有降低，但不宜小于0.75。

材料的耐水性主要取决于其组成成分在水中的溶解度和材料内部开口孔隙率的大小，一般随溶解度的增大、开口孔隙的增多而变小。溶解度很小或不溶的材料以及具有较多封闭孔隙的材料，软化系数一般较大，而材料的耐水性较好。

5. 抗渗性

抗渗性是指材料抵抗压力水或溶液渗透的性质。材料的抗渗性好坏有以下两种不同表示方法：

（1）渗透系数　材料在压力水作用下透过水量的多少遵守达西定律，即在一定时间内，透过材料试件的水量与试件的渗水面积及水头差成正比，与试件厚度成反比，如图1-4所示，用公式表示为：

$$W=K\cdot\frac{h}{d}\cdot At \tag{1-12}$$

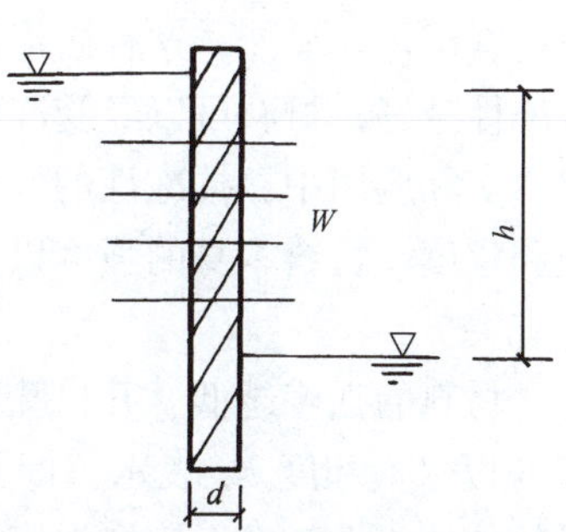

图1-4　材料透水示意图

或

$$K=\frac{Wd}{Ath} \tag{1-13}$$

式中 K——渗透系数（cm/h）；

W——透过材料试件的水量（cm^3）；

t——透水时间（h）；

A——透水面积（cm^2）；

h——静水压力水头（cm）；

d——试件厚度（cm）。

渗透系数越大，表明材料的透水性越好而抗渗性越差。一些防渗防水材料（如油毡）的防水性常用渗透系数表示。

（2）抗渗等级　抗渗等级是指材料在标准试验方法下进行透水试验，以规定的试件在透水前所能承受的最大水压力来确定，用 P 表示：

$$P=10P_t-1 \tag{1-14}$$

式中 P——抗渗等级；

P_t——开始渗水时的最大水压力（MPa）。

混凝土和砂浆抗渗性的好坏常用抗渗等级表示，P 越大，材料的抗渗性越好。

实际上，材料抗渗性不仅与其亲水性有关，更取决于材料的孔隙率及孔隙特征。孔隙率很小而且是封闭孔隙的材料具有较高的抗渗性。

良好的抗渗性是防水材料、地下建筑及水工构筑物所用材料必须具备的基本性质之一。

6. 抗冻性

抗冻性是指材料在吸水饱和状态下抵抗冻融循环破坏作用的能力。抗冻性的大小用抗冻等级表示。抗冻等级是将材料吸水饱和后，按规定方法进行冻融循环试验，以质量损失不超过5%、强度下降不超过25%时所能经受的最大冻融循环次数来确定，用符号F加最大冻融循环次数表示，如F15、F50、F100等。

材料在冻融循环作用下产生破坏，一方面是由于材料内部孔隙中的水在受冻结冰时产生的体积膨胀（约9%）对材料孔壁造成巨大的冰晶压力，当由此产生的拉应力超过材料的抗拉强度极限时，材料内部即产生微裂纹，引起强度下降；另一方面是在冻结和融化过程中，材料内外的温差引起的温度应力会导致内部微裂纹的产生或加速原来微裂纹的扩展，而最终使材料破坏。显然，这种破坏作用随冻融循环次数的增多而加强。材料的抗冻等级越高，其抗冻性越好，材料可以经受冻融循环的次数越多。

实际应用中，抗冻性的好坏取决于材料的孔隙率及孔隙特征，并且还与材料受冻前吸水饱和程度、材料本身的强度以及冻结条件（如冻结温度、速度、冻融循环作用的频繁程度）等有关。

材料的强度越低、开口孔隙率越大，则材料的抗冻性越差。材料受冻时，其孔隙充水程度（以水饱和度 K_S 表示，即孔隙中水的体积 V_W 与孔隙体积 V_k 之比：$K_S=V_W/V_k$）越高，材料的抗冻性越差。冻结温度越低、速度越快、越频繁，那么材料产生的冻害越严重。

所以，对于受大气和水作用的材料，抗冻性往往决定了它的耐久性，抗冻等级越高，材

料越耐久。对抗冻等级的选择应根据工程种类、结构部位、使用条件、气候条件等因素来进行。

三、与热有关的性质

材料与热有关的性质

1. 导热性

材料传导热量的能力称为导热性。导热性的大小用热导率 λ 表示。热导率在数值上等于厚度为 1m 的材料，当其相对两侧表面温度差为 1K 时，单位时间通过单位面积（$1m^2$）的热量。材料传导热量示意图如图 1-5 所示。均质材料的热导率可用下式表示：

$$\lambda=\frac{Qa}{At(T_2-T_1)} \tag{1-15}$$

式中　λ——热导率[W/(m·K)]；

Q——传导的热量(J)；

a——材料厚度(m)；

A——热传导面积(m^2)；

t——热传导时间(s)；

T_2-T_1——材料两侧温差(K)。

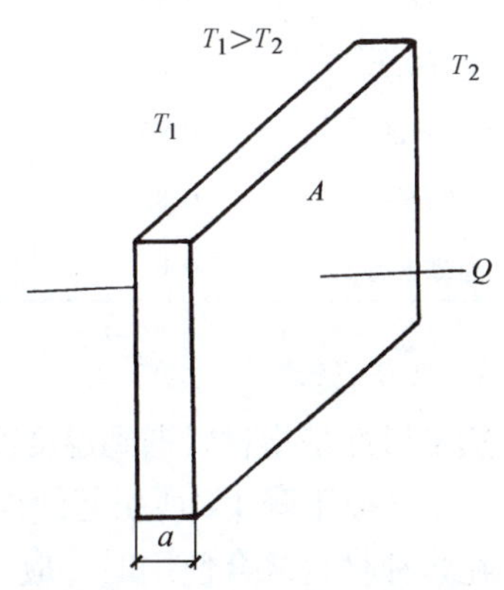

图 1-5　材料传导热量示意图

显然，热导率越小，材料的隔热性能越好。各种建筑材料的热导率差别很大，大致在 0.035W/(m·K)(泡沫塑料)至 3.500W/(m·K)(大理石)之间。通常将 $\lambda \leq$ 0.23W/(m·K)的材料称为绝热材料。

材料的热导率决定于材料的化学组成、结构、构造、孔隙率与孔隙特征、含水状况及导热时的温度。一般来讲，金属材料、无机材料、晶体材料的热导率分别大于非金属材料、有机材料、非晶体材料。材料的表观密度越小，表明其含有孔隙越多，而空气的热导率[$\lambda_{空气} \leq 0.023$W/(m·K)]远远小于固体物质的热导率，所以，材料的热导率越小。而当材料的气孔尺寸小于 50nm（即达到纳米级）时，对流传热大幅度降低，热导率低于静止空气的热导率，此时达到超级绝热。当孔隙率相同时，由微小而封闭孔隙组成的材料比由粗大而连通孔隙组成的材料热导率更低，原因是前者避免了材料孔隙内的热对流传导。此外，由于 $\lambda_{水}=0.58$W/(m·K)、$\lambda_{冰}=2.20$W/(m·K)，因此当材料受潮或受冻时热导率急剧增大，导致材料的保温隔热效果变差。而且对于大多数建筑材料（除金属外），热导率会随导热时温度升高而增大，这一点在选择热管道、锅炉等隔热材料时必须充分考虑。

2. 热容量

材料加热时吸收热量，冷却时放出热量的性质称为热容量。热容量的大小用比热容来表示。比热容在数值上等于 1g 材料，温度升高或降低 1K 时吸收或放出的能量，用下式表示：

$$c=\frac{Q}{m(T_2-T_1)} \tag{1-16}$$

式中　c——材料的比热容［J/(g·K)］；

Q——材料吸收或放出的热量（J）；

m——材料的质量（g）；

T_2-T_1——材料受热或冷却前后的温度差（K）。

材料的热导率和比热容是设计建筑物围护结构、进行热工计算时的重要参数，选用热导率小、比热容大的材料可以节约能耗并长时间保持室内温度的稳定。常见建筑材料的热导率和比热容见表1-2。

表1-2 常用建筑材料的热导率和比热容

材料名称	热导率/[W/(m·K)]	比热容/[J/(g·K)]	材料名称	热导率/[W/(m·K)]	比热容/[J/(g·K)]
建筑钢材	58	0.48	黏土空心砖	0.64	0.92
花岗岩	3.49	0.92	松木	0.17~0.35	2.51
普通混凝土	1.28	0.88	泡沫塑料	0.03	1.30
水泥砂浆	0.93	0.84	冰	2.20	2.05
白灰砂浆	0.81	0.84	水	0.60	4.19
普通黏土砖	0.81	0.84	静止空气	0.025	1.00

3. 热变形性

热变形性是指材料遇到温度变化出现的膨胀或收缩现象，一般用线膨胀系数表示，即材料温度上升或下降1℃所引起的线度增长或缩短与其在0℃时的线长度之比。

在多种材料复合使用时，应充分考虑材料的热变形性，尽量选用线膨胀系数相近的材料，以避免材料间产生较大的温度应力出现开裂破坏。

4. 耐燃性与耐火性

材料抵抗燃烧的性能称为材料的耐燃性。建筑材料按其燃烧性能分为4级，见表1-3。材料的耐燃性是影响建筑物防火和建筑结构耐火等级的一项重要因素，应按照建筑物的耐火等级确定相应构件的建筑材料的燃烧等级。

表1-3 建筑材料的燃烧性能分级

等级	燃烧性能	燃烧特征
A	不燃烧性	在空气中受到火烧或高温作用时不起火、不燃烧、不炭化的材料，如花岗岩、大理石、水泥制品、混凝土制品、玻璃、陶瓷、钢材、铝合金等
B1	难燃烧性	在空气中受到火烧或高温作用时难起火、难微烧、难炭化，当离开火源后，燃烧或微燃烧立即停止的材料，如沥青混凝土材料、水泥刨花板、酚醛塑料等
B2	可燃烧性	在空气中受到火烧或高温作用时立即起火或燃烧，且离开火源后仍继续燃烧或微烧的材料，如木材、部分塑料制品等
B3	易燃性	在空气中受到火烧或高温作用时立即起火，并迅速燃烧，且离开火源后仍继续迅速燃烧的材料，如部分未经阻燃处理的塑料、纤维织物等

建筑材料的耐火极限是指按建筑材料从受到火的作用时起，到失去支持能力或完整性被破坏或失去隔火作用时止的这段时间，用小时（h）表示。材料的耐火性不同于耐燃性，不燃性材料（如金属材料、玻璃等）不一定是耐火材料，因其在高温作用下，在短时间内就会变形、熔融。

四、声学性质

当声波遇到材料表面时，大多数材料或结构都会有一定的吸声作用，通过材料的声能总是小于作用于材料或结构的声能。

工程材料吸声性能的优劣常用吸声系数（α）表示。吸声系数是指声波遇到材料表面时被吸收的声能（E_α）与入射声能（E_0）之比，用下式表示：

$$\alpha = E_\alpha / E_0 \tag{1-17}$$

隔声能力的大小用透射系数（τ）表示。透射系数是指透过材料的声能（E_τ）与入射声能（E_0）之比，用下式表示：

$$\tau = E_\tau / E_0 \tag{1-18}$$

材料吸声效果的好坏与材料的表观密度、厚度、孔隙特征等有直接关系。吸声效果好的材料未必可以作为隔声材料使用，要视声波的传播途径采取相应措施。

第二节　材料的力学性质

构件受力变形分析

一、强度与比强度

材料抵抗荷载作用下的变形，保持原有形状（不发生形变）或抵抗破坏的能力称为强度。应力是由于外力或其他因素（如限制收缩、不均匀受热等）作用而产生的。材料的强度通常以材料在应力作用下失去承载能力时的极限应力来表示，数值上等于材料受力破坏时单位受力面积上所承受的力，可用下式计算：

$$f = \frac{F}{A} \tag{1-19}$$

式中　f——材料的强度（MPa）；

F——破坏荷载（N）；

A——受力面积（mm^2）。

材料强度的大小理论上取决于材料内部质点间结合力的强弱，实际上与材料中存在的结构缺陷有直接关系。不仅如此，材料的强度还与测试强度时的测试条件和方法等外部因素有很大关系。为使测试结果准确、可靠、具有可比性，对于以强度为主要性质的材料，必须严格按照标准试验方法进行静力强度测试。

根据荷载种类和作用方向，强度可分为抗压强度、抗拉强度、抗弯强度和抗剪强度，分别表示材料抵抗压力、拉力、弯曲、剪力破坏的能力。表 1-4 列出了材料基本强度的分类和计算式。不同种类的材料具有抵抗不同形式的力的作用，建筑材料常根据其相应极限强度的大小，划分为若干不同的强度等级。对于水泥、石材、砖、混凝土、砂浆等在建筑物中主要用于承压部位的材料，以其抗压强度来划分强度等级。而建筑钢材在建筑物中主要用于承受拉力，所以以其屈服强度作为划分强度等级的依据。

材料强度的大小通常以强度等级作为衡量指标，某材料的强度等级值是达到该级别的最低值，即材料的实际强度值高于该级别的强度值。如某混凝土的强度等级为 C20，则该混凝土的实际强度值大于等于 $20N/mm^2$。

此外，为了便于对不同材料的强度进行比较，常采用比强度这一指标。比强度是指按单位质量计算的材料强度，其值等于材料的强度与其表观密度之比，即f/ρ_0。因此，比强度是衡量材料轻质高强的一个主要指标。表1-5是几种常见建筑材料的强度比较。由表可知，松木比强度最高，而红砖的比强度最小，混凝土也是一种比强度较低的材料。

表1-4 静力强度分类

强度类别	举例	计算式	附注
抗压强度f_c/MPa		$f_c=\frac{F}{A}$	F——破坏荷载(N)； A——受荷面积(mm^2)； l——跨度(mm)； b——断面宽度(mm)； h——断面高度(mm)
抗拉强度f_t/MPa		$f_t=\frac{F}{A}$	
抗剪强度f_v/MPa		$f_v=\frac{F}{A}$	
抗弯强度f_{tm}/MPa		$f_{tm}=\frac{3Fl}{2bh^2}$	

表1-5 钢材、木材和混凝土的强度比较

材料	表观密度ρ_0/(kg/m^3)	抗压强度f_c/MPa	比强度f_c/ρ_0
低碳钢	7860	415	0.53
松木	500	34.3(顺纹)	0.69
普通混凝土	2400	29.4	0.012
红砖	1700	10	0.006

材料弹塑性变形

二、弹性与塑性

材料在极限应力作用下会被破坏而失去使用功能，在非极限应力作用下则会发生某种变形。弹性与塑性反映了材料在非极限应力作用下两种不同特征的变形。

弹性是指材料在应力作用下产生变形，外力取消后，材料变形随即消失并能完全恢复原来形状的性质。这种可完全恢复的变形，为弹性变形（图1-6a）。明显具有弹性变形特征的材料称为弹性材料。

塑性是指材料在应力作用下产生变形，当外力取消后，仍保持变形后的形状尺寸，且不产生裂纹的性质。这种不能恢复的变形为塑性变形或永久变形（图1-6b），明显具有塑性变形特征的材料称为塑性材料。

实际上，纯弹性与纯塑性的材料都是不存在的。不同的材料在力的作用下表现出不同的变形特征。例如：低碳钢在受力不大时，仅产生弹性变形，此时，应力与应变的比值为一常数。随着外力增大至超过弹性极限之后，则出现另一种变形——塑性变形。又如混凝土，在它受力一开始，弹性变形和塑性变形便同时发生，除去外力后，弹性变形可以恢复（消失）而塑性变形不能消失，这种变形称为弹塑性变形，其应力应变如图 1-6c 所示，具有这种变形特征的材料叫弹塑性材料。

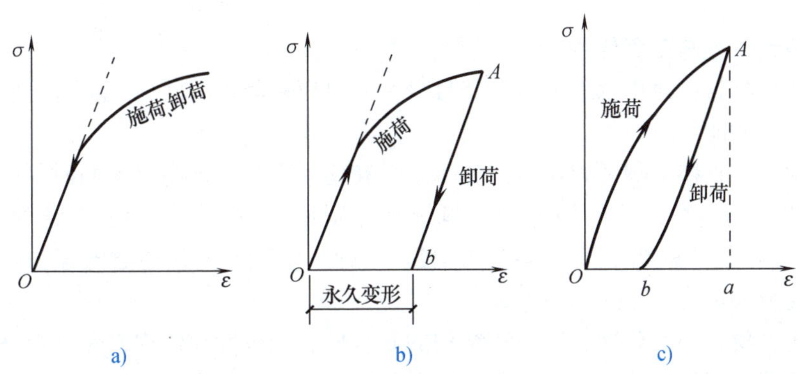

图 1-6　材料变形曲线

a）弹性材料　b）塑性材料　c）弹塑性材料

Ob—永久变形　*ab*—弹性变形

三、脆性与韧性

脆性是指材料在外力作用下直到破坏前无明显塑性变形而发生突然破坏的性质。具有这种破坏特征的材料称为脆性材料。脆性材料的特点是其抗压强度远大于抗拉强度，受力作用时塑性变形小，而且破坏时无任何征兆，有突发性，主要适合于承受压力静载荷。建筑材料中大部分无机非金属材料均为脆性材料，如天然岩石、陶瓷、玻璃、砖、生铁、普通混凝土等。

韧性是指材料在冲击或振动荷载作用下，能吸收较大能量，产生一定的变形而不致破坏的性能，又叫冲击韧度。具有这种性质的材料称为韧性材料。韧性材料的特点是塑性变形大，受力时产生的抗拉强度接近或高于抗压强度，破坏前有明显征兆，主要适合于承受拉力或动载荷。木材、建筑钢材、沥青混凝土等属于韧性材料。用做路面、桥梁、吊车梁等需要承受冲击荷载和有抗震要求的结构的建筑材料均应具有较高的韧性。

通常，脆性材料的极限强度与破坏强度是一致的，而韧性材料的极限强度高于破坏（断裂）强度。

四、硬度与耐磨性

硬度是指材料表面抵抗被刻划、擦伤和磨损的能力。硬度按测定方法分为压痕硬度、冲击硬度、回弹硬度、刻痕硬度等。金属材料的硬度常用钢球压入法测定，陶瓷等材料的硬度常用刻划法测定，混凝土材料用回弹硬度间接推算其构件实体强度。

耐磨性是指材料表面抵抗磨损的能力，以磨损率或磨耗率来表示：

$$B=\frac{m_1-m_2}{A} \tag{1-20}$$

式中 m_1、m_2——试件被磨损前、后的质量（g）；

A——试件受磨损的面积（cm^2）。

用于道路、地面、踏步等部位的材料均应考虑其硬度和耐磨性。一般情况下，材料的硬度与强度间有很好的相关性，强度高且密实的材料，其硬度会较大且耐磨性较好。

第三节 材料的耐久性

一、材料耐久性与工程结构

耐久性是指材料在使用过程中抵抗其自身及外界环境因素的破坏，保持其原有性能且不变质、不被破坏的能力。

材料的耐久性直接影响工程结构的使用质量和使用寿命。提高材料的耐久性可较好地延长工程结构的使用寿命，节约能源和材料等自然资源；相反，采用劣质建筑材料建造的“豆腐渣工程”不仅严重地缩短工程结构的使用寿命，更重要的是还给国家和人民带来重大的经济损失甚至人员伤亡。

综上所述，材料的耐久性关乎工程结构的安全性、经济性和使用寿命。提高材料的耐久性，首先应根据工程的重要性、所处的环境合理选择材料，并采取相应的措施，如提高材料密度等，以增强自身对外界作用的抵抗能力，或采取表面保护措施使主体材料与腐蚀环境隔离，甚至可以从改善环境条件入手减轻对材料的破坏。

二、影响材料耐久性的因素

材料在使用中发生破坏的原因有两方面，其一是材料自身存在的内部因素，包括材料内部存在不稳定的化学组分［如$Ca(OH)_2$、挥发成分、杂质等］，以及材料内部存在的一些缺陷（如孔隙、裂缝等）；其二是来自材料使用环境的外部因素，这种作用因素包括物理作用、化学作用和生物作用。物理作用一般是指干湿变化、温度变化、冻融循环等，它们会使材料发生体积变化或引起内部裂纹的扩展，从而使材料逐渐破坏，如水泥混凝土的热胀冷缩。化学作用包括酸、碱、盐等物质的水溶液及有害气体的侵蚀作用，这些侵蚀作用会使材料逐渐变质而破坏，如水泥石的腐蚀、钢筋的锈蚀。生物作用是指菌类、昆虫的侵害作用，包括材料因虫蛀、腐朽而破坏，如木材的腐蚀等。材料的耐久性实际上是衡量材料在上述内部、外部多种因素作用之下能够长久保持原有性质而保证正常安全使用的性质。

三、材料的耐久性指标

实际工程中，材料往往受到多种破坏因素的同时作用。材料品质不同，其耐久性的内容也各有不同。金属材料常因化学和电化学作用引起腐蚀、破坏，其耐久性主要指标是耐蚀性；无机非金属材料（如石材、砖、混凝土等）常因化学作用、溶解、冻融、风蚀、温差、湿差、摩擦等其中某些因素或综合因素共同作用，其耐久性指标更多地包括抗冻性、抗风化性、抗渗性、耐磨性等方面的要求；有机材料常因生物作用，光、热、电作用而引起破坏，其耐久性包含抗老化性、耐蚀性指标。

耐水性、抗渗性、抗冻性等指标在本书前文中已有介绍，下面介绍另外几种常用的耐久性指标。

1. 耐蚀性

在地下水、土壤、海水、工业与民用废水、空气等环境介质中所含的有害化合物渗入材

料内部，将引起材料组成和结构发生破坏，这种劣化作用称为化学腐蚀作用。材料抵抗这些化学介质侵蚀，保持其性能不变的能力称为耐化学腐蚀性，简称耐蚀性。按照腐蚀发生的类型，耐蚀性有耐酸性、耐碱性、耐盐性、抗碳化性等。

材料的耐蚀性用一定时间后其性能衰减率，即抗蚀系数表示，用浸泡试验测试。

材料的耐蚀性与材料的抗渗性密切相关。

2. 耐候性与抗老化性

当空气中的光、热、雨水、臭氧等作用于材料时，也会导致材料组成与结构发生变化，这种作用称为气候老化作用。材料抵抗这些因素的作用，而能长期保持其性能的能力称为耐候性或抗老化性。材料使用过程中常见的抗老化性有抗热老化、抗紫外光、抗光老化、耐臭氧性等。

材料抗老化性主要取决于其化学成分组成。

知识延伸

我国的古建筑

作为世界四大文明古国之一，中国有着上下五千年的悠久历史，从历朝历代至今留下来很多历史古迹，它们是中华文化的瑰宝，是历史的体现。那么中国有名的古建筑有哪些呢？下面就让我们一起来看看中国部分著名古建筑吧！

1. 北京故宫（图 1-7）

北京故宫是世界上现存规模最大的木质结构古建筑群之一。故宫始建于明朝，作为中国明清两代的皇家宫殿，其规模宏大、金碧辉煌，占地面积达 72 万 m^2，建筑结构也十分复杂。

图 1-7　北京故宫

2. 万里长城（图 1-8）

万里长城不仅是我国著名的古建筑，还是中国古代第一军事工程，其修筑历史可追溯到西周时期，经过历朝历代的加固和维修，才有了如今气势磅礴的长城。

图1-8 万里长城

3. 布达拉宫（图1-9）

布达拉宫是位于我国西藏拉萨的宫堡式建筑群，是吐蕃王朝第33任赞普松赞干布为迎娶文成公主而修建的，坐落在海拔3700多米的红山之上，气势雄伟，蔚为壮观。

图1-9 布达拉宫

4. 赵州桥（图1-10）

赵州桥是位于河北省石家庄市的一座石拱桥，始建于隋代，距今已有1400多年的历史了，其建造工艺独特，桥体雕刻精致，具有极高的艺术价值和科学研究价值。

图1-10 赵州桥

思　考　题

1-1　什么是材料的密度、表观密度和堆积密度？三者有何区别？如何计算？材料含水后对三者有何影响？

1-2　某种石料密度为 2.65g/cm^3，孔隙率为 1.2%。若将该石料破碎成碎石，碎石的堆积密度为 1 580kg/m^3，问此碎石的表观密度和空隙率各为多少？

1-3　某工程使用碎石，堆积密度为 1 560kg/m^3，拟购进该种碎石 15t，问现有的堆料场（长 2m、宽 4m、高 1.5m）能否满足堆放要求？

1-4　简述材料的孔隙率与孔隙特征对材料的表观密度、吸湿性、抗渗性、抗冻性、强度、导热性及吸声性的影响。

1-5　某岩石在气干、绝干、水饱和状态下测得的抗压强度分别为 172MPa、178MPa、168MPa，求该岩石的软化系数，并指出该岩石可否用于水下工程。

1-6　脆性材料与韧性材料有何区别？使用时应注意哪些问题？

课后知识

课后知识 1——绿色建材

❖ 绿色建材又称为生态建材、环保建材和健康建材等，是指采用清洁生产技术、少用天然资源和能源、大量使用工业或城市固态废弃物生产的无毒害、无污染、无放射性、有利于环境保护和人体健康的建筑材料。

❖ 绿色建材具有以下基本特征：

➢ 生产原料——尽可能少用天然资源，大量使用尾矿、废渣、垃圾、废液等废弃物，不得使用甲醛、卤化物溶剂或芳香族碳氢化合物；产品中不得含有汞及其化合物；不得用铅、镉、铬等重金属及其化合物的颜料和添加剂。

➢ 生产技术——采用低能耗制造工艺和无污染环境。

➢ 多功能化——产品不仅不损害人体健康，而且应有益于人体健康。如具有抗菌、灭菌、防霉、除臭、隔热、阻燃、防火、调温、调湿、消磁、防射线、抗静电等特性。

➢ 循环利用——可循环或回收再利用，无污染环境的废弃物。

课后知识 2——材料的孔隙

孔隙对材料性质的影响是多方面的，材料内部的孔隙含量与孔隙特征是在生产和制备工程材料时可控制的十分重要的因素。在实际工程应用中，为了提高混凝土材料的抗冻性，可以控制混凝土中的孔隙率及孔隙特征。如在普通混凝土中加入一定量的引气剂后，其产生的微小空间就可以作为混凝土体积膨胀的缓冲空间，从而降低和延缓其他物理膨胀（如盐结晶时的结晶压）和化学反应膨胀对混凝土的破坏。此外，这样的微小空间还可隔断混凝土内部大量的连通孔隙，使得孔隙中的水分在冻结过程中产生过冷现象，使其冰点降低而减轻混凝土的受冻破坏。

第二章 气硬性胶凝材料

【学习目标】

通过本章学习，熟悉石灰、石膏凝结硬化原理与其性质的联系，合理选择和使用石灰、石膏，真正体会到材料用途是受材料性质制约的。

【了解】 石灰、石膏的原料及生产，水玻璃、镁质胶结材料的特性及应用。

【熟悉】 石灰、石膏的凝结硬化原理，气硬性胶凝材料与水硬性胶凝材料的性能区别。

【掌握】 石灰、石膏的技术性质要求、特性、应用、验收及保管。

在建筑工程中，把经过一系列物理、化学作用后，由液体或膏状体变为坚硬的固体，同时将砂、石、砖、砌块等散粒或块状材料胶结成整体并具有一定机械强度的材料，统称为胶凝材料。

胶凝材料品种繁多，按化学成分可分为有机胶凝材料和无机胶凝材料两大类，其中无机胶凝材料按硬化条件又可分为水硬性和气硬性两类。气硬性胶凝材料是指只能在空气中硬化并保持或继续提高其强度的胶凝材料，如石灰、石膏、水玻璃及镁质胶凝材料（如菱苦土）。水硬性胶凝材料是指不仅能在空气中硬化，而且能更好地在水中硬化并保持或继续提高其强度的胶凝材料，如硅酸盐水泥。

知识点滴

石灰吟

——于谦

千锤万凿出深山，烈火焚烧若等闲。

粉骨碎身浑不怕，要留清白在人间。

第一节 石 灰

石灰的生产及应用

石灰是建筑工程中使用较早的矿物胶凝材料之一。由于其原料来源广泛，生产工艺简单，成本低廉，胶结性能较好，至今仍广泛应用于建筑中。但由于其生产过程中排出大量的二氧化碳气体，造成空气污染（每生产 1t 建筑石灰要排放 1.18t CO_2），加之矿产资源的浪费及生态环境的破坏，所以从改善人文生存环境的角度及可持续发展战略考虑，要给予科学管理和宏观调控。

一、石灰的生产原料

生产石灰的原料有两种：一是天然原料，包括以碳酸钙为主要成分的矿物、岩石（如石灰岩、白云岩）或贝壳等；二是化工副产品，如电石渣是碳化钙制取乙炔时产生的，其主要成分是氢氧化钙。石灰的主要原料是天然岩石。

高温煅烧碳酸钙时应尽可能分解和排出二氧化碳而主要得到氧化钙。其化学反应为：

$$CaCO_3 \xrightarrow{900\sim1100℃} CaO+CO_2\uparrow$$

煅烧温度宜控制在1000℃左右，因为煅烧温度是影响石灰品质的关键因素之一。温度较低时，$CaCO_3$ 尚未分解，表观密度大，产生不熟化的欠火石灰；温度过高时，分解出的 CaO 与原料中的 SiO_2 和 Al_2O_3 等杂质熔结，产生熟化很慢的过火石灰。过火石灰如用于工程上，其细小颗粒会在已经硬化的砂浆中吸收水分，发生水化反应而使体积膨胀，引起局部鼓泡或脱落，影响工程质量。品质好的石灰，煅烧均匀，易熟化，灰膏产量高。

二、石灰的分类

1. 根据成品加工方法不同分类

建筑生石灰：由原料在低于烧结温度下煅烧而得到的块状白色原成品（主要成分 CaO）。

建筑生石灰粉：以建筑生石灰为原料，经研磨制得的生石灰粉（主要成分 CaO）。

建筑消石灰粉：以建筑生石灰为原料，加入适量水经水化和加工制得的消石灰粉［主要成分 $Ca(OH)_2$］。

2. 按化学成分（MgO 含量[㊀]）分类

石灰按化学成分不同可分为钙质石灰与镁质石灰。

在石灰的原料中，除主要成分碳酸钙外，常含有碳酸镁。煅烧过程中碳酸镁分解出氧化镁，存在于石灰中。根据石灰中 MgO 含量多少，石灰分为钙质石灰、镁质石灰。镁质石灰熟化较慢，但硬化后强度稍高。用于建筑工程中的多为钙质石灰。

三、石灰的熟化与硬化

1. 熟化

块状生石灰在使用前都要加水熟化（又称为消解）成熟石灰（又称为消石灰），习惯上也称为“淋灰、陈伏”，其反应式为：

$$CaO+H_2O \longrightarrow Ca(OH)_2+64.88J$$

生石灰在熟化过程中，体积膨胀1~2.5倍，并放出大量的热。石灰的熟化速度因 CaO 含量的多少而异，且质纯（CaO 含量高）、杂质少、块小的生石灰熟化速度较快。

石灰熟化的方法主要分为制石灰膏和制消石灰粉。

（1）制石灰膏　石灰膏可用来拌制砌筑砂浆和抹面砂浆。

在化灰池或熟化机中加水，拌制成石灰浆，熟化的氢氧化钙经筛网过滤（除渣）流入储灰池，在储灰池中沉淀陈伏成膏状材料，即石灰膏。为保证石灰膏充分熟化，必须在储灰池中储存一段时间，见表2-1。同时，石灰膏上应保留一层水，避免石灰膏与空气接触而导致碳化，不得使用脱水硬化的石灰膏。一般情况下，1kg 生石灰约化成1.5~3L

㊀ 本书中，气体、液体的含量分别表示该气体、液体在物质中的体积分数，固体的含量表示该固体在物质中的质量分数。

的石灰膏。

表 2-1 制备石灰膏所需熟化期

名称	用法	熟化期不得少于/d	名称	用法	熟化期不得少于/d
石灰膏	抹灰用	15	磨细生石灰粉	罩面用	3
	砌筑用	7		砌筑用	2

（2）制消石灰粉　将生石灰淋以适当的水，消解成氢氧化钙，再经磨细、筛分而得干粉，称为消石灰粉或熟石灰粉。

消石灰粉不得直接用于拌制砌筑砂浆，需放置一段时间，待进一步熟化后使用。消石灰粉可用于拌制灰土、三合土。

2. 硬化

石灰浆在空气中的硬化是两个同时进行的物理变化过程和化学反应过程。

（1）结晶过程　石灰膏中的游离水分一部分蒸发掉，另一部分被砌体吸收。由于饱和溶液中水分的减少，微溶于水的氢氧化钙以胶体析出，随着时间的增长胶体逐渐变稠，部分氢氧化钙结晶，这样，晶体胶体逐渐结合成固体。

（2）碳化过程　石灰膏体表面的氢氧化钙与空气中的二氧化碳反应生成碳酸钙，不溶于水的碳酸钙由于水分的蒸发而逐渐结晶。其反应式为：

$$Ca(OH)_2+CO_2+nH_2O \longrightarrow CaCO_3+(n+1)H_2O$$

这个反应实际上是二氧化碳与水结合形成碳酸，再与氢氧化钙作用生成碳酸钙。碳化过程从膏体表层开始，逐渐深入到内部，但表层生成的碳酸钙结晶阻碍了二氧化碳的深入，也影响了内部水分的蒸发，所以碳化过程长时间只限于表面。氢氧化钙的结晶作用则主要发生在内部。

从以上的石灰硬化过程可以看出，石灰的硬化只能在空气中进行，也只能在空气中才能继续发展提高其强度，所以石灰只能用于干燥环境的地面上建筑物、构筑物，而不能用于水中或潮湿环境中。

四、石灰的技术性能及标准

（一）生石灰

1. 分类

根据《建筑生石灰》（JC/T 479—2013），生石灰按加工情况分为建筑生石灰和建筑生石灰粉。按生石灰的化学成分，建筑生石灰分为钙质石灰和镁质石灰，根据化学成分的含量每类分成各个等级，见表 2-2。

表 2-2 建筑生石灰的分类

类别	名称	代号
钙质石灰	钙质石灰 90	CL 90
	钙质石灰 85	CL 85
	钙质石灰 75	CL 75
镁质石灰	镁质石灰 85	ML 85
	镁质石灰 80	ML 80

2. 标记

生石灰的识别标志由产品名称、加工情况和产品依据标准编号组成。生石灰块在代号后加 Q，生石灰粉在代号后加 QP。

示例：

符合 JC/T 479—2013 的钙质生石灰粉 90 标记为

CL 90-QP JC/T 479—2013

说明：

CL——钙质石灰；

90——（CaO+MgO）百分含量；

QP——粉状；

JC/T 479—2013——产品依据标准。

3. 技术要求

建筑生石灰的化学成分应符合表 2-3 的要求。

表 2-3　建筑生石灰的化学成分　（单位：%）

名称	（氧化钙+氧化镁）（CaO+MgO）	氧化镁（MgO）	二氧化碳（CO_2）	三氧化硫（SO_3）
CL 90-Q CL 90-QP	≥90	≤5	≤4	≤2
CL 85-Q CL 85-QP	≥85	≤5	≤7	≤2
CL 75-Q CL 75-QP	≥75	≤5	≤12	≤2
ML 85-Q ML 85-QP	≥85	>5	≤7	≤2
ML 80-Q ML 80-QP	≥80	>5	≤7	≤2

建筑生石灰的物理性质应符合表 2-4 的要求。

表 2-4　建筑生石灰的物理性质

名称	产浆量/(dm^3/10kg)	细度	
		0.2mm 筛余量（%）	90μm 筛余量（%）
CL 90-Q CL 90-QP	≥26 —	— ≤2	— ≤7
CL 85-Q CL 85-QP	≥26 —	— ≤2	— ≤7
CL 75-Q CL 75-QP	≥26 —	— ≤2	— ≤7
ML 85-Q ML 85-QP	—	— ≤2	— ≤7
ML 80-Q ML 80-QP	—	— ≤7	— ≤2

注：其他物理特性，根据用户要求，可按照《建筑石灰试验方法　第 1 部分：物理试验方法》（JC/T 478.1—2013）进行测试。

（二）消石灰

1. 分类

建筑消石灰按扣除游离水和结合水后（CaO+MgO）的百分含量加以分类，见表2-5。

2. 标记

消石灰的识别标志由产品名称和产品依据标准编号组成。

示例：

符合JC/T 481—2013的钙质消石灰90标记为

HCL 90 JC/T 481—2013

说明：

HCL——钙质消石灰；

90——（CaO+MgO）含量；

JC/T 481—2013——产品依据标准。

3. 技术要求

建筑消石灰的化学成分应符合表2-6的要求。

表2-5 建筑消石灰的分类

类别	名称	代号
钙质消石灰	钙质消石灰90	HCL 90
	钙质消石灰85	HCL 85
	钙质消石灰75	HCL 75
镁质消石灰	镁质消石灰85	HML 85
	镁质消石灰80	HML 80

表2-6 建筑消石灰的化学成分 （单位：%）

名称	（氧化钙+氧化镁）（CaO+MgO）	氧化镁（MgO）	三氧化硫（SO_3）
HCL 90	≥90	≤5	≤2
HCL 85	≥85		
HCL 75	≥75		
HML 85	≥85	>5	≤2
HML 80	≥80		

注：表中数值以试样扣除游离水和化学结合水后的干基为基准。

建筑消石灰的物理性质应符合表2-7的要求。

表2-7 建筑消石灰的物理性质

名称	游离水（%）	细度		安定性
		0.2mm筛余量（%）	90μm筛余量（%）	
HCL 90	≤2	≤2	≤7	合格
HCL 85				
HCL 75				
HML 85				
HML 80				

五、石灰的特性

石灰与其他胶凝材料相比具有以下特性：

1. 保水性、可塑性好

生石灰熟化为石灰浆时，能自动形成颗粒极细的呈胶体分散状态的氢氧化钙，表面吸附一层厚的水膜。因此，用生石灰制成的石灰砂浆具有良好的保水性和可塑性。在水泥砂浆中掺入石灰浆，可使水泥砂浆的可塑性显著提高。

2. 硬化慢、强度低

从石灰浆体的硬化过程可以看出，由于空气中的二氧化碳较难进入其内部，所以碳化缓慢，硬化后的强度也不高。

3. 干燥收缩大

石灰在硬化过程中，由于蒸发大量的游离水而引起显著的收缩，所以除调成石灰乳作薄层涂刷外，不宜单独使用，常掺入砂、纸筋等以减少收缩。

4. 耐水性差

石灰浆体硬化后，主要成分是氢氧化钙，由于氢氧化钙微溶于水，所以石灰受潮后会溶解，强度更低，在水中还会溃散。

5. 吸湿性强

生石灰极易吸收空气中的水分熟化成熟石灰粉，所以生石灰长期存放应在密闭条件下，并应防潮、防水。

六、石灰的应用

1. 拌制灰浆、砂浆

用石灰可拌制麻刀灰、纸筋灰、石灰砂浆、水泥石灰混合砂浆等，用于砌筑工程、抹面工程。

2. 拌制灰土、三合土

利用石灰与黏土可拌制成灰土；利用石灰、黏土与砂石或碎砖、炉渣等填料可拌制成三合土或碎砖三合土；利用石灰与粉煤灰、黏土可拌制成粉煤灰石灰土；利用石灰与粉煤灰、砂、碎石可拌制成粉煤灰碎石土等，大量应用于建筑物基础、地面、道路等的垫层，地基的换土处理等。为方便石灰与黏土等的拌和，宜用磨细的生石灰或消石灰粉，磨细的生石灰还可使灰土和三合土有较高的紧密度、强度和耐水性，还可制成灰砂桩，加固地基。

3. 建筑生石灰粉

将生石灰磨成细粉，即建筑生石灰粉。建筑生石灰粉加入适量的水拌成的石灰浆可以直接使用，主要是因为粉状石灰熟化速度较快，熟化放出的热促使硬化进一步加快。建筑生石灰粉硬化后的强度要比石灰膏硬化后的强度高。

4. 石灰碳化制品的主要原料

例如，碳化石灰板是将磨细的生石灰掺 30%~40% 的短玻璃纤维加水搅拌，振动成形，然后利用石灰窑的废气碳化而成的空心板。它能锯、能钉，适宜用作非承重内隔墙板、顶板等。

七、石灰的验收、储运及保管

建筑生石灰粉、建筑消石灰粉一般采用袋装，可以采用符合标准规定的牛皮纸袋、复合纸袋或塑料编织袋包装，袋上应标明厂名、产品名称、商标、净重、批量编号。运输、储存时不得受潮和混入杂物。

石灰保管时应分类、分等级存放在干燥的仓库内，不宜长期存储。运输过程中要采取防水措施。由于生石灰遇水发生反应放出大量的热，所以生石灰不宜与易燃易爆物品共存、运，以免酿成火灾。

存放时，可制成石灰膏密封或在上面覆盖砂土等方式与空气隔绝，防止硬化。

石膏的生产与应用

第二节 石 膏

石膏的主要化学成分是硫酸钙，它在自然界中以两种稳定形态存在于石膏矿石中：一是天然无水石膏（$CaSO_4$），也称为生石膏、硬石膏；二是天然二水石膏（$CaSO_4 \cdot 2H_2O$），也称为软石膏。天然无水石膏只可用于生产无水石膏水泥，而天然二水石膏可制造各种性质的石膏。

将天然二水石膏或主要成分为二水石膏的化工石膏加热，由于加热方式和温度不同，可生产不同性质的石膏品种。温度为65~75℃时，开始脱水，至107~170℃时，脱去部分结晶水，得到β型半水石膏（$\beta CaSO_4 \cdot 0.5H_2O$），这就是建筑石膏。当加热温度为170~200℃时，石膏继续脱水，成为可溶性硬石膏，与水调和后仍能很快凝结硬化。当加热温度升高到200~250℃时，石膏中残留很少的水，凝结硬化非常缓慢。当加热温度高于400℃，石膏完全失去水分，成为不溶性硬石膏，失去凝结硬化能力，成为死烧石膏。当温度高于800℃时，部分石膏分解出的氧化钙起催化作用，所得产品又重新具有凝结硬化性能。当温度高于1600℃时，$CaSO_4$全部分解为石灰。

一、建筑石膏的生产原料

生产石膏的原料除天然石膏矿外，也可用一些含有硫酸钙的化工副产品及废渣（如盐田石膏、磷石膏、生产柠檬酸过程中排放的柠檬石膏等）。化工副产品石膏主要用于生产石膏板、石膏砌块等。

生产石膏的主要工序是加热与磨细。

将二水石膏低温煅烧至适当温度（107~170℃）得到的β型半水石膏为主要成分，不预添加任何外加剂的粉状胶结料，即建筑石膏，反应式如下：

$$CaSO_4 \cdot 2H_2O \longrightarrow CaSO_4 \cdot 0.5H_2O + 1.5H_2O$$

建筑石膏呈白色粉末状，密度为2.60~2.75g/cm^3，堆积密度为800~1 000kg/m^3。

二、建筑石膏的凝结与硬化

建筑石膏遇水将重新水化成二水石膏，反应式为：

$$CaSO_4 \cdot 0.5H_2O + 1.5H_2O \longrightarrow CaSO_4 \cdot 2H_2O$$

建筑石膏与适量的水混合成可塑的浆体，但很快就失去塑性。石膏的凝结硬化是一个连续的溶解、水化、胶化、结晶过程。

半水石膏极易溶于水，加水后很快达到饱和溶液而分解出溶解度低的二水石膏胶体。随着析出的二水石膏胶体晶体的不断增多，彼此互相联结，石膏具有了强度。同时溶液中的游离水分不断减少，结晶体之间的摩擦力、黏结力逐渐增大，石膏强度也随之增加，最后成为坚硬的固体。建筑石膏凝结硬化较快，一般初凝时间不小于6min，终凝时间不超过30min。

三、建筑石膏的技术性能

根据规定，建筑石膏按其凝结时间、细度、强度指标分为三级，即优等品、一等品、合格品。

四、建筑石膏的特点及应用

1. 孔隙率大、强度较低

为使石膏具有必要的可塑性，通常加水量比理论需水量多得多，硬化后由于多余水分的蒸发，内部的孔隙率很大，而保温、隔热、吸声性能较好，可做成轻质隔板。该轻质隔板由于石膏多孔而产生的呼吸功能，可起到调节室内湿度、温度的作用，能创造舒适的工作和生活环境。

2. 硬化后体积微膨胀

石膏不像大多数胶凝材料那样，硬化后体积收缩，而是膨胀。其膨胀率约 1%。这一特性使石膏制品在硬化过程中不会产生裂缝，造型棱角清晰饱满，适宜制作建筑艺术配件及建筑装饰件等。

3. 防火性好

硬化的石膏中结晶水含量较多，遇火时，这些结晶水吸收热量蒸发，形成蒸汽幕，阻止火势蔓延，同时表面生成的无水物为良好的绝缘体，起到防火作用。建筑石膏可做成耐火材料，如耐火纸面石膏板。

4. 凝结硬化快

施工时可根据需要作适当调整，加速凝固可掺入少量磨细的未经煅烧的石膏；缓凝可掺入硼砂、亚硫酸盐酒精废液等。

5. 耐水性差

由于建筑石膏硬化后孔隙率较大，二水石膏又微溶于水，具有很强的吸湿性和吸水性，如果处在潮湿环境中，晶体间的黏结力削弱，强度显著降低，遇水则晶体溶解而引起破坏，因此石膏及其制品的耐水性较差，不能用于潮湿环境中，但经过加工处理可做成耐水纸面石膏板。

6. 可装饰性

石膏呈白色，可以装饰干燥环境的室内墙面或顶棚，但如果受潮后颜色变黄会失去装饰性。

五、石膏制品的应用

1. 室内抹灰及粉刷

建筑石膏由于其优良特性，常被用于室内高级抹灰和粉刷。建筑石膏加砂、缓凝剂和水拌和成石膏砂浆，用于室内抹灰，其表面光滑、细腻、洁白、美观。石膏砂浆也可作为腻子，填补墙面的凹凸不平。建筑石膏加缓凝剂和水拌合成石膏浆体，可作为室内粉刷的涂料。

2. 普通纸面石膏板

普通纸面石膏板是以建筑石膏为主要原料，掺入纤维和外加剂构成芯材，并与护面纸板牢固地结合在一起的建筑板材。护面纸板主要起提高板材抗弯、抗冲击的作用。

普通纸面石膏板具有质轻、保温、吸声、抗冲击、调节室内温度湿度等性能，可锯、可钉、可钻，并可用钉子、螺栓和以石膏为基材的胶黏剂黏结。

普通纸面石膏板主要适用于室内隔断和吊顶，而且要求环境干燥；不适用于厨房、卫生间以及空气相对湿度大于70%的潮湿环境。

普通纸面石膏板作为装饰材料时饰面须进行处理，其与轻钢龙骨构成的墙体构造主要有两层板墙和四层板墙，分别适用于分室墙和分户墙。

3. 装饰石膏板

装饰石膏板是以建筑石膏为主要原料，掺入适量纤维增强材料和外加剂，经搅拌、浇筑成形、干燥而成的不带护面纸板的板材。

装饰石膏板不须作饰面处理，可用于宾馆、商场、音乐厅、会议室、幼儿园、住宅等建筑的墙面和吊顶装饰。

4. 石膏空心条板

石膏空心条板的孔洞率为30%～40%，孔数为7～9，板材规格为(2400～3000)mm×600mm×60mm或(2400～3000)mm×600mm×90mm，孔间距离大于21mm，孔与板面间厚度大于11mm。常加入纤维材料（如无碱玻璃纤维）和轻质填充料以及外加剂，以提高板的抗折强度和减轻重量。这种板不用纸和黏结剂，也不用龙骨，施工方便，是一种具有发展前景的轻板，主要用于隔墙板，并且对室内温度和湿度起一定的调节作用。

5. 吸声用穿孔石膏板

吸声用穿孔石膏板是以穿孔的装饰石膏板或纸面石膏板为基板，与吸声材料或背覆透气性材料组合而成的石膏板。

吸声用穿孔石膏板主要用于音乐厅、会议室以及对音质要求高的或对噪声限制较严的场所，作为吊顶、墙面等的吸声装饰材料。使用时可根据建筑物的用途或功能及室内湿度的大小，来选择不同的基板，如干燥环境可选用普通基板，潮湿环境应选用防潮基板或耐水基板，防火等级要求高的应选用耐火基板。饰面不再处理的，其基板应选装饰石膏板；需进一步处理的，其基板可选用纸面石膏板。此外，还有耐水纸面石膏板、耐火纸面石膏板、石膏蔗渣板等。

对于石膏工业来说，约有85%被用来生产建筑墙板，约15%用来生产涂料或其他石膏产品。

六、石膏的验收与储运

建筑石膏一般采用袋装，可用具有防潮及不易破损的纸袋或其他复合袋包装；包装袋上应清楚标明产品标记、制造厂名、生产批号和出厂日期、质量等级、商标、防潮标志；运输、储存时不得受潮和混入杂物，不同等级的石膏应分别储运，不得混杂；自生产日起算，储存期为三个月。三个月后重新进行质量检验，以确定等级。

七、石膏制品的发展

石膏制品属于绿色环保建材产品。随着以人为本、保护生态环境战略的实施，具有绿色环保功能的非金属矿物材料具有广阔的发展空间，集绿色环保、防火、防潮、阻燃、轻质、强度高、可加工、可塑性、艺术性于一身的石膏及其制品更是倍受青睐。石膏以其特有的功能主要用于生产石膏砌块、石膏条板等新型墙体材料；石膏装饰材料（如各种高强、防潮、防火又具有环保功能的石膏装饰板、石膏线条、灯盘、门柱、门窗拱眉等装饰制品）不断涌现；具有吸声、防辐射、防火功能的石膏装饰板被推广应用；具有轻质、高强、耐水、保温的石膏复合墙体［如轻钢龙骨纸面石膏板夹岩棉复合墙体，纤维石膏板或石膏刨花板等

与龙骨的复合墙体，加气（或发泡）石膏保温板或砌块复合墙体，石膏与聚苯泡沫板、稻草板等复合大板］正逐渐取代传统的墙体材料，而且石膏墙板也可以回收重复利用。

第三节　水　玻　璃

水玻璃俗称“泡花碱”，是由碱金属氧化物和二氧化硅结合而成的能溶于水的一种金属硅酸盐物质。

一、水玻璃的生产

建筑工程中常用的水玻璃是硅酸钠（$Na_2O \cdot nSiO_2$）的水溶液，简称钠水玻璃。

钠水玻璃的主要原料是石英砂、纯碱或含硫酸钠的原料。将原料磨细，按比例配合，在熔炉内熔融生成硅酸钠，冷却后得固态水玻璃，然后在水中加热溶解而成液体水玻璃。其反应式为：

$$nSiO_2+Na_2CO_3 \xrightarrow[\text{加热}]{1300\sim1400℃} Na_2O \cdot nSiO_2+CO_2\uparrow$$

式中，n 为水玻璃模数，即二氧化硅与氧化钠的摩尔数比。水玻璃溶解的难易程度与水玻璃模数 n 的大小有关。

液体水玻璃常含杂质而呈青灰色、绿色或微黄色，以无色透明的液体水玻璃为最好。液体水玻璃可以与水按任意比例混合，使用时仍可加水稀释。在液体水玻璃中加入尿素，在不改变其黏度的前提下可提高黏结力。

二、水玻璃的硬化

水玻璃在空气中与二氧化碳作用，析出二氧化硅凝胶，凝胶因干燥而逐渐硬化，其反应式为

$$Na_2O \cdot nSiO_2+CO_2+mH_2O \longrightarrow nSiO_2 \cdot mH_2O+Na_2CO_3$$

上述硬化过程很慢，为加速硬化，可掺入适量的固化剂，如氟硅酸钠（Na_2SiF_6）或氯化钙（$CaCl_2$），其反应式如下：

$$2[Na_2O \cdot nSiO_2]+Na_2SiF_6+mH_2O \longrightarrow (2n+1)SiO_2 \cdot mH_2O+6NaF$$

氟硅酸钠的适宜掺量为水玻璃重量的 2%～15%，如果用量太少，不但硬化速度缓慢，强度降低，而且未经反应的水玻璃易溶于水，因而耐水性差。但如果用量过多，又会引起凝结过速，使施工困难，而且渗透性大，强度也低。加入氟硅酸钠后，水玻璃的初凝时间可缩短到 30～60min，终凝时间可缩短到 240～360min，7d 基本达到最高强度。

三、水玻璃的性质

1. 黏结强度较高

水玻璃有良好的黏结能力，硬化时析出的硅酸凝胶有堵塞毛细孔隙而防止水渗透的作用。

2. 耐热性好

水玻璃不燃烧，在高温下硅酸凝胶干燥得更加快，强度并不降低，甚至有所增加，用于配置水玻璃耐热混凝土、耐热砂浆、耐热胶泥等。

3. 耐酸性强

水玻璃能经受除氢氟酸、过热（300℃以上）磷酸、高级脂肪酸或油酸以外的几乎所有无机酸和有机酸的作用，用于配制水玻璃耐酸混凝土、耐酸砂浆、耐酸胶泥等。

4. 耐碱性、耐水性较差

水玻璃可溶于碱和水中，所以水玻璃硬化后不耐碱、不耐水。为提高耐水性，可采用中等浓度的酸对已硬化的水玻璃进行酸洗处理。

四、水玻璃的应用

1. 配制快凝防水剂

以水玻璃为基料，加入两种、三种或四种矾配制成二矾、三矾或四矾快凝防水剂。这种防水剂凝结迅速，凝结时间一般不超过1min，工程上利用它的速凝作用和黏附性，掺入水泥浆、砂浆或混凝土中，作修补、堵漏、抢修、表面处理用。

2. 涂刷建筑材料表面，可提高材料的抗渗和抗风化能力

用浸渍法处理多孔材料，可使其密实度和强度提高，对黏土砖、硅酸盐制品、水泥混凝土等，均有良好的效果，但不能用以涂刷或浸渍石膏制品，因为硅酸钠与硫酸钙会发生化学反应生成硫酸钠，在制品孔隙中结晶，体积显著膨胀，从而导致制品被破坏。用液体水玻璃涂刷或浸渍含有石灰的材料（如水泥混凝土和硅酸盐制品等）时，水玻璃与石灰之间起反应生成的硅酸钙胶体填实制品孔隙，使制品的密实度有所提高。

3. 加固地基，提高地基的承载力和不透水性

将液体水玻璃和氯化钙溶液轮流交替向地层压入，反应生成的硅酸凝胶将土壤颗粒包裹并填实其空隙。硅酸胶体为一种吸水膨胀的冻状凝胶，因吸收地下水而经常处于膨胀状态，阻止水分的渗透而使土壤固结。

另外，水玻璃还可用作多种建筑涂料的原料。将液体水玻璃与耐火填料等调成糊状的防火漆，涂于木材表面，可抵抗瞬间火焰。

思考题

2-1 什么是气硬性胶凝材料、水硬性胶凝材料？两者差异是什么？

2-2 生石灰、熟石灰、建筑石膏的主要成分是什么？它们各有哪些技术性质及用途？

2-3 石灰膏使用前为什么要“陈伏”？

2-4 为什么用不耐水的石灰拌制成的灰土、三合土具有一定的耐水性？

2-5 简述石灰、石膏的硬化原理。

2-6 简述水玻璃的应用。

工程案例

案例1 在某路基施工过程中使用石灰粉煤灰综合稳定碎石（俗称二灰碎石）。第一天铺筑了500m并且碾压完毕，密实度与平整度都能够满足要求。但是第二天却发现已摊铺完的基层发生了巨大变化：鼓起了一个个的包，并且不停地冒着蒸汽。

分析：生石灰需要消解成熟石灰才可以使用。生石灰与水发生化学反应产生大量的热，并伴随体积膨胀，这就是鼓包和形成大量蒸汽的原因。

案例2 某工程内墙面抹完水泥混合砂浆24h后，刷两遍乳胶漆。不久发现乳胶漆表面不平且有起皮脱落现象。

分析：磨细石灰粉熟化期不少于3d，石灰膏熟化期不少于15d，生石灰粉、石灰膏尚未完全熟化是导致上述现象的主要原因。

课后知识

石灰是人类最早应用的胶凝材料。公元前8世纪古希腊人已将石灰用于建筑中，中国也在公元前7世纪开始使用石灰。石灰原料分布广，生产工艺简单，成本低廉，至今仍然是用途广泛的建筑材料。将消石灰粉或生石灰粉掺入各种粉碎或原来松散的土中，经拌和、压实及养护后得到的混合料，称为石灰稳定土。石灰稳定土包括石灰土、石灰稳定砂砾土、石灰碎石土等。石灰稳定土具有一定的强度和耐水性，广泛用作建筑物的基础、地面的垫层及道路的路面基层。

第三章　水　　泥

【学习目标】

通过本章学习，能根据水泥特性正确选择水泥品种和强度等级，并对水泥的储存、运输、验收、保管及受潮处理、质量检验有所了解。

【了解】　生产水泥所需原料、生产过程、水泥的凝结硬化过程及机理、其他专用水泥和特种水泥的特点及应用。

【熟悉】　水泥熟料的矿物成分及水化特性，矿物组成及每种矿物单独在硅酸盐水泥中所起的作用。

【掌握】　硅酸盐水泥及掺混合材料的硅酸盐水泥的主要技术性质、检测方法、特性及应用。采用对比分析的方法掌握它们之间的共性及它们各自的个性。水泥的储存、运输、验收、保管及受潮处理、质量检验。

知识点滴

我国胶凝材料的发展

从买“洋灰”的弱国到水泥大国，是中华民族崛起的一个过程，是增强我们四个自信的强大力量之一。

在古代，中国有过辉煌于世界的建筑胶凝材料发展历史。在新石器时代的仰韶文化时期，我们的祖先就懂得用“白灰面”涂抹山洞，这之后又学会了用黄泥制成浆体来砌筑土坯墙。到公元前 7 世纪，开始出现了胶凝材料石灰。在公元 5 世纪的南北朝时期，出现了一种名叫“三合土”的建筑材料，明清时代的“三合土”质量和技术水平都远远高于“罗马砂浆”，但是我国在一段时期内社会与经济的停滞，使得建筑胶凝材料发展到“三合土”这个阶段就几乎停滞不前了，中国水泥行业在之后的发展中一直落后于欧洲。

在欧美一些国家，建筑用胶凝材料在罗马砂浆的基础上不断地提高发展起来，最终发明了具有里程碑意义的波特兰水泥，与之相应的水泥工业不断发展壮大，水泥的生产技术不断进步。当时，中国用水泥主要从外国输入，生产技术也彻底依赖国外技术，因此中国在那个时期把水泥叫“洋灰”。

1949 年后，我国建设了一大批水泥企业，1978 年改革开放号角吹响后，中国现代化的水泥企业纷纷诞生，先后经历了立窑生产、湿法回转窑生产、日产 2000t 熟料预分解窑新型干法生产和日产 5000t 熟料预分解窑新型干法生产四个发展阶段。改革开放后，我国社会和经济快速发展，水泥工业逐渐复兴。

2023 年，我国水泥产量达到 20.23 亿 t，处于国际先进行列。

水泥是一种粉末状材料，与水拌合后，经一系列物理、化学作用，由最初的可塑性浆体变成坚硬的石状体。水泥具有较高的强度，并且能将散状、块状材料黏结成整体。水泥浆体不仅能在空气中凝结硬化，而且能更好地在水中凝结硬化，并保持发展其强度，因而水泥是典型的水硬性胶凝材料。

水泥是建筑工程中最为重要的建筑材料之一，水泥的问世对工程建设起到了巨大的推动作用，引起了工程设计、施工技术、新材料开发等领域的巨大变革。水泥不仅大量用于工业与民用建筑工程中，而且广泛用于交通、水利、海港、矿山等工程，几乎任何种类、规模的工程都离不开水泥。

我国的水泥工业，近几十年来无论是品种、产量、质量都有大的突破。从新中国成立初期的二三十种，年产量不足百万吨发展到现在的上百个品种，产量连续 10 年居世界第一位。水泥及其制品工业的迅速发展对保证国家建设起着重要作用，但也应该看到我国水泥工业存在的不足。传统的水泥产业是一个高耗能、高环境负荷的产业，以中国的现实情况为例，平均每生产 1t 水泥熟料，消耗 1. 2t 石灰石、169kg 左右标准煤，向大气排放约 1tCO_2、2kgSO_2、4kgNO_x，1t 水泥需综合耗电 100kW/h，还要向大气中排放大量粉尘与烟尘。如果水泥仍沿着传统的发展模式走下去，随着水泥产量的提高，现有的资源、能源、环境等都将不堪负荷，无法实现可持续发展，因而水泥工业绿色产业化将是今后的发展方向。

水泥的品种繁多，按其矿物组成，水泥可分为硅酸盐系列、铝酸盐系列、硫铝酸盐系列、铁铝酸盐系列、氟铝酸盐系列等；按其用途和特性又可分为通用水泥、专用水泥和特性水泥。通用水泥是指目前建筑工程中常用的硅酸盐水泥、普通硅酸盐水泥、矿渣硅酸盐水泥、火山灰硅酸盐水泥、粉煤灰硅酸盐水泥、复合硅酸盐水泥；专用水泥是指有专门用途的水泥，如油井水泥、道路硅酸盐水泥；特性水泥是指有比较特殊性能的水泥，如快硬硅酸盐水泥、膨胀水泥。

水泥品种很多，出于应用方面考虑，本章重点介绍硅酸盐系列水泥，对其他水泥只作一般介绍。

第一节　通用硅酸盐水泥

水泥概述

通用硅酸盐水泥是以硅酸盐水泥熟料、适量石膏及规定的混合材料制成的水硬性胶凝材料。通用硅酸盐水泥根据混合材料的品种和掺量分为硅酸盐水泥、普通硅酸盐水泥、矿渣硅酸盐水泥、火山灰硅酸盐水泥、粉煤灰硅酸盐水泥和复合硅酸盐水泥。

一、硅酸盐水泥

《通用硅酸盐水泥》（GB 175—2007）规定，硅酸盐水泥是由硅酸盐水泥熟料、0%~5%石灰石或粒化高炉矿渣、适量石膏磨细制成的水硬性胶凝材料。硅酸盐水泥分两种类型，不掺加混合材料的称为Ⅰ型硅酸盐水泥，代号 P. Ⅰ；在硅酸盐水泥粉磨时掺加不超过水泥质量 5%石灰石或粒化高炉矿渣混合材料的称为Ⅱ型硅酸盐水泥，代号P. Ⅱ。

硅酸盐水泥是硅酸盐水泥系列的基本品种，其他品种的硅酸盐水泥都是在硅酸盐水泥熟料的基础上，掺入一定量的混合材料制得，因此硅酸盐水泥是本章的重点。

（一）硅酸盐水泥的原料及生产

生产硅酸盐水泥的原料主要有石灰质、黏土质两大类，此外再配以辅助的铁质和硅质校正原料。其中石灰质原料主要提供 CaO，它可采用石灰石、石灰质凝灰岩等；黏土质原料主要提供 SiO_2、Al_2O_3 及少量的 Fe_2O_3，它可采用黏土、黄土等。

硅酸盐水泥生产过程是将原料按一定比例混合磨细，先制得具有适当化学成分的生料，再将生料在水泥窑（回转窑或立窑）中经过1400~1450℃的高温煅烧至部分熔融，冷却后得硅酸盐水泥熟料，最后再加适量石膏共同磨细至一定细度即得 P. Ⅰ型硅酸盐水泥。硅酸盐水泥的生产过程可概括为“两磨一烧”。P. Ⅱ型硅酸盐水泥生产工艺流程如图3-1所示。

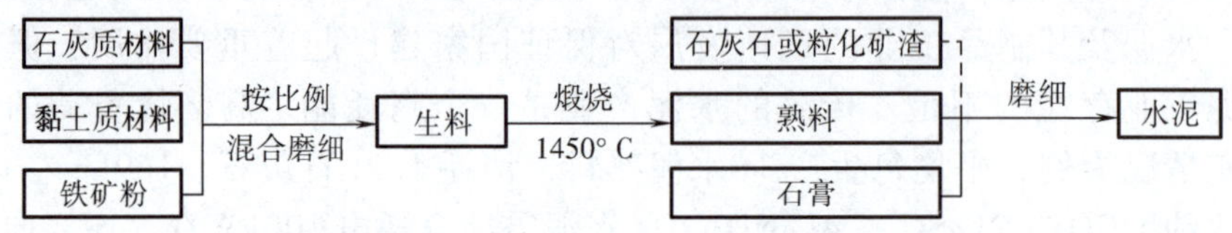

图3-1 P. Ⅱ型硅酸盐水泥生产工艺流程

由于水泥生产过程中要消耗大量能源，而且排放出大量粉尘和二氧化碳（生产1t水泥要排放大约1t形成温室效应的 CO_2 气体）。因此，从生态学角度，从混凝土作为可持续使用的大宗结构工程材料出发，应致力于减少水泥熟料的生产。

（二）硅酸盐水泥熟料矿物的组成及特性

生料在锻烧过程中，首先分解出 CaO、SiO_2、Al_2O_3 和 Fe_2O_3 等成分，然后高温下结合成新的化合产物，即熟料，其中硅酸钙矿物含量不小于66%（本书中百分含量数字如无特别说明，皆表示质量分数），氧化钙和氧化硅质量比不小于2.0。硅酸盐水泥熟料矿物成分形成过程如图3-2所示。

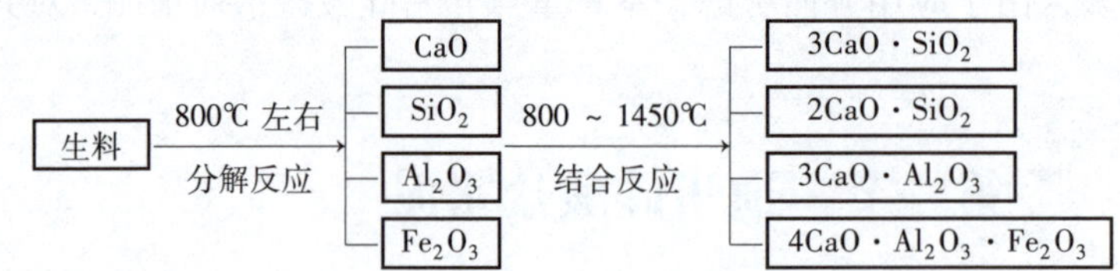

图3-2 硅酸盐水泥熟料矿物成分形成过程

硅酸盐水泥熟料矿物成分如下：

硅酸三钙 $3CaO \cdot SiO_2$，简写 C_3S；

硅酸二钙 $2CaO \cdot SiO_2$，简写 C_2S；

铝酸三钙 $3CaO \cdot Al_2O_3$，简写 C_3A；

铁铝酸四钙 $4CaO \cdot Al_2O_3 \cdot Fe_2O_3$，简写 C_4AF。

除上述主要熟料矿物成分外，水泥中还有少量的游离氧化钙、游离氧化镁和碱等，其含量过高，会引起水泥体积安定性不良等现象，应加以限制，其总含量一般不超过水泥质量的5%。

各种矿物单独与水作用时，表现出不同的性能，详见表3-1。

表 3-1 硅酸盐水泥熟料矿物特性

矿物名称	密度/(g/cm^3)	水化反应速率	水化放热量	强度	耐蚀性
$3CaO \cdot SiO_2$	3.25	快	大	高	差
$2CaO \cdot SiO_2$	3.28	慢	小	早期低后期高	好
$3CaO \cdot Al_2O_3$	3.04	最快	最大	低	最差
$4CaO \cdot Al_2O_3 \cdot Fe_2O_3$	3.77	快	中	低	中

由表 3-1 可知，不同熟料矿物单独与水作用的特性是不同的。硅酸三钙的水化反应速度较快，水化放热量较大，且主要是早期放出，其强度最高，是决定水泥强度的主要矿物。一般来讲，硅酸三钙含量高说明熟料的质量好；硅酸二钙的水化反应速度最慢，水化放热量最小，且主要是后期放出，是保证水泥后期强度的主要矿物；铝酸三钙是凝结硬化速度最快、水化放热量最大的矿物，且硬化时体积收缩最大；铁铝酸四钙的水化反应速度也较快，仅次于铝酸三钙，其水化放热量中等，有利于提高水泥抗拉强度。水泥是几种熟料矿物的混合物，改变矿物成分间比例时，水泥性质即发生相应的变化，可制成不同性能的水泥。表 3-2 列举了三种有代表性的硅酸盐水泥，水泥熟料矿物所占比例不同，因而形成不同性能的水泥。

表 3-2 不同矿物组成的三种水泥

矿物组成	水泥 A	水泥 B	水泥 C	矿物组成	水泥 A	水泥 B	水泥 C
C_3S	48%	65%	31%	C_3A	13%	8%	12%
C_2S	24%	11%	40%	C_4AF	9%	9%	12%

表中的水泥 A 是普通型水泥；水泥 B 因 C_3S 含量较高而 C_2S 含量较少，其早期强度发展率要比普通水泥 A 明显加快，称为早强水泥（我国水泥标准规定的 R 型水泥）。早强水泥可以加快混凝土强度发展，加快施工速度，缩短工期，提早拆模板，以增加模板周转率。世界各国的水泥生产厂都在致力于不断提高水泥的早期强度，但是近年来人们逐渐认识到，利用早强水泥以加快混凝土强度发展，往往以后期强度发展幅度小、最后强度较低为代价。水泥中增加 C_2S 含量而减少 C_3S 含量，其水化热降低，可用于避免温差太高而引起开裂的大体积混凝土工程或在炎热夏季施工的混凝土工程。

（三）硅酸盐水泥的水化与凝结硬化

硅酸盐水泥拌和后，首先是水泥颗粒表面的矿物溶解于水，并与水发生水化反应，最初形成具有可塑性的浆体。随着水化反应的进行，水泥浆体逐渐变稠失去可塑性，但还不具有强度，这一过程称为水泥的凝结。随后凝结了的水泥浆体开始产生强度，并逐渐发展成为坚硬的水泥石，这一过程称为硬化。水泥的凝结、硬化过程与水泥的技术性能密切相关，其结果直接影响硬化后水泥石的结构和使用性能。因此，了解水泥的凝结和硬化过程是非常必要的。

1. 水泥的水化反应

水泥加水后，熟料矿物开始与水发生水化反应，生成水化产物，并放出一定的热量，其反应式如下：

$$2(3CaO \cdot SiO_2)+6H_2O = 3CaO \cdot 2SiO_2 \cdot 3H_2O+3Ca(OH)_2$$

$$2(2CaO\cdot SiO_2)+4H_2O=\!=\!=3CaO\cdot 2SiO_2\cdot 3H_2O+Ca(OH)_2$$

$$3CaO\cdot Al_2O_3+6H_2O=\!=\!=3CaO\cdot Al_2O_3\cdot 6H_2O$$

$$4CaO\cdot Al_2O_3\cdot Fe_2O_3+7H_2O=\!=\!=3CaO\cdot Al_2O_3\cdot 6H_2O+CaO\cdot Fe_2O_3\cdot H_2O$$

在上述反应中，为了调节水泥凝结时间，在粉磨水泥中加入适量石膏作缓凝剂，其机理可解释为：石膏能与最初生成的水化铝酸三钙反应生成钙矾石，反应式如下：

$$3CaO\cdot Al_2O_3\cdot 6H_2O+3(CaSO_4\cdot 2H_2O)+19H_2O=\!=\!=3CaO\cdot Al_2O_3\cdot 3CaSO_4\cdot 31H_2O$$

在熟料颗粒表面形成钙矾石保护膜，封闭熟料组分的表面，阻滞水分子及离子的扩散，从而延缓了熟料颗粒，特别是 C_3A 的继续水化。加入适量的石膏不仅能调节凝结时间达到标准所规定的要求，而且适量石膏能在水泥水化过程中与 C_3A 生成一定数量的硫铝酸钙晶体，交错地填充于水泥石的空隙中，从而增强水泥石的致密性，有利于提高水泥强度，尤其是早期强度的发挥。但如果石膏掺量过多，会引起水泥体积安定性不良，在后面的内容中再作详细讨论。

综上所述，忽略一些次要的、少量的成分，硅酸盐水泥熟料矿物与水反应后，生成的主要水化产物有：水化硅酸钙、水化铁酸钙胶体、氢氧化钙、水化铝酸钙和水化硫铝酸钙晶体。在完全水化的水泥石中，水化硅酸钙约占70%，氢氧化钙约占20%。

2. 硅酸盐水泥的凝结与硬化

水泥的凝结硬化是个非常复杂的过程，一般认为，水泥的凝结硬化是一个由表及里、由快到慢的过程。水泥较粗颗粒的内部很难完全水化。硬化后的水泥石是由水泥凝胶（凝胶体、晶体及凝胶孔）、未完全水化的水泥颗粒、毛细孔（含毛细孔水）等组成的不匀质结构体。

3. 影响水泥凝结、硬化的因素

水泥的凝结、硬化过程，也就是水泥强度发展的过程。为了正确使用水泥，必须了解影响水泥凝结、硬化的因素，以便采取合理、有效的措施。

（1）熟料矿物组成　矿物组成是影响水泥凝结硬化的主要内因，如前所述，不同的熟料矿物成分单独与水作用时，水化反应的速度、强度、水化放热是不同的，因此改变水泥的矿物组成，其凝结硬化将产生明显的变化。硅酸盐水泥各熟料矿物的强度增长可用图3-3表示。

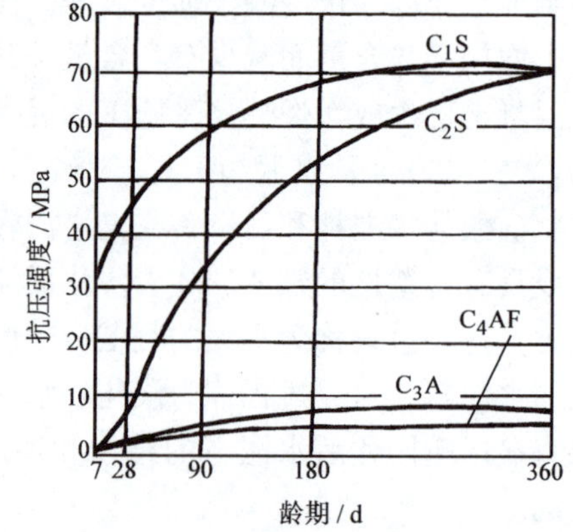

图3-3　硅酸盐水泥各熟料矿物的强度增长曲线图

（2）水泥细度　水泥颗粒的粗细直接影响水泥的水化、凝结硬化、强度、干缩及水化热等。水泥的颗粒粒径一般为7～200μm，颗粒越细，与水接触的比表面积越大，水化速度则越快且越充分，水泥的早期强度高。但水泥颗粒过细，在生产过程中消耗的能量越多，机械损耗也越大，生产成本增加，且水泥在硬化时收缩也增大。因而水泥的细度应适中。

（3）石膏　石膏掺入水泥中的目的是延缓水泥的凝结、硬化，其缓凝原理如前所述。在此需注意，石膏的掺量必须严格控制，如果石膏掺量过多，在水泥硬化后仍有一部分石膏与 C_3A 继续水化生成一种水化硫铝酸钙的针状晶体，体积膨胀，使水泥和混凝土强度降低，严重时还会导致水泥体积安定性不良。

(4) 温度、湿度　温度对水泥的凝结硬化影响很大，提高温度，可加速水泥的凝结硬化，强度增长较快。一般情况下，提高温度可加速硅酸盐水泥的早期水化，使早期强度能较快发展，但对后期强度反而可能会有降低作用。而在较低温度下进行水化，虽然凝结硬化慢，但水化产物较致密，可获得较高的最终强度。但当温度低于0℃时，不仅水泥强度不增长，而且水泥石还会因水的结冰而遭到破坏。

湿度是保证水泥水化的一个必备条件，水泥的凝结硬化实质是水泥的水化过程。因此，在缺乏水的干燥环境中，水化反应不能正常进行，硬化也将停止；潮湿环境下的水泥石能够保持足够的水分进行水化和凝结硬化，从而保证强度的不断发展。在工程中，保持环境的温度、湿度，使水泥石强度不断增长的措施称为养护，水泥混凝土在浇筑后的一段时间里应十分注意温度、湿度的养护。

(5) 龄期　龄期是指水泥在正常养护条件下所经历的时间。水泥的凝结、硬化是随龄期的增长而渐进的过程，在适宜的温度、湿度环境中，随着水泥颗粒内各熟料矿物水化程度的提高，凝胶体不断增加，毛细孔相应减少，水泥的强度增长可持续若干年。在水泥水化作用的最初几天内强度增长最为迅速，如水化7d的强度可达到28d强度的70%左右，28d以后的强度增长明显减缓，如图3-4所示。

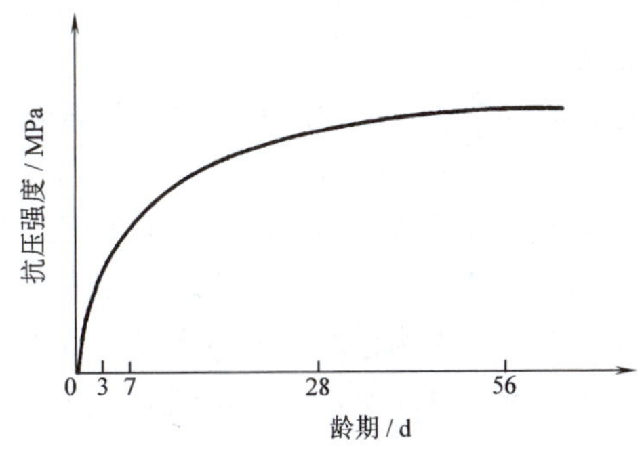

图3-4　硅酸盐水泥强度发展与龄期的关系

(6) 水胶比　拌和水泥浆时，水与胶凝材料（水泥及其他掺料，如粉煤灰、矿粉等）的质量比称为水胶比。拌和水泥浆时，为使浆体具有一定塑性和流动性，所加入的水量通常要大大超过水泥充分水化时所需用水量，多余的水在硬化的水泥石内形成毛细孔。因此拌合水越多，硬化水泥石中的毛细孔就越多，在熟料矿物组成大致相近的情况下，水胶比的大小是影响水泥石强度的主要因素。

水泥的凝结、硬化除上述主要因素之外，还与受潮程度及掺外加剂种类等因素有关。

(四) 硅酸盐水泥的技术要求

《通用硅酸盐水泥》(GB 175—2007) 对硅酸盐水泥的细度、凝结时间、标准稠度用水量、体积安定性、强度等作了如下规定：

1. 细度（选择性指标）

细度是指水泥颗粒的粗细程度。水泥细度的评定采用比表面积法。比表面积是指单位质量的水泥粉末所具有的总表面积，以m^2/kg表示，可用勃氏比表面积仪测定。硅酸盐水泥比表面积不小于$300m^2/kg$。

2. 凝结时间

凝结时间分为初凝时间和终凝时间。初凝时间为水泥全部加入水中至水泥开始失去塑性、流动性减小所需的时间；终凝时间为水泥全部加入水中至标准稠度的净浆完全失去可塑性并开始产生强度所需的时间，如图3-5所示。

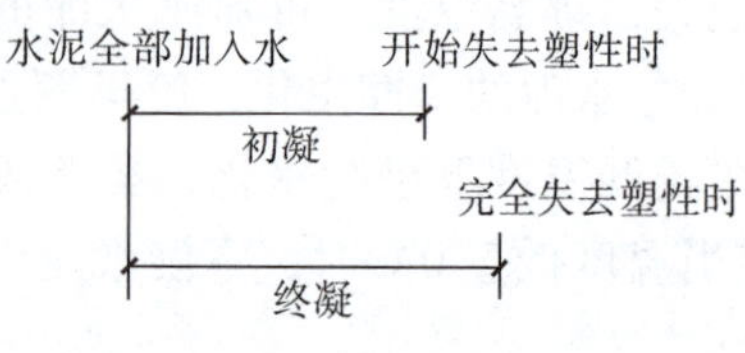

图 3-5　水泥凝结时间示意图

水泥凝结时间的测定

《通用硅酸盐水泥》（GB 175—2007）规定，硅酸盐水泥的初凝时间不小于 45min，终凝时间不大于 390min。凝结时间的规定对工程有着重要的意义。为使混凝土、砂浆有足够的时间进行搅拌、运输、浇筑、砌筑，顺利完成混凝土和砂浆的制备，并确保制备的质量，初凝时间不能过短，否则在施工中即已失去流动性而无法使用；当浇筑完毕，为了使混凝土尽快硬化，产生强度，顺利地进入下一道工序，终凝时间不能太长，否则将延缓施工进度与模板周转期。水泥凝结时间不符合规定者为不合格品。

3. 标准稠度用水量

标准稠度用水量的大小对水泥的凝结时间、体积安定性等的测定值有较大的影响。为了使所测得的结果有可比性，要求必须采用标准稠度的水泥净浆来测定。水泥净浆达到标准稠度所需用水量即为标准稠度用水量，以水占水泥质量的百分数表示。对于不同的水泥品种，水泥的标准稠度用水量各不相同，一般为 24%~33%。标准稠度用水量主要取决于熟料矿物组成及水泥细度。

4. 体积安定性

水泥的体积安定性是指水泥浆硬化后体积变化是否均匀的性质。当水泥浆体硬化过程发生不均匀变化时，会导致膨胀开裂、翘曲等现象，称为体积安定性不良。体积安定性不良的水泥会使混凝土构件产生膨胀性裂缝，从而降低建筑物质量，引起严重事故。国家标准规定水泥体积安定性不符合规定者为不合格品。

水泥标准稠度测定

水泥体积安定性测定

引起水泥体积安定性不良的原因主要是：

（1）水泥中含有过多的游离氧化钙和游离氧化镁　当水泥原料比例不当（石灰石较多）或煅烧工艺不正常时，会产生较多游离状态的氧化钙和氧化镁（f-CaO，f-MgO），它们与熟料一起经历了 1450℃的高温煅烧，属于严重过火的氧化钙、氧化镁，水化极慢，在水泥凝结硬化后很长时间才进行水化。其反应式为：

$$CaO+H_2O \longrightarrow Ca(OH)_2$$

$$MgO+H_2O \longrightarrow Mg(OH)_2$$

生成的 $Ca(OH)_2$ 和 $Mg(OH)_2$ 在已经硬化的水泥石中膨胀，使水泥石出现开裂、翘曲、疏松和崩溃等现象，甚至完全破坏。

（2）石膏掺量过多　当石膏掺量过多时，在水泥硬化后，残余石膏与固态水化铝酸钙反应生成高硫型水化硫铝酸钙，体积增大约 1.5 倍，从而导致水泥石开裂。其反应式为：

$$3(CaSO_4 \cdot 2H_2O)+3CaO \cdot Al_2O_3 \cdot 6H_2O+19H_2O$$
$$\longrightarrow 3CaO \cdot Al_2O_3 \cdot 3CaSO_4 \cdot 31H_2O$$

《通用硅酸盐水泥》（GB 175—2007）规定，硅酸盐水泥的体积安定性经沸煮法（分标准法和代用法）检验必须合格。

用沸煮法只能检测出 f-CaO 造成的体积安定性不良，f-MgO 产生的危害与 f-CaO 相似，但由于氧化镁的水化作用更缓慢，其含量过多造成的体积安定性不良，必须用压蒸法才能检验出来；石膏造成的体积安定性不良则需长时间在温水中浸泡才能发现。由于后两种原因造成的体积安定性不良都不易检验，因此国家标准规定：熟料中 MgO 含量不宜超过 5.0%，经压蒸试验合格后，允许放宽到 6.0%，SO_3 含量不得超过 3.5%。

5. 强度及强度等级

水泥强度的测定

强度是表征水泥力学性质的一项重要指标，是确定水泥强度等级的依据。由于实际工程中很少使用净浆，因此在测定水泥强度时，采用《水泥胶砂强度检验方法（ISO 法）》（GB/T 17671—2021）的规定，将水泥、标准砂和水按规定比例（水泥：标准砂：水=1：3.0：0.5）用规定方法制成规格为 40mm×40mm×160mm 的标准试件，在标准条件下养护，测定其 3d、28d 的抗压强度、抗折强度。按照 3d、28d 的抗压强度、抗折强度将硅酸盐水泥分为 42.5、42.5R、52.5、52.5R、62.5、62.5R，并按照 3d 强度的大小分为普通型和早强型（用 R 表示）。各等级、各龄期的强度值不得低于表 3-3 中数值；如有一项指标低于表中数值，则应降低强度等级，直至 4 个数值全部满足表中规定为止。

表 3-3　通用硅酸盐水泥各龄期强度（GB 175—2007）

品种	强度等级	抗压强度/MPa		抗折强度/MPa	
		3d	28d	3d	28d
硅酸盐水泥	42.5	≥17.0	≥42.5	≥3.5	≥6.5
	42.5R	≥22.0		≥4.0	
	52.5	≥23.0	≥52.5	≥4.0	≥7.0
	52.5R	≥27.0		≥5.0	
	62.5	≥28.0	≥62.5	≥5.0	≥8.0
	62.5R	≥32.0		≥5.5	
普通硅酸盐水泥	42.5	≥17.0	≥42.5	≥3.5	≥6.5
	42.5R	≥22.0		≥4.0	
	52.5	≥23.0	≥52.5	≥4.0	≥7.0
	52.5R	≥27.0		≥5.0	

（续）

品种	强度等级	抗压强度/MPa		抗折强度/MPa	
		3d	28d	3d	28d
矿渣硅酸盐水泥 火山灰硅酸盐水泥 粉煤灰硅酸盐水泥 复合硅酸盐水泥	32.5（不包括复合硅酸盐水泥）	≥10.0	≥32.5	≥2.5	≥5.5
	32.5R（不包括复合硅酸盐水泥）	≥15.0		≥3.5	
	42.5	≥15.0	≥42.5	≥3.5	≥6.5
	42.5R	≥19.0		≥4.0	
	52.5	≥21.0	≥52.5	≥4.0	≥7.0
	52.5R	≥23.0		≥4.5	

注：2015年12月1日起，《通用硅酸盐水泥》（GB 175—2007）中，取消32.5级复合硅酸盐水泥。

6. 水化热

水泥与水发生水化反应所放出的热量称为水化热，单位为J/kg。水化热的大小主要与水泥的细度及矿物组成有关。颗粒越细，水化热越大；矿物中C_3S、C_3A含量越多，水化放热越高。大部分的水化热集中在早期放出，3~7d以后逐步减少。

水化热在混凝土工程中，既有有利的影响，又有不利的影响。高水化热的水泥在大体积混凝土工程中是非常不利的（如大坝、大型基础、桥墩等）。这是由于水泥水化释放的热量积聚在混凝土内部散发非常缓慢，混凝土表面与内部因温差过大而产生温差应力，致使混凝土受拉而开裂破坏，因此在大体积混凝土工程中，应选择低热水泥。但在混凝土冬季施工时，水化热却有利于水泥的凝结、硬化，防止混凝土受冻。

7. 密度与堆积密度

硅酸盐水泥的密度一般为3.1~3.2g/cm^3。水泥在松散状态时的堆积密度一般为900~1300kg/m^3，紧密堆积状态可达1400~1700kg/m^3。

《通用硅酸盐水泥》（GB 175—2007）除对上述内容作了规定外，还对不溶物、烧失量、三氧化硫、氧化镁、氯离子等化学指标进行了规定，不符合要求者为不合格品。

知识延伸

标准的重要性

水泥的技术指标来源于水泥国家标准，标准的重要性、决定性和现行性非常重要，我们在学习和工作中要熟读标准，逐步养成严格遵守国家标准、行业标准、地方标准和企业标准等各种标准规范的习惯，并要有按照规范做事的意识。没有规矩不成方圆，增强遵纪守法意识和工程伦理意识是我们在学习专业知识的同时，也应该学习的知识。

（五）水泥石的腐蚀与防止

硅酸盐水泥硬化后，在通常的条件下有较高的耐久性，但水泥石长期处在侵蚀性介质中（如流动的淡水、酸性溶液、强碱等环境），会逐渐受到侵蚀变得疏松，强度下降，甚至破坏，这种现象称为水泥石的腐蚀。

1. 软水的侵蚀（溶出性侵蚀）

硅酸盐水泥作为水硬性胶凝材料的代表，对于一般江、河、湖水等硬水，具有足够的抵抗能力。但是遇到冷凝水、雪水、蒸馏水等含重碳酸盐甚少的软水时，水泥石遭受腐蚀。其腐蚀机理如下：

当水泥石长期与软水接触时，水泥石中的氢氧化钙会被溶出，在静水及无压水的情况下，氢氧化钙很快处于饱和溶液中，使溶解作用中止，此时溶出仅限于表层，危害不大。但在流动水及压力水的作用下，溶解的氢氧化钙会不断流失，而且水越纯净，水压越大，氢氧化钙流失的越多。其结果是：一方面使水泥石变得疏松，另一方面也使水泥石的碱度降低，而水泥水化产物只有在一定的碱度环境中才能稳定生存，所以氢氧化钙的不断溶出又导致了其他水化产物的分解溶蚀，最终使水泥石破坏。

当环境水中含有重碳酸盐 $Ca(HCO_3)_2$ 时，由于同离子效应的缘故，氢氧化钙的溶解受到抑制，从而减轻了侵蚀作用，重碳酸盐还可以与氢氧化钙起反应，生成几乎不溶于水的碳酸钙。生成的碳酸钙积聚在水泥石的孔隙中，形成致密的保护层，阻止了外界水的侵入和内部氢氧化钙的扩散析出。反应式如下：

$$Ca(HCO_3)_2+Ca(OH)_2 \longrightarrow 2CaCO_3+2H_2O$$

因此，对需与软水接触的混凝土，预先在空气中放置一段时间，使水泥石中的氢氧化钙与空气中的 CO_2、水作用形成碳酸钙外壳，则可对溶出性侵蚀起到一定的保护作用。

2. 酸性腐蚀

（1）碳酸水的腐蚀　雨水、泉水及某些工业废水中常溶解有较多的 CO_2，当 CO_2 含量超过一定数值时，将会对水泥石产生破坏作用，其反应式如下：

$$Ca(OH)_2+CO_2+H_2O \longrightarrow CaCO_3+2H_2O$$

$$CaCO_3+CO_2+H_2O \rightleftharpoons Ca(HCO_3)_2$$

上述第二个反应式是可逆反应，若水中含有较多的碳酸，超过平衡浓度时，上式向右进行，水泥石中的 $Ca(OH)_2$ 经过上述两个反应式转变为 $Ca(HCO_3)_2$ 而溶解，进而导致其他水泥水化产物溶解，使水泥石结构破坏；若水中的碳酸不多，低于平衡浓度时，则反应式进行到第一个反应式为止，对水泥石并不起破坏作用。

（2）一般酸的腐蚀　在工业污水和地下水中常含有无机酸（HCl、H_2SO_4、HPO_3 等）和有机酸（醋酸、蚁酸等），各种酸对水泥都有不同程度的腐蚀作用，它们与水泥石中的 $Ca(OH)_2$作用后生成的化合物或溶于水或体积膨胀而导致破坏。腐蚀作用最快的是无机酸中的盐酸、氢氟酸、硝酸、硫酸和有机酸中的醋酸、蚁酸和乳酸等。

例如：盐酸与水泥石中的 $Ca(OH)_2$ 作用生成极易溶于水的氯化钙，导致溶出性化学侵蚀，方程式如下：

$$2HCl+Ca(OH)_2 \longrightarrow CaCl_2+2H_2O$$

硫酸与水泥石中的 $Ca(OH)_2$ 作用，反应式如下：

$$H_2SO_4+Ca(OH)_2 \longrightarrow CaSO_4+2H_2O$$

生成的二水硫酸钙或直接在水泥石孔隙中结晶膨胀，或者再与水泥石中的水化铝酸钙作用，生成高硫型水化硫铝酸钙，体积膨胀 1.5 倍以上，对已硬化的水泥石起极大的破坏作用。高硫型水化硫铝酸钙呈针状晶体，俗称“水泥杆菌”。

3. 盐类的腐蚀

（1）镁盐的腐蚀　海水及地下水中常含有氯化镁等镁盐，它们可与水泥石中的氢氧化钙起置换反应生成易溶于水的氯化钙和松软无胶结能力的氢氧化镁。其反应式为：

$$MgCl_2+Ca(OH)_2 \longrightarrow CaCl_2+Mg(OH)_2$$

（2）硫酸盐的腐蚀　硫酸钠、硫酸钾等对水泥石的腐蚀同硫酸的腐蚀，而硫酸镁对水泥石的腐蚀包括镁盐和硫酸盐的双重腐蚀作用，硫酸盐的腐蚀即上述的硫酸腐蚀。

4. 强碱腐蚀

碱类溶液如浓度不大时一般无害。但铝酸盐含量较高的硅酸盐水泥遇到强碱（如氢氧化钠）作用后会被腐蚀破坏。氢氧化钠与水泥熟料中未水化的铝酸盐作用，生成易溶的铝酸钠，出现溶出性侵蚀。另外，当水泥石被氢氧化钠溶液浸透后，又在空气中干燥，与空气中的二氧化碳作用生成碳酸钠，碳酸钠在水泥石毛细孔中结晶沉积，可使水泥石胀裂。其反应式如下：

$$3CaO \cdot Al_2O_3+6NaOH \longrightarrow 3Na_2O \cdot Al_2O_3+3Ca(OH)_2$$

综上所述，水泥石破坏有三种表现形式：一是溶解浸析，主要是水泥石中的 $Ca(OH)_2$ 溶解使水泥石中的 $Ca(OH)_2$ 浓度降低，进而引起其他水化产物的溶解；二是离子交换，侵蚀性介质与水泥石的组分 $Ca(OH)_2$ 发生离子交换反应，生成易溶解或是没有胶结能力的产物，破坏水泥石原有的结构；三是形成膨胀组分，水泥石中的水化铝酸钙与硫酸盐作用形成膨胀性结晶产物，产生有害的内应力，引起膨胀性破坏。

水泥石腐蚀是内外因并存的。内因是水泥石中存在有引起腐蚀的组分氢氧化钙和水化铝酸钙，水泥石本身结构不密实，有渗水的毛细管渗水通道；外因是在水泥石周围有以液相形式存在的侵蚀性介质。

除上述四种腐蚀类型外，对水泥石有腐蚀作用的还有其他一些物质，如糖、酒精等。水泥石的腐蚀是一个极其复杂的物理化学过程，很少是单一类型的腐蚀，往往是几种腐蚀作用同时存在，相互影响。

（六）水泥石腐蚀的防止措施

根据以上腐蚀原因的分析，要减轻或阻止水泥石的腐蚀，可以采取以下措施：

1. 根据侵蚀性介质选择合适的水泥品种

如采用氢氧化钙含量少的水泥，可提高对淡水、侵蚀性液体的抵抗能力；采用含水化铝酸钙低的水泥，可抵抗硫酸盐的腐蚀；选择掺入混合材料的水泥可提高抗腐蚀能力。

2. 提高水泥的密实度，降低孔隙率

硅酸盐水泥水化只需23%左右的水，而实际用水量较大，占水泥质量的40%~70%，多余的水分蒸发后形成连通的孔隙，腐蚀介质就易渗入水泥石内部，从而加速水泥石的腐蚀。在实际工作中，可通过降低水胶比、合理选择集料、掺加外加剂、改善施工方法等措施，提高水泥石的密实度，从而提高水泥石的抗腐蚀性能。

3. 加保护层

当侵蚀作用较强，上述措施不能奏效时，可用耐腐蚀的材料，如石料、陶瓷、塑料、沥青等覆盖于水泥石的表面，防止侵蚀性介质与水泥石直接接触，达到抗侵蚀的目的。

（七）硅酸盐水泥的性质与应用

1. 快凝快硬高强

硅酸盐水泥的凝结硬化速度快，强度高，尤其是早期强度增长率高，适用于有早强要求的冬季施工的混凝土，地上、地下重要结构物及高强混凝土和预应力混凝土。

2. 抗冻性好

硅酸盐水泥采用合理的配合比和充分养护后，可获得较低孔隙率的水泥石，并有足够的强度，因此具有良好的抗冻性，适用于冬季施工及遭受反复冻融的混凝土工程。

3. 抗腐蚀性差

硅酸盐水泥水化产物中有较多的氢氧化钙和水化铝酸钙，耐软水及耐化学腐蚀能力差。故硅酸盐水泥不适用于受海水、矿物水、硫酸盐等化学侵蚀性介质腐蚀的地方。

4. 碱度高，抗碳化能力强

碳化是指水泥石中的氢氧化钙与空气中的二氧化碳反应生成碳酸钙的过程。碳化会使水泥石内部碱度降低，从而使其中的钢筋发生锈蚀。其机理可解释为：钢筋混凝土中的钢筋如处于碱性环境中，在其表面会形成一层致密的钝化膜，保护其中的钢筋不被锈蚀，而碳化会使水泥石逐渐由碱性变为中性。当中性深度达到钢筋附近时，钢筋失去碱性保护而锈蚀，致使混凝土构件破坏。硅酸盐水泥由于密实度高且碱性强，故抗碳化能力强，特别适合于重要的钢筋混凝土结构、预应力混凝土工程以及二氧化碳浓度高的环境。

5. 耐热性差

硅酸盐水泥中的一些重要成分在250℃温度时会发生脱水或分解，使水泥石强度下降；当受热700℃以上时，将遭受破坏，所以硅酸盐水泥不宜用于耐热混凝土工程。

6. 耐磨性好

硅酸盐水泥强度高，耐磨性好，适用于道路、地面等对耐磨性要求高的工程。

7. 水化热大

硅酸盐水泥中含有大量的C_3S、C_3A，在水泥水化时，放热速度快且放热量大，用于冬季施工可避免冻害。但高水化热对大体积混凝土工程不利，一般不适合于大体积混凝土工程。

二、普通硅酸盐水泥

普通硅酸盐水泥（简称普通水泥），代号P. O。活性混合材料掺加量为大于5%，且小于等于20%，其中允许用不超过水泥质量8%的非活性混合材料或不超过水泥质量5%的窑灰代替。

（一）技术要求

《通用硅酸盐水泥》（GB 175—2007）对普通硅酸盐水泥的技术要求如下：

（1）细度　比表面积不小于$300m^2/kg$。

（2）凝结时间　初凝时间不小于45min，终凝时间不大于600min。

（3）强度和强度等级　根据3d和28d龄期的抗折强度和抗压强度，将普通硅酸盐水泥划分为42. 5、42. 5R、52. 5、52. 5R共4个强度等级。各强度等级水泥的各龄期强度不得低于国家标准规定的数值（表3-3）。

普通硅酸盐水泥的烧失量不大于5. 0%，体积安定性，氧化镁、三氧化硫、氯离子含量要求与硅酸盐水泥相同。

（二）普通硅酸盐水泥的主要性能及应用

普通硅酸盐水泥中绝大部分仍为硅酸盐水泥熟料，其性质与硅酸盐水泥相近，但由于掺入少量混合材料，各性质稍有区别，具体表现为：

1）早期强度略低。

2）水化热略低。

3）耐蚀性略有提高。

4）耐热性稍好。

5）抗冻性、耐磨性、抗碳化性略有降低。

在应用范围方面，普通硅酸盐水泥与硅酸盐水泥基本相同，甚至在一些不能用硅酸盐水泥的地方也可采用普通硅酸盐水泥，使得普通硅酸盐水泥成为建筑行业应用面最广、使用量最大的水泥品种。

三、其他通用硅酸盐水泥

其他通用硅酸盐水泥包括矿渣硅酸盐水泥、火山灰硅酸盐水泥、粉煤灰硅酸盐水泥和复合硅酸盐水泥，它们是在硅酸盐水泥熟料的基础上，加入一定量的混合材料和适量石膏共同磨细制成的水硬性胶凝材料。掺混合材料的目的是为了调整水泥强度等级，扩大使用范围，改善水泥的某些性能，增加水泥的品种和产量，降低水泥成本并且充分利用工业废料，节省黏土及岩石资源，减轻环境的负担。

（一）混合材料

混合材料是指在生产水泥及各种制品和构件时，掺入的大量天然的或人工的矿物材料。混合材料按照其参与水化的程度，分为活性混合材料和非活性混合材料。

1. 活性混合材料

活性混合材料是指具有火山灰性或潜在水硬性，或兼有火山灰性和水硬性的矿物材料。

火山灰性是指一种材料磨成细粉，单独不具有水硬性，但在常温下与石灰一起和水能形成具有水硬性的化合物的性能；潜在水硬性是指磨细的材料与石膏一起和水能形成具有水硬性的化合物的性能。硅酸盐水泥熟料水化后会产生大量的氢氧化钙并且熟料中含有石膏，因此在硅酸盐水泥中掺入活性混合材料具备了使活性混合材料发挥活性的条件。通常将氢氧化钙、石膏称为活性混合材料的激发剂。激发剂的浓度越高，激发剂作用越大，混合材料活性发挥越充分。水泥中常用的活性混合材料如下：

（1）粒化高炉矿渣　将炼铁高炉中的熔融矿渣经水淬等急冷方式处理而成的松软颗粒称为高炉矿渣，又称为水淬矿渣，其中主要的化学成分是 CaO、SiO_2 和 Al_2O_3，占 90%以上。一般以 CaO 和 Al_2O_3 含量较高者，活性较大，质量较好。急速冷却的矿渣结构为不稳定的玻璃体，具有较高的潜在活性，在有激发剂的情况下，具有水硬性。

（2）火山灰质混合材料　凡是天然的或人工的以活性氧化硅（SiO_2）和活性氧化铝（Al_2O_3）为主要成分，其含量一般可达 65%～95%，具有火山灰活性的矿物材料，都称为火山灰质混合材料。火山灰质混合材料按其成因分为天然的和人工的两类。天然的火山灰主要是火山喷发时随同熔岩一起喷发的大量碎屑沉积在地面或水中的松软物质，包括浮石、火山灰、凝灰岩等。还有一些天然材料或工业废料（如硅藻土、沸石、烧黏土、煤矸石、煤渣等）也属于火山灰质混合材料。

（3）粉煤灰　粉煤灰是发电厂燃煤锅炉排出的烟道灰，呈玻璃态实心或空心的球状颗粒，表面比较致密。粉煤灰的成分主要是活性氧化硅（SiO_2）和活性氧化铝（Al_2O_3）。粉煤灰就其化学成分及性质属于火山灰质混合材料，由于每年排放量高达 1.4×10^8t，为了大量利用这些工业废料，保护环境，节约资源，把它专门列出作为一类活性混合材料。

《用于水泥和混凝土中的粉煤灰》（GB/T 1596—2017）规定，用于水泥的粉煤灰，其技术要求见表 3-4。

表 3-4 粉煤灰技术要求

序号	指标	类别	
		F 类	C 类
1	烧失量(%)，不大于	8.0	8.0
2	含水量(%)，不大于	1.0	1.0
3	三氧化硫(%)，不大于	3.5	3.5
4	游离氧化钙含量(%)，不大于	1.0	4.0

2. 非活性混合材料

在水泥中主要起填充作用而不与水泥发生化学反应或化学反应很微弱的矿物材料，称为非活性混合材料。将它们掺入硅酸盐水泥的目的，主要是提高水泥产量、调节水泥强度等级、减小水化热等。磨细的石英砂、石灰石、黏土、慢冷矿渣及各种废渣等都属于非活性混合材料。另外，凡不符合技术要求的粒化高炉矿渣、火山灰质混合材料及粉煤灰均可作为非活性混合材料使用。

3. 掺活性混合材料的硅酸盐水泥的水化特点

掺活性混合材料的硅酸盐水泥在与水拌和后，首先是水泥熟料水化，水化生成的 $Ca(OH)_2$ 作为活性激发剂，与活性混合材料中的活性 SiO_2 和活性 Al_2O_3 反应，即二次水化反应，生成具有水硬性的水化硅酸钙和水化铝酸钙。

（二）矿渣硅酸盐水泥、火山灰硅酸盐水泥、粉煤灰硅酸盐水泥

1. 组成

矿渣硅酸盐水泥、粉煤灰硅酸盐水泥和火山灰硅酸盐水泥的组分应符合表 3-5 的规定。复合硅酸盐水泥的组分要求见表 3-6。

表 3-5 矿渣硅酸盐水泥、粉煤灰硅酸盐水泥和火山灰硅酸盐水泥的组分要求

品种	代号	组分（质量分数）(%)				
		熟料+石膏	粒化高炉矿渣	粉煤灰	火山灰混合材料	石灰石
矿渣硅酸盐水泥	P. S. A	≥50 且<80	>20 且≤50	—	—	—
	P. S. B	≥30 且<50	>50 且≤70	—	—	
粉煤灰硅酸盐水泥	P. F	≥60 且<80	—	>20 且≤40	—	—
火山灰硅酸盐水泥	P. P	≥60 且<80	—	—	>20 且≤40	—

表 3-6 复合硅酸盐水泥的组分要求

品种	代号	组分（质量分数）(%)						
		熟料+石膏	粒化高炉矿渣	粉煤灰	火山灰混合材料	石灰石	砂岩	石灰石
复合硅酸盐水泥	P. C	≥50 且<80	>20 且≤50					

2. 技术要求

（1）细度、凝结时间、体积安定性　这三种水泥的细度要求80μm方孔筛筛余不大于10%或45μm方孔筛筛余不大于30%，凝结时间、体积安定性同普通水泥要求。

（2）氧化镁、三氧化硫含量　矿渣硅酸盐水泥P. S. A、火山灰硅酸盐水泥、粉煤灰硅酸盐水泥中氧化镁含量应小于等于6.0%；当水泥中氧化镁含量大于6.0%时，需进行水泥压蒸安定性试验并合格。

矿渣硅酸盐水泥中三氧化硫含量应小于等于4.0%；火山灰硅酸盐水泥和粉煤灰硅酸盐水泥中三氧化硫含量应小于等于3.5%。

（3）强度等级　这三种水泥的强度等级按3d、28d的抗压强度和抗折强度来划分，各强度等级水泥的各龄期强度不得低于表3-3中的数值。

3. 性质与应用

矿渣硅酸盐水泥、火山灰硅酸盐水泥及粉煤灰硅酸盐水泥都是在硅酸盐水泥熟料的基础上加入大量活性混合材料再加适量石膏磨细而制成，所加活性混合材料在化学组成与化学活性上基本相同，并且在加水调制后经历了非常相似的水化过程，因而存在有很多共性，但每种活性混合材料自身又有性质与特征的差异，又使得这三种水泥有各自的特性。

（1）三种水泥的共性

1）凝结硬化慢，早期强度低，后期强度发展较快。水泥加水后，其水化反应分两步进行。首先是熟料矿物的水化，生成水化硅酸钙、氢氧化钙等水化产物；其次是生成的氢氧化钙和掺入的石膏分别作为激发剂与活性混合材料中的活性SiO_2和活性Al_2O_3发生二次水化反应，生成水化硅酸钙、水化铝酸钙等新的水化产物。

由于三种水泥中熟料含量少，二次水化反应又比较慢，因此早期强度低，但后期由于二次水化的不断进行及熟料的继续水化，水化产物的不断增多，使得水泥强度发展较快，后期强度可赶上甚至超过同强度等级的普通硅酸盐水泥。不同品种水泥强度发展的比较如图3-6所示。

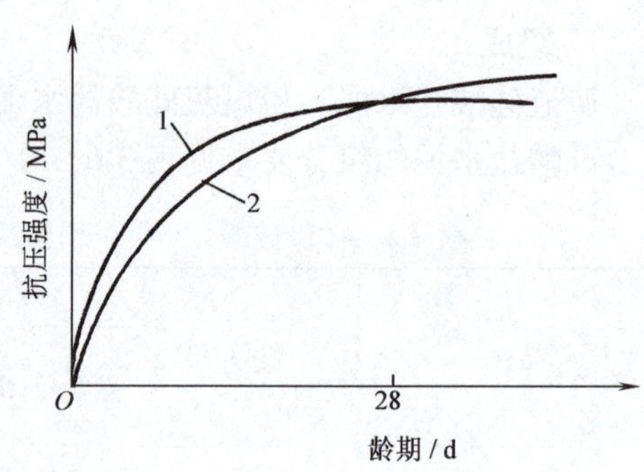

图3-6　不同品种水泥强度发展的比较
1—硅酸盐水泥或普通水泥　2—矿渣水泥或火山灰水泥、粉煤灰水泥

2）抗腐蚀能力强。由于水泥中熟料少，因而水化生成的氢氧化钙和水化铝酸三钙含量少，加之二次水化反应还要消耗一部分氢氧化钙及水化铝酸三钙，因此水泥中造成腐蚀的因素大大削弱，使得水泥抵抗软水、海水及硫酸盐腐蚀的能力增强，适宜用于水工、海港工程及受侵蚀性作用的工程。

3）水化热低。由于水泥中熟料少，即水化放热量高的C_3S、C_3A含量相对减小，使水化放热量少且慢，因此适用于大体积混凝土工程。

4）湿热敏感性强，适合高温养护。这三种水泥在低温下水化明显减慢，强度较低，采用高温养护可大大加速活性混合材料的水化，并可加速熟料的水化，故可大大提高早期强度，且不影响后期强度的发展。与此相比，普通硅酸盐水泥、硅酸盐水泥在高温下养护，虽然早期强度可提高，但后期强度发展受到影响，比一直在常温下养护的强度低。主要原因是在高温下普通

硅酸盐水泥、硅酸盐水泥的水化速度较快，短时间内生成大量的水化产物，这些水化产物对未水化的水泥颗粒的后期水化起阻碍作用，因此硅酸盐水泥、普通硅酸盐水泥不适合于高温养护。

5）抗碳化能力差。用这三种水泥拌制的砂浆和混凝土，由于其中氢氧化钙含量少，碱度较低，其中尤以矿渣水泥最为明显，低碱度使得碳化作用进行得较快且碳化深度也较大，当碳化深度达到钢筋表面时，就会导致钢筋的锈蚀，最后使混凝土产生顺筋裂缝。

6）抗冻性差、耐磨性差。由于加入较多的混合材料，水泥的需水量增加，水分蒸发后易形成毛细管通路或粗大孔隙，水泥石的孔隙率较大，导致抗冻性和耐磨性差。

（2）三种水泥的特性

1）矿渣硅酸盐水泥

① 耐热性强。矿渣硅酸盐水泥中矿渣含量较大，矿渣本身又是高温形成的耐火材料，硬化后氢氧化钙含量少，故矿渣硅酸盐水泥的耐热性好，适用于高温车间、高炉基础及热气体通道等耐热工程。

② 保水性差、泌水性大、干缩性大。粒化高炉矿渣难以磨得很细，加上矿渣玻璃体亲水性差，在拌制混凝土时泌水性大，容易形成毛细管通道和粗大孔隙，在空气中硬化时易产生较大干缩，其水泥石的密实度低，且干缩使混凝土表面产生很多微细裂缝，从而降低混凝土的力学性能和耐久性。

2）火山灰硅酸盐水泥。火山灰质混合材料含有大量的微细孔隙，使其具有良好的保水性，并且在水化过程中形成大量的水化硅酸钙凝胶，使火山灰硅酸盐水泥的水泥石结构密实，从而具有较高的抗渗性。火山灰硅酸盐水泥水化产物中含有大量胶体，长期处于干燥环境时，胶体会脱水产生严重的收缩，导致干缩裂缝。因此，使用时应特别注意加强养护，使水泥较长时间保持潮湿状态，以避免产生干缩裂缝。对于处在干热环境中施工的工程，不宜使用火山灰硅酸盐水泥。

3）粉煤灰硅酸盐水泥。粉煤灰呈球形颗粒，比表面积小，吸附水的能力小，因而这种水泥的干缩性小，抗裂性高，但致密的球形颗粒使其保水性差，易泌水。

粉煤灰由于内比表面积小，不易水化，所以活性主要在后期发挥。因此，粉煤灰硅酸盐水泥早期强度、水化热比矿渣硅酸盐水泥和火山灰硅酸盐水泥还要低，特别适用于大体积混凝土工程。

（三）复合硅酸盐水泥

复合硅酸盐水泥为由两种（含）以上符合标准规定的活性混合材料或非活性混合材料组成。掺矿渣的混合材料掺量不得与矿渣硅酸盐水泥重复。复合硅酸盐水泥的技术要求如下：

1. 细度

80μm 方孔筛筛余不得超过 10%，或 45μm 方孔筛筛余不超过 30%。

2. 凝结时间

初凝时间不小于 45min，终凝时间不大于 600min。

3. 体积安定性

MgO 含量应小于等于 6.0%；如 MgO 含量大于 6.0%，需进行水泥压蒸安定性试验并合格。SO_3 含量应小于等于 3.5%；安定性用沸煮法检验必须合格。

4. 强度

强度等级按规定龄期的抗压强度和抗折强度划分，各强度等级水泥的各龄期强度值见表3-3。

复合硅酸盐水泥特性取决于所掺混合材料的种类、掺量及相对比例，与矿渣硅酸盐水泥、火山灰硅酸盐水泥、粉煤灰硅酸盐水泥有不同程度的相似性，其使用应根据所掺混合材料的种类，参照其他掺混合材料水泥的适用范围按工程实践经验选用。

硅酸盐水泥、普通硅酸盐水泥、矿渣硅酸盐水泥、火山灰硅酸盐水泥、粉煤灰硅酸盐水泥及复合硅酸盐水泥是我国广泛使用的六种水泥，其性质及适用范围见表3-7。

表3-7 六种常用水泥的性质及应用的异同点

<table>
<tr><th colspan="2">项目</th><th>硅酸盐水泥
(P. Ⅰ、P. Ⅱ)</th><th>普通硅酸盐水泥
(P. O)</th><th>矿渣硅酸盐水泥
(P. S. A、P. S. B)</th><th>火山灰硅酸盐水泥
(P. P)</th><th>粉煤灰硅酸盐水泥
(P. F)</th><th>复合硅酸盐水泥
(P. C)</th></tr>
<tr><td colspan="2" rowspan="3">性质</td><td rowspan="3">早期、后期强度高
耐腐蚀性差
水化热大
抗碳化性好
抗冻性好
耐磨性好
耐热性差</td><td rowspan="3">早期强度稍低,后期强度高
耐蚀性稍差
水化热略小
抗碳化性好
抗冻性好
耐磨性较好</td><td colspan="3">早期强度低,后期强度高</td><td>早期强度较高</td></tr>
<tr><td colspan="4">对温度敏感，适合高温养护；耐蚀性好；水化热小；抗冻性较差；抗碳化性较差</td></tr>
<tr><td>泌水性大、抗渗性差
耐热性较好
干缩较大</td><td>保水性好、抗渗性好
干缩大
耐磨性差</td><td>泌水性大(快)、易产生失水裂纹，抗渗性差
干缩小、抗裂性好
耐磨性差</td><td>干缩较大</td></tr>
<tr><td rowspan="8">应用</td><td rowspan="2">优先使用</td><td colspan="2">早期强度要求高的混凝土,有耐磨要求的、严寒地区反复遭受冻融作用的混凝土,抗碳化性要求高的混凝土,掺混合材料的混凝土</td><td colspan="4">水下混凝土,海港混凝土,大体积混凝土,耐蚀性要求较高的混凝土,高温下养护的混凝土</td></tr>
<tr><td>高强度混凝土</td><td>普通气候及干燥环境中的混凝土,有抗渗要求的混凝土,受干湿交替作用的混凝土</td><td>有耐热要求的混凝土</td><td>有抗渗要求的混凝土</td><td>受载较晚的混凝土</td><td>—</td></tr>
<tr><td rowspan="2">可以使用</td><td rowspan="2">一般工程</td><td rowspan="2">高强度混凝土，水下混凝土,高温养护混凝土，耐热混凝土</td><td colspan="4">普通气候环境中的混凝土</td></tr>
<tr><td>抗冻性要求较高的混凝土,有耐磨性要求的混凝土</td><td>—</td><td>—</td><td>早期强度要求较高的混凝土</td></tr>
<tr><td rowspan="4">不宜或不得使用</td><td colspan="2" rowspan="2">大体积混凝土,耐蚀性要求高的混凝土</td><td colspan="4">早期强度要求高的混凝土</td></tr>
<tr><td colspan="4">抗冻性要求高的混凝土,掺混合材料的混凝土,低温或冬季施工混凝土,抗碳化性要求高的混凝土</td></tr>
<tr><td rowspan="2">耐热混凝土，高温养护混凝土</td><td rowspan="2"></td><td rowspan="2">抗渗性要求高的混凝土</td><td colspan="2">干燥环境中的混凝土,有耐磨要求的混凝土</td><td>—</td></tr>
<tr><td></td><td>有抗渗要求的混凝土</td><td>—</td></tr>
</table>

第二节 其他品种水泥

一、快硬硅酸盐水泥

凡以硅酸盐水泥熟料和适量石膏磨细制成的，以 3d 抗压强度表示强度等级的水硬性胶凝材料，称为快硬硅酸盐水泥，简称快硬水泥。

（一）技术要求

1. 细度

快硬水泥的细度用筛余百分数来表示，0.08mm 方孔筛筛余不得超过 10%。

2. 凝结时间

初凝时间不得早于 45min，终凝时间不得迟于 600min。

3. 体积安定性

用沸煮法检验必须合格。

4. 强度

快硬水泥以 3d 强度定等级，分为 325、375、425 三种，各龄期强度不得低于表 3-8 中的数值。

表 3-8 快硬水泥各龄期强度值

标号	抗压强度/MPa			抗折强度/MPa		
	1d	3d	28d	1d	3d	28d
325	15.0	32.5	52.5	3.5	5.0	7.2
375	17.0	37.5	57.5	4.0	6.0	7.6
425	19.0	42.5	62.5	4.5	6.4	8.0

5. MgO、SO_3 含量

熟料中 MgO 含量不得超过 5.0%，SO_3 含量不得超过 4.0%。

（二）性质

1）水泥凝结硬化快。

2）早期强度及后期强度均高，抗冻性好。

3）水化热大，耐蚀性差。

（三）应用

快硬水泥可用来配制早强、高等级的混凝土及紧急抢修工程以及冬季施工和混凝土预制构件，但不能用于大体积混凝土工程及经常与腐蚀介质接触的混凝土工程。由于快硬水泥细度大，易受潮变质，故在运输和储存中应注意防潮，一般储期不宜超过一个月，已风化的水泥必须对其性能重新检验，合格后方可使用。

二、明矾石膨胀水泥

明矾石膨胀水泥是以硅酸盐水泥熟料（58%~63%）、天然明矾石（12%~15%）、无水石膏（9%~12%）和粒化高炉矿渣（15%~20%）共同磨细制成的具有膨胀性能的水硬性胶凝材料。

（一）膨胀机理

一般硅酸盐水泥在空气中凝结硬化时，通常表现为收缩，收缩将使混凝土内部产生微裂缝，影响混凝土的强度及耐久性。

膨胀水泥在硬化过程中能产生一定体积的膨胀，由于这一过程发生在浆体完全硬化之前，所以能使水泥石结构密实而不致破坏。膨胀水泥根据膨胀率大小和用途不同，可分为收缩膨胀水泥和自应力水泥。收缩膨胀水泥是指膨胀率较小者，主要用于补偿一般硅酸盐水泥在硬化过程中产生的体积收缩或有微小膨胀；自应力水泥实质上是一种依靠水泥本身膨胀而产生预应力的水泥。

明矾石膨胀水泥加水后，其硅酸盐水泥熟料中的矿物水化生成的 $Ca(OH)_2$ 和 C_3AH_6，分别同明矾石[$K_2SO_4 \cdot Al_2(SO_4)_3 \cdot 4Al(OH)_3$]、石膏作用生成大量体积膨胀性的钙矾石 $CaO \cdot Al_2O_3 \cdot 3CaSO_4 \cdot 31H_2O$，填充于水泥石的毛细孔中，并与水化硅酸钙相互交织在一起，使水泥石结构密实，这就是明矾石水泥强度高和抗渗性好的主要原因。

（二）技术要求

1. 比表面积

比表面积不低于 $400m^2/kg$。

2. 凝结时间

初凝时间不早于45min，终凝时间不迟于600min。

3. 膨胀率

对于明矾石膨胀水泥，要求3d应不小于0.015%，28d应不大于0.10%。

4. 强度

按3d、7d、28d的强度值将明矾石膨胀水泥划分为32.5、42.5和52.5三个等级，各强度等级水泥的各龄期强度应不低于表3-9中的数值。

（三）性质

1）明矾石膨胀水泥在约束膨胀下（如内部配筋或外部限制）能产生一定的预压应力，从而提高混凝土和砂浆的抗裂能力，满足补偿收缩的要求，可减少或防止混凝土和砂浆的开裂。

2）该水泥强度高，后期强度持续增长，空气稳定性良好。

3）与钢筋有良好的黏结力，其原因主要是产生的膨胀力转化为化学压力，从而提高黏结力。

表3-9 明矾石膨胀水泥的强度等级与各龄期强度

强度等级	抗压强度/MPa			抗折强度/MPa		
	3d	7d	28d	3d	7d	28d
32.5	13.0	21.0	32.5	3.0	4.0	6.0
42.5	17.0	27.0	42.5	3.5	5.0	7.5
52.5	23.0	33.0	52.5	4.0	5.5	8.5

（四）应用

明矾石膨胀水泥主要用于可补偿收缩混凝土工程、防渗抹面及防渗混凝土（如各种地下建筑物、地下铁道、储水池、道路路面等），构件的接缝，梁、柱和管道接头，固定机器

底座和地脚螺栓等。

三、白色硅酸盐水泥

以适当成分的生料烧至部分熔融，所得以硅酸钙为主要成分、氧化铁含量很少的白硅酸盐水泥熟料，再加入适量石膏，共同磨细制成的水硬性胶凝材料称为白色硅酸盐水泥，简称白水泥。

普通水泥的颜色通常呈灰色，主要是因为含有较多的氧化铁及其他杂质所致。因此，生产白水泥的关键是严格控制水泥原料的铁含量，严防在生产过程中混入铁质。表 3-10 是水泥中铁含量与水泥颜色的关系。除此之外，锰、铬、钛等氧化物也会导致水泥白度降低，故生产中也需严格控制。

表 3-10　水泥中铁含量与水泥颜色的关系

氧化铁含量（%）	3~4	0.45~0.7	0.35~0.4
水泥颜色	暗灰色	淡绿色	白色

（一）生产白水泥的主要技术要求

1. 精选原料

限制着色氧化物含量。如采用纯净的高岭土、石英砂、石灰石，选择洁白的雪花石膏或优质纤维石膏作缓凝剂，这些石膏本身的白度常高于白水泥的白度。

2. 使用油或气体燃料

由于煤的灰分中含有较多的铁质，因此应尽量使用油或气体燃料。

3. 用非金属研磨体

为了避免水泥在生产过程中混入着色氧化物，研磨水泥生料和熟料时，球磨机内壁要镶贴白色花岗岩或高强陶瓷衬板，并采用烧结刚玉、瓷球、卵石等作研磨体。

4. 水泥熟料的漂白处理

给刚出窑的红热熟料喷水、喷油或浸水，使熟料周围形成少量 CO 的还原气氛，使熟料中 Fe_2O_3 还原为颜色较浅的 Fe_3O_4 或 FeO，以提高白度。

5. 适当提高水泥细度

当水泥细度处于比表面积为 300~400m^2/kg 时，白度有较大提高，但比表面积超过 400m^2/kg 时，细度对白度的影响甚微。

（二）技术要求

1. 细度

白水泥的细度要求为 45μm 方孔筛筛余应不大于 30%。

2. 凝结时间

初凝时间不小于 45min，终凝时间不大于 600min。

3. 体积安定性

用沸煮法检验必须合格，水泥中 SO_3 含量应不大于 3.5%。

4. 强度

按 3d、28d 的强度值将白水泥划分为 32.5、42.5、52.5 三个等级，各等级、各龄期强度应不低于表 3-11 中的数值。

表 3-11 白色硅酸盐水泥的不同龄期强度要求

强度等级	抗折强度/MPa		抗压强度/MPa	
	3d	28d	3d	28d
32.5	≥3.0	≥6.0	≥12.0	≥32.5
42.5	≥3.5	≥6.5	≥17.0	≥42.5
52.5	≥4.0	≥7.0	≥22.0	≥52.5

5. 白度

白度是白水泥的一项重要技术性能指标。目前白水泥的白度是通过光电系统组成的白度计对可见光的反射程度确定的。将白水泥样品装入压样器中压成表面平整的白板，置于白度仪中测定白度，以其表面对红、绿、蓝三原色光的反射率与氧化镁标准白板的反射率比较，用相对反射百分率表示。白水泥按白度分为1级和2级，各等级白度不得低于表3-12中的数值。

表 3-12 白水泥各等级白度

等级	1级	2级
白度	≥89	≥87

（三）应用

白水泥具有强度高、色泽洁白等特点，在建筑装饰工程中常用来配制彩色水泥浆，用于建筑物内、外墙的粉刷及顶棚、柱子的粉刷，还可用于贴面装饰材料的勾缝处理；配制各种彩色砂浆用于装饰抹灰，如常用的水刷石、斩假石等，模仿天然石材的色彩、质感，具有较好的装饰效果；配制彩色混凝土，制作彩色水磨石等。

（四）白水泥在应用中的注意事项

1）在制备混凝土时，粗、细集料宜采用白色或彩色的大理石、石灰石、石英砂和各种颜色的石屑，不能掺合其他杂质，以免影响其白度及色彩。

2）白水泥的施工和养护方法与普通硅酸盐水泥相同，但施工时底层及搅拌工具必须清洗干净，以免影响白水泥的装饰效果。

四、中热硅酸盐水泥、低热硅酸盐水泥

中热硅酸盐水泥（简称中热水泥）是以适当成分的硅酸盐水泥熟料，加入适量石膏，磨细制成的具有中等水化热的水硬性胶凝材料，代号为P.MH。

低热硅酸盐水泥（简称低热水泥）是以适当成分的硅酸盐水泥熟料，加入适量石膏，磨细制成的具有低水化热的水硬性胶凝材料，代号为P.LH。

根据《中热硅酸盐水泥 低热硅酸盐水泥》（GB/T 200—2017）的规定，主要技术要求如下：

1. 矿物组成

中热硅酸盐水泥熟料中C_3S的含量不大于55.0%，C_3A的含量不大于6.0%，f-CaO的含量应不大于1.0%。

低热硅酸盐水泥熟料中C_2S的含量应不小于40.0%，C_3A的含量应不大于6.0%，f-CaO的含量应不大于1.0%。

2. MgO 及 SO_3 含量

中热硅酸盐水泥和低热硅酸盐水泥中 MgO 含量不大于 5.0%；如水泥经压蒸安定性试验合格，则中热硅酸盐水泥和低热硅酸盐水泥中 MgO 含量允许放宽到 6.0%。水泥中 SO_3 含量不大于 3.5%。

3. 细度、凝结时间

中热硅酸盐水泥和低热硅酸盐水泥的比表面积不小于 $250m^2/kg$；初凝时间不小于 60min，终凝时间不大于 12h。

4. 安定性

中热硅酸盐水泥和低热硅酸盐水泥的安定性用沸煮法检验应合格。

5. 水化热、强度

中热硅酸盐水泥和低热硅酸盐水泥的强度等级按规定龄期的抗压强度和抗折强度划分，各龄期的抗压强度和抗折强度应不低于表 3-13 的规定。水泥的水化热允许采用直接法或溶解法进行检验，各龄期的水化热指标见表 3-13。

表 3-13 中热硅酸盐水泥、低热硅酸盐水泥各龄期强度及水化热指标

品种	强度等级	抗压强度/MPa			抗折强度/MPa			水化热/$(kJ \cdot kg^{-1})$	
		3d	7d	28d	3d	7d	28d	3d	7d
中热硅酸盐水泥	42.5	≥12.0	≥22.0	≥42.5	≥3.0	≥4.5	≥6.5	≤251	≤293
低热硅酸盐水泥	32.5	—	≥10.0	≥32.5	—	≥3.0	≥5.5	≤197	≤230
	42.5	—	≥13.0	≥42.5	—	≥3.5	≥6.5	≤230	≤260

中热硅酸盐水泥主要适用于大坝溢流面或大体积建筑物的面层和水位变化区等部位，要求低水化热和较高耐磨性、抗冻性的工程。

第三节 水泥的选用、验收、储存及保管

水泥的验收、运输与储存

水泥作为建筑材料中最重要的材料之一，在工程建设中发挥着巨大的作用。正确选择、合理使用水泥，严格进行质量验收并且妥善保管就显得尤为重要，它是确保工程质量的重要措施。

一、水泥的选用

水泥的选用包括水泥品种的选择和强度等级的选择两方面，在此重点考虑水泥品种的选择。

（一）按环境条件选择水泥品种

环境条件主要是指工程所处的外部条件，包括环境的温度、湿度及周围所存在的侵蚀性介质的种类及数量等。如严寒地区的露天混凝土应优先选用抗冻性较好的硅酸盐水泥、普通硅酸盐水泥，而不得选用矿渣硅酸盐水泥、粉煤灰硅酸盐水泥、火山灰硅酸盐水泥；若环境具有较强的侵蚀性介质，应选用掺混合材料的水泥，而不宜选用硅酸盐水泥。

（二）按工程特点选择水泥品种

冬季施工及有早强要求的工程应优先选用硅酸盐水泥，而不得使用掺混合材料的水泥；

对大体积混凝土工程（如大坝、大型基础、桥墩等），应优先选用水化热较小的低热矿渣硅酸盐水泥和中热硅酸盐水泥，不得使用硅酸盐水泥；有耐热要求的工程，如工业窑炉、冶炼车间等，应优先选用耐热性较高的矿渣硅酸盐水泥、铝酸盐水泥；军事工程、紧急抢修工程应优先选用快硬水泥、双快水泥；修筑道路路面、飞机跑道等优先选用道路水泥。

二、水泥的编号和取样

对于通用硅酸盐水泥，出厂前按同品种、同强度等级编号和取样。袋装水泥和散装水泥应分别编号和取样。每一编号为一取样单位。水泥出厂编号按水泥厂年生产能力规定：200万t以上，不超4000t为一编号；120万t以上至200万t，不超过2400t为一编号；60万t以上至120万t，不超过1000t为一编号；30万t以上至60万t，不超过600t为一编号；10万t以上至30万t，不超过400t为一编号；10万t以下，不超过200t为一编号。取样应有代表性，可连续取，也可从20个以上不同部位取等量样品，总量至少12kg。所取样品按相应标准规定的方法进行出厂检验，检验项目包括需要对产品进行考核的全部技术要求。

三、水泥的验收

（一）品种验收

水泥包装袋上应清楚标明：执行标准、水泥品种、代号、强度等级、生产者名称、生产许可证标志（QS）及编号、出厂编号、包装日期、净含量。包装袋两侧应根据水泥的品种采用不同的颜色印刷水泥名称和强度等级，硅酸盐水泥和普通硅酸盐水泥采用红色，矿渣硅酸盐水泥采用绿色；火山灰硅酸盐水泥、粉煤灰硅酸盐水泥和复合硅酸盐水泥采用黑色或蓝色。

散装水泥在发运时应提交与袋装标志相同内容的卡片。

（二）数量验收

水泥可以袋装或散装，袋装水泥每袋净含量50kg，且不得少于标志质量的99%；随机抽取20袋总质量不得少于1000kg；其他包装形式由双方协商确定，但有关袋装质量要求，必须符合上述原则规定。

（三）质量验收

水泥出厂前应按品种、强度等级和编号取样试验，袋装水泥和散装水泥应分别进行编号和取样，取样应有代表性，可连续取，也可从20个以上不同部位取等量样品，总量至少12kg。

交货时水泥的质量验收可抽取实物试样以其检验结果为依据，也可以生产者同编号水泥的检验报告为依据。采取何种方法验收由双方商定，并在合同或协议中注明。

以抽取实物试样的检验结果为验收依据时，买卖双方应在发货前或交货地共同取样和签封，取样数量20kg，缩分为二等份。一份由卖方保存40d，另一份由买方按标准规定的项目和方法进行检验。在40d内买方检验认为水泥质量不符合标准要求，而卖方又有异议时，双方可将卖方保存的一份试样送省级或省级以上国家认可的水泥质量监督检验机构进行仲裁检验。

以生产者同编号水泥的检验报告为验收依据时，在发货前或交货时买方在同编号水泥中抽取试样，双方共同签封后保存90d；或委托卖方在同编号水泥中抽取试样，签封后保存90d。在90d内，买方对水泥质量有疑问时，则买卖双方应将签封的试样送省级或省级以上国家认可的水泥质量监督检验机构进行仲裁检验。

（四）结论

不合格品：所有通用硅酸盐水泥凝结时间、安定性、强度中任何一项不符合标准规定者；硅酸盐水泥不溶物、烧失量、三氧化硫、氧化镁、氯离子中任何一项不符合规定者；普通硅酸盐水泥的烧失量、三氧化硫、氧化镁、氯离子中任何一项不符合规定者；矿渣硅酸盐水泥、火山灰硅酸盐水泥、粉煤灰硅酸盐水泥、复合硅酸盐水泥的三氧化硫、氧化镁、氯离子中任何一项不符合规定者均为不合格品。

四、水泥的储存与保管

水泥在保管时，应按不同生产厂、不同品种、强度等级和出厂日期分别存放，严禁混杂；在运输及保管时要注意防潮和防止空气流动，先存先用，不可储存过久。

水泥在正常储存条件下，储存 3 个月，强度降低 10%～25%；储存 6 个月，强度降低 25%～40%。因此规定，常用水泥储存期为 3 个月，铝酸盐水泥为 2 个月，双快水泥不宜超过 1 个月，过期水泥在使用时应重新检测，按实际强度使用。水泥受潮变质的快慢及受潮的程度与保管条件、保管期限及水泥质量有关。

五、通用水泥质量等级的评定

对于硅酸盐水泥、普通硅酸盐水泥、矿渣硅酸盐水泥、火山灰硅酸盐水泥、粉煤灰硅酸盐水泥、复合硅酸盐水泥和石灰石硅酸盐水泥等通用硅酸盐水泥，按其质量水平分为优等品、一等品和合格品三个等级。优等品是指产品标准必须达到国际先进水平，且水泥实物质量水平与国外同类产品相比达到近五年内的先进水平；一等品是指水泥产品标准必须达到国际一般水平，且水泥实物质量水平达到国际同类产品的一般水平；合格品是指按我国现行水泥产品标准（国家标准、行业标准或企业标准）组织生产，水泥实物质量水平必须达到产品标准的要求。

水泥实物质量在符合相应标准的技术要求基础上，进行实物质量水平的分等。通用水泥的实物质量水平根据 3d 抗压强度、28d 抗压强度和终凝时间进行分等。通用硅酸盐水泥的实物质量参照《通用水泥质量等级》（JC/T 452—2009）应符合表 3-14 的要求，同时氯离子含量≤0.06%。

表 3-14 通用硅酸盐水泥质量等级划分

<table>
<tr><th colspan="3" rowspan="3">项目</th><th colspan="5">等级</th></tr>
<tr><th colspan="2">优等品</th><th colspan="2">一等品</th><th>合格品</th></tr>
<tr><th>硅酸盐水泥；普通硅酸盐水泥</th><th>矿渣硅酸盐水泥；火山灰硅酸盐水泥；粉煤灰硅酸盐水泥；复合硅酸盐水泥</th><th>硅酸盐水泥；普通硅酸盐水泥</th><th>矿渣硅酸盐水泥；火山灰硅酸盐水泥；粉煤灰硅酸盐水泥；复合硅酸盐水泥</th><th>通用水泥各品种</th></tr>
<tr><td rowspan="3">抗压强度/MPa</td><td colspan="2">3d 不小于</td><td>24.0</td><td>22.0</td><td>20.0</td><td>17.0</td><td rowspan="4">符合通用水泥各品种的技术要求</td></tr>
<tr><td rowspan="2">28d</td><td>不小于</td><td>48.0</td><td>48.0</td><td>46.0</td><td>38.0</td></tr>
<tr><td>不大于</td><td>$1.1\overline{R}$</td><td>$1.1\overline{R}$</td><td>$1.1\overline{R}$</td><td>$1.1\overline{R}$</td></tr>
<tr><td colspan="3">终凝时间/h，不大于</td><td>5.0</td><td>5.5</td><td>6.0</td><td>7</td></tr>
</table>

注：表中 $\overline{R}$ 为同品种同强度等级水泥 28d 抗压强度上月平均值，至少以 20 个编号平均；不足 20 个编号时，可两个月或三个月合并计算。对于 62.5（含 62.5）级以上水泥，28d 抗压强度不大于 $1.1\overline{R}$ 的要求不作规定。

知识延伸

一带一路

“一带一路”（The Belt and Road，缩写B&R）是“丝绸之路经济带”和“21世纪海上丝绸之路”的简称，2013年9月和10月中国国家主席习近平分别提出建设“新丝绸之路经济带”和“21世纪海上丝绸之路”的合作倡议。依靠中国与有关国家既有的双多边机制，借助既有的、行之有效的区域合作平台，“一带一路”旨在借用古代丝绸之路的历史符号，高举“和平发展”的旗帜，积极发展与沿线国家的经济合作伙伴关系，共同打造政治互信、经济融合、文化包容的利益共同体、命运共同体和责任共同体。

在响应国家“一带一路”倡议时，我们要着眼于水泥行业“走出去”的成功案例的世界视角，建立全球视野观。

国内水泥工业经过百余年的发展，已经从落后逐步走向强大，并在新时代迎来全新的发展篇章。水泥行业是中国工业在世界工业中最具发言权的行业之一，也是我国能够向外出口成套装备、输出工艺设计和相关操作标准的行业。2013年，国家提出“一带一路”倡议后，中国水泥企业响应国家“走出去”的号召，积极发展与沿线国家的经济合作伙伴关系，紧握历史发展机遇，以开放合作的姿态在“一带一路”项目发展上跑出了“加速度”。

截至2020年底，中国企业累计在16个境外国家投资建设了31条水泥熟料生产线，已投产水泥产能5225万t，在建水泥产能5920万t，待开工水泥产能120万t。其中海螺、华新、红狮、中国建材等都是我国水泥企业“走出去”的排头兵，其足迹遍布印度尼西亚、缅甸、柬埔寨、老挝、塔吉克斯坦、坦桑尼亚、尼泊尔等国家。作为“走出去”的排头兵，中国的水泥行业借助“一带一路”的区域合作平台已经硕果累累，像广大走出国门的企业一样，实现了自身发展，又持续造福了当地人民，推动了当地经济振兴和基础建设。

需要注意的是，通往成功的道路往往充满了荆棘与坎坷，中国水泥企业在“走出去”的过程中仍然挑战重重，如贸易冲突、地缘政治冲突风险、合规性风险和市场风险。土木类专业是全球范围内大有可为的专业，我们要树立专业信心，为使自己成为具有全球视野和具备“走出去”知识能力的复合型人才而不懈努力。

思 考 题

3-1 试述硅酸盐水泥的矿物组成及其对水泥性质的影响。

3-2 硅酸盐水泥的主要水化产物是什么？硬化后水泥石的组成有哪些？

3-3 简述硅酸盐水泥的凝结硬化机理。影响凝结硬化过程的因素有哪些？如何影响？

3-4 为什么在生产硅酸盐水泥时掺入适量的石膏对水泥不起破坏作用，而硬化后水泥石遇到有硫酸盐溶液的环境，产生出石膏时就有破坏作用？

3-5 什么是细度？为什么要对水泥的细度作规定？硅酸盐水泥和普通硅酸盐水泥的细度指标各是什么？

3-6 规定水泥标准稠度及标准稠度用水量有何意义？

3-7 什么是水泥的体积安定性？产生水泥体积安定性不良的原因是什么？如何处理？

3-8 什么是水泥的凝结时间？国家标准为什么要规定水泥的凝结时间？

3-9 混合材料有哪些种类？混合材料掺入水泥后的作用分别是什么？硅酸盐水泥常掺入哪几种活性混合材料？

3-10 解释 42.5 级矿渣硅酸盐水泥的含义。若在 25℃温度下养护的水泥标准试件，测得其 28d 的抗压强度为 45MPa，请问是否可以确定为 42.5 级水泥？

3-11 为什么普通硅酸盐水泥早期强度较高，水化热较大，而矿渣硅酸盐水泥和火山灰硅酸盐水泥早期强度低，水化热小，但后期强度增长较快？

3-12 下列品种的水泥与硅酸盐水泥相比，它们的矿物组成有何不同？为什么？

双快水泥 白色硅酸盐水泥 低热硅酸盐水泥和中热硅酸盐水泥

3-13 水泥在运输和存放过程中为何不能受潮和雨淋？储存水泥时应注意哪些问题？

3-14 试述铝酸盐水泥的矿物组成、水化产物及特性，在使用中应注意哪些问题？

3-15 在下列混凝土工程中，请分别选用合理的水泥品种。

（1）采用蒸汽养护的预制构件；（2）大体积混凝土工程；（3）有硫酸盐腐蚀的地下工程；（4）严寒地区遭受反复冻融的工程及干湿交替的部位；（5）紧急抢修工程以及冬季施工；（6）高炉基础；（7）海港码头工程。

第四章 混 凝 土

【学习目标】

通过本章学习，系统掌握普通混凝土的技术性能和配制，了解多种新型环保混凝土的应用，为将来的结构设计和工程施工奠定坚实的基础。

【了解】 了解普通混凝土的优缺点；特种、新型混凝土的应用。

【熟悉】 如何从原材料和配合比上控制混凝土的质量；熟悉常用外加剂的作用原理及适用范围；常用特种混凝土的配合比设计方法；混凝土的组成材料及其作用。

【掌握】 混凝土组成材料的技术性质要求；混凝土拌合物、硬化后混凝土的技术性质及影响因素；混凝土组成材料的主要检测指标及混凝土和易性、强度检测方法；普通混凝土的配合比设计方法。

第一节 概 述

混凝土概述

知识点滴

我国混凝土发展简史

混凝土是应用最广、用量最大的工程结构材料，是支撑我国建设发展的关键性材料之一。目前我国混凝土年产量已超过40亿m^3，是名副其实的混凝土生产和应用大国。

早期混凝土组分简单（水泥+砂+石子+水），强度等级低，施工劳动强度巨大，靠人工搅拌或小型自落实搅拌机搅拌，施工速度慢，质量控制粗糙。

第一个五年计划时期，我国在建筑工程方面学习引进苏联的预制混凝土构件技术，在几所著名高等学校开设了混凝土制品工艺专业，1956年建立了我国第一个预制混凝土构件厂——北京第一混凝土构件厂。

进入20世纪70年代，随着社会经济的发展，预制混凝土构件的某些缺点或局限性难以适应建筑业发展的需要和混凝土结构建筑体系的变革，混凝土的现浇工艺逐渐成为建筑工程占主导地位的混凝土施工方法，这期间预拌混凝土得到了快速发展。

20世纪末期，出现了集中搅拌的专业混凝土企业，使泵送混凝土施工中混凝土的搅拌供料有保证。1978年，在江苏省常州市，我国建成第一家混凝土搅拌站，当时每盘混凝土只能搅拌1m^3。随着我国经济建设迅速发展及应用预拌混凝土等先进技术体现出来的巨大优越性，预拌混凝土在各大、中城市迅速得到推广，到2000年预拌混凝土厂站近3000家，产量近6.5亿m^3，预拌混凝土的发展也助推了混凝土施工技术的发展。例如，

上海金茂大厦工程，混凝土一次泵送高度382.5m；广州西塔工程，C100级混凝土一次泵送高度440.75m；上海世界贸易商城工程，36h连续浇筑2.4万m^3深基础混凝土；北京电视中心工程，69h连续浇筑3.6万m^3底板混凝土；沈阳多个高层建筑，较早采用了C80~C100混凝土技术施工；上海中心，C100混凝土平均强度超过120MPa，一次泵送高度超过600m；这些工程实例表明我国混凝土工程技术已迈入世界先进行列。

通过不断研发，外加剂和矿物掺合料的合理应用，高性能混凝土、高强混凝土等得到了广泛的应用，这既助推了混凝土工程施工工艺的发展，又大大促进了混凝土强度的提升和性能的改善，为发展高强高性能混凝土技术创造了条件。

跨入21世纪，计算机技术、机械工业技术、先进检测分析研究技术、现代管理技术飞速进步，我国混凝土技术必将与时俱进，取得世界瞩目的成就。

一、混凝土的定义

广义上讲，凡由胶凝材料、粗细集料和水按适当比例配合、拌和制成的混合物，经一定时间硬化而成的人造石材，统称为混凝土。目前，工程上使用最多的是以水泥为胶结材料，以石为粗集料、砂为细集料，加水或掺入适量外加剂、掺合料拌制的普通混凝土及高强度混凝土、高性能混凝土等。

二、混凝土的分类

混凝土有以下几种分类方法：

1. 按表观密度分类

（1）重混凝土　干表观密度大于2800kg/m^3，是采用密度很大的重晶石、铁矿石、钢屑等重集料和钡水泥、锶水泥等重水泥配制而成。重混凝土具有防辐射性能，又称为防辐射混凝土。其主要用作核能工程的屏蔽结构材料。

（2）普通混凝土　干表观密度为2000~2800kg/m^3，是用普通的天然砂石为集料配制而成，为建筑工程中常用的混凝土。其主要用作各种建筑的承重结构材料。

（3）轻混凝土　干表观密度小于2000kg/m^3，是采用陶粒等轻质多孔的集料，或者不采用细集料而掺入加气剂或泡沫剂，形成多孔结构的混凝土。其主要用作轻质结构材料和绝热材料。

2. 按所用胶凝材料分类

混凝土按胶凝材料不同可分为水泥混凝土、沥青混凝土、石膏混凝土、水玻璃混凝土、聚合物混凝土等。

3. 按用途分类

混凝土按用途不同可分为结构混凝土、防水混凝土、道路混凝土、防辐射混凝土、耐热混凝土、耐酸混凝土、大体积混凝土、膨胀混凝土等。

4. 按强度等级分类

（1）普通混凝土　其强度等级一般在C60以下。其中抗压强度小于30MPa的混凝土为低强混凝土，抗压强度为30~60MPa（C30~C60）的混凝土为中强混凝土。

（2）高强混凝土　其抗压强度大于或等于60MPa。

（3）超高强混凝土　其抗压强度在100MPa以上。

5. 按生产和施工方法分类

混凝土按生产和施工方法不同，可分为泵送混凝土、喷射混凝土、碾压混凝土、挤压混凝土、离心混凝土、压力灌浆混凝土、预拌混凝土（商品混凝土）等。

预拌混凝土是指在搅拌站（楼）生产的，通过运输设备送至使用地点、交货时为拌合物的混凝土。

《预拌混凝土》（GB/T 14902—2012）规定，预拌混凝土分为常规品和特制品，常规品代号为A，特制品代号为B。特制品的种类及其代号应符合表4-1的要求。

表4-1 特制品的种类及其代号

混凝土种类	高强混凝土	自密实混凝土	纤维混凝土	轻集料混凝土	重混凝土
混凝土种类代号	H	S	F	L	W
强度等级代号	C	C	C（合成纤维混凝土） CF（钢纤维混凝土）	LC	C

预拌混凝土标记顺序为：

1）常规品或特制品的代号，常规品可不标记。

2）特制品混凝土种类代号，兼有多种类情况可同时标记。

3）强度等级。

4）坍落度控制目标值，后附坍落度等级代号在括号内；自密实混凝土应采用扩展度控制目标值，后附扩展度等级代号在括号内。

5）耐久性能等级代号；对于抗氯离子渗透性能和抗碳化性能，后附设计值在括号内。

6）标准号。如：采用通用硅酸盐水泥、河砂、石、矿物掺合料、外加剂和水配制的普通混凝土，强度等级为C50，坍落度180mm，抗冻等级为F250，抗氯离子渗透性能电通量Q_S为1000C，其标记为：A-C50-180(S4)-F250Q-Ⅲ(1000)-GB/T 14902。

三、混凝土的特点

普通混凝土在建筑工程中能得到广泛的应用，是因为与其他材料相比有许多优点。但混凝土也存在自重大、比强度低、抗拉强度低、硬化速度慢、生产周期长、强度波动因素多等缺点。

上述缺点正在不断克服。如采用轻质集料可显著降低混凝土的自重，提高比强度；掺入纤维或聚合物，可提高抗拉强度，大大降低混凝土的脆性；掺入减水剂、早强剂等外加剂，可显著缩短硬化周期，改善力学性能。

四、混凝土的发展方向

随着现代科学的发展，高性能混凝土（High Performance Concrete，简称HPC）已成为混凝土的发展方向之一。高性能混凝土除具有高强度等级（$f_{cu}\geqslant$60MPa）外，还具有良好的工作性、体积稳定性和耐久性。目前，我国配制高性能混凝土的主要途径有两方面：一是采用高性能的原料以及与之相适应的工艺；二是采用多元复合途径提高混凝土的综合性能。可在基本组成材料之外加入其他有效材料，如高效减水剂、缓凝剂，优质掺合料如硅灰、优质粉煤灰、沸石粉等一种或多种复合的外加组分，以调整和改善混凝土的浇筑性能及内部结

构，综合提高混凝土的性能和质量。

从节约资源、能源，不破坏环境，更有利于环境，可持续发展的战略角度看，绿色混凝土（GC）也成为主要的发展方向。综上所述，今后混凝土的发展趋势为“三化”，即高性能化、功能化、绿色化。

混凝土的上述重要优点，使其成为建筑工程的主要建筑材料，广泛应用于工业与民用建筑、水利、地下、公路、铁路、桥涵及国防建设等工程中。

第二节 普通混凝土的组成材料

普通混凝土的基本组成材料是水泥、水、天然砂和石子，另外还常掺入适量的掺合料和外加剂。砂、石在混凝土中起骨架作用，故也称为集料（或称骨料），它们还起到抵抗混凝土在凝结硬化过程中的收缩作用。水泥和水形成水泥浆，包裹在砂粒表面并填充砂粒之间的空隙而形成水泥砂浆，水泥砂浆又包裹石子并填充石子间的空隙而形成混凝土，如图4-1所示。在混凝土硬化前，水泥浆起润滑作用，赋予混凝土一定的流动性，便于施工。水泥浆硬化后起胶结作用，把砂石集料胶结在一起，成为坚硬的人造石材，并产生力学强度。

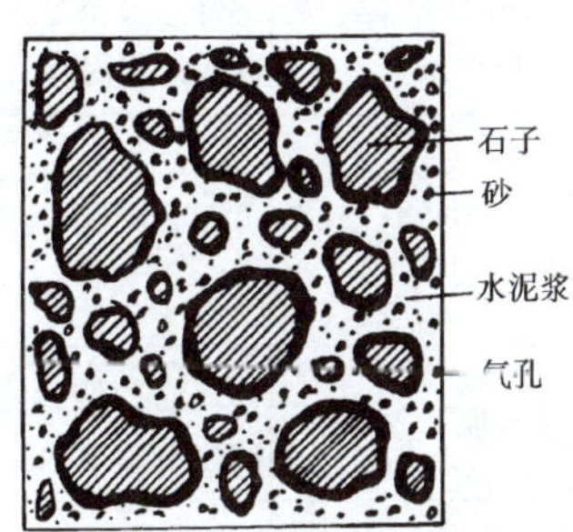

图4-1 混凝土结构

混凝土是一个宏观匀质、微观非匀质的堆聚结构，混凝土的质量和技术性能很大程度上由原材料的性质及其相对含量所决定，同时也与施工工艺（配料、搅拌、捣实成形、养护等）有关。

一、水泥

水泥在混凝土中起胶结作用，正确、合理地选择水泥的品种和强度等级，可提高混凝土强度、耐久性及经济性。

1. 水泥品种的选择

配制混凝土用的水泥品种，应当根据工程性质与特点，工程所处环境及施工条件，依据各种水泥的特性来合理选择。常用水泥品种的选用见表4-2。

2. 水泥强度等级的选择

水泥强度等级的选择应与混凝土的设计强度等级相适应。原则上是配制高强度等级的混凝土选用高强度等级的水泥，配制低强度等级的混凝土选用低强度等级的水泥。经过大量的试验，现将配制混凝土所用的水泥强度等级推荐于表4-3中。

表 4-2 常用水泥品种的选用参考表

混凝土工程特点或所处环境条件		优先选用	可以使用	不得使用
环境条件	在普通气候环境中的混凝土	普通硅酸盐水泥	矿渣硅酸盐水泥、火山灰硅酸盐水泥、粉煤灰硅酸盐水泥、复合硅酸盐水泥	
	在干燥环境中的混凝土	普通硅酸盐水泥	矿渣硅酸盐水泥	火山灰硅酸盐水泥、粉煤灰硅酸盐水泥
	在高湿度环境中或永远处在水下的混凝土	矿渣硅酸盐水泥	普通硅酸盐水泥、火山灰硅酸盐水泥、粉煤灰硅酸盐水泥、复合硅酸盐水泥	
	严寒地区的露天混凝土、寒冷地区处在水位升降范围内的混凝土	普通硅酸盐水泥	矿渣硅酸盐水泥	火山灰硅酸盐水泥、粉煤灰硅酸盐水泥
	严寒地区处在水位升降范围内的混凝土	普通硅酸盐水泥（强度等级≥42.5）		矿渣硅酸盐水泥、火山灰硅酸盐水泥、粉煤灰硅酸盐水泥
	受侵蚀性环境水或侵蚀性气体作用的混凝土	根据侵蚀性介质的种类、浓度等具体条件按专门（或设计）规定选用		
工程特点	厚大体积的混凝土	矿渣硅酸盐水泥、粉煤灰硅酸盐水泥	普通硅酸盐水泥、火山灰硅酸盐水泥	快硬硅酸盐水泥、硅酸盐水泥
	要求快硬的混凝土	快硬硅酸盐水泥、硅酸盐水泥	普通硅酸盐水泥	矿渣硅酸盐水泥、火山灰硅酸盐水泥、粉煤灰硅酸盐水泥
	高强的混凝土	硅酸盐水泥	普通硅酸盐水泥、矿渣硅酸盐水泥	火山灰硅酸盐水泥、粉煤灰硅酸盐水泥
	有抗渗性要求的混凝土	普通硅酸盐水泥、火山灰硅酸盐水泥		矿渣硅酸盐水泥
	有耐磨性要求的混凝土	硅酸盐水泥、普通硅酸盐水泥		

表 4-3 配制混凝土所用的水泥强度等级

预配混凝土强度等级	所选水泥强度等级	预配混凝土强度等级	所选水泥强度等级
C15～C25	32.5	C50～C60	52.5
C30	32.5　42.5	C65	52.5　62.5
C35～C45	42.5	C70～C80	62.5

二、细集料（砂）

混凝土用集料按其粒径大小不同分为细集料和粗集料。粒径为 0.15～4.75mm 的岩石颗粒称为细集料；粒径大于 4.75mm 的岩石颗粒称为粗集料。粗、细集料的总体积占混凝土体积的 70%～80%，因此集料的性能对所配制的混凝土性能有很大影响。

混凝土的细集料按产源分为天然砂、人工砂两类。

天然砂是由自然风化、水流搬运和分选、堆积形成的，粒径小于 4.75mm 的岩石颗粒（但不包括软质岩、风化岩石的颗粒），包括河砂、湖砂、山砂、淡化海砂。建筑工程一般采用河砂作细集料。人工砂是经除土处理的机制砂、混合砂的统称。机制砂是由机械破碎、筛分制成的，粒径小于 4.75mm 的岩石颗粒，但不包括软质岩、风化岩石的颗粒；混合砂是由机制砂和天然砂混合制成的砂。

砂按其技术要求分为Ⅰ类、Ⅱ类、Ⅲ类三个类别。Ⅰ类宜用于强度等级大于 C60 的混凝土；Ⅱ类宜用于强度等级 C30~C60 及抗冻、抗渗或其他要求的混凝土；Ⅲ类宜用于强度等级小于 C30 的混凝土和建筑砂浆。

根据我国《建设用砂》（GB/T 14684—2022），对所采用的细集料的技术要求主要有以下几个方面：

1. 有害物质含量

砂中如含有云母、轻物质、有机物、硫化物及硫酸盐、氯化物、贝壳，其含量应符合表 4-4 的规定。

表 4-4 有害物质含量

项目	指标		
	Ⅰ类	Ⅱ类	Ⅲ类
云母（按质量计）（%）	≤1.0	≤2.0	≤2.0
轻物质（按质量计）（%）	≤1.0	≤1.0	≤1.0
有机物	合格	合格	合格
硫化物及硫酸盐（按 SO_3 质量计）（%）	≤0.50	≤0.50	≤0.50
氯化物（以氯离子质量计）（%）	≤0.01	≤0.02	≤0.06
贝壳（按质量计）（%）（仅用于净化处理的海砂）	≤3.0	≤5.0	≤8.0

云母为表面光滑的层、片状物质，与水泥黏结性差，影响混凝土的强度和耐久性；轻物质为表观密度小于 2000kg/m^3 的物质，影响混凝土的强度；硫化物及硫酸盐杂质对水泥有侵蚀作用；有机物影响水泥的水化硬化；氯化物对钢筋有锈蚀作用。因此，对预应力钢筋混凝土结构不宜采用海砂。

2. 含泥量、石粉含量和泥块含量

含泥量是指天然砂中粒径小于 75μm 的颗粒含量；石粉含量是指机制砂中粒径小于 75μm 的颗粒含量；泥块含量是指砂中原粒径大于 1.18mm，经水浸泡、淘洗等处理后小于 0.60mm 的颗粒含量。

1）天然砂的含泥量应符合表 4-5 的规定。

表 4-5 天然砂的含泥量

项目	指标		
	Ⅰ类	Ⅱ类	Ⅲ类
含泥量（按质量计）（%）	≤1.0	≤3.0	≤5.0

2）机制砂的石粉含量应符合表 4-6 的规定。砂浆用砂的石粉含量不做限制。

表 4-6　机制砂的石粉含量

类别	亚甲蓝值（MB）	石粉含量（质量分数）（%）
Ⅰ类	MB≤0.5	≤15.0
	0.5<MB≤1.0	≤10.0
	1.0<MB≤1.4 或快速试验合格	≤5.0
	MB>1.4 或快速试验不合格	≤1.0①
Ⅱ类	MB≤1.0	≤15.0
	1.0<MB≤1.4 或快速试验合格	≤10.0
	MB>1.4 或快速法不合格	≤3.0①
Ⅲ类	MB≤1.4 或快速试验合格	≤15.0
	MB>1.4 或快速法不合格	≤5.0①

注：① 根据使用环境和用途，经试验验证，由供需双方协商确定，Ⅰ类砂石粉含量可放宽至不大于 3.0%，Ⅱ类砂石粉含量可放宽至不大于 5.0%，Ⅲ类砂石粉含量可放宽至 7.0%。

3）砂的泥块含量应符合表 4-7 的规定。

表 4-7　砂的泥块含量

类别	Ⅰ类	Ⅱ类	Ⅲ类
泥块含量（质量分数）（%）	≤0.2	≤1.0	≤2.0

砂的粗细度和颗粒级配

3. 砂的粗细程度和颗粒级配

砂的粗细程度是指不同粒径的砂粒，混合在一起后的总体砂的粗细程度。在相同砂用量条件下，细砂的总表面积比粗砂的总表面积大，在混凝土中砂子表面需用水泥浆包裹，赋予流动性和黏结强度，砂子的总表面积越大，需要包裹砂粒表面的水泥浆就越多。

砂的颗粒级配是指不同粒径和数量比例的砂子的组合或搭配情况。在混凝土中砂粒之间的空隙由水泥浆填充，为达到节约水泥和提高强度的目的，应尽量减少砂粒之间的空隙。从图 4-2 可以看出：如果用同样粒径的砂，空隙率最大（图 4-2a）；两种粒径的砂搭配起来，空隙率就减小（图 4-2b）；三种粒径的砂搭配，空隙率就更小（图 4-2c）。因此，要减小砂粒间的空隙，就必须用粒径不同的颗粒搭配。

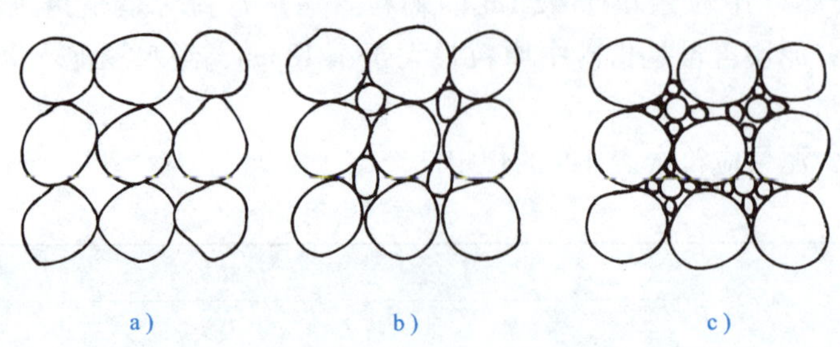

图 4-2　集料的颗粒级配

在拌制混凝土时，砂的粗细程度和颗粒级配应同时考虑。当砂中含有较多的粗颗粒，并

以适当的中颗粒及少量的细颗粒填充其空隙时，该种颗粒级配的砂，其空隙率及总表面积均较小，是比较理想的，不仅水泥用量少，而且还可以提高混凝土的密实性与强度。

砂的颗粒级配和粗细程度常用筛分析方法进行测定。用级配区表示砂的颗粒级配，用细度模数表示砂的粗细程度。筛分析方法，是用一套孔径（净尺寸）为 0.15mm、0.30mm、0.60mm、1.18mm、2.36mm、4.75mm 的方孔筛，将 500g 干砂试样由粗到细依次过筛，然后称量余留在各筛上的砂量，并计算出各筛上的分计筛余百分率 a_1、a_2、a_3、a_4、a_5、a_6（各筛上的筛余量占砂样总质量的百分率）及累计筛余百分率 A_1、A_2、A_3、A_4、A_5、A_6（各筛和比该筛粗的所有分计筛余百分率之和）。累计筛余百分率与分计筛余百分率的关系见表 4-8。

表 4-8　累计筛余百分率与分计筛余百分率的关系

筛孔尺寸/mm	分计筛余（%）	累计筛余（%）
4.75	a_1	$A_1=a_1$
2.36	a_2	$A_2=a_1+a_2$
1.18	a_3	$A_3=a_1+a_2+a_3$
0.60	a_4	$A_4=a_1+a_2+a_3+a_4$
0.30	a_5	$A_5=a_1+a_2+a_3+a_4+a_5$
0.15	a_6	$A_6=a_1+a_2+a_3+a_4+a_5+a_6$

砂的粗细程度用细度模数（M_x）表示，其计算公式为

$$M_x=\frac{(A_2+A_3+A_4+A_5+A_6)-5A_1}{100-A_1} \tag{4-1}$$

细度模数（M_x）越大，表示砂越粗，砂按细度模数分为粗、中、细三种规格，其细度模数分别为：粗砂为 3.7~3.1，中砂为 3.0~2.3，细砂为 2.2~1.6。

砂的颗粒级配，以级配区或筛分曲线判定砂级配的合格性。对细度模数为 3.7~1.6 的普通混凝土用砂，根据 0.60mm 孔径筛（控制粒级）的累计筛余百分率，划分成为 1 区、2 区、3 区三个级配区，见表 4-9。

表 4-9　累计筛余

砂的分类	天然砂			机制砂、混合砂		
级配区	1 区	2 区	3 区	1 区	2 区	3 区
方筛孔尺寸/mm	累计筛余（%）					
4.75	10~0	10~0	10~0	5~0	5~0	5~0
2.36	35~5	25~0	15~0	35~5	25~0	15~0
1.18	65~35	50~10	25~0	65~35	50~10	25~0
0.60	85~71	70~41	40~16	85~71	70~41	40~16
0.30	95~80	92~70	85~55	95~80	92~70	85~55
0.15	100~90	100~90	100~90	97~85	94~80	94~75

注：① 砂的实际颗粒级配与表中所列数字相比，除 4.75mm 和 600μm 筛孔外，可以略有超出，但超出总量应小于 5%。

② 1 区人工砂中 150μm 筛孔的累计筛余可以放宽到 100%~85%，2 区人工砂中 150μm 筛孔的累计筛余可以放宽到 100%~80%，3 区人工砂中 150μm 筛孔的累计筛余可以放宽到 100%~75%。

砂的颗粒级配应符合表4-10的规定：对于砂浆用砂，4.75mm筛孔的累计筛余量应为0。

表4-10 级配类别

类别	Ⅰ	Ⅱ	Ⅲ
级配区	2区	1、2、3区	

以累计筛余百分率为纵坐标，以筛孔尺寸为横坐标，根据表4-9的数值可以画出砂三个级配区的筛分曲线，如图4-3所示。通过观察所画的砂的筛分曲线是否完全落在三个级配区的任一区内，即可判定该砂级配的合格性。同时也可根据筛分曲线偏向情况大致判断砂的粗细程度，当筛分曲线偏向右下方时，表示砂较粗；筛分曲线偏向左上方时，表示砂较细。

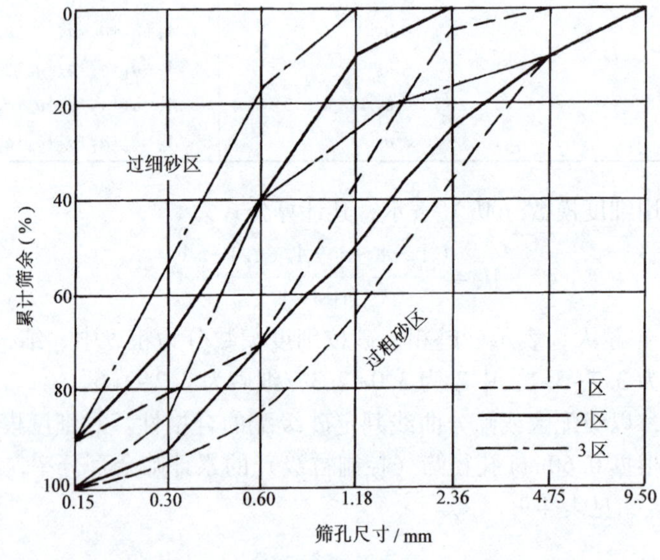

图4-3 筛分曲线

配制混凝土时宜优先选用2区砂。在实际工程中，若砂的级配不合适，可采用人工掺配的方法来改善，即将粗、细砂按适当的比例进行掺和使用；或将砂过筛，筛除过粗或过细颗粒。

4. 砂的坚固性

砂的坚固性是指砂在自然风化和其他外界物理化学因素作用下抵抗破裂的能力。

1）天然砂采用硫酸钠溶液法进行试验，砂样经5次循环后其质量损失应符合表4-11的规定。

表4-11 天然砂的坚固性指标

项目	指标		
	Ⅰ类	Ⅱ类	Ⅲ类
质量损失（%）	≤8	≤8	≤10

2）机制砂采用压碎指标法进行试验，压碎指标值应小于表 4-12 的规定。

表 4-12 机制砂的压碎指标

项目	指标		
	Ⅰ类	Ⅱ类	Ⅲ类
单级最大压碎指标（%）	≤20	≤25	≤30

压碎指标试验是将一定质量（通常 330g）在烘干状态下单粒级的砂子装入受压钢模内，以每秒钟 500N 的速度加荷至 25kN 时稳荷 5s 后，以同样速度卸荷。然后用该粒级的下限筛进行筛分，称出试样的筛余量 G_1 和通过量 G_2，压碎指标 Y_i 可按下式计算

$$Y_i=\frac{G_2}{G_1+G_2}\times 100\% \tag{4-2}$$

压碎指标越小，表示砂子抵抗受压破坏的能力越强，砂子越坚固。

5. 表观密度、松散堆积密度、空隙率

砂的表观密度不小于 2500kg/m³，松散堆积密度不小于 1400kg/m³，空隙率不大于 44%。

三、粗集料

砂堆积密度测定

混凝土常用的粗集料有卵石（砾石）和碎石。卵石是由自然风化、水流搬运和分选、堆积形成的粒径大于 4. 75mm 的岩石颗粒，分为河卵石、海卵石、山卵石等几种，其中河卵石应用较多。碎石是由天然岩石或卵石经机械破碎、筛分制成的、粒径大于 4. 75mm 的岩石颗粒。

依据《建设用卵石、碎石》（GB/T 14685—2022）规定，按卵石、碎石技术要求把粗集料分为Ⅰ类、Ⅱ类、Ⅲ类三个类别。其中Ⅰ类宜用于强度等级大于 C60 的混凝土；Ⅱ类宜用于强度等级 C30~C60 及抗冻、抗渗或有其他要求的混凝土；Ⅲ类宜用于强度等级小于 C30 的混凝土。对其技术要求主要有：

1. 卵石含泥量、碎石泥粉含量、泥块含量和有害物质含量

卵石含泥量是指卵石中粒径小于 75μm 的黏土颗粒含量，碎石泥粉含量是指碎石中粒径小于 75μm 的黏土和石粉颗粒含量，泥块含量是指卵石、碎石中原粒径大于 4. 75mm，经水浸泡、淘洗等处理后粒径小于 2. 36mm 的颗粒含量。卵石含泥量、碎石泥粉含量、泥块含量和有害物质含量应满足表 4-13 的要求。

表 4-13 卵石含泥量、碎石泥粉含量、泥块含量和有害物质含量

项目	指标		
	Ⅰ类	Ⅱ类	Ⅲ类
卵石含泥量（按质量分数计）（%）	≤0. 5	≤1. 0	≤1. 5
碎石泥粉含量（按质量分数计）（%）	≤0. 5	≤1. 5	≤2. 0
泥块含量（按质量分数计）（%）	≤0. 1	≤0. 2	≤0. 7
有机物含量	合格	合格	合格
硫化物及硫酸盐含量（按 SO_3 质量计）（%）	≤0. 5	≤1. 0	≤1. 0

2. 强度

为保证混凝土的强度要求，粗集料必须具有足够的强度。碎石和卵石的强度，采用岩石抗压强度和压碎指标两种方法检验。

石子压碎指标试验

岩石抗压强度检验是将轧制碎石的母岩制成边长为5cm的立方体（或直径与高均为5cm的圆柱体）试件，在水饱和状态下，测定其极限抗压强度值。其抗压强度火成岩应不小于80MPa，变质岩应不小于60MPa，水成岩应不小于30MPa。

压碎指标检验是指将一定质量的气干状态粒径9.50~19.0mm的石子装入一个标准圆筒内，放在压力机上以1kN/s的速度均匀加荷至200kN并稳荷5s，然后卸荷，用孔径2.36mm的筛筛除被压碎的细粒，称出留在筛上的试样质量，压碎指标值Q_e可按下式计算：

$$Q_e=\frac{G_1-G_2}{G_1}\times100\% \tag{4-3}$$

式中 Q_e——压碎指标值；

G_1——试样质量（g）；

G_2——压碎试验后筛余的试样质量（g）。

压碎指标值Q_e越小，表示粗集料抵抗受压破坏的能力越强。普通混凝土用碎石和卵石的压碎指标值见表4-14。

表4-14 普通混凝土用碎石和卵石的压碎指标值

项目	指标		
	Ⅰ类	Ⅱ类	Ⅲ类
碎石压碎指标值（%）	≤10	≤20	≤30
卵石压碎指标值（%）	≤12	≤14	≤16

压碎指标检验实用方便，用于经常性的质量控制；而在选择采石场或对粗集料有严格要求，以及对质量有争议时，宜采用岩石立方体强度检验。

3. 颗粒形状及表面特征

为提高混凝土强度和减小集料间的空隙，粗集料比较理想的颗粒形状应是三维长度相等或相近的球形或立方体颗粒，而三维长度相差较大的针、片状颗粒受力时容易折断，影响混凝土的强度，而且会增大集料的空隙率，使混凝土拌合物的和易性变差。故粗集料中针、片状颗粒含量应符合表4-15的规定。

表4-15 粗集料中针、片状颗粒含量

项目	指标		
	Ⅰ类	Ⅱ类	Ⅲ类
针、片状颗粒含量（按质量计）（%）	≤5	≤8	≤15

注：① 针状颗粒是指颗粒长度大于该颗粒相应粒级的平均粒径2.4倍者。

② 片状颗粒是指颗粒厚度小于该颗粒相应粒级平均粒径0.4倍者。

③ 平均粒径是指该粒级上、下限粒径的算术平均值。

集料表面特征主要是指集料表面的粗糙程度及孔隙特征等。它主要影响集料与水泥石之间的黏结性能，从而影响混凝土的强度，尤其是抗弯强度，这对高强混凝土更为明显。碎石表面粗糙而且具有吸收水泥浆的孔隙特征，所以它与水泥石的黏结能力较强；卵石表面光滑

且少棱角，与水泥石的黏结能力较差，但混凝土拌合物的和易性较好。在相同条件下，碎石混凝土比卵石混凝土强度高 10%左右。

4. 最大粒径及颗粒级配

石子的粗细程度和颗粒级配

（1）最大粒径（D_{max}） 粗集料中公称粒级的上限称为该粒级的最大粒径。当集料粒径增大时，比表面积随之减小，因而水泥浆减少，不仅可降低水泥用量和水化热，而且由于降低了水胶比，对提高混凝土强度有利。但对于高强混凝土来讲，加大集料粒径反而降低了混凝土强度。试验研究证明，在水泥用量少的混凝土中采用大集料是有利的。

根据《混凝土质量控制标准》（GB 50164—2011）规定，混凝土用粗集料的最大公称粒径不得超过构件截面最小尺寸的 1/4，且不得超过钢筋最小净间距的 3/4；对于混凝土实心板，集料的最大公称粒径不宜超过板厚的 1/3，且不得超过 40mm；对于大体积混凝土，粗集料最大公称粒径不宜小于 315mm。

（2）颗粒级配 粗集料与细集料一样，也要求有良好的颗粒级配，以减小空隙率，增强密实性，从而可以节约水泥，保证混凝土的和易性及混凝土的强度。尤其是配制高强混凝土，粗集料级配特别重要。

粗集料的级配也是通过筛分试验来确定，其标准筛孔径为 2. 36mm、4. 75mm、9. 50mm、16. 0mm、19. 0mm、26. 5mm、31. 5mm、37. 5mm、53. 0mm、63. 0mm、75. 0mm、90. 0mm 共 12 种。卵石、碎石分计筛余百分率及累计筛余百分率的计算与砂相同。依据《建设用卵石、碎石》（GB/T 14685—2022），混凝土用碎石及卵石的颗粒级配范围应符合表 4-16 的规定。

表 4-16 颗粒级配

公称粒级/mm		累计筛余（%）											
		方孔筛孔径/mm											
		2. 36	4. 75	9. 50	16. 0	19. 0	26. 5	31. 5	37. 5	53. 0	63. 0	75. 0	90. 0
连续粒级	5~16	95~100	85~100	30~60	0~10	0	—	—	—	—	—	—	—
	5~20	95~100	90~100	40~80	—	0~10	0	—	—	—	—	—	—
	5~25	95~100	90~100	—	30~70	—	0~5	0	—	—	—	—	—
	5~31. 5	95~100	90~100	70~90	—	15~45	—	0~5	0	—	—	—	—
	5~40	—	95~100	70~90	—	30~65	—	—	0~5	0	—	—	—
单粒粒级	5~10	95~100	80~100	0~15	0	—	—	—	—	—	—	—	—
	10~16	—	95~100	80~100	0~15	0	—	—	—	—	—	—	—
	10~20	—	95~100	85~100	—	0~15	0	—	—	—	—	—	—
	16~25	—	—	95~100	55~70	25~40	0~10	0	—	—	—	—	—
	16~31. 5	—	95~100	—	85~100	—	—	0~10	0	—	—	—	—
	20~40	—	—	95~100	—	80~100	—	—	0~10	0	—	—	—
	25~315	—	—	—	95~100	—	80~100	0~10	0	—	—	—	—
	40~80	—	—	—	—	95~100	—	—	70~100	—	30~60	0~10	0

粗集料的级配按卵石、碎石粒径尺寸分为连续粒级和单粒粒级两种。连续粒级是按颗粒尺寸由小到大连续分级（5mm~D_{max}），每级集料都占有一定比例，如天然卵石。连续粒级

颗粒级差小，配制的混凝土拌合物和易性好，不易发生离析，目前应用较广泛。单粒粒级颗粒级差大，空隙率的降低比连续粒级快得多，可最大限度地发挥集料的骨架作用，减小水泥用量。但混凝土拌合物易产生离析现象，增加施工困难，工程应用较少。

单粒粒级宜用于组合成具有所要求级配的连续粒级，也可与连续粒级配合使用，以改善集料级配或配成较大粒级的连续粒级。工程中不宜采用单一的单粒粒级粗集料配制混凝土。

5. 集料的坚固性

卵石、碎石在自然风化和其他外界物理化学因素作用下抵抗破裂的能力称为集料的坚固性。当集料由于干湿循环或冻融交替等风化作用引起体积变化而导致混凝土破坏时，即认为坚固性不良。集料越密实，强度越高，吸水率越小时，其坚固性越好；集料的坚固性采用硫酸钠溶液法进行试验，卵石和碎石5次循环后，其质量损失符合表4-17的规定。

表4-17 碎石和卵石的坚固性指标

项目	指标		
	Ⅰ类	Ⅱ类	Ⅲ类
质量损失率（%）	≤5	≤8	≤12

6. 集料的含水状态

集料的含水状态可分为干燥状态、气干状态、饱和面干状态和湿润状态四种，如图4-4所示。干燥状态的集料含水率等于或接近于零；气干状态的集料含水率与大气湿度相平衡，但未达到饱和状态；饱和面干状态的集料，其内部孔隙含水达到饱和而其表面干燥；湿润状态的集料不仅内部孔隙含水达到饱和，而且表面还附着一部分自由水。计算混凝土配合比时，一般以干燥状态的集料为基准，而一些大型水利工程、道路工程常以饱和面干状态的集料为基准。

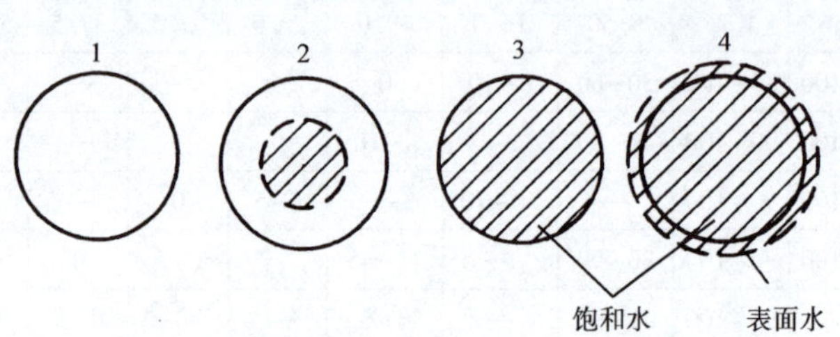

图4-4 集料的含水状态

1—干燥状态 2—气干状态 3—饱和面干状态 4—湿润状态

拌制混凝土时，集料的含水状态会影响混凝土的用水量和集料用量，因为集料颗粒内部如果不是饱水状态，在拌制混凝土时，所加的用水量有一部分会被集料吸收。如果集料表面附着有自由水，自由水应计入混凝土配合比的水的配置中。

Ⅰ类卵石、碎石吸水率应≤1%，Ⅱ类卵石、碎石吸水率应≤2%，Ⅲ类卵石、碎石吸水率应≤2.5%。

四、混凝土拌和及养护用水

水是混凝土的主要组分之一。对混凝土用水的质量要求是：不影响混凝土的凝结和硬化；无损于混凝土强度发展及耐久性；不加快钢筋锈蚀；不引起预应力钢筋脆断；不污染混凝土表

面。因此，《混凝土用水标准（附条文说明）》（JGJ 63—2006）对混凝土用水提出了具体的质量要求。

混凝土用水是混凝土拌合水和混凝土养护用水的总称，包括饮用水、地表水、地下水、再生水、海水等。地表水和地下水常溶有较多的有机质和矿物盐类，必须按标准规定检验合格后方可使用。海水中含有较多的硫酸盐和氯盐，影响混凝土的耐久性并加速混凝土中钢筋的锈蚀，未经处理的海水严禁用于钢筋混凝土和预应力混凝土结构；对有饰面要求的混凝土，也不得采用海水拌制，以免因表面产生盐析而影响装饰效果。

混凝土拌合用水水质要求见表4-18。混凝土养护用水可不检验不溶物、可溶物、水泥凝结时间和水泥胶砂强度。

表 4-18　混凝土拌合用水水质要求（JGJ 63—2006）

项目	预应力混凝土	钢筋混凝土	素混凝土
pH	≥5.0	≥4.5	≥4.5
不溶物/(mg/L)	≤2000	≤2000	≤5000
可溶物/(mg/L)	≤2000	≤5000	≤10000
Cl^-/(mg/L)	≤500	≤1000	≤3500
SO_4^{2-}/(mg/L)	≤600	≤2000	≤2700
碱含量/(mg/L)	≤1500	≤1500	≤1500

注：① 对于使用钢丝或经热处理钢筋的预应力混凝土，氯离子含量不得超过350mg/L。

② 对于设计使用年限为100年的结构混凝土，氯离子含量不得超过500mg/L。

第三节　混凝土拌合物的性质

混凝土的各组成材料按一定比例配合、搅拌而成的尚未凝固的材料，称为混凝土拌合物，又称为新拌混凝土。新拌混凝土应具备的性能主要是具有良好的和易性，这样才能便于施工和保证良好的浇筑质量，从而保证混凝土的强度和耐久性。

一、和易性的概念

和易性是指混凝土拌合物在一定的施工条件下（如设备、工艺、环境等）易于各工序（搅拌、运输、浇筑、捣实）施工操作，并能获得质量稳定、整体均匀、成型密实的性能。和易性是一项综合性的技术指标，包括流动性、黏聚性（或称可塑性）、保水性（或称稳定性）三方面性能，和易性也称为工作性。

流动性是指混凝土拌合物在自重或机械振捣作用下，易于流动并均匀密实地填满模板的性能。流动性的大小，反映混凝土拌合物的稀稠，直接影响浇捣施工的难易和混凝土的质量。流动性好，混凝土容易操作、成型。

黏聚性是指混凝土各组成材料之间有一定的黏聚力，使混凝土保持整体均匀完整和稳定的性能，在运输和浇筑过程中不致产生分层和离析现象。黏聚性差会影响混凝土的成型、浇筑质量，造成强度下降，耐久性不满足要求。

保水性是指混凝土拌合物在施工过程中，具有一定的保持内部水分的能力，而不致产生严重的泌水现象。新拌混凝土是由不同密度、不同粒径的颗粒（集料和水泥）和水组成，在自重和外力作用下，固体颗粒下沉，水上浮于混凝土表面，形成泌水，造成硬化后混凝土表面酥软。当泌水发生在集料或钢筋下面时，影响混凝土的整体均匀性。保水性差的混凝土拌合物，因泌水会形成易透水的孔隙，使混凝土的密实性变差，强度和耐久性降低。

混凝土拌合物的流动性、黏聚性、保水性三者之间既互相联系，又互相矛盾。如黏聚性好则保水性一般也较好，但流动性可能较差；当增大流动性时，黏聚性和保水性往往变差。因此，拌合物的和易性良好，一般需要这三方面性能在某种具体工作条件下达到统一，达到均为良好的状况。

二、和易性的测定及评定

混凝土和易性的测定

混凝土拌合物的和易性内涵比较复杂，难以用一种简单的测定方法和指标来全面恰当地评价。根据《普通混凝土拌合物性能试验方法标准》（GB/T 50080—2016）的规定，用坍落度、扩展度法或维勃稠度法来测定混凝土拌合物的流动性，并辅以直观经验来评定黏聚性和保水性，以此评定和易性。

根据混凝土坍落度和维勃稠度的大小，可将混凝土拌合物分为4级，并符合表4-19~表4-21的要求。

根据《混凝土质量控制标准》（GB 50164—2011）的规定，混凝土坍落度、维勃稠度和扩展度等级划分及稠度允许偏差应符合表4-19~表4-22的规定。

表4-19 混凝土拌合物的坍落度等级划分

等级	坍落度/mm
S1	10~40
S2	50~90
S3	100~150
S4	160~210
S5	≥220

表4-20 混凝土拌合物的维勃稠度等级划分

等级	维勃稠度/s
V0	≥31
V1	30~21
V2	20~11
V3	10~6
V4	5~3

表4-21 混凝土拌合物的扩展度等级划分

等级	扩展度/mm	等级	扩展度/mm
F1	≤340	F4	490~550
F2	350~410	F5	560~620
F3	420~480	F6	≥630

表4-22 混凝土拌合物稠度允许偏差

拌合物性能		允许偏差		
坍落度/mm	设计值	≤40	50~90	≥100
	允许偏差	±10	±20	±30
维勃稠度/s	设计值	≥11	10~6	≤5
	允许偏差	±3	±2	±1
扩展度/mm	设计值	≥350		
	允许偏差	±30		

三、和易性的选用

新拌水泥混凝土的坍落度根据施工方法和结构条件（断面尺寸、钢筋分布情况），并参考有关资料（经验）加以选择。对无筋厚大结构、钢筋配置稀疏易于施工的结构，尽可能选用较小的坍落度，以节约水泥；反之，对断面尺寸较小、形状复杂或配筋特密的结构，则应选用较大的坍落度。一般在便于操作和保证浇捣密实的条件下，尽可能选用较小的坍落度，以节约水泥，提高强度，获得质量合格的混凝土拌合物，具体选择可参考表4-23。

表4-23 混凝土坍落度的适宜范围

项目	结构特点	坍落度/mm
1	无筋的厚大结构或配筋稀疏的构件	10~30
2	板、梁和大型及中型截面的柱子等	35~50
3	配筋较密的结构（薄壁、筒仓、细柱等）	55~70
4	配筋特密的结构	75~90

表4-23中是指采用机械振捣的坍落度，当采用人工捣实时可适当增大。当施工工艺采用泵送混凝土拌合物时，可通过掺入高效减水剂等措施提高流动性，使坍落度达到80~180mm。

泵送混凝土拌合物坍落度设计值不宜大于180mm，泵送高强混凝土的扩展度不宜小于500mm，自密实混凝土的扩展度不宜小于600mm。

四、影响和易性的主要因素

1. 水泥浆的用量

影响混凝土和易性因素

混凝土拌合物中的水泥浆，赋予混凝土拌合物以一定的流动性，是泵送混凝土具有可泵性的必要条件。在水胶比不变的情况下，单位体积拌合物内，水泥浆越多，则拌合物的流动性越大；但若水泥浆过多，将会出现流浆现象，使拌合物的黏聚性变差，同时对混凝土的强度与耐久性也会产生一定的影响，且水泥用量也大。水泥浆过少，不能填满集料间隙或不能很好地包裹集料表面时，拌合物就会产生崩塌现象，黏聚性也变差，泵送混凝土时会产生离析现象，不能形成良好的润滑层，会发生堵管现象。因此，混凝土拌合物中水泥浆的用量，应以满足流动性和强度的要求为度，不宜过量。

2. 水泥浆的稠度（水胶比）

水胶比是指水泥混凝土中水的用量与胶凝材料用量之比。在胶凝材料用量不变的情况下，水胶比越小，水泥浆就越稠，混凝土拌合物的流动性就越小。当水胶比过小时，水泥浆干稠，混凝土拌合物的流动性过低，会使施工困难，不能保证混凝土的密实性。增大水胶比会使流动性加大，但如果水胶比过大，又会造成混凝土拌合物的黏聚性和保水性不良，而产生流浆、离析现象，并严重影响混凝土的强度，使泵送混凝土失去连续性，不能泵送。所以，水胶比一般根据混凝土强度和耐久性要求，合理地选用。

无论是水泥浆的多少还是水泥浆的稀稠，实际上对混凝土拌合物流动性起决定作用的是单位体积用水量的多少。当使用确定的集料，如果单位体积用水量一定，单位体积水泥用量增减不超过50~100kg，混凝土拌合物的坍落度大体可保持不变。如果单纯加大用水量会降低混凝土的强度和耐久性，因此对混凝土拌合物流动性的调整，应在保证水胶比不变的条件下，以调整水泥浆量的方法来进行。

3. 砂率

砂率是指混凝土中砂的质量占砂石总质量的百分率。砂率过大时，集料的总表面积及空隙率都会增大，在水泥浆含量不变的情况下，相对地水泥浆显得少了，减弱了水泥浆的润滑作用，导致混凝土拌合物流动性降低。如果砂率过小，又不能保证粗集料之间有足够的砂浆层，也会降低混凝土拌合物的流动性，并严重影响其黏聚性和保水性，容易造成离析、流浆。当砂率适宜时，砂不但填满石子间的空隙，而且还能保证粗集料间有一定厚度的砂浆层，以减小粗集料间的摩擦阻力，使混凝土拌合物有较好的流动性。这个适宜的砂率，称为合理砂率。当采用合理砂率时，在用水量及水泥用量一定的情况下，能使混凝土拌合物获得最大的流动性，保持良好的黏聚性和保水性，如图4-5所示。当采用合理砂率时，能使混凝土拌合物获得所要求的流动性及良好的黏聚性与保水性，而水泥用量为最少，如图4-6所示。砂率对泵送混凝土的可泵性非常重要，适当提高砂率是改善混凝土可泵性的有效方法。

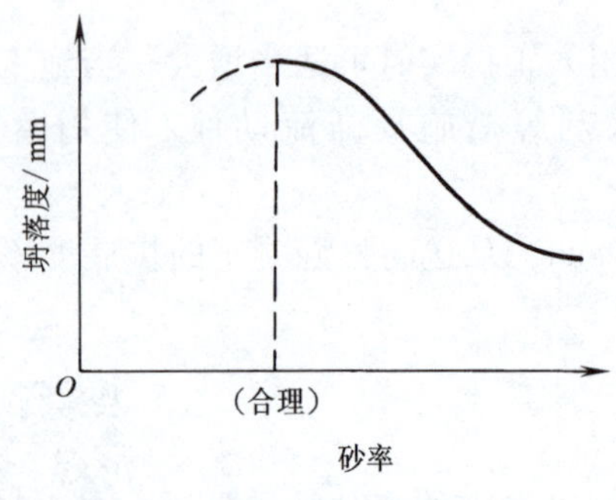

图4-5　砂率与坍落度的关系
（水与水泥用量一定）

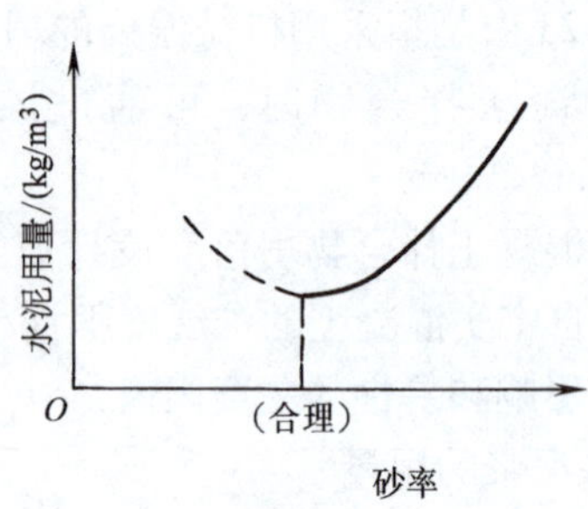

图4-6　砂率与水泥用量的关系
（达到相同的坍落度）

4. 组成材料性质的影响

水泥对和易性的影响主要表现在水泥的需水性上。需水量大的水泥品种，达到相同的坍落度，需要较多的用水量。常用水泥中以普通硅酸盐水泥所配制的混凝土拌合物的流动性和保水性较好。

集料的性质对混凝土拌合物的和易性影响较大。级配良好的集料，空隙率小，在水泥浆量相同的情况下，包裹集料表面的水泥浆较厚，和易性好。碎石比卵石表面粗糙，所配制的混凝土拌合物流动性较卵石配制的差。

5. 外加剂

外加剂（如减水剂、引气剂等）对拌合物的和易性有很大的影响，在拌制混凝土时，加入少量的外加剂能使混凝土拌合物在不增加水泥用量的条件下，获得良好的和易性，不仅流动性显著增加，还能有效地改善混凝土拌合物的黏聚性和保水性。而且在不改变混凝土配合比的情况下，能提高强度和耐久性，是高强、高性能混凝土的必需组分。

6. 时间和温度

搅拌后的混凝土拌合物，随着时间的延长而逐渐变得干稠，坍落度降低，流动性下降，这种现象称为坍落度损失，从而使和易性变差。

混凝土拌合物的和易性也受温度的影响。因为环境温度升高，水分蒸发及水化反应加

快，相应使流动性降低。因此，施工中为保证一定的和易性，必须注意环境温度的变化，采取相应的措施。

五、提高混凝土和易性的措施

在实际施工中，可采用如下措施调整混凝土拌合物的和易性：

1）通过试验，采用合理砂率，并尽可能采用较低的砂率。

2）改善砂、石（特别是石子）的级配。

3）在可能条件下，尽量采用较粗的砂、石。

4）当混凝土拌合物坍落度太小时，保持水胶比不变，增加适量的水泥浆；当坍落度太大时，保持砂率不变，增加适量的砂石。

5）有条件时尽量掺用外加剂（减水剂、引气剂等）。

第四节 混凝土的强度

知识延伸

632m 的上海中心大厦，承重柱能承受多少压力？为何不会被压垮？

上海中心大厦（图 4-7），位于上海市陆家嘴金融贸易区银城中路 501 号，是上海市的一座巨型高层地标式摩天大楼，为中国第一高楼、世界第三高楼，始建于 2008 年 11 月 29 日，于 2016 年 3 月 12 日完成建筑总体的施工工作。

上海中心大厦主要用途为办公、酒店、商业、观光等公共设施；主楼为地上 127 层，建筑高度 632m，地下室有 5 层；裙楼共 7 层，其中地上 5 层，地下 2 层，建筑高度为 38m；总建筑面积约为 57.8 万 m^2，其中地上总面积约 41 万 m^2，地下总面积约 16.8 万 m^2，占地面积 30368m^2。

上海中心大厦被绿色建筑 LEED-CS 白金级认证，曾获得 MIPIM“人民选择奖”、美国建筑奖（AAP）年度设计大奖、第十五届中国土木工程詹天佑奖、2019 年“BOMA 全球创新大奖”等重要奖项。

图 4-7　上海中心大厦

上海中心大厦位于上海浦东地区，本身是处在一个冲基层地带，土质松软且含有大量的黏土。为了能够支撑起整座大厦的重量，工程师们总共打造了 980 个基桩，深度大约 86m。在基桩能够承载一定重力的情况下，工程师们还浇筑了 215 万立方英尺的混凝土进行加固，形成了一个厚度足足 6m 的基础底板，每根承重柱的承受压力至少在 1000t 以上。根据资料显示，在上海中心大厦进行施工的时候，所用的混凝土强度等级几乎都在 C30 以上。为了保证施工建筑的稳定性，甚至在不同的高度上面，所使用的混凝土强度等级也不尽相同。

强度是混凝土硬化后的主要力学性能，混凝土的力学性能应满足设计和施工的要求。混凝土强度有立方体抗压强度、棱柱体抗压强度、抗拉强度、抗弯强度、抗剪强度和与钢筋的黏结强度等。其中以抗压强度最大，抗拉强度最小（约为抗压强度的1/20~1/10，对混凝土抗裂性起着非常重要的作用），因此结构工程中混凝土主要用于承受压力。

一、混凝土的立方体抗压强度与强度等级

1. 立方体抗压强度

混凝土的抗压强度是混凝土基本的力学性能，是指其标准试件在压力作用下单位面积上所能承受的最大压应力。混凝土结构构件常以抗压强度为主要设计依据。

根据国家标准《混凝土物理力学性能试验方法标准》(GB/T 50081—2019）制作150mm×150mm×150mm 的标准立方体试件，在标准条件［温度 20℃±2℃，相对湿度 95%以上的标准养护室中，或在温度为 20±2℃的不流动的 $Ca(OH)_2$ 饱和溶液中］下，养护到 28d 龄期，所测得的抗压强度值为混凝土立方体试件抗压强度（简称立方体抗压强度），以 f_{cc} 表示。采用标准试验方法测定其强度是为了使混凝土的质量有对比性，它是结构设计、混凝土配合比设计和质量评定的重要数据。

在实际的混凝土工程中，其养护条件（温度、湿度）不可能与标准养护条件一样，为了能说明工程中混凝土实际达到的强度，往往把混凝土试件放在与工程实际相同的条件下养护，再按所需的龄期测得立方体试件抗压强度值，作为工地混凝土质量控制的依据。

测定混凝土立方体试件抗压强度，也可以按粗集料最大粒径的尺寸而选用不同的试件尺寸。但是在计算其抗压强度时，应乘以换算系数，折算为标准试件抗压强度。试件的最小截面尺寸见表 4-24。

表 4-24 试件的最小截面尺寸

集料最大粒径/mm		试件最小横截面尺寸/(mm×mm)
劈裂抗拉强度试验	其他试验	
19.0	31.5	100×100
37.5	37.5	150×150
—	63.0	200×200

当混凝土强度等级≥C60 时，宜采用标准试件；使用非标准试件，混凝土强度等级不大于 C100 时，尺寸换算系数宜由试验确定，在未进行试验确定的情况下，对 100mm×100mm×100mm 试件可取为 0.95；混凝土强度等级大于 C100 时，尺寸换算系数应经试验确定。其试件数量不应少于 30 个对组。

2. 强度等级

为了正确进行结构设计和控制工程质量，根据混凝土立方体抗压强度标准值（以 $f_{cc,k}$ 表示），将混凝土划分不同的强度等级。混凝土立方体抗压强度标准值，是指按标准方法制作和养护的边长为 150mm 的立方体试件，在 28d 龄期，用标准试验方法测得的抗压强度总体分布中的一个值，强度低于该值的概率不应大于 5%（即具有强度保证率为 95%的立方体抗压强度）。混凝土强度等级采用符号 C 与立方体抗压强度标准值（以 N/mm^2 或 MPa 计）表示。按照《混凝土结构设计规范（2015 年版）》（GB 50010—2010）的规定，混凝土划分为 C15、C20、C25、C30、C35、C40、C45、C50、C55、C60、C65、C70、C75、C80 共 14 个

强度等级。例如，C40 表示混凝土立方体抗压强度标准值$f_{cc,k}=40MPa$。

混凝土抗压强度应按《混凝土强度检验评定标准》（GB/T 50107—2010）的有关规定检验评定是否合格。

二、混凝土的轴心抗压强度（f_{cp}）

确定混凝土强度等级采用立方体试件，但实际工程中钢筋混凝土构件形式极少是立方体，大部分是棱柱体或圆柱体。为了使测得的混凝土强度接近于混凝土构件的实际情况，在钢筋混凝土结构计算中，计算轴心受压构件（例如柱子、桁架的腹杆等）时，都采用混凝土的轴心抗压强度f_{cp}作为设计依据。

根据《混凝土物理力学性能试验方法标准》（GB/T 50081—2019）的规定，轴心抗压强度采用 150mm×150mm×300mm 的棱柱体作为标准试件。轴心抗压强度值f_{cp}比同截面的立方体抗压强度值f_{cc}小，棱柱体试件高度比（h/a）越大，轴心抗压强度越小；但当h/a达到一定值后，强度不再降低。在立方体抗压强度f_{cc}为 10~55MPa 范围内时，轴心抗压强度$f_{cp}\approx(0.70\sim0.80)f_{cc}$。

三、混凝土的抗拉强度（f_{ts}）

混凝土的抗拉强度只有抗压强度的 1/20~1/10，并且这个比值随着混凝土强度等级的提高而降低。由于混凝土受拉时呈脆性断裂，故在钢筋混凝土结构设计中，不考虑混凝土承受拉力，而是在混凝土中配以钢筋，由钢筋来承受结构中的拉力。但混凝土抗拉强度对于混凝土抗裂性具有重要作用，它是结构设计中确定混凝土抗裂度的主要指标，有时也用它来间接衡量混凝土与钢筋间的黏结强度，并预测由于干湿变化和温度变化而产生裂缝的情况。

我国目前采用由劈裂抗拉强度试验法间接得出混凝土的抗拉强度，称为劈裂抗拉强度（f_{ts}）。标准规定，劈裂抗拉强度采用边长为 150mm 的立方体试件为标准试件，在试件的两个相对的表面上加上垫条。当施加均匀分布的压力时，就能在外力作用的竖向平面内，产生均匀分布的拉应力，如图 4-8 所示，该应力可以根据弹性理论计算得出。

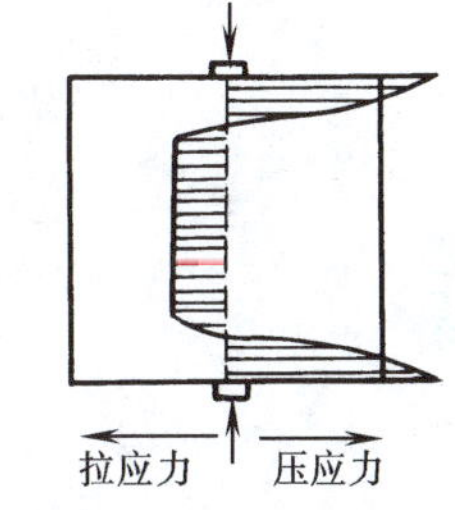

图 4-8 劈裂试验时垂直于受力面的应力分布

劈裂抗拉强度计算公式为：

$$f_{ts}=\frac{2F}{\pi A}=0.637\frac{F}{A} \tag{4-4}$$

式中 f_{ts}——混凝土劈裂抗拉强度（MPa）；

F——破坏荷载（N）；

A——试件劈裂面积（mm^2）。

试验证明，在相同条件下，混凝土用轴拉法测得的抗拉强度，较用劈裂法测得的劈裂抗拉强度略小。二者比例约为 0.9。混凝土的劈裂抗拉强度与混凝土标准立方体抗压强度（f_{cc}）之间的关系，可用经验公式表达如下：

$$f_{ts}=0.35f_{cc}^{3/4}$$

四、混凝土与钢筋的黏结强度

在钢筋混凝土结构中，为使钢筋和混凝土能有效协同工作，混凝土与钢筋之间必须要有适当的黏结强度。这种黏结强度，主要来源于混凝土与钢筋之间的摩擦力、钢筋与水泥之间的黏结力及变形钢筋的表面机械啮合力。黏结强度与混凝土质量有关，与混凝土抗压强度成正比。此外，黏结强度还受其他许多因素影响，如钢筋尺寸及变形钢筋种类；钢筋在混凝土中的位置（水平钢筋或垂直钢筋）；加载类型（受拉钢筋或受压钢筋）；以及干湿变化、温度变化等。

五、影响混凝土强度的主要因素

强度试验证实，普通混凝土破坏主要是集料与水泥石的黏结界面发生破坏。所以，混凝土的强度主要取决于水泥石强度及其与集料的黏结强度。而黏结强度又与水泥强度等级、水胶比及集料的性质有密切关系，此外混凝土的强度还受施工质量、养护条件及龄期的影响。

混凝土强度的影响因素和改善措施

1. 影响混凝土强度的主要因素

水泥强度等级和水胶比是决定混凝土强度的主要因素，也是决定性因素。

水泥是混凝土中的活性组成，在水胶比不变时，水泥强度等级越高，则硬化水泥石的强度越大，对集料的胶结力就越强，配制成的混凝土强度也就越高。在水泥强度等级相同的条件下，混凝土的强度主要取决于水胶比，水胶比越小，水泥石的强度越高，与集料黏结力越大，混凝土强度也越高；但是，如果水胶比过小，拌合物过于干稠，在一定的施工振捣条件下，混凝土不能被振捣密实，出现较多的蜂窝、孔洞，将导致混凝土强度严重下降，如图4-9所示。

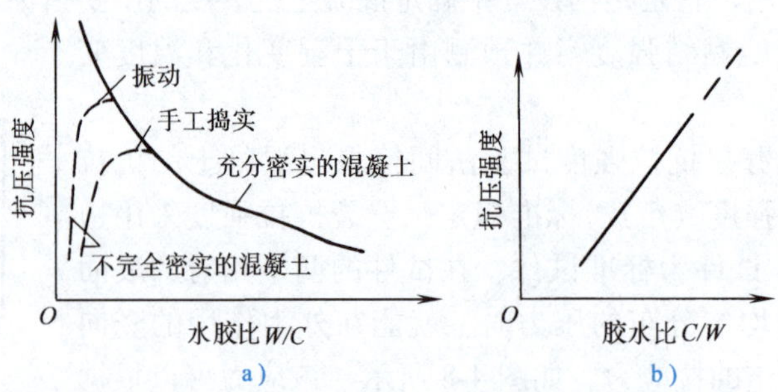

图4-9 混凝土强度与水胶比的关系

a）强度与水胶比的关系 b）强度与胶水比的关系

根据工程实践的经验资料统计，可建立如下的混凝土强度与水胶比、水泥强度等因素之间的线性经验公式：

$$f_{cc}=\alpha_a f_{ce}\left(\frac{C}{W}-\alpha_b\right) \tag{4-5}$$

式中 f_{cc}——混凝土28d龄期的抗压强度（MPa）；

C——$1m^3$ 混凝土中水泥用量（kg）；

W——$1m^3$ 混凝土中水的用量（kg）；

f_{ce}——水泥28d抗压强度实测值（MPa），水泥厂为保证水泥出厂强度，所生产水泥的实际强度要高于其强度的标准值（$f_{ce,k}$），在无法取得水泥实际强度数据时，可用式 $f_{ce}=\gamma_c f_{ce,k}$ 代入，其中 γ_c 为水泥强度值的富余系数，根据各地区统计资料取得；

α_a、α_b——回归系数，与集料品种及水泥品种等因素有关，其数值通过试验求得，若无试验资料，则可按《普通混凝土配合比设计规程》（JGJ 55—2011）提供的 α_a、α_b 系数取用：碎石 $\alpha_a = 0.53$，$\alpha_b = 0.20$；卵石 $\alpha_a = 0.49$，$\alpha_b = 0.13$。

利用混凝土强度公式，可根据所用的水泥强度和水胶比来估计所配制混凝土的强度，也可根据水泥强度和要求的混凝土强度等级来计算应采用的水胶比。

2. 集料的影响

当集料级配良好、砂率适当时，由于组成了坚强密实的骨架，有利于混凝土强度的提高。如果混凝土集料中有害杂质较多，品质低，级配不好，就会降低混凝土的强度。

由于碎石表面粗糙有棱角，提高了集料与水泥砂浆之间的机械啮合力和黏结力，因此在原材料、坍落度相同的条件下，用碎石拌制的混凝土比用卵石拌制的混凝土的强度要高。

集料的强度影响混凝土的强度。一般来说集料强度越高，所配制的混凝土强度越高，这在低水胶比和配制高强度混凝土时特别明显。集料粒形以三维长度相等或相近的球形或立方体为好，若含有较多扁平或细长的颗粒，会增加混凝土的孔隙率，扩大混凝土中集料的表面积，增加混凝土的薄弱环节，导致混凝土强度下降。

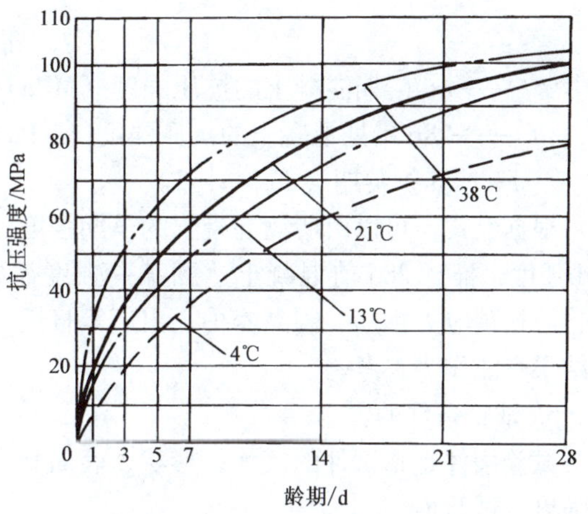

图 4-10 养护温度对混凝土强度的影响

3. 养护温度及湿度的影响

混凝土强度是一个渐进发展的过程，其发展的程度和速度取决于水泥的水化状况，而温度和湿度是影响水泥水化速度和程度的重要因素。因此，混凝土成型后，必须在一定时间内保持适当的温度和足够的湿度，以使水泥充分水化，这就是混凝土的养护。养护温度高，水泥水化速度加快，混凝土的强度发展也快；反之，在低温下混凝土强度发展迟缓，如图 4-10 所示。当温度降至冰点以下时，则由于混凝土中的水分大部分结冰，不但水泥停止水化，强度停止发展，而且由于混凝土孔隙中的水结冰，产生体积膨胀（约 9%），而对孔壁产生相当大的压应力（可达 100MPa），从而使硬化中的混凝土结构遭到破坏，导致混凝土已获得的强度受到损失。同时，混凝土早期强度低，更容易冻坏。

水是水泥水化反应的必要条件，如果湿度不够，水泥水化反应不能正常进行，甚至停止水化，会严重降低混凝土强度。图 4-11 为潮湿养护对混凝土强度的影响。水泥水化不充分，水化作用未完成，还会

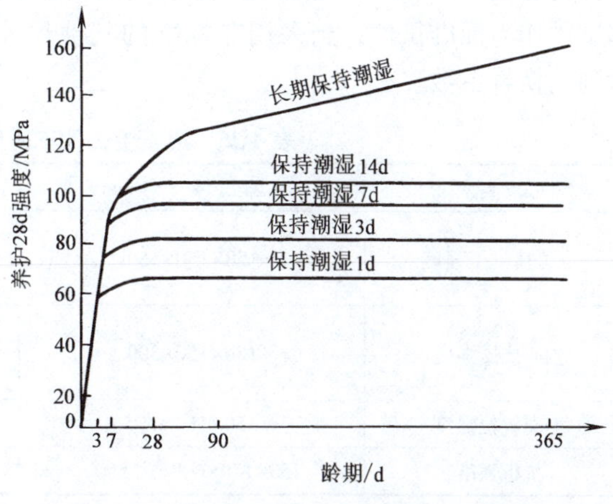

图 4-11 潮湿养护对混凝土强度的影响

使混凝土结构疏松，形成干缩裂缝，增大渗水性，从而影响混凝土的耐久性。为此，施工规范规定，在混凝土浇筑成型后，必须保证足够的湿度，应在12h内进行覆盖，以防止水分蒸发。在夏季施工的混凝土，要特别注意浇水保湿。使用硅酸盐水泥、普通硅酸盐水泥和矿渣硅酸盐水泥时，浇水保湿应不少于7d；使用火山灰硅酸盐水泥和粉煤灰硅酸盐水泥或在施工中掺用缓凝型外加剂或混凝土有抗渗要求时，保湿养护应不少于14d。

4. 龄期

龄期是指混凝土在正常养护条件下所经历的时间。在正常养护的条件下，混凝土的强度将随龄期的增长而不断发展，最初7~14d内强度发展较快，以后逐渐缓慢，28d达到设计强度。28d后强度仍在发展，其增长过程可延续数十年之久，混凝土强度与龄期的关系从图4-10也可看出。

普通硅酸盐水泥制成的混凝土，在标准养护条件下，混凝土强度的发展，大致与其龄期的常用对数成正比关系（龄期不少于3d）。

$$\frac{f_n}{f_{28}}=\frac{\lg n}{\lg 28} \tag{4-6}$$

式中 f_n——nd龄期混凝土的抗压强度（MPa）；

f_{28}——28d龄期混凝土的抗压强度（MPa）；

n——养护龄期（d），$n \geqslant 3$。

根据上式，可以由所测混凝土的早期强度，估算其28d龄期的强度，或者可由混凝土的28d强度，推算28d前混凝土达到某一强度需要养护的天数，来确定混凝土拆模、构件起吊、放松预应力钢筋、制品养护、出厂等日期。但由于影响强度的因素很多，故按此式计算的结果只能作为参考。

5. 试验条件的影响

试验条件是指试件的尺寸、形状、表面状态及加荷速度等。试验条件不同，会影响混凝土强度的试验值。

（1）试件尺寸　相同的混凝土，试件尺寸越小，测得的强度越高。试件尺寸影响强度的主要原因是，当试件尺寸大时，内部孔隙、缺陷等出现的几率也大，导致有效受力面积减小及应力集中，从而引起强度的降低。我国标准规定，采用150mm×150mm×150mm的立方体试件作为标准试件；当采用非标准的其他尺寸试件时，所测得的抗压强度应乘以表4-25所列的换算系数。

表4-25　混凝土试件不同尺寸的强度换算系数

强度类型	标准试件尺寸/mm	非标准试件尺寸/mm	换算系数
立方体抗压强度	150×150×150	100×100×100	0.95
		200×200×200	1.05
轴心抗压强度	150×150×300	100×100×300	0.95
		200×200×400	1.05
劈裂抗拉强度	150×150×150	100×100×100	0.85
抗折强度	150×150×600（或550）	100×100×400	0.85

注：混凝土强度等级大于等于C60，宜采用标准试件；使用非标准试件时，尺寸换算系数应由试验确定，其试件数量不应少于30组。

（2）试件的形状 当试件受压面积（$a \times a$）相同，而高度（h）不同时，高宽比（h/a）越大，抗压强度越小。这是由于试件受压时，试件受压面与试件承压板之间的摩擦力，对试件相对于承压板的横向膨胀起着约束作用，该约束有利于强度的提高，如图 4-12 所示。越接近试件的端面，这种约束作用就越大，在距端面大约$\frac{\sqrt{3}}{2}a$的范围以外，约束作用才消失，通常称这种约束作用为环箍效应，如图 4-13 所示。

（3）表面状态 混凝土试件承压面的状态，也是影响混凝土强度的重要因素。当试件受压面上有油脂类润滑剂时，试件受压时的环箍效应大大减小，试件将出现直裂破坏（图 4-14），测出的强度值也较低。

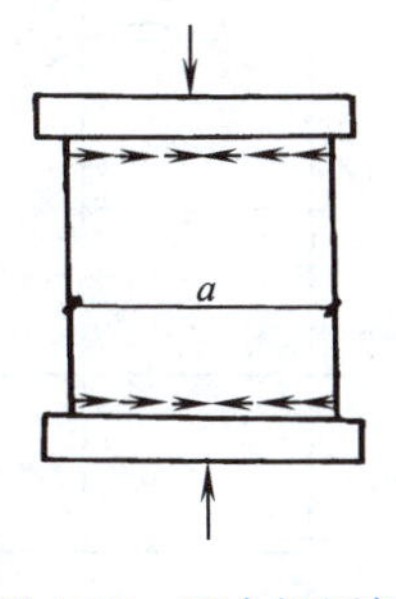

图 4-12 压力机压板对试件的约束作用

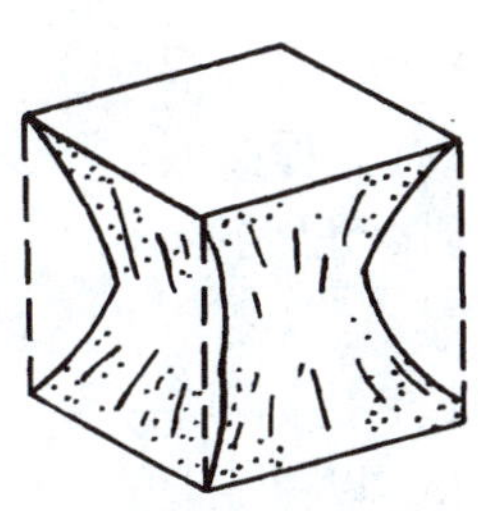

图 4-13 试件破坏后残存的棱锥体

图 4-14 不受压板约束时试件的破坏情况

（4）加荷速度 加荷速度越快，测得的混凝土强度值也越大；当加荷速度超过 1.0MPa/s 时，这种趋势更加显著。因此，我国标准规定，混凝土抗压强度的加荷速度为 0.3～0.8MPa/s，且应连续均匀地进行加荷。

六、提高混凝土强度的措施

1. 采用高强度等级水泥或早强型水泥

在混凝土配合比相同的情况下，水泥的强度等级越高，混凝土的强度越高。采用早强型水泥可提高混凝土的早期强度，有利于加快施工进度。

2. 采用低水胶比的干硬性混凝土

低水胶比的干硬性混凝土拌合物游离水分少，硬化后留下的孔隙少，混凝土密实度高，强度可显著提高，因此，降低水胶比是提高混凝土强度的有效途径；但水胶比过小，将影响拌合物的流动性，造成施工困难。一般采取同时掺加减水剂的方法，使混凝土在低水胶比下，仍具有良好的和易性。

3. 采用湿热处理养护混凝土

湿热处理可分为蒸汽养护、蒸压养护两类，水泥混凝土一般不必采用蒸压养护。

蒸汽养护是将混凝土放在温度低于 100℃的常压蒸汽中进行养护。一般混凝土经过 16～20h 蒸汽养护，其强度可达正常条件下养护 28d 强度的 70%～80%。蒸汽养护适于掺活性混合材料的矿渣硅酸盐水泥、火山灰硅酸盐水泥及粉煤灰硅酸盐水泥制备的混凝土。因为蒸汽养护可加速活性混合材料内的活性 SiO_2 及活性 Al_2O_3 与水泥水化析出的 $Ca(OH)_2$ 反应，使混凝土不仅提高早期强度，而且后期强度也有所提高，其 28d 强度可提高 10%～20%。而对普通硅酸盐水泥和硅酸盐水泥制备的混凝土进行蒸汽养护，其早期强度也能得到提高，但因在水泥颗粒表面过早形成水化产物凝胶膜层，阻碍水分继续深入水泥颗粒内部，使后期强度增长速度反而减缓，其28d强度比标准养护28d的强度低10%~15%。

4. 采用机械搅拌和振捣

机械搅拌比人工拌和能使混凝土拌合物更均匀，特别是在拌和低流动性混凝土拌合物时效果显著。采用机械振捣，可使混凝土拌合物的颗粒产生振动，暂时破坏水泥浆体的凝聚结构，从而降低水泥浆的黏度和集料间的摩擦阻力，提高混凝土拌合物的流动性，使混凝土拌合物能很好地充满模型，混凝土内部孔隙大大减少，从而使密实度和强度大大提高，如图4-15所示。

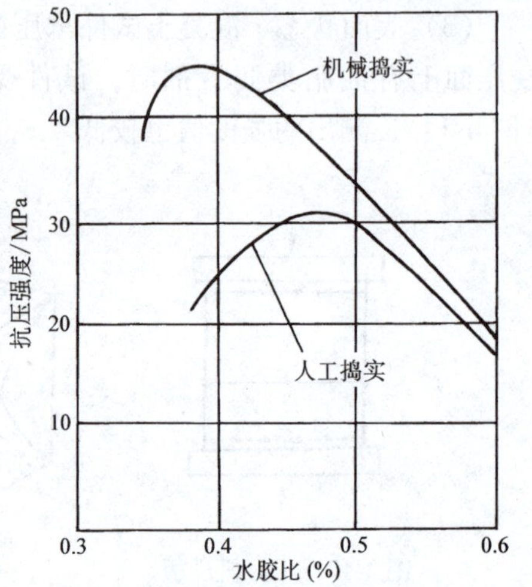

图4-15 振捣方法对混凝土强度的影响

采用二次搅拌工艺（造壳混凝土），可改善混凝土集料与水泥砂浆之间的界面缺陷，有效提高混凝土强度。采用先进的高频振动、变频振动及多向振动设备，可获得更佳振动效果。

搅拌时间应不低于《混凝土质量控制标准》（GB 50164—2011）规定的最短时间要求，以保证混凝土的均质性。

5. 掺入混凝土外加剂、掺合料

在混凝土中掺入早强剂可提高混凝土早期强度；掺入减水剂可减少用水量，降低水胶比，提高混凝土强度。此外，在混凝土中掺入高效减水剂的同时，掺入磨细的矿物掺合料（如硅灰、优质粉煤灰、超细磨矿渣等），可显著提高混凝土的强度，配制出强度等级为C60~C100的高强混凝土。

知识延伸

港珠澳大桥

港珠澳大桥（图4-16）是中国境内一座连接香港、广东珠海和澳门的桥隧工程，位于中国广东省珠江口伶仃洋海域内，为珠江三角洲地区环线高速公路南环段。

港珠澳大桥于2009年12月15日动工建设；于2017年7月7日实现主体工程全线贯通；于2018年2月6日完成主体工程验收；同年10月24日上午9时开通运营。港珠澳大桥东起香港国际机场附近的香港口岸人工岛，向西横跨南海伶仃洋水域接珠海和澳门人工岛，止于珠海洪湾立交；桥隧全长55km，其中主桥29.6km（包括6.7km海底隧道和22.9km桥梁）、香港口岸至珠澳口岸41.6km、跨海路段全长35.578km；桥墩224座，桥塔7座；桥梁宽度33.1m，隧道宽度28.5m，净高5.1m；桥面最大纵坡3%，桥面横坡2.5%内、隧道路面横坡1.5%内；桥面为双向六车道高速公路，设计速度100km/h，全线

桥涵设计汽车荷载等级为公路Ⅰ级，桥面总铺装面积70万m^2；通航桥隧满足近期10万t、远期30万t油轮通行；大桥设计使用寿命120年，可抵御8级地震、16级台风、30万t撞击以及珠江口300年一遇的洪潮。工程项目总投资额1269亿元。

图4-16　港珠澳大桥

港珠澳大桥因其超大的建筑规模、空前的施工难度和顶尖的建造技术而闻名世界！

港珠澳大桥建设中，为了防止温升过高，在混凝土生产时采取的措施如下：将试件置于与结构物混凝土温度变化过程相同的条件下养护，依据其强度试验结果来确定温度历程的影响、适宜的拆模时间等，日益受到广泛的重视，已在国内外许多工程施工中应用。但对于重要的大型工程，还需要通过混凝土正式浇筑前的试浇筑，来确定可能达到的温度峰值与温度梯度，以及它们对施工操作性能和设计要求的各种长期性能的影响。这是因为任何一种拌合物，在一定的养护条件下都会呈现出其独有的温度发展历程。

第五节　混凝土的变形性能

混凝土的变形分为非荷载作用下的变形和荷载作用下的变形。非荷载作用下的变形分为混凝土的化学收缩、干湿变形及温度变形；荷载作用下的变形分为短期荷载作用下的变形及长期荷载作用下的变形——徐变。

一、非荷载作用下的变形

1. 化学收缩

在混凝土硬化过程中，由于水泥水化生成物的固体体积，比反应前物质的总体积小，从而引起混凝土收缩的过程，称为化学收缩。化学收缩是不可恢复的。其收缩量随混凝土硬化龄期的延长而增加，一般在混凝土成形后40d内增长较快，以后逐渐趋于稳定。化学收缩值很小，对混凝土结构没有破坏作用，但在混凝土内部可能产生微细裂缝，而影响承载状态（产生应力集中）和耐久性。

2. 干湿变形

混凝土周围环境湿度的变化，会引起混凝土的干湿变形，表现为干缩湿胀。

混凝土干燥过程中的体积收缩，在重新吸水以后大部分可以恢复。当混凝土在水中硬化时，体积会产生轻微膨胀。

混凝土的湿胀变形量很小，一般无破坏作用，但干缩变形对混凝土危害较大，干缩能使混凝土表面出现拉应力而导致开裂，严重影响混凝土的耐久性。

3. 温度变形

混凝土与其他材料一样，也会随着温度的变化产生热胀冷缩的变形。混凝土的温度线胀系数为$(1\sim1.5)\times10^{-5}$mm/(mm·℃)，即温度每升降1℃，每1m胀缩0.010~0.015mm。温度变形对大体积混凝土及大面积混凝土工程极为不利，易使这些混凝土造成温度裂缝。

在混凝土硬化初期，水泥水化放出较多热量，而混凝土散热很慢，因此造成混凝土内外温差很大，使混凝土产生内胀外缩，结果在混凝土外表产生很大的拉应力，严重时使混凝土产生裂缝。因此，在大体积混凝土施工时，常采用低热水泥，减少水泥用量，掺加缓凝剂及采用人工降温等措施，以减少因温度变形而引起的混凝土质量问题。

二、荷载作用下的变形

1. 短期荷载作用下的变形

(1) 混凝土的弹塑性变形 混凝土是一种由水泥石、砂、石、游离水、气泡等组成的不匀质的材料，它是一个弹塑性体，受力时既产生弹性变形，又产生塑性变形，其应力与应变的关系呈曲线，如图4-17所示。

在静力试验的加荷过程中，若加荷至应力为σ、应变为ε的A点，然后将荷载逐渐卸去，则卸荷时的应力—应变曲线如AC所示。卸荷后能恢复的应变$\varepsilon_{弹}$，是由混凝土的弹性性质引起的，称为弹性应变；剩余的不能恢复的应变$\varepsilon_{塑}$，则是由混凝土的塑性性质引起的，称为塑性应变。

(2) 混凝土的弹性模量 在应力—应变曲线上任一点的应力σ与其应变ε的比值，称为混凝土在该应力下的变形模量。它反映混凝土所受应力与所产生应变之间的关系。在计算钢筋混凝土结构的变形、裂缝开展及大体积混凝土的温度应力时，均需知道该混凝土的弹性模量。

当应力σ等于(0.3~0.5)f_{cp}时，在重复荷载作用下，每次卸荷载都在应力—应变曲线中残留一部分塑性变形$\varepsilon_{塑}$；随着重复次数的增加，$\varepsilon_{塑}$的增量减小，最后曲线稳定于$A'C'$线，它与初始切线大致平行，如图4-18所示。

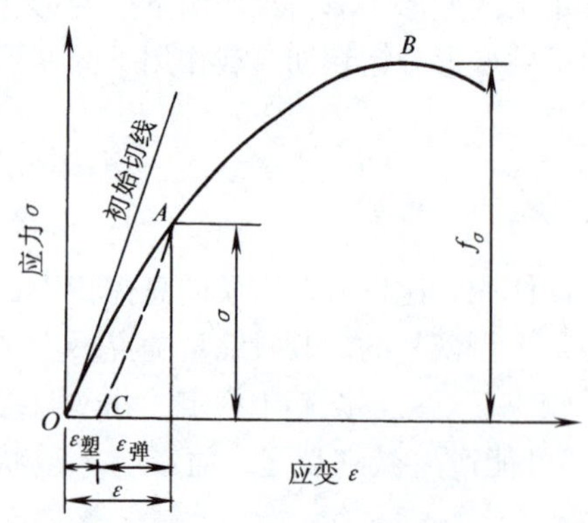

图4-17 混凝土在压力作用下的应力—应变曲线

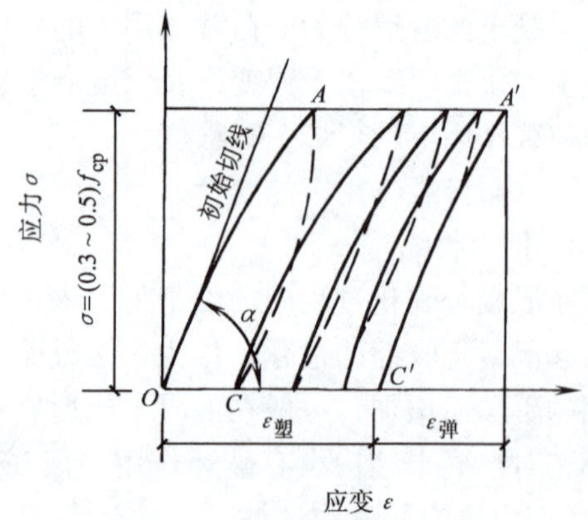

图4-18 低应力下重复荷载的应力—应变曲线

根据《混凝土物理力学性能试验方法标准》（GB/T 50081—2019）的规定，采用150mm×150mm×300mm的棱柱体作为标准试件，取测定点的应力为试件轴心强度的40%（即$\sigma=0.4f_{cp}$），经四次以上反复加荷与卸荷后，所得的应力—应变曲线与初始切线大致平行时测得的弹性模量值，即为该混凝土的弹性模量E_c，在数值上与$\tan\alpha$相近。

影响混凝土弹性模量的因素，主要有混凝土的强度、集料的含量及其弹性模量，以及养护条件等。混凝土的强度越高，弹性模量越大；集料的含量越多、弹性模量越大，混凝土的弹性模量越高；混凝土的水胶比较小、养护较好及龄期较长时，混凝土的弹性模量较大。

（3）混凝土受压变形与破坏　混凝土在未受力前，其水泥浆与集料之间及水泥浆内部，就已存在着随机分布的不规则的微细原生界面裂缝。而混凝土在短期荷载作用下，随着荷载的增加，裂缝逐渐开展、连通，直至试件破坏。

2. 长期荷载作用下的变形——徐变

混凝土在长期荷载作用下，除产生瞬间的弹性变形和塑性变形外，还会产生随时间而增长的非弹性变形，这种变形称为徐变，如图4-19所示。

在加荷的瞬间，混凝土产生瞬时变形，随着时间的延长，又产生徐变。在荷载初期，徐变增长较快，以后逐渐变慢并稳定下来。在荷载除去后，一部分变形瞬时恢复，其值小于在加荷瞬间产生的瞬时变形。在卸荷后的一段时间内，变形还会继续恢复，称为徐变恢复。最后残存的不能恢复的变形，称为残余变形。

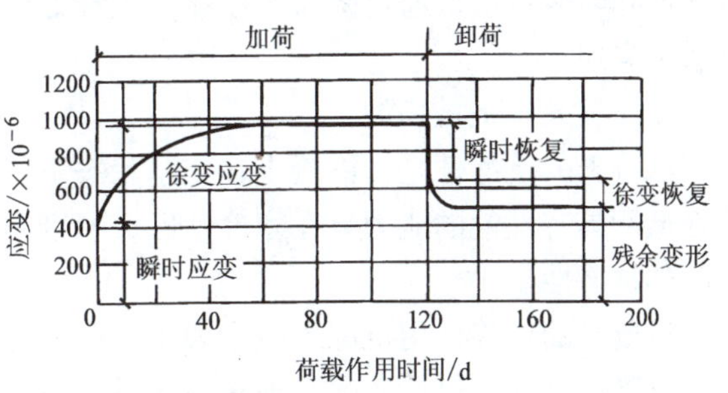

图4-19　徐变与徐变恢复

混凝土的徐变受许多因素的影响。混凝土的水胶比较小或在水中养护时，徐变较小；水胶比相同的混凝土，其水泥用量越多，徐变越大；混凝土所用集料的弹性模量较大时，徐变较小；所受应力越大，徐变越大。

第六节　混凝土的耐久性

混凝土的耐久性

混凝土的耐久性是指混凝土在所处环境及使用条件下经久耐用的性能。环境对混凝土结构的物理和化学作用以及混凝土结构抵御环境作用的能力，是影响混凝土结构耐久性的因素，如空气、水的作用，温度变化，阳光辐射，侵蚀性介质作用等。在通常的混凝土结构设计中，往往忽视环境对结构的作用，许多混凝土结构在达到预定的设计使用期限前，就出现了钢筋锈蚀、混凝土劣化剥落等结构性能及外观的耐久性破坏现象，需要大量投资进行修复，甚至拆除重建。我国的混凝土结构设计规范把混凝土结构的耐久性设计作为一项重要内容，高性能混凝土的设计以耐久性为依据。

混凝土的耐久性是一个综合性概念，它包含的内容很多，如抗渗性、抗冻性、抗侵蚀性、抗碳化反应、抗碱—集料反应等。这些性能都决定着混凝土经久耐用的程度，故统称为耐久性。

一、混凝土的抗渗性

混凝土的抗渗性是指混凝土抵抗有压介质（水、油、溶液等）渗透作用的能力。它是决定混凝土耐久性最基本的因素，若混凝土的抗渗性差，不仅周围水等液体物质易渗入内部，而且当遇有负温或环境水中含有侵蚀性介质时，混凝土就易遭受冰冻或侵蚀作用而破坏，对钢筋混凝土还将引起其内部钢筋锈蚀，并导致表面混凝土保护层开裂与剥落。因此，对地下建筑、水坝、水池、港口、海岸等工程，必须要求混凝土具有一定的抗渗性。

混凝土的抗渗性用抗渗等级表示。抗渗等级是以28d龄期的标准试件，在标准试验方法下进行试验，以每组6个试件，有4个试件未出现渗水时，所承受的最大静水压来表示，共有P4、P6、P8、P10、P12和>P12这6个等级，表示混凝土能抵抗0.4MPa、0.6MPa、0.8MPa、1.0MPa、1.2MPa和大于1.2MPa的静水压力而不渗水。

混凝土渗水的主要原因是内部的孔隙形成连通的渗水孔道。这些渗水孔道的多少，主要与水胶比大小有关，因此水胶比是影响抗渗性的决定因素，水胶比越大，抗渗性越小。除此之外，粗集料最大粒径、养护方法、外加剂、水泥品种等对混凝土的抗渗性也有影响。

提高混凝土抗渗性的主要措施是：提高混凝土的密实度和改善混凝土中的孔隙结构，减少连通孔隙。这些可通过降低水胶比、选择好的集料级配、充分振捣和养护、掺入引气剂等方法来实现。

二、混凝土的抗冻性

混凝土的抗冻性是指混凝土在饱水状态下，能经受多次冻融循环而不破坏，同时也不严重降低所具有性能的能力。在寒冷地区，特别是接触水又受冻的环境下的混凝土，要求具有较高的抗冻性。

混凝土的抗冻性用抗冻等级来表示。抗冻等级是以28d龄期的混凝土标准试件，在饱水后反复冻融循环，以抗压强度损失不超过25%，且质量损失不超过5%时，所能承受的最大的循环次数来确定，如慢冻法D25、D50、D100、D150、D200和>D200；快冻法F50、F100、F150、F200、F250、F300、F350、F400和>F400；角标数字表示混凝土能承受冻融循环的最多次数不少于50、100……

混凝土的密实度、孔隙率和孔隙构造、孔隙的充水程度是影响抗冻性的主要因素。密实的混凝土和具有封闭孔隙的混凝土（如引气混凝土）抗冻性较高。掺入引气剂、减水剂和防冻剂，可有效提高混凝土的抗冻性。

三、混凝土的抗侵蚀性

当混凝土所处环境中含有侵蚀性介质时，混凝土便会遭受侵蚀，通常有软水侵蚀、硫酸盐侵蚀、镁盐侵蚀、碳酸侵蚀、一般酸侵蚀与强碱侵蚀等。随着混凝土在地下工程、海岸工程等恶劣环境中的大量应用，对混凝土的抗侵蚀性提出了更高的要求。

混凝土的抗侵蚀性与所用水泥品种、混凝土的密实度和孔隙特征等有关。密实和孔隙封闭的混凝土，环境水不易侵入，抗侵蚀性较强。提高混凝土抗侵蚀性的主要措施有合理选择水泥品种、降低水胶比、提高混凝土密实度和改善孔结构。

四、混凝土的抗碳化反应

混凝土的碳化是指混凝土内水泥石中的氢氧化钙与空气中的二氧化碳，在湿度适宜时发生化学反应，生成碳酸钙和水的过程，也称为中性化。混凝土的碳化是二氧化碳由表及里逐渐向混凝土内部扩散的过程。碳化引起水泥石化学组成及组织结构的变化，对混凝土的碱

度、强度和收缩产生影响。

混凝土抗碳化能力用抗碳化等级表示，依据碳化深度分为五个等级，见表 4-26。

表 4-26 混凝土抗碳化等级

等级	T-Ⅰ	T-Ⅱ	T-Ⅲ	T-Ⅳ	T-Ⅴ
碳化深度 d/mm	$d \geqslant 30$	$20 \leqslant d < 30$	$10 \leqslant d < 20$	$0.1 \leqslant d < 10$	$d < 0.1$

碳化对混凝土性能有不利的影响。首先是碱度降低，减弱了对钢筋的保护作用。另外，碳化作用会增加混凝土的收缩，引起混凝土表面产生拉应力而出现微细裂缝，从而降低了混凝土的抗拉强度、抗折强度及抗渗能力。

碳化作用对混凝土也有一些有利影响，即碳化作用产生的碳酸钙填充了水泥石的孔隙，以及碳化时放出的水分有助于未水化水泥的水化，从而可提高混凝土碳化层的密实度，对提高抗压强度有利。如混凝土预制桩往往利用碳化作用来提高桩的表面硬度。

影响碳化速度的主要因素有：环境中二氧化碳的浓度、水泥品种、水胶比、环境湿度等。在实际工程中，为减少碳化作用对钢筋混凝土结构的不利影响，可采取以下措施：

1）在钢筋混凝土结构中采用适当的保护层，使碳化深度在建筑物设计年限内达不到钢筋表面。

2）根据工程所处环境及使用条件，合理选择水泥品种。

3）使用减水剂，改善混凝土的和易性，提高混凝土的密实度。

4）采用水胶比小、单位水泥用量较大的混凝土配合比。

5）加强施工质量控制，加强养护，保证振捣质量，减少或避免混凝土出现蜂窝等质量事故。

6）在混凝土表面涂刷保护层，防止二氧化碳侵入等。

五、混凝土的抗碱—集料反应

碱—集料反应是指水泥中的碱（Na_2O、K_2O）与集料中的活性二氧化硅发生化学反应，在集料表面生成复杂的碱—硅酸凝胶，这种凝胶吸水后，体积膨胀（体积可增加 3 倍以上），从而导致混凝土产生膨胀开裂而破坏的现象。

混凝土发生碱—集料反应必须具备以下三个条件：

1）水泥中碱含量高。

2）砂、石集料中含有活性二氧化硅成分。

3）有水存在。在无水情况下，混凝土不可能发生碱—集料反应。

碱—集料反应缓慢，有一定潜伏期，可经过几年或十几年才会出现；一旦发生碱—集料反应，则无法阻止破坏的发展。

在实际工程中，为抑制碱—集料反应的危害，可采取以下方法：控制水泥总碱含量不超过 0.6%；选用非活性集料；降低混凝土的单位水泥用量，以降低单位混凝土的碱含量；在混凝土中掺入火山灰质混合材料，以减少膨胀值；防止水分侵入，设法使混凝土处于干燥状态。

混凝土是最耐久的建筑结构材料，迄今出现的过早破坏（小于 50 年）大都是人为因素造成的（如不合理使用、超载荷工作、偷工减料等）。从目前统计的资料来看，优质均匀的混凝土（即 HPC 混凝土）可保证相当的安全使用期限：重要建筑物在不利环境中 100 年；混凝土正常环境中 200 年；特殊用途的混凝土 300 年；钢筋混凝土预期可达到 500 年。

六、提高混凝土耐久性的措施

混凝土所处的环境和使用条件不同，对其耐久性的要求也不相同，但影响耐久性的因素却有许多相同之处。混凝土的密实程度是影响耐久性的主要因素，其次是原材料的性质、施工质量等。提高混凝土耐久性的主要措施有：

1）合理选择水泥品种，根据混凝土工程的特点和所处的环境条件，参照本书有关表选用。

2）选用质量良好、技术条件合格的砂石集料。

3）控制水胶比及保证足够的水泥用量，是保证混凝土密实度并提高混凝土耐久性的关键。《普通混凝土配合比设计规程》（JGJ 55—2011）规定了工业与民用建筑所用混凝土的最大水胶比和最小胶凝材料用量的限值，见表 4-27。《混凝土结构设计规范（2015 年版）》（GB 50010—2010）也规定了不同环境等级下耐久性的要求，除最大水胶比外，还规定了最大氯离子含量、最大碱含量、最低混凝土强度等级。

表 4-27 混凝土的最大水胶比和最小胶凝材料用量

最大水胶比	最小胶凝材料用量/(kg/m³)		
	素混凝土	钢筋混凝土	预应力混凝土
0.60	250	280	300
0.55	280	300	300
0.50	320		
≤0.45	330		

注：配制 C15 级及其以下等级的混凝土，可不受本表限制。

4）采用掺入减水剂或引气剂、适量混合材料，适当降低水胶比等措施，改善混凝土的孔结构，对提高混凝土的抗渗性和抗冻性有良好作用。

5）改善施工操作，保证施工质量（如保证搅拌均匀、振捣密实、加强养护等）；也可采取适当的防护措施。

第七节 其他混凝土

一、高强混凝土（HSC）

高强混凝土并没有确切而固定的含义，不同国家、不同地区因混凝土技术发展水平不同而有差异，一般是指强度等级不低于 C60 的混凝土。

高强混凝土的特点是强度高、耐久性好、变形小，能适应现代工程结构向大跨度、大荷载、大高度发展和承受恶劣环境条件的需要。使用高强混凝土可获得显著的工程效益和经济效益。高效减水剂及超细掺合料的使用，使在普通施工条件下制得高强混凝土成为可能。但高强混凝土的脆性比普通混凝土大，强度的拉压比降低。

配制高强混凝土时，应选用质量稳定、强度等级不低于 42.5 级的硅酸盐水泥或普通硅酸盐水泥。应掺用活性较好的矿物掺合料，且宜复合使用矿物掺合料。混凝土的水泥用量不

宜大于500kg/m^3，水泥和矿物掺合料的总量不应大于600kg/m^3。配制混凝土时，应掺用高效减水剂或缓凝高效减水剂。

高强混凝土配合比的计算方法和步骤可按《普通混凝土配合比设计规程》中（JGJ 55—2011）的有关规定进行。

二、高性能混凝土（HPC）

各国学派对高性能混凝土的定义是有差异的，但共同点是都注重混凝土的体积稳定性和耐久性，具有高的耐久性是高性能混凝土的技术关键。

一般说来，高性能混凝土是指具有高强度、高耐久性、高工作性等特性的混凝土。高性能混凝土的组成材料中，既有常用的水泥、水、砂、石，又必须有高效减水剂和矿物质超细粉。由于硅酸钙水化物对水泥的凝结硬化性能和强度起很大作用，所以高性能混凝土主要选择硅酸盐水泥和普通硅酸盐水泥。一般情况下，普通混凝土受压破坏时，裂缝沿着界面产生，集料不会受到破坏，而高性能混凝土破坏时，裂缝会穿过集料。所以，粗集料的质量对混凝土抗压强度的影响非常明显。高性能混凝土应选择表观密度大、吸水率低、表面粗糙、强度高、弹性模量大、质地坚硬的集料。高效减水剂和矿物质超细粉对改善混凝土界面过渡层及降低集料下面的空隙起到了非常重要的作用，是实现降低水胶比、提高水泥浆黏度等目的的重要技术措施。

高性能混凝土的重要特征是具有高耐久性，而耐久性则取决于抗渗性。水泥颗粒全部水化，既无毛细水又无未水化颗粒，说明混凝土具有良好的抗渗性。通过超细粉在混凝土中的应用，改善集料与水泥石的结构，是提高混凝土的抗渗性、耐久性和强度的有效途径。通过使用新型高效减水剂，降低混凝土的水胶比，并使混凝土具有比较大的流动性和保塑功能，可以保证施工和浇筑中混凝土的密实性。新型高效减水剂和矿物质超细粉是高性能混凝土及使混凝土高性能的物质基础。

总之，高性能水泥、高性能掺合料、高效外加剂、优质的砂石集料，是高性能混凝土的基本要素。高性能混凝土与“生态”“环保”“可持续发展”的观念结合起来，加入绿色理念，即可成绿色高性能混凝土。

三、防水混凝土（抗渗混凝土）

抗渗混凝土为抗渗等级不低于P6的混凝土。

普通混凝土之所以不能很好地防水，主要是由于混凝土内部存在着渗水的毛细管通道。如能使毛细管减少或将其堵塞，混凝土的渗水现象就会大为减少。

防水混凝土的抗渗等级，应根据防水混凝土的最大作用水头与混凝土最小壁厚的比值是否符合表4-28中的要求来确定。

表4-28 防水混凝土抗渗等级

最大作用水头与混凝土最小壁厚的比值		设计抗渗等级/MPa
$H_a=\frac{H}{h}$	<10	0.6
	10~15	0.8
	15~25	1.2
	25~35	1.6
	>35	2.0

注：H_a——最大作用水头与混凝土最小壁厚的比值；H—最大作用水头；h——混凝土最小壁厚。

防水混凝土有普通防水混凝土、外加剂防水混凝土和膨胀水泥防水混凝土三种，它们的适用范围见表4-29。

表4-29 防水混凝土的适用范围

种类		最高抗渗压力/MPa	特点	适用范围
普通防水混凝土		3.0	施工简便，材料来源广泛	适用于一般工业建筑、民用建筑及公共建筑的地下防水工程
外加剂防水混凝土	引气剂防水混凝土	>2.2	抗冻性好	适用于北方高寒地区、抗冻性要求较高的防水工程及一般防水工程，不适用于抗压强度>20MPa或耐蚀性要求较高的防水工程
外加剂防水混凝土	减水剂防水混凝土	>2.2	拌合物流动性好	用于钢筋密集或捣固困难的薄壁型防水构筑物，也适用于对混凝土凝结时间和流动性有特殊要求的防水工程
外加剂防水混凝土	三乙醇胺防水混凝土	>3.8	早期强度高，抗渗标号高	适用于工期紧迫，要求早强及抗渗性较高的防水工程及一般防水工程
外加剂防水混凝土	氯化铁防水混凝土	>3.8	抗渗标号高	适用于水中结构的无筋、少筋厚大防水工程及一般地下防水工程，砂浆修补抹面工程；在接触直流电源或预应力混凝土及重要的薄壁结构上不宜使用
膨胀水泥防水混凝土		3.6	密实性好，抗裂性好	适用于地下工程和地上防水构筑物、山洞、非金属油罐和主要工程的后浇缝

1. 普通防水混凝土

普通防水混凝土是以调整配合比的方法来提高自身密实度和抗渗性的一种混凝土。普通混凝土主要根据强度配制，石子起骨架作用，砂填充石子的空隙，水泥浆填充集料空隙并将集料结合在一起。普通防水混凝土是根据抗渗要求配制的。在普通防水混凝土内，应保证有一定数量及质量的水泥砂浆，在粗集料周围形成一定厚度的砂浆包裹层，把粗集料彼此隔开，从而减少粗集料之间的渗水通道，使混凝土具有较高的抗渗能力。水胶比的大小影响着混凝土硬化后空隙的大小和数量，并直接影响混凝土的密实性。因此，在保证混凝土拌合物工作性的前提下应降低水胶比。可见，合适的水胶比、灰砂比、水泥砂浆数量，是普通防水混凝土配合比设计的关键。

2. 外加剂防水混凝土

外加剂防水混凝土是在混凝土中掺入适当品种和数量的外加剂，隔断或堵塞混凝土中的各种孔隙、裂缝及渗水通路，以达到改善抗渗性能的一种混凝土。常用的外加剂有引气剂、减水剂、三乙醇胺和氯化铁防水剂。

3. 膨胀水泥防水混凝土

用膨胀水泥配制的防水混凝土称为膨胀水泥防水混凝土。膨胀水泥在水化的过程中形成大量体积增大的水化硫铝酸钙，产生一定的体积膨胀，在有约束的条件下，能改善混凝土的孔结构，使总孔隙率减少，毛细孔径减小，从而提高混凝土的抗渗性。

防水混凝土的原材料、配合比及坍落度必须符合设计要求，不同抗渗等级的最大水胶比不应超出表4-30规定，坍落度允许偏差应符合表4-31要求。

表 4-30　防水混凝土最大水胶比

设计抗渗等级	最大水胶比	
	C20~C30	C30 以上
P6	0.60	0.55
P8~P12	0.55	0.50
>P12	0.50	0.45

表 4-31　防水混凝土坍落度允许偏差

要求坍落度/mm	允许偏差/mm
≤40	±10
50~90	±15
≥100	±20

四、泵送混凝土

为了使混凝土施工适应于狭窄的施工场地以及大体积混凝土结构物和高层建筑，在这些工程的施工中多采用泵送混凝土。泵送混凝土是指拌合物的坍落度不小于 80mm，并用混凝土输送泵输送的混凝土。它能一次连续完成水平运输和垂直运输，效率高、节约劳动力，在国内外引起重视，逐步得到推广。

泵送混凝土拌合物必须具有较好的可泵性。可泵性是指拌合物具有顺利通过管道、摩擦阻力小、不离析、不阻塞和黏聚性良好的性能。

不同混凝土入泵坍落度或入泵扩展度的混凝土，其泵送高度应符合表 4-32 的要求。

表 4-32　混凝土入泵坍落度与泵送高度关系表

最大泵送高度/m	50	100	200	400	400 以上
入泵坍落度/mm	100~140	150~180	190~220	230~260	—
入泵扩展度/mm	—	—	—	450~590	600~740

为了保证混凝土有良好的可泵性，对原材料的主要要求是：

1. 水泥

泵送混凝土应选用硅酸盐水泥、普通硅酸盐水泥、矿渣硅酸盐水泥、粉煤灰硅酸盐水泥，不宜采用火山灰硅酸盐水泥。

2. 集料

泵送混凝土所用粗集料最大公称粒径与输送管径之比，当泵送高度在 50m 以下时，碎石不宜大于 1∶3，卵石不宜大于 1∶2.5；泵送高度在 50~100m 时，碎石不宜大于 1∶4，卵石不宜大于 1∶3；泵送高度在 100m 以上时，碎石不宜大于1∶5,卵石不宜大于 1∶4。粗集料应采用连续级配，且针片状颗粒含量不宜大于 10%；细集料宜采用中砂，其通过公称直径为 0.315mm 筛孔的颗粒含量不宜小于 15%。砂率宜为 35%~45%。

3. 掺合料与外加剂

泵送混凝土应掺用泵送剂或减水剂，并宜掺用粉煤灰或其他活性掺合料以改善混凝土的可泵性。

五、大体积混凝土

大体积混凝土是指混凝土结构物实体的最小尺寸大于或等于 1m，或预计会因水泥水化热引起混凝土的内外温差过大而导致裂缝的混凝土。

大型水坝、桥墩、高层建筑的基础等工程所用混凝土，应按大体积混凝土设计和施工。为了减少由于水化热引起的温度应力，在混凝土配合比设计时，应选用水化热低和凝结时间长的水泥，如低热矿渣硅酸盐水泥、中热硅酸盐水泥、矿渣硅酸盐水泥、粉煤灰硅酸盐水泥、火山灰硅酸盐水泥等；当采用硅酸盐水泥或普通硅酸盐水泥时，应采取相应措施延缓水化热的释放；大体积混凝土应掺用缓凝剂、减水剂和能减少水泥水化热的掺合料。

大体积混凝土在保证混凝土强度及坍落度要求的前提下，应提高掺合料及集料的含量，以降低每立方米混凝土的水泥用量。粗集料宜采用连续级配，细集料宜采用中砂。

大体积混凝土配合比的计算和试配步骤应按《普通混凝土配合比设计规程》（JGJ 55—2011）的规定进行，并宜在配合比确定后进行水化热的验算或测定。

六、轻集料混凝土

按《轻骨料混凝土应用技术标准》（JGJ/T 12—2019），用轻粗集料、轻砂（或普通砂）、胶凝材料、外加剂和水配制而成，干表观密度不大于1950kg/m^{3}的混凝土称为轻集料混凝土。

（1）轻集料混凝土分类

1）按用途分类见表4-33。

2）按细集料品种分类：①全轻混凝土是由轻砂作细集料配制而成的轻集料混凝土。②砂轻混凝土是由普通砂或普通砂中掺加部分轻砂作细集料配制而成的轻集料混凝土。

（2）轻集料　轻集料可分为轻粗集料和轻细集料两种。

凡粒径大于4.75mm，堆积密度小于1000kg/m^{3}的轻质集料称为轻粗集料。用于保温及结构保温的轻粗集料，其最大粒径不宜大于40mm；用于结构的轻粗集料，其最大粒径不宜大于20mm。

凡粒径不大于4.75mm，堆积密度小于1200kg/m^{3}的轻质集料称为轻细集料（或轻砂，其细度模数不宜大于4.0；其大于4.75mm的累计筛余量不宜大于10%）。

表4-33　轻集料混凝土按用途分类

类别名称	混凝土强度等级的合理范围	混凝土干表观密度等级的合理范围/（kg/m^3）	用途
保温轻集料混凝土	LC5.0	≤800	主要用于保温的围护结构、热工构筑物
结构保温轻集料混凝土	LC5.0 LC7.5 LC10 LC15	800~1400	主要用于既承重又保温的围护结构
结构轻集料混凝土	LC15 LC20 LC25 LC30 LC35 LC40 LC45 LC50 LC55 LC60	1400~1900	主要用于承重构件或构筑物

轻粗集料的堆积密度直接影响所配制的轻集料混凝土的表观密度和性能，轻粗集料按堆积密度分为8个等级：300、400、500、600、700、800、900及1000。

轻粗集料的强度对混凝土强度有很大影响，通常以筒压强度（将轻集料装入 ϕ115mm×100mm 的带底圆筒内，上面加 ϕ113mm×70mm 的冲压模，取冲压模压入深度为 2cm 时的压力值，除以承压面积 100cm^2 为轻集料筒压强度值）来间接反映轻粗集料颗粒强度。

轻集料均为多孔结构，其吸水率都比普通砂、石大，因此将显著影响混凝土拌合物的和易性以及水胶比和强度的发展。在设计轻集料混凝土配合比时，必须根据轻集料的 1h 吸水率计算附加用水量。国家标准对轻集料 1h 的吸水率的规定是：除对轻砂和天然轻粗集料的吸水率不作规定外，其他轻集料的吸水率不应大于 22%。

（3）轻集料混凝土的主要技术性质

1）轻集料混凝土等级。按干表观密度（kg/m^3）可分为 14 个等级：600、700、800、900、1000、1100、1200、1300、1400、1500、1600、1700、1800 及 1900。

2）轻集料混凝土拌合物的和易性。由于轻集料具有颗粒表观密度小、表面粗糙、表面积大、易于吸水等特点，所以其拌合物适用的流动性范围较窄，过大就会使轻集料上浮、离析；过小则捣实困难。流动性的大小主要决定于用水量，轻集料吸水率大，一部分被集料吸收，其数量相当于 1h 的吸水量，这部分水称为附加用水量，其余部分称为净水量，这就保证了拌合物获得所要求的流动性和水泥水化的进行。净水量可根据混凝土的用途及要求的流动性来选择。

3）轻集料混凝土的强度。轻集料混凝土的强度等级按立方体抗压强度标准值确定，划分为 LC5. 0、LC7. 5、LC10、LC15、LC20、LC25、LC30、LC35、LC40、LC45、LC50、LC55、LC60。

由于轻集料多为多孔结构，强度低，因而轻集料的强度是决定轻集料混凝土强度的主要因素。反映在轻集料混凝土强度上有两方面的特点：首先，轻集料会导致混凝土强度下降，用量越多，混凝土强度降低越多，而其表观密度也减小；其次，每种集料只能配制一定强度的混凝土，如欲配制高于此强度的混凝土，即使用降低水胶比的方法来提高砂浆的强度，也不可能使混凝土的强度明显提高。

（4）轻集料混凝土施工技术特点

1）轻集料混凝土拌和用水中，应考虑 1h 吸水量或将轻集料预湿饱和后再进行搅拌的方法。

2）轻集料混凝土拌合物中轻集料容易上浮，因此，应使用强制式搅拌机，搅拌时间应略长。施工中最好采用加压振捣，并掌握振捣的时间。

3）轻集料混凝土拌合物的工作性比普通混凝土差。为获得相同的工作性，应适当增加水泥浆或砂浆的用量。轻集料混凝土拌合物搅拌后，宜尽快浇筑，以防坍落度损失。

4）轻集料混凝土易产生干缩裂缝，必须加强早期养护。采用蒸汽养护时，应适当控制静停时间及升温速度。

七、纤维混凝土

纤维混凝土是以普通混凝土为基体，外掺各种不连续短纤维或连续长纤维材料而组成的复合材料。纤维材料按材质分有钢纤维、碳纤维、玻璃纤维、石棉及合成纤维等。在纤维混凝土中，纤维的含量、纤维的几何形状及其在混凝土中的分布状况，对纤维混凝土的性能有重要影响。通常，纤维的长径比（纤维花纹与直径的比值）为 70~120，掺加的体积率为 0. 3%~8%。纤维在混凝土中起增强作用，可提高混凝土的抗压强度、抗拉强度、抗弯强度和冲击韧度，并能有效地改善混凝土的脆性。目前钢纤维混凝土在工程中应用最广、最成功，当钢纤维量为混凝土体积的2%时，钢纤维混凝土的冲击韧度可提高10倍以上，初裂抗弯强度提高2.5倍，抗拉强度提高1.2~2.0倍。混凝土掺入钢纤维后，抗压强度提高不大，但从受压破坏形式来看，破坏时无碎块、不崩裂，基本保持原来的外形，有较大的吸收变形的能力，也改善了韧性，是一种良好的抗冲击材料。目前，纤维混凝土主要用于飞机跑道、高速公路、桥面、水坝覆面、桩头、屋面板、墙板、军事工程等要求高耐磨性、高抗冲击性和抗裂的部位及构件。

八、防辐射混凝土

能屏蔽X射线、γ射线或中子辐射的混凝土称为防辐射混凝土。材料对射线的吸收能力与其表观密度成正比，因此防辐射混凝土采用重集料配制，常用的重集料有重晶石（表观密度4000~4500kg/m^3）、赤铁矿、磁铁矿、钢铁碎块等。为提高防御中子辐射性能，混凝土中可掺加硼和硼化物及锂盐等。胶凝材料采用硅酸盐水泥或铝酸盐水泥，最好采用硅酸钡、硅酸锶等重水泥。

防辐射混凝土用于核能工业及国民经济各部门使用放射性同位素的装置，如反应堆、加速器、放射化学装置等的防护结构。

九、聚合物混凝土

聚合物混凝土是由有机聚合物、无机胶凝材料和集料结合而成的一种新型混凝土。聚合物混凝土体现了有机聚合物和无机胶凝材料的优点，克服了水泥混凝土的一些缺点。聚合物混凝土按其组合及制作工艺可分以下三种：

1. 聚合物水泥混凝土（PCC）

将聚合物乳液（和水分散体）拌合物掺入普通混凝土中制成的混凝土，称为聚合物水泥混凝土。聚合物的硬化和水泥的水化同时进行，聚合物能均匀分布于混凝土内，填充水泥水化物和集料之间的空隙，与水泥水化物结合成一个整体，从而改善混凝土的抗渗性、耐磨性及抗冲击性。由于其制作简便，成本较低，故实际应用较多，目前主要用于现场浇筑无缝地面、耐蚀性地面及修补混凝土路面、机场跑道面层和防水层等。

2. 聚合物浸渍混凝土（PIC）

聚合物浸渍混凝土是以混凝土为基材（被浸渍的材料），而将聚合物有机单体渗入混凝土中，然后再用加热或射线照射的方法使其聚合，使混凝土与聚合物形成一个整体。

单体可用甲基丙烯酸甲酯、苯乙烯、丙烯腈、聚酯—苯乙烯等。此外还要加入催化剂和交联剂等。

在聚合物浸渍混凝土中，聚合物填充了混凝土的内部孔隙，除了全部填充水泥浆中的毛细孔外，很可能也大量进入了胶孔，形成连续的空间网络相互穿插，使聚合物混凝土形成了完整的结构。因此，这种混凝土具有高强度（抗压强度可达200MPa以上，抗拉强度可达10MPa以上）、高防水性（几乎不吸水、不透水），以及抗冻性、抗冲击性、耐蚀性和耐磨性都有显著提高的特点。

这种混凝土适用于要求高强度、高耐久性的特殊构件，特别适用于储运液体的有肋管、无肋管、坑道管的混凝土材质；在国外已用于耐高压的容器，如核反应堆、液化天然气储罐等。

3. 聚合物胶结混凝土（PC）

聚合物胶结混凝土又称为树脂混凝土，是以合成树脂为胶结材料的一种聚合物混凝土。常用的合成树脂是环氧树脂、不饱和聚酯树脂等热固性树脂。这种混凝土具有较高的强度、

良好的抗渗性、抗冻性、耐蚀性及耐磨性，并且有很强的黏结力，缺点是硬化时收缩大，耐火性差。这种混凝土适用于机场跑道面层、耐腐蚀的化工结构、混凝土构件的修复、堵缝材料等，但目前树脂的成本较高，限制了其在工程中的实际应用。

第八节　混凝土的质量控制与强度评定

一、质量控制的内容

加强混凝土质量控制，是为了保证生产的混凝土其技术性能满足设计要求。质量控制应贯穿于设计、生产、施工及成品检验的全过程，即：

1）控制与检验混凝土组成材料的质量、配合比的设计与调整情况，混凝土拌合物的水胶比、稠度、均匀性等。

2）生产全过程各工序，如计量、搅拌、浇筑、养护及生产人员、机器设备、用具等的检验与控制。

3）混凝土成品质量的控制与评定等。

二、混凝土质量波动的因素

混凝土的质量，要通过其性能检验的结果来评定。在施工中，力求做到既保证混凝土所要求的性能，又要保证其质量的稳定性。但实际上，原材料、施工条件及试验条件等许多复杂因素的影响，必然会造成混凝土质量的波动。引起质量波动的因素很多，归纳起来，可分为两种因素：

1. 正常因素（又称偶然因素、随机因素）

正常因素是指施工中不可避免的正常变化因素，如砂、石质量的波动，称量时的微小误差，操作人员技术上的微小差异等。这些因素是不可避免的、无法或难以控制的因素，如果把注意力集中在解决这些问题上，收效较小。在施工过程中，只是由于受正常因素的影响而引起的质量波动，是正常波动，生产中是允许的。

2. 异常因素（系统因素）

异常因素是指施工中出现的不正常情况，如搅拌混凝土时不控制水胶比而随意加水、混凝土组成材料称量错误等。这些因素对混凝土质量影响很大，它们是可以避免和控制的因素。受异常因素影响引起的质量波动，是异常波动，生产中是不允许的。

可见，正常波动具有偶然因素的影响；异常波动则既有偶然因素的影响，又有系统因素的影响。质量控制的目的在于及时发现系统因素的影响，以便及时采取纠正和预防措施，使工程质量处于控制状态。

三、混凝土强度的质量控制

由于混凝土质量的波动将直接反映到其最终的强度上，而混凝土的抗压强度与其他性能有较好的相关性，因此在混凝土生产质量管理中，常以混凝土的抗压强度作为评定和控制其质量的主要指标。如必要时，也需进行其他力学性能及抗冻、抗渗等试验检定。

1. 混凝土强度的波动规律

对混凝土质量进行控制和判断，实践结果证明，同一等级的混凝土，在施工条件基本一致的情况下，其强度的波动服从正态分布规律（图 4-20）。正态分布是一形状如钟形的曲线，以平均强度为对称轴，距离对称轴越远，强度概率值越小。对称轴两侧曲线上各有一个拐点，拐点至对称轴的水平距离等于标准差（σ），曲线与横坐标之间的面积为概率的总和，等于100%。在数理统计方法中，常用强度平均值、标准差、变异系数和强度保证率等统计参数来评定混凝土质量。

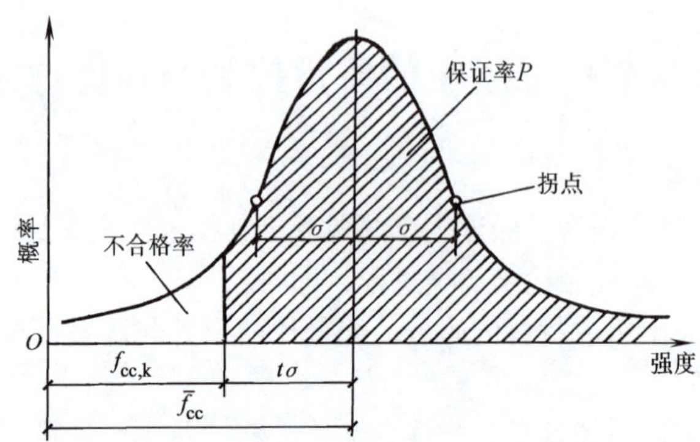

图4-20 混凝土强度正态分布曲线及保证率

（1）强度平均值（$m_{f_{cu}}$） 它代表混凝土强度总体的平均水平，其值按下式计算：

$$m_{f_{cu}} = \frac{1}{n}\sum_{i=1}^{n} f_{cu,i} \tag{4-7}$$

式中 n——试件组数；

$f_{cu,i}$——第i组试验值。

平均强度反映混凝土总体强度的平均值，但并不反映混凝土强度的波动情况。

（2）标准差（σ） 标准差也称为均方差，反映混凝土强度的离散程度，σ值越大，强度分布曲线就越宽而矮，离散程度越大，则混凝土质量越不稳定。σ是评定混凝土质量均匀性的重要指标。检验批混凝土立方体抗压强度标准差σ_0可按下式计算：

$$\sigma_0 = \sqrt{\frac{\sum_{i=1}^{n} f_{cu,i}^2 - n m_{f_{cu}}^2}{n-1}} \tag{4-8}$$

式中 $f_{cu,i}$——第i组的试件强度值（MPa）；

$m_{f_{cu}}$——同一检验批混凝土立方体抗压强度平均值（MPa），精确到0.1MPa；

n——混凝土试件的组数，不应少于45；

σ_0——检验批混凝土立方体抗压强度的标准差（N/mm^2），精确到0.01N/mm^2；当检验批混凝土强度标准差计算值小于2.5N/mm^2时，应取2.5N/mm^2。σ_0值应符合表4-34的规定。

表4-34 混凝土强度标准差 （单位：MPa）

生产场所	强度标准差σ		
	<C20	C20~C40	≥C45
预拌混凝土搅拌站 预制混凝土构件厂	≤3.0	≤3.5	≤4.0
施工现场搅拌站	≤3.5	≤4.0	≤4.5

（3）变异系数（C_v） 变异系数又称为离差系数，也是说明混凝土质量均匀性的指标。

对平均强度水平不同的混凝土之间质量稳定性的比较，可考虑相对波动的大小，用变异系数 C_v 来表示，C_v 值越小，说明该混凝土强度质量越稳定。C_v 可按下式计算：

$$C_v=\frac{\sigma}{m_{f_{cu}}} \tag{4-9}$$

2. 混凝土强度保证率（P）

强度保证率是指混凝土强度总体分布中，大于设计要求的强度等级值的概率 $P(\%)$。混凝土强度保证率以正态分布曲线的阴影部分来表示，如图 4-20 所示。强度正态分布曲线下的面积为概率的总和，等于 100%。强度保证率可按如下方法计算：

首先计算出概率度 t，即：

$$t=\frac{m_{f_{cu}}-f_{cu,k}}{\sigma_0} \tag{4-10}$$

或

$$t=\frac{m_{f_{cu}}-f_{cu,k}}{C_v \cdot m_{f_{cu}}} \tag{4-11}$$

根据标准正态分布曲线方程，可得到概率度 t 与强度保证率 P 的关系，见表 4-35。

表 4-35 不同 t 值的强度保证率 P

t	0.00	0.50	0.84	1.00	1.20	1.28	1.40	1.60	1.645	1.70	1.81	1.88	2.00	2.05	2.33	3.00
$P(\%)$	50.0	69.2	80.0	84.1	88.5	90.0	91.9	94.5	95.0	95.5	96.5	97.0	97.7	99.0	99.4	99.87

工程中 P 值可根据统计周期内，混凝土试件强度不低于要求强度等级标准值的组数与试件总数之比求得，即：

$$P=\frac{N_0}{N}\times 100\% \tag{4-12}$$

式中 N_0——统计周期内，同批混凝土试件强度大于或等于规定强度等级值的组数；

N——统计周期内同批混凝土试件总组数，$N\geqslant 25$。

3. 混凝土配制强度

由于混凝土施工过程中原材料性能及生产因素的差异，会出现混凝土质量的不稳定，如果按设计的强度等级（$f_{cu,k}$）配制混凝土，则在施工中将有一半的混凝土达不到设计强度等级，即保证率只有 50%。为使混凝土强度保证率满足规定的要求，在设计混凝土配合比时，必须使配制强度高于混凝土设计要求的强度（即 $m_{f_{cu}}=f_{cu,k}+t\sigma$）。根据强度保证率的要求和施工控制水平，可确定 t 值。可以看出，施工水平越差，设计要求的保证率越大，配制强度就要求越高。施工质量水平越差，配制强度应越高。根据《普通混凝土配合比设计规程》（JGJ 55—2011）的规定，工业与民用建筑及一般构筑物所采用的普通混凝土（设计强度等级小于 C60 时），配制强度按下式计算。

$$f_{cu,0}\geqslant f_{cu,k}+1.645\sigma \tag{4-13}$$

式中 $f_{cu,0}$——混凝土配制强度（MPa）；

$f_{cu,k}$——混凝土立方体抗压强度标准值（MPa）；

σ——混凝土强度标准差（MPa）。

四、混凝土强度的评定

根据《混凝土强度检验评定标准》（GB/T 50107—2010）的规定，混凝土强度评定方法有统计方法及非统计方法两种。

1. 统计方法评定

由于混凝土生产条件不同，混凝土强度的稳定性也不同，因而统计方法评定又分为以下两种情况。

（1）标准差已知方案　当连续生产的混凝土，生产条件较长时间内能保持一致，且同一品种、同一强度等级混凝土的强度变异性能保持稳定时，强度评定应由连续三组试件组成一个检验批。其强度应同时满足下列要求：

$$m_{f_{cu}} \geqslant f_{cu,k} + 0.7\sigma_0 \tag{4-14}$$

$$f_{cu,min} \geqslant f_{cu,k} - 0.7\sigma_0 \tag{4-15}$$

当混凝土强度等级不高于C20时，其强度的最小值应满足下式要求：

$$f_{cu,min} \geqslant 0.85 f_{cu,k} \tag{4-16}$$

当混凝土强度等级高于C20时，其强度的最小值应满足下式要求：

$$f_{cu,min} \geqslant 0.90 f_{cu,k} \tag{4-17}$$

式中　$m_{f_{cu}}$——同一检验批混凝土立方体抗压强度的平均值（MPa）；

$f_{cu,k}$——混凝土立方体抗压强度的标准值（MPa）；

$f_{cu,min}$——同一检验批混凝土立方体抗压强度的最小值（MPa）；

σ_0——检验批混凝土立方体抗压强度的标准差（MPa）。

检验批混凝土立方体抗压强度的标准差 σ_0 由同类混凝土、生产周期不应少于60d且不宜超过90d、样本容量不少于45的强度数据计算确定。σ_0 按式（4-8）计算，当计算值小于 2.5N/mm^2 时，取值为 2.5N/mm^2。

（2）标准差未知方案　当混凝土的生产条件在较长时间内不能保持一致，混凝土强度变异性不能保持稳定，或前一个检验期内的同一品种混凝土，无足够多的强度数据可用于确定统计计算的标准差时，检验评定只能直接根据每一验收批抽样的强度数据来确定。

强度评定时，应由不少于10组的试件组成一个检验批，其强度应同时满足下列要求：

$$m_{f_{cu}} \geqslant f_{cu,k} + \lambda_1 \cdot S_{f_{cu}} \tag{4-18}$$

$$f_{cu,min} \geqslant \lambda_2 f_{cu,k} \tag{4-19}$$

式中　$S_{f_{cu}}$——同一检验批混凝土立方体抗压强度标准差（MPa），当计算值小于 2.5N/mm^2 时，取 2.5N/mm^2；

λ_1、λ_2——合格判定系数，按表4-36取用。

表4-36　混凝土强度的合格判定系数

试件组数	10~14	15~19	≥20
λ_1	1.15	1.05	0.95
λ_2	0.90	0.85	

验收批混凝土强度的标准差 $S_{f_{cu}}$ 按下式计算

$$S_{f_{cu}} = \sqrt{\sum_{i=1}^{n} \frac{f_{cu,i}^2 - n m_{f_{cu}}^2}{n-1}} \tag{4-20}$$

式中 $f_{cu,i}$——第 i 组混凝土试件的立方体抗压强度值（MPa）；

n——一个试验批混凝土试件的组数（$n\geqslant 45$）。

2. 非统计方法评定

对某些小批量零星混凝土的生产，因其试件数量有限（试件组数<10），不具备按统计方法评定混凝土强度的条件，故可采用非统计方法。

按非统计方法评定混凝土强度时，其强度应同时满足下列要求

$$m_{f_{cu}}\geqslant\lambda_3\cdot f_{cu,k} \tag{4-21}$$

$$f_{cu,min}\geqslant\lambda_4\cdot f_{cu,k} \tag{4-22}$$

当混凝土强度等级<C60 时，$\lambda_3=1.15$，$\lambda_4=0.95$；

当混凝土强度等级≥C60 时，$\lambda_3=1.10$，$\lambda_4=0.95$。

3. 混凝土强度的合格性判定

混凝土强度应分批进行检验评定，当检验结果能满足以上评定公式的规定时，则该混凝土判为合格。否则，为不合格。不合格批混凝土制成的结构或构件，应进行鉴定。对不合格的混凝土可采取从结构或构件中钻取试件的方法或采用非破损检验方法，对混凝土强度进行检测，作为混凝土强度处理的依据。

第九节 混凝土的外加剂

混凝土外加剂

混凝土外加剂是混凝土中除胶凝材料、集料、水和纤维组分以外，在混凝土拌制之前或拌制过程中加入的，用以改善新拌混凝土和（或）硬化混凝土性能，对人、生物及环境安全无有害影响的材料。《混凝土外加剂应用技术规范》（GB 50119—2013）对常用外加剂的应用规范了适用范围、使用方法及掺量等，外加剂的掺量一般按所用胶凝材料用量的百分比计算，且宜按供方的推荐掺量确定。

外加剂的使用是混凝土技术的重大突破。随着混凝土工程技术的发展，对混凝土性能提出了许多新的要求。如泵送混凝土要求高的流动性；冬期施工要求高的早期强度；高层建筑、港口工程要求高强度、高耐久性。这些性能的实现，需要应用高性能外加剂。

一、外加剂的分类

混凝土外加剂种类繁多，根据《混凝土外加剂术语》（GB/T 8075—2017）的规定，混凝土外加剂按其主要功能分为四类：

1）改善混凝土拌合物流变性能的外加剂，如各种减水剂和泵送剂等。

2）调节混凝土凝结时间、硬化过程的外加剂，如缓凝剂、早强剂、促凝剂和速凝剂等。

3）改善混凝土耐久性的外加剂，如引气剂、防水剂和阻锈剂等。

4）改善混凝土其他性能的外加剂，如膨胀剂、防冻剂和着色剂等。

目前，在工程中常用的外加剂主要有减水剂、引气剂、早强剂、缓凝剂、防冻剂等。

二、减水剂

减水剂是指在保持混凝土稠度不变的条件下，能减少拌和用水的外加剂。减水剂根据作用效果及功能情况，可分为普通减水剂、高效减水剂、高性能减水剂。

1. 减水剂的作用原理

常用减水剂均属表面活性物质，其分子是由亲水基团和憎水基团两个部分组成，如

图 4-21所示。当水泥加水拌和后，水泥颗粒间分子凝聚力的作用，使水泥浆形成絮凝结构，如图 4-22a 所示。在这絮凝结构中，包裹了一定的拌合水（游离水），从而降低了混凝土拌合物的和易性。如在水泥中加入适量的减水剂，减水剂的表面活性作用，致使憎水基团定向吸附于水泥颗粒表面，亲水基团指向水溶液，使水泥颗粒表面带有相同的电荷，在电斥力作用下，水泥颗粒互相分开，如图 4-22b 所示，絮凝结构解体，包裹的游离水被释放出来，从而有效地增大了混凝土拌合物的流动性。当水泥颗粒表面吸附足够的减水剂后，在水泥颗粒表面形成一层稳定的溶剂化水膜层，它阻止了水泥颗粒间的直接接触，并在颗粒间起润滑作用，也改善了混凝土拌合物的和易性，如图 4-22c 所示。此外，水泥颗粒被有效分散，颗粒表面被水分充分润湿，增大了水泥颗粒的水化面积，使水化比较充分，从而提高了混凝土的强度。

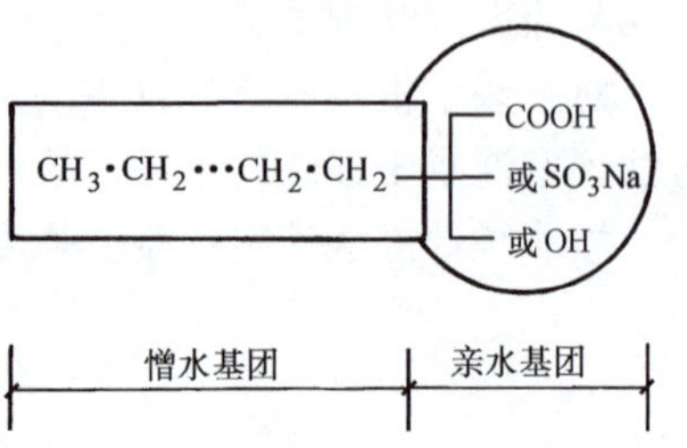

图 4-21　表面活性剂分子结构模型

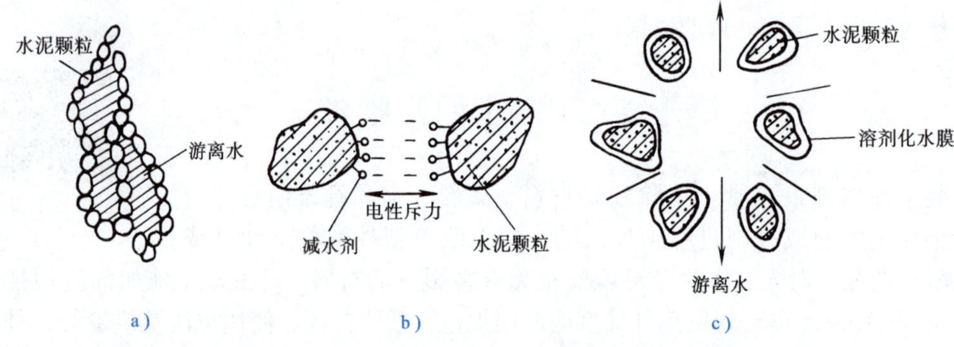

图 4-22　水泥浆的絮凝结构和减水剂作用示意图

可见，减水剂作用原理可由吸附—分散作用、润滑作用、湿润作用三部分组成。只要掺入少量的减水剂，就可使硬化前混凝土和易性改善，硬化后混凝土性能改善，减水剂已成为高性能混凝土的主要成分。

2. 减水剂的技术经济效果

根据使用目的不同，在混凝土中加入减水剂后，一般可取得以下效果：

（1）提高流动性　在用水量及水泥用量不变时，混凝土坍落度可增大 100~200mm，明显提高混凝土流动性，且不影响混凝土的强度。泵送混凝土或其他大流动性混凝土均需掺入高效减水剂。

（2）提高混凝土强度　在保持流动性及水泥用量不变的条件下，可减少拌合水量10%~15%，从而降低了水胶比，使混凝土强度提高 15%~20%，特别是早期强度提高更为显著。掺入高效减水剂是制备早强、高强、高性能混凝土的技术措施之一。

（3）节约水泥　在保持流动性及水胶比不变的条件下，可以在减少拌和水量的同时，相应减少水泥用量，即在保持混凝土强度不变的情况下，可节约水泥用量 10%~15%，且有利于降低工程成本。

（4）改善混凝土的耐久性　减水剂的掺入，可显著地改善混凝土的孔结构，使混凝土

的密实度提高，透水性降低，从而可提高抗渗、抗冻、抗化学腐蚀及防锈蚀等能力。

此外，掺用减水剂后，还可以改善混凝土拌合物的泌水、离析现象，延缓混凝土拌合物的凝结时间，减慢水泥水化放热速度，防止因内外温差而引起裂缝。

3. 常用的减水剂

减水剂种类很多。按减水效果可分为普通减水剂、高效减水剂和高性能减水剂；按凝结时间可分为标准型、早强型、缓凝型三种；按是否引气可分为引气型和非引气型两种；按其化学成分主要有木质素磺酸盐系、萘磺酸盐系、水溶性树脂类、糖蜜类和复合型减水剂等。

（1）木质素磺酸盐系减水剂　这类减水剂包括木质素磺酸钙（木钙）、木质素磺酸钠（木钠）、木质素磺酸镁（木镁）等。其中，木钙减水剂（又称为 M 型减水剂）使用较多。

木钙减水剂是以生产纸浆或纤维浆剩余下来的亚硫酸浆废液为原料，采用石灰乳中和，经生物发酵除糖、蒸发浓缩、喷雾干燥而制得的棕黄色粉末，可实现废物利用，是治理环境污染的有效途径之一。

木钙减水剂的适宜掺量，一般为水泥质量的 0.2%～0.3%。当保持水泥用量和坍落度不变时，其减水率为 10%～15%，混凝土 28d 抗压强度提高 10%～20%；若不减水即配合比不变，混凝土坍落度可增大 80%～100%；若保持混凝土的抗压强度和坍落度不变，可节约水泥用量 10%左右。木钙减水剂对混凝土有缓凝作用，一般缓凝 1～3h。掺量过多或在低温下，其缓凝作用更为显著，而且还可能使混凝土强度降低，使用时应注意。

木钙减水剂可用于一般混凝土工程，尤其适用于大体积浇筑、滑模施工、泵送混凝土及夏季施工等。木钙减水剂不宜单独用于冬期施工，在日最低气温低于 5℃时，应与早强剂或防冻剂复合使用。木钙减水剂也不宜单独用于蒸养混凝土及预应力混凝土，以免蒸养后混凝土表面出现酥松现象。

（2）萘磺酸盐系减水剂　萘系减水剂是用萘或萘的同系物经磺化与甲醛缩合而成。萘系减水剂通常是工业萘或煤焦油中萘、蒽、甲基萘等馏分，经磺化、水碱、中和、过滤、干燥而成，一般为棕色粉末。目前，我国生产的主要有 NNO、NF、FDN、UNF、MF、建Ⅰ型等减水剂，其中大部分品牌为非引气型减水剂。

萘系减水剂的适宜掺量为水泥质量的 0.5%～1.0%，减水率为 10%～25%，混凝土 28d 强度提高 20%以上。在保持混凝土强度和坍落度相近时，可节约水泥 10%～20%。掺入萘系减水剂后，混凝土的其他力学性能以及抗渗、耐久性等均有所改善，且对钢筋无锈蚀作用。

萘系减水剂的减水增强效果好，对不同品种水泥的适应性较强，适用于配制早强、高强、流态、蒸养混凝土，也适用于最低气温 0℃以上施工的混凝土；低于此温时宜与早强剂复合使用。

（3）水溶性树脂减水剂　这类减水剂是以一些水溶性树脂为主要原料制成的减水剂，如三聚氰胺树脂、古玛隆树脂等。该类减水剂增强效果显著，为高效减水剂，称“减水剂之王”，我国产品有 SM 树脂减水剂等。

SM 减水剂掺量为水泥质量的 0.5%～2.0%，其减水率为 15%～27%，混凝土 3d 强度提高 30%～100%，28d 强度可提高 20%～30%。同时，它能提高混凝土抗渗、抗冻性能。

SM 减水剂价格昂贵，适于配制高强混凝土、早强混凝土、流态混凝土及蒸养混凝土等。

三、早强剂

早强剂是加速混凝土早期强度发展的外加剂。早强剂能加速水泥的水化和硬化，缩短养护期，从而达到尽早拆模，提高模板周转率，加快施工速度的目的。早强剂可以在常温、低温和负温（不低于-5℃）条件下加速混凝土的硬化过程，多用于冬期施工和抢修工程。早强剂主要有无机盐类（氯盐类、硫酸盐类）、有机化合物类（三乙醇胺、甲酸盐等）、复合物三大类。

1. 氯盐类早强剂

氯盐类早强剂主要有氯化钙、氯化钠、氯化钾、氯化铝及三氯化铁等，其中以氯化钙应用最广。氯化钙为白色粉状物，其适宜掺量为水泥质量的0.5%~2.0%，能使混凝土3d强度提高50%~100%，7d强度提高20%~40%，同时能降低混凝土中水的冰点，防止混凝土早期受冻。其掺量不宜过多，否则会引起水泥速凝，不利于施工，还会加大混凝土的收缩。

氯化钙对混凝土产生早强作用的主要原因，一般认为是它能与水泥中C_3A反应生成不溶于水的复盐$C_3A\cdot CaCl_2\cdot 10H_2O$，还与水化析出的氢氧化钙作用，生成不溶性氧氯化钙[$CaCl_2\cdot 2Ca(OH)_2\cdot 12H_2O$]。以上两种复盐不溶于水，且本身具有一定的强度。这些复盐的形成，增加了水泥浆中固相的比例，形成强度骨架，有助于水泥石结构的形成。同时，氯化钙与氢氧化钙的迅速反应，降低了液相中的碱度，使矿物成分水化反应加快，早期水化物增多，有利于提高水泥石早期强度。

采用氯化钙作早强剂，最大的缺点是含有Cl^-离子，会使钢筋锈蚀，并导致混凝土开裂。因此，《混凝土外加剂应用技术规范》（GB 50119—2013）规定，含有氯盐的早强剂严禁用于钢筋混凝土结构、预应力混凝土结构、钢纤维混凝土结构、使用冷拉钢筋或冷拔低碳钢丝的混凝土结构。

含有无机盐的早强剂严禁用于与镀锌钢材或铝铁接触部位的混凝土结构、有外露钢筋预埋件而无防护措施的混凝土结构、使用直流电源的混凝土结构、距交压直流电源在100m以内的混凝土结构。

为了抑制氯化钙对钢筋的锈蚀作用，常将氯化钙与阻锈剂亚硝酸钠（$NaNO_2$）复合使用。

2. 硫酸盐类早强剂

硫酸盐类早强剂主要有硫酸钠、硫代硫酸钠、硫酸钙、硫酸铝、硫酸铝钾等，其中硫酸钠应用较多。硫酸钠分无水硫酸钠（白色粉末）和有水硫酸钠（白色晶体）。硫酸钠的适宜掺量为0.5%~2%。当掺量为1%~1.5%时，达到混凝土设计强度70%的时间可缩短一半左右。

硫酸钠掺入混凝土后产生早强的原因，一般认为是硫酸钠与水泥水化产物$Ca(OH)_2$作用，生成高分散性的硫酸钙，均匀分布在混凝土中，并极易与C_3A反应，能使水化硫铝酸钙迅速生成。同时，上述反应的进行，使得溶液中$Ca(OH)_2$浓度降低，从而促使C_3S水化加速，大大加快了水泥的硬化，使混凝土早期强度提高。

硫酸钠对钢筋无锈蚀作用，适用于不允许掺用氯盐的混凝土；但由于它与$Ca(OH)_2$作用生成强碱NaOH，为防止碱—集料反应，硫酸钠严禁用于含有活性集料的混凝土，同时，不得用于与镀锌钢材或铝铁相接触部位的结构，外露钢筋预埋件而无防护措施的结构，使用直流电源的工厂及使用电气化运输设施的钢筋混凝土结构。硫酸钠早强剂应注意不能超量掺

加，以免导致混凝土产生后期膨胀开裂，以及混凝土表面产生“白霜”。

3. 有机胺类早强剂

有机胺类早强剂主要有三乙醇胺、三异丙醇胺等，其中早强效果以三乙醇胺为佳。三乙醇胺不改变水泥水化生成物，但能加快水化速度，在水泥水化过程中起催化作用。

三乙醇胺为无色或淡黄色油状液体，呈碱性，能溶于水，无毒、不燃、三乙醇胺掺量极少，掺量为水泥质量的0.02%~0.05%，能使混凝土早期强度提高。

三乙醇胺对混凝土稍有缓凝作用，掺量过多会造成混凝土严重缓凝和混凝土后期强度下降；掺量越大，强度下降越多，故应严格控制掺量。三乙醇胺单独使用时，早强效果不明显，与其他外加剂（如氯化钠、氯化钙、硫酸钠等）复合使用，效果更加显著，故一般复合使用。

四、缓凝剂

缓凝剂是指能延长混凝土凝结时间的外加剂。缓凝剂主要有四类：糖类，如糖蜜；木质素磺酸盐类，如木钙、木钠；羟基羧酸及其盐类，如柠檬酸、酒石酸；无机盐类，如锌盐、硼酸盐等。常用的缓凝剂是木钙和糖蜜，基中糖蜜的缓凝效果最好。

缓凝剂的作用原理十分复杂，至今尚没有一个比较完善的分析理论。常有以下几种解释：

吸附理论认为缓凝剂被吸附在未水化水泥颗粒表面上，这是通过离子键、氢键或偶极键作用，由于屏蔽而防止水分子靠近，阻碍了水化反应。

沉淀理论认为是缓凝剂与水泥中某些组分生成了不溶性物质，它包围了水泥颗粒从而阻碍了水化反应进行。

又有的理论认为是$Ca(OH)_2$晶核上吸附了缓凝剂，妨碍了它的进一步生成、长大，这须使液相中达到一定过饱和以后，$Ca(OH)_2$才能继续生长。$Ca(OH)_2$不能及时析出，妨碍了硅酸盐相的进一步水化。

总之，水泥水化反应延缓，以及凝结的推迟，是由缓凝剂吸附于水泥颗粒表面或水化产物表面所引起的。但目前还很难指出哪些化合物能有缓凝作用。一般讲，具有几个氧原子的物质，常常是比较有效的缓凝剂，这与这些氧原子有比较强的极化效应有关。在含有羟基的化合物中，有较多氧原子，因而它们常可作为缓凝剂使用。

常用的缓凝剂中，糖蜜缓凝剂是制糖下脚料经石灰处理而成，也是表面活性剂，掺入混凝土拌合物中，能吸附在水泥颗粒表面，形成同种电荷的亲水膜，使水泥颗粒相互排斥，并阻碍水泥水化，从而起缓凝作用。糖蜜的适宜掺量为0.1%~0.3%，混凝土凝结时间可延长2~4h，掺量每增加0.1%，可延长1h。掺量如大于1%，会使混凝土长期酥松不硬，强度严重下降。

缓凝剂具有缓凝、减水、降低水化热和增强作用，对钢筋也无锈蚀作用。缓凝剂主要适用于大体积混凝土和炎热气候下施工的混凝土，泵送混凝土及滑模施工的混凝土，以及需长时间停放或长距离运输的混凝土。缓凝剂不宜用于日最低气温5℃以下施工的混凝土，也不宜单独用于有早强要求的混凝土及蒸养混凝土。

五、引气剂

引气剂是指能通过物理作用引入均匀分布、稳定而封闭的微小气泡，且能将气泡保留在硬化混凝土中的外加剂。目前，应用较多的引气剂为松香热聚物、松香皂、烷基苯磺酸盐等。

松香热聚物是松香与苯酚、硫酸、氢氧化钠以一定配比经加热缩聚而成。松香皂是由松香经氢氧化钠皂化而成。松香热聚物的适宜掺量为水泥质量的0.005%~0.02%，混凝土的含气量为3%~5%，减水率为8%左右。

引气剂属憎水性表面活性剂，表面活性作用类似减水剂，区别在于减水剂的界面活性作用主要发生在液—固界面，而引气剂的界面活性作用主要在气—液界面上。引气剂能显著降低水的表面张力和界面能，使水溶液在搅拌过程中极易产生许多微小的封闭气泡，气泡直径多在50~250μm。同时，引气剂定向吸附在气泡表面，形成较为牢固的液膜，使气泡稳定而不破裂。按混凝土含气量3%~5%计（不加引气剂的混凝土含气量为1%），$1m^3$ 混凝土拌合物中含数百亿个气泡。由于大量微小、封闭并均匀分布的气泡的存在，混凝土的某些性能得到明显改善或改变。

（1）改善混凝土拌合物的和易性　大量微小封闭球状气泡在混凝土拌合物内形成，如同滚珠一样，减少了颗粒间的摩擦阻力，使混凝土拌合物流动性提高。同时，水分均匀分布在大量气泡的表面，使能自由移动的水量减少，混凝土拌合物的保水性、黏聚性也随之提高。

（2）显著提高混凝土的抗渗性、抗冻性　大量均匀分布的封闭气泡有较大的弹性变形能力，对由水结冰所产生的膨胀应力有一定的缓冲作用，因而混凝土的抗冻性得到提高。大量微小气泡占据于混凝土的孔隙，切断毛细管通道，使抗渗性得到改善。

（3）降低混凝土强度　大量气泡的存在，减少了混凝土的有效受力面积，使混凝土强度有所降低。一般混凝土的含气量每增加1%时，其抗压强度将降低4%~6%，抗折强度降低2%~3%。

引气剂可用于抗渗混凝土、抗冻混凝土、抗硫酸盐侵蚀混凝土、泌水严重的混凝土、贫混凝土、轻混凝土，以及对饰面有要求的混凝土等，但引气剂不宜用于蒸养混凝土及预应力混凝土。

六、防冻剂

防冻剂是能使混凝土在负温下硬化，并在规定养护条件下达到预期性能的外加剂。常用的防冻剂为复合型，由防冻、早强、减水、引气等多组分各尽其能，完成预定抗冻性能。

不同类别的防冻剂，性能有所差异，合理的选用十分重要。氯盐类防冻剂适用于无筋混凝土；氯盐阻锈类防冻剂可用于钢筋混凝土；无氯盐类防冻剂可用于钢筋混凝土工程和预应力钢筋混凝土工程。硝酸盐、亚硝酸盐、碳酸盐易引起钢筋的应力腐蚀，故此类防冻剂不适用于预应力混凝土以及与镀锌钢材相接触部位的钢筋混凝土结构。另外，含有六价铬盐、亚硝酸盐等有毒成分的防冻剂，严禁用于饮水工程及与仪器接触的部位。复合型防冻剂兼有减水、早强、引气等功能，由多种组分复合而成，综合提高混凝土防冻强度。

防冻剂用于负温条件下施工的混凝土。目前，国产防冻剂品种适用于-20~0℃的气温；当在更低气温下施工时，应增加其他混凝土冬期施工措施，如暖棚法、原料（砂、石、水）预热法等。

七、速凝剂

速凝剂是指能使混凝土迅速凝结硬化的外加剂。速凝剂按产品形态分为粉状速凝剂和液体速凝剂。在满足施工要求的前提下，以最小掺量为宜。

速凝剂掺入混凝土后，能使混凝土在 5min 内初凝，10min 内终凝，1h 就可产生强度，1d 强度提高 2~3 倍，但后期强度会下降，28d 强度为不掺时的 80%~90%。

速凝剂主要用于矿山井巷、铁路隧道、引水涵洞、地下工程以及喷锚支护时的喷射混凝土或喷射砂浆工程。

八、减缩剂

减缩剂是通过改变孔溶液离子特征及降低孔溶液表面张力等作用来减少砂浆或混凝土收缩的外加剂。

混凝土很大的一个缺点是在干燥条件下产生收缩，这种收缩导致了硬化混凝土的开裂和其他缺陷的形成和发展，使混凝土的使用寿命大大下降。在混凝土中加入减缩剂能大大减少混凝土的干燥收缩。典型性的减缩剂能使混凝土的 28d 收缩值减少 50%~80%，最终收缩值减少 25%~50%。

混凝土减缩剂减少混凝土收缩的机理，主要是能降低混凝土中的毛细管张力，从本质上讲，减缩剂是表面活性物质，有些种类的减缩剂还是表面活性剂。当混凝土由于干燥而在毛细孔中形成毛细管张力使混凝土收缩时，减缩剂的存在使毛细管张力下降，从而使得混凝土的宏观收缩值降低，所以混凝土减缩剂对减少混凝土的干缩和自缩有较大作用。

混凝土减缩剂已经发展成为一个新系列的混凝土外加剂。随着对混凝土减缩剂研究的深入以及其性能的提高，在日益关注混凝土耐久性的情况下，混凝土减缩剂作为一种能提高混凝土耐久性的外加剂即将会有大的发展。

九、外加剂的选择和使用

在混凝土中掺用外加剂，若选择和使用不当，会造成质量事故。因此，应注意以下几点：

1. 外加剂品种的选择

外加剂品种、品牌很多，效果各异，特别是对不同品种水泥效果不同。在选择外加剂时，应根据工程需要、现场的材料条件，参考有关资料，通过试验确定。

2. 外加剂掺量的确定

混凝土外加剂均有适宜掺量。掺量过小，往往达不到预期效果；掺量过大，则会影响混凝土质量，甚至造成质量事故。因此，应通过试验试配，确定最佳掺量。

3. 外加剂的掺加方法

外加剂的掺量很少，必须保证其均匀分散，一般不能直接加入混凝土搅拌机内。掺入方法会因外加剂不同而异，其效果也会因掺入方法不同而存在差异。故应严格按产品技术说明操作。如：减水剂有同掺法、后掺法、分掺法三种方法。同掺法为减水剂在混凝土搅拌时一起掺入；后掺法是搅拌好混凝土后间隔一定时间，然后再掺入；分掺法是一部分减水剂在混凝土搅拌时掺入，另一部分在间隔一段时间后再掺入。而实践证明，后掺法最好，能充分发挥减水剂的功能。

4. 外加剂的储运保管

混凝土外加剂大多为表面活性物质或电解质盐类，具有较强的反应能力，敏感性较高，对混凝土性能影响很大，所以在储存和运输中应加强管理。失效的、不合格的、长期存放、质量未经明确的禁止使用；不同品种类别的外加剂应分别储存运输；应注意防潮、防水、避免受潮后影响功效；有毒性的外加剂必须单独存放，专人管理；有强氧化性的外加剂必须进行密封储存，同时还必须注意储存期不得超过外 加剂的有效期。

第十节 普通混凝土的配合比设计

普通混凝土的配合比设计是确定混凝土中各组成材料数量之间的比例关系。配合比常用的表示方法有两种：一种是以$1m^3$混凝土中各项材料的质量表示，如水泥（m_c）300kg、水（m_w）180kg、砂（m_s）720kg、石子（m_g）1200kg；另一种是以各项材料相互间的质量比来表示（以水泥质量为1），将上例换算成质量比为：

$$水泥：砂：石子：水=1:2.4:4:0.6$$

一、混凝土配合比设计的基本要求

配合比设计的任务就是根据原材料的技术性能及施工条件，合理地确定出能满足工程所要求的各项组成材料的用量。混凝土配合比设计的基本要求是：

1）满足混凝土结构设计要求的强度等级。

2）满足混凝土施工所要求的和易性。

3）满足工程所处环境要求的混凝土耐久性。

4）在上述三满足的前提下，考虑经济原则，节约水泥，降低成本。

二、混凝土配合比设计的资料准备

在设计混凝土配合比之前，必须通过调查研究，预先掌握下列基本资料：

1）了解工程设计要求的混凝土强度等级，以便确定混凝土配制强度。

2）了解工程所处环境对混凝土耐久性的要求，以便确定所配制混凝土的最大水胶比和最小水泥用量。

3）掌握原材料的性能指标，包括：水泥的品种、强度等级、密度；砂、石集料的种类、表观密度、级配、最大粒径；拌和用水的水质情况；外加剂的品种、性能、适宜掺量。

三、混凝土配合比设计中的三个参数

混凝土配合比设计，实质上就是确定水泥、水、砂与石子这四项基本组成材料用量之间的三个比例关系。水与水泥之间的比例关系，常用水胶比表示；砂与石子之间的比例关系，常用砂率表示；水泥浆与集料之间的比例关系，常用单位用水量来反映。水胶比、砂率、单位用水量是混凝土配合比的三个重要参数，在配合比设计中正确地确定这三个参数，就能使混凝土满足配合比设计的四项基本要求。

确定这三个参数的基本原则是：在满足混凝土强度和耐久性的基础上，确定混凝土的水胶比；在满足混凝土施工要求的和易性基础上，根据粗集料的种类和规格，确定混凝土的单位用水量；砂率应以填充石子空隙后略有富余的原则来确定。

四、混凝土配合比设计的步骤

混凝土配合比设计步骤，首先按照已选择的原材料性能及对混凝土的技术要求进行初步计算，得出“初步计算配合比”。并经过实验室试拌调整，得出“基准配合比”。然后经过强度检验（如有抗渗、抗冻等其他性能要求，应当进行相应的检验），定出满足设计和施工要求并比较经济的“设计配合比（实验室配合比）”。最后根据现场砂、石的实际含水率对实验室配合比进行调整，求出“施工配合比”。

（一）初步计算配合比的确定

1. 配制强度（$f_{cu,0}$）的确定

根据《普通混凝土配合比设计规程》（JGJ 55—2011），在实际施工过程中，由于原材料质量的波动和施工条件的波动，混凝土强度难免有波动。为使混凝土的强度保证率能满足国家标准的要求，必须使混凝土的试配强度高于设计强度等级。当混凝土的设计强度等级小于C60时，试配强度按下式计算：

$$f_{cu,0} \geqslant f_{cu,k} + 1.645\sigma \tag{4-23}$$

式中 $f_{cu,0}$——混凝土配制强度（MPa）；

$f_{cu,k}$——混凝土立方体抗压强度标准值，这里取混凝土的设计强度等级值（MPa）；

σ——混凝土强度标准差（MPa）。

当混凝土的设计强度等级不小于C60时，配制强度按下式计算：

$$f_{cu,0} \geqslant 1.15 f_{cu,k} \tag{4-24}$$

（1）应提高混凝土配制强度的场合

1）现场条件与实验室条件有显著差异时。

2）C30级及其以上强度等级的混凝土，采用非统计方法评定时。

（2）标准差σ的确定方法

1）当具有近1~3个月的同一品种、同一强度等级混凝土强度资料，且试件组数不小于30时，其混凝土强度标准差按下式计算：

$$\sigma = \sqrt{\frac{\sum_{i=1}^{n} f_{cu,i}^{2} - n m_{f_{cu}}^{2}}{n-1}} \tag{4-25}$$

式中 $f_{cu,i}$——第i组试件的强度值（MPa）；

$m_{f_{cu}}$——n组试件强度的平均值（MPa）；

n——混凝土试件的组数。

对于强度等级不大于C30的混凝土，当混凝土强度标准差计算值不小于3.0MPa时，应按式（4-25）计算结果取值；当混凝土强度标准差计算值小于3.0MPa时，应取3.0MPa。

对强度等级大于C30且小于C60的混凝土，当混凝土强度标准差计算值不小于4.0MPa时，应按式（4-25）计算结果取值；当混凝土强度标准差计算值小于4.0MPa时，应取4.0MPa。

2）当无历史统计资料时，σ可按表4-37取用。

表4-37 混凝土σ取值

混凝土强度等级	≤C20	C25~C45	C50~C55
σ/MPa	4.0	5.0	6.0

2. 确定相应的水胶比（W/B）

混凝土强度等级小于C60级时，混凝土水胶比宜按下式计算：

$$W/B = \frac{\alpha_a \cdot f_b}{f_{cu,0} + \alpha_a \cdot \alpha_b \cdot f_b} \tag{4-26}$$

式中　W/B——混凝土水胶比；

α_a、α_b——回归系数；

f_b——胶凝材料28d胶砂抗压强度（MPa），可实测。当胶凝材料28d胶砂抗压强度无实测值时，也可按式（4-27）计算确定。

$$f_b = \gamma_f \gamma_s f_{ce} \tag{4-27}$$

式中　γ_f、γ_s——粉煤灰影响系数和粒化高炉矿渣粉影响系数，可按表4-38选用；

f_{ce}——水泥28d胶砂抗压强度（MPa），可实测，当水泥28d胶砂抗压强度无实测值时，可按式（4-28）计算确定。

$$f_{ce} = \gamma_c f_{ce,g} \tag{4-28}$$

式中　γ_c——水泥强度等级值的富余系数，可按实际统计资料确定，当缺乏实际统计资料时，可按表4-39选用；

$f_{ce,g}$——水泥强度等级值。

表4-38　粉煤灰影响系数（γ_f）和粒化高炉矿渣粉影响系数（γ_s）

掺量（%）	种类	
	粉煤灰影响系数 γ_f	粒化高炉矿渣粉影响系数 γ_s
0	1.00	1.00
10	0.85~0.95	1.00
20	0.75~0.85	0.95~1.00
30	0.65~0.75	0.90~1.00
40	0.55~0.65	0.80~0.90
50	—	0.70~0.85

注：① 采用Ⅰ级、Ⅱ级粉煤灰宜取上限值。

② 采用S75级粒化高炉矿渣粉宜取下限值，采用S95级粒化高炉矿渣粉宜取上限值，采用S105级粒化高炉矿渣粉可取上限值加0.05。

③ 当超出表中的掺量时，粉煤灰和粒化高炉矿渣粉影响系数应经试验确定。

回归系数 α_a 和 α_b 宜按下列规定确定：

① 根据工程所使用的原材料，通过试验建立的水胶比与混凝土强度关系式确定。

② 当不具备上述试验统计资料时，可按表4-40采用。

为了保证混凝土的耐久性，需要按表4-40控制水胶和胶凝材料的量。

表4-39　水泥强度等级值的富余系数（γ_c）

水泥强度等级值	32.5	42.5	52.5
富余系数	1.12	1.16	1.10

表4-40　回归系数 α_a、α_b 选用表

系数	粗集料品种	
	碎石	卵石
α_a	0.53	0.49
α_b	0.20	0.13

3. 选取 $1m^3$ 混凝土的用水量（m_{w0}）

（1）干硬性和塑性混凝土的用水量确定

1）水胶比在0.40~0.80范围时，根据粗集料的品种、粒径及施工要求的混凝土拌合物

稠度，其用水量可按表4-41、表4-42选取。

表4-41 干硬性混凝土的用水量 （单位：kg/m³）

拌合物稠度		卵石最大公称粒径/mm			碎石最大公称粒径/mm		
项目	指标	10.0	20.0	40.0	16.0	20.0	40.0
维勃稠度/s	16~20	175	160	145	180	170	155
	11~15	180	165	150	185	175	160
	5~10	185	170	155	190	180	165

表4-42 塑性混凝土的用水量 （单位：kg/m³）

拌合物稠度		卵石最大公称粒径/mm				碎石最大公称粒径/mm			
项目	指标	10.0	20.0	31.5	40.0	16.0	20.0	31.5	40.0
坍落度/mm	10~30	190	170	160	150	200	185	175	165
	35~50	200	180	170	160	210	195	185	175
	55~70	210	190	180	170	220	205	195	185
	75~90	215	195	185	175	230	215	205	195

注：① 本表用水量系采用中砂时的取值。采用细砂时，每立方米混凝土用水量可增加5~10kg；采用粗砂时，可减少5~10kg。

② 掺用矿物掺合料和外加剂时，用水量应相应调整。

2）水胶比小于0.40的混凝土以及采用特殊成形工艺的混凝土用水量应通过试验确定。

（2）掺外加剂时，每立方米流动性或大流动性混凝土的用水量（m_{w0}）可按下式计算

$$m_{w0}=m'_{w0}(1-\beta) \tag{4-29}$$

式中 m_{w0}——计算配合比每立方米混凝土的用水量（kg/m³）；

m'_{w0}——未掺外加剂时推定的满足实际坍落度要求的每立方米混凝土的用水量（kg/m³），以表4-42中90mm坍落度的用水量为基础，按每增大20mm坍落度相应增加5kg/m³用水量来计算，当坍落度增大到180mm以上时，随坍落度相应增加的用水量可减少；

β——外加剂的减水率（%），应经混凝土试验确定。

每立方米混凝土中外加剂用量（m_{a0}）应按下式计算：

$$m_{a0}=m_{b0}\beta_a \tag{4-30}$$

式中 m_{a0}——每立方米混凝土中外加剂用量（kg/m³）；

m_{b0}——每立方米混凝土中胶凝材料用量（kg/m³）；

β_a——外加剂掺量（%），应经混凝土试验确定。

4. 胶凝材料、矿物掺合料和水泥用量

每立方米混凝土的胶凝材料用量（m_{b0}）应按式（4-31）计算，并应进行试拌调整，在拌合物性能满足的情况下，取经济合理的胶凝材料用量。

$$m_{b0}=\frac{m_{w0}}{W/B} \tag{4-31}$$

每立方米混凝土的矿物掺合料用量（m_{f0}）应按下式计算：

$$m_{f0}=m_{b0}\beta_f \tag{4-32}$$

式中 m_{f0}——计算配合比每立方米混凝土中矿物掺合料用量（kg/m^3）；

β_f——矿物掺合料掺量（%）。

矿物掺合料在混凝土中的量应通过试验确定。采用硅酸盐水泥或普通硅酸盐水泥时，钢筋混凝土中矿物掺合料最大掺量宜符合表4-43的规定，预应力混凝土中矿物掺合料最大掺量宜符合表4-44的规定。对基础大体积混凝土，粉煤灰、粒化高炉矿渣粉和复合掺合料的最大掺量可增加5%。采用掺量大于30%的C类粉煤灰混凝土应以实际使用的水泥和粉煤灰掺量进行安定性检验。

表4-43 钢筋混凝土中矿物掺合料最大掺量

矿物掺合料种类	水胶比	最大掺量（%）	
		采用硅酸盐水泥时	采用普通硅酸盐水泥时
粉煤灰	≤0.4	45	35
	>0.4	40	30
粒化高炉矿渣粉	≤0.4	65	55
	>0.4	55	45
钢渣粉	—	30	20
磷渣粉	—	30	20
硅灰	—	10	10
复合掺合料	≤0.4	65	55
	>0.4	55	45

注：① 采用其他通用硅酸盐水泥时，宜将水泥混合材掺量20%以上的混合材量计入矿物掺合料。

② 复合掺合料各组分的掺量不宜超过单掺时的最大掺量。

③ 在混合使用两种或两种以上矿物掺合料时，矿物掺合料总掺量应符合表中复合掺合料的规定。

表4-44 预应力混凝土中矿物掺合料最大掺量

矿物掺合料种类	水胶比	最大掺量（%）	
		采用硅酸盐水泥时	采用普通硅酸盐水泥时
粉煤灰	≤0.4	35	30
	>0.4	25	20
粒化高炉矿渣粉	≤0.4	55	45
	>0.4	45	35
钢渣粉	—	20	10
磷渣粉	—	20	10
硅灰	—	10	10
复合掺合料	≤0.4	55	45
	>0.4	45	35

注：同表4-43注。

每立方米混凝土的水泥用量（m_{c0}）应按下式计算：

$$m_{c0}=m_{b0}-m_{f0} \tag{4-33}$$

式中 m_{c0}——计算配合比每立方米混凝土中水泥用量（kg/m^3）。

5. 选用合理的砂率值（β_s）

砂率应当根据集料的技术指标、混凝土拌合物性能和施工要求，参考既有历史资料确定。当无历史资料可参考时，混凝土砂率的确定应符合下列规定：

1）坍落度为10~60mm的混凝土砂率，可根据粗集料品种、最大公称粒径及水胶比按表4-45选取。

表4-45 混凝土的砂率（单位：%）

水胶比（W/B）	卵石最大公称粒径/mm			碎石最大公称粒径/mm		
	10	20	40	16	20	40
0.40	26~32	25~31	24~30	30~35	29~34	27~32
0.50	30~35	29~34	28~33	33~38	32~37	30~35
0.60	33~38	32~37	31~36	36~41	35~40	33~38
0.70	36~41	35~40	34~39	39~44	38~43	36~41

注：① 本表数值系中砂的选用砂率，对细砂或粗砂可相应地减小或增大砂率。
② 只用一个单粒级粗集料配制混凝土时，砂率应适当增大。
③ 采用人工砂配制混凝土时，砂率可适当增大。

2）坍落度大于60mm的混凝土砂率，可经试验确定，也可在表4-45的基础上，按坍落度每增大20mm，砂率增大1%的幅度予以调整。

3）坍落度小于10mm的混凝土，其砂率应经试验确定。

6. 计算粗、细集料的用量（m_{g0}及m_{s0}）

粗、细集料的用量可用质量法或体积法求得。

（1）质量法 如果原材料情况比较稳定及相关技术指标符合标准要求，所配制的混凝土拌合物的表观密度将接近一个固定值，这样可以先假设一个1m^3混凝土拌合物的质量值。因此可列出以下两式

$$\begin{cases} m_{f0}+m_{c0}+m_{g0}+m_{s0}+m_{w0}=m_{cp} \\ \beta_s=\dfrac{m_{s0}}{m_{s0}+m_{g0}}\times 100\% \end{cases} \tag{4-34}$$

式中 m_{g0}——计算配合比每立方米混凝土的粗集料用量（kg/m^3）；

m_{s0}——计算配合比每立方米混凝土的细集料用量（kg/m^3）；

β_s——砂率（%）；

m_{cp}——每立方米混凝土拌合物的假定质量（kg/m^3），其值可取2350~2450kg/m^3。

解联立两式，即可求出m_{g0}，m_{s0}。

（2）体积法 假定混凝土拌合物的体积等于各组成材料绝对体积和混凝土拌合物中所含空气体积之总和。因此，在计算1m^3混凝土拌合物的各材料用量时，可列出以下两式：

$$\begin{cases}\dfrac{m_{f0}}{\rho_f}+\dfrac{m_{c0}}{\rho_c}+\dfrac{m_{g0}}{\rho_g}+\dfrac{m_{s0}}{\rho_s}+\dfrac{m_{w0}}{\rho_w}+0.01\alpha=1\\ \beta_s=\dfrac{m_{s0}}{m_{s0}+m_{g0}}\times100\%\end{cases} \tag{4-35}$$

式中 ρ_c——水泥密度（kg/m^3），可取 2900~3100kg/m^3；

ρ_g——粗集料的表观密度（kg/m^3）；

ρ_f——矿物掺合料密度（kg/m^3）；

ρ_s——细集料的表观密度（kg/m^3）；

ρ_w——水的密度（kg/m^3），可取 1000kg/m^3；

α——混凝土的含气量百分数，在不使用引气剂或引气型外加剂时，可取 1。

解联立两式，即可求出 m_{g0}，m_{s0}。

通过以上六个步骤，便可将水、水泥、砂和石子的用量全部求出，得出初步计算配合比，供试配用。

以上混凝土配合比计算公式和表格，均以干燥状态集料（含水率小于 0.5%的细集料和含水率小于 0.2%的粗集料）为基准。当以饱和面干集料为基准进行计算时，则应做相应的修正。

（二）试配，提出基准配合比

以上求出的各材料用量，是借助于一些经验公式和数据计算出来的，或是利用经验资料查得的，因而不一定能够完全符合具体的工程实际情况，必须通过试拌调整，直到混凝土拌合物的和易性符合要求为止，然后提出供检验强度用的基准配合比。

1）按初步计算配合比，称取实际工程中使用的材料进行试拌，混凝土搅拌方法应与生产时用的方法相同。

2）混凝土配合比试配时，每盘混凝土的最小搅拌量应符合表 4-46 的规定；当采用机械搅拌时，其搅拌量不应小于搅拌机公称容量的 1/4 且不应大于搅拌机公称容量。

3）试配时材料称量的精确度为：集料 ±1%；水泥及外加剂均为±0.5%。

表 4-46 混凝土配合比试配的最小搅拌量

粗集料最大公称粒径/mm	拌合物数量/L
31.5 及以下	20
40.0	25

4）混凝土搅拌均匀后，检查拌合物的性能。当试拌出的拌合物坍落度或维勃稠度不能满足要求，或黏聚性和保水性不良时，应在保持水胶比不变的条件下，相应调整用水量或砂率，一般调整幅度为 1%~2%，直到符合要求为止。然后提出供强度试验用的基准混凝土配合比。具体调整方法见表 4-47。

经调整后得基准混凝土配合比：$m_{cj}:m_{wj}:m_{sj}:m_{gj}$。

（三）检验强度，确定实验室配合比

1. 检验强度

表 4-47 混凝土拌合物和易性的调整方法

不能满足要求的情况	调整方法
坍落度小于要求，黏聚性和保水性合适	保持水胶比不变，增加水泥和水用量。相应减少砂、石用量（砂率不变）

（续）

不能满足要求的情况	调整方法
坍落度大于要求，黏聚性和保水性合适	保持水胶比不变，减少水泥和水用量。相应增加砂、石用量（砂率不变）
坍落度合适，黏聚性和保水性不好	增加砂率（保持砂、石总量不变，提高砂用量，减少石子用量）
砂浆过多引起坍落度过大	减少砂率（保持砂、石总量不变，减少砂用量，增加石子用量）

经过和易性调整后得到的基准配合比，其水胶比选择不一定恰当，即混凝土的强度有可能不符合要求，所以应检验混凝土的强度。强度检验时应至少采用三个不同的配合比，其一为基准配合比，另外两个配合比的水胶比，宜较基准配合比分别增加或减少 0.05，而其用水量与基准配合比相同，砂率可分别增加或减少 1%。每种配合比制作一组（三块）试件，并经标准养护到 28d 时试压（在制作混凝土试件时，尚需检验混凝土的和易性及测定表观密度，并以此结果作为代表这一配合比的混凝土拌合物的性能值）。

制作的混凝土立方体试件的边长，应根据石子最大公称粒径按表 4-25 中的规定选定。

2. 确定实验室配合比

1）由试验得出的各水胶比及其对应的混凝土的强度关系，用作图或计算求出与混凝土配制强度（$f_{cu,0}$）相适应的水胶比，并按下列原则确定 1m^3 混凝土的材料用量：

① 用水量（m_w）：取基准配合比中的用水量，并根据制作强度试件时测得的坍落度或维勃稠度，进行适当的调整。

② 胶凝材料用量（m_b）：以用水量乘以选定的水胶比计算确定。

③ 粗、细集料用量（m_g、m_s）：取基本配合比中的粗、细集料用量，并按选定的水胶比进行适当的调整。

2）混凝土表观密度的校正。配合比经试配、调整和确定后，还需根据实测的混凝土表观密度（$\rho_{c,t}$）做必要的校正，其步骤是：

① 计算混凝土的表观密度计算值（$\rho_{c,c}$）。

$$\rho_{c,c}=m_w+m_c+m_g+m_s+m_f \tag{4-36}$$

② 计算混凝土配合比校正系数 δ。

$$\delta=\frac{\rho_{c,t}}{\rho_{c,c}} \tag{4-37}$$

式中　$\rho_{c,t}$——混凝土表观密度实测值（kg/m^3）；

$\rho_{c,c}$——混凝土表观密度计算值（kg/m^3）。

③ 当混凝土表观密度实测值（$\rho_{c,t}$）与计算值（$\rho_{c,c}$）之差的绝对值不超过计算值的 2% 时，由以上定出的配合比即为确定的实验室配合比；当二者之差超过计算值的 2%时，应将配合比中的各项材料用量均乘以校正系数 δ，即为确定的混凝土实验室配合比。

（四）求出施工配合比

设计配合比是以干燥材料为基准的，而工地存放的砂、石是露天堆放，都含有一定的水分，而且随着气候的变化，含水情况经常变化。所以现场材料的实际称量按工地砂、石的含水情况进行修正，修正后的配合比称为施工配合比。

假定工地存放砂的含水率为 a(%)，石子的含水率为 b(%)，则将上述设计配合比换算为施工配合比，其材料称量为：

$$m'_b = m_b$$

$$m'_s = m_s(1+0.01a)$$

$$m'_g = m_g(1+0.01b)$$

$$m'_w = m_w - 0.01am_s - 0.01bm_g$$

五、普通混凝土配合比设计实例

某高层办公楼的基础底板设计使用C30等级混凝土，采用泵送施工工艺。根据《普通混凝土配合比设计规程》（JGJ 55—2011）（以下简称《规程》）的规定，其配合比计算步骤如下：

1. 原材料选择

结合设计和施工要求，选择原材料并检测其主要性能指标如下：

（1）水泥　选用P. O 42.5级水泥，28d胶砂抗压强度48.6MPa，安定性合格。

（2）矿物掺合料　选用F类Ⅱ级粉煤灰，细度18.2%，需水量比101%，烧失量7.2%。选用S95级矿粉，比表面积428m^2/kg，流动度比98%，28d活性指数99%。

（3）粗集料　选用最大公称粒径为25mm的粗集料，连续级配，含泥量1.2%，泥块含量0.5%，针片状颗粒含量8.9%。

（4）细集料　采用当地产天然河砂，细度模数2.70，级配Ⅱ区，含泥量2.0%，泥块含量0.6%。

（5）外加剂　选用某公司生产的A型聚羧酸减水剂，减水率为25%，含固量为20%。

（6）水　选用自来水。

2. 计算配制强度

由于缺乏强度标准差统计资料，因此根据《规程》中的表选择强度标准差σ为5.0MPa，见表4-37。

采用《规程》中公式计算配制强度如下：

$$f_{cu,0} \geqslant f_{cu,k} + 1.65\sigma \tag{4-38}$$

计算结果：C30混凝土配制强度不小于38.3MPa。

3. 确定水胶比

（1）矿物掺合料掺量选择（可确定3种情况，比较技术经济）　应根据《规程》中的规定，并考虑混凝土原材料、应用部位和施工工艺等因素来确定粉煤灰掺量，见表4-43。

综合考虑：方案1为C30混凝土的粉煤灰掺量30%。

方案2为C30混凝土的粉煤灰掺量30%，矿粉掺量10%。

方案3为C30混凝土的粉煤灰掺量25%，矿粉掺量20%。

（2）胶凝材料胶砂强度　胶凝材料胶砂强度试验应按现行国家标准《水泥胶砂强度检验方法（ISO法）》（GB/T 17671—2021）的规定执行，对3个胶凝材料进行胶砂强度试验，也可从《规程》中选取所选3个方案的粉煤灰或矿粉的影响系数，计算f_b，见表4-38。

检测或计算结果：

方案1实测掺加30%粉煤灰的胶凝材料28d胶砂强度为35.0MPa。

方案2根据表4-38选取粉煤灰和矿粉影响系数，计算胶凝材料28d胶砂强度f_b=(0.70×1.0×48.6)MPa=34.0MPa。

方案 3 根据表 4-38 选取粉煤灰和矿粉影响系数，计算胶凝材料 28d 胶砂强度 $f_b=(0.75\times0.98\times48.6)\text{MPa}=35.7\text{MPa}$。

（3）水胶比计算　利用《规程》中公式计算实际混凝土水胶比 W/B 如下：

$$W/B=\frac{\alpha_a \cdot f_b}{f_{cu,0}+\alpha_a \cdot \alpha_b \cdot f_b} \tag{4-39}$$

由于没有回归系数统计资料，因此按表 4-40 选取 α_a、α_b。

计算结果：方案 1 掺加 30%粉煤灰时混凝土的水胶比为 0.442；

方案 2 掺加 30%粉煤灰和 10%矿粉时混凝土的水胶比为 0.430；

方案 3 掺加 25%粉煤灰和 20%矿粉时混凝土的水胶比为 0.450。

4. 计算用水量

确定坍落度设计值为 180mm。根据《规程》规定计算用水量步骤如下：

（1）塑性混凝土单位用水量　根据《规程》中表选择单位用水量，见表 4-42。满足坍落度 90mm 的塑性混凝土单位用水量为 210kg/m^3（插值）。

（2）推定未掺外加剂时混凝土用水量　以满足坍落度 90mm 的塑性混凝土单位用水量为基础，按每增大 20mm 坍落度，相应增加 5kg/m^3 用水量来计算坍落度 180mm 时单位用水量 $m'_{wo}=[(180-90)/20\times5+210]\text{kg/m}^3=232.5\text{kg/m}^3$。

（3）掺外加剂时的混凝土用水量　利用《规程》中公式计算掺外加剂时的混凝土用水量如下：

$$m_{w0}=m'_{w0}(1-\beta) \tag{4-40}$$

计算结果：混凝土单位用水量为 174kg/m^3。

5. 计算胶凝材料用量

根据上述水胶比和单位用水量数据，根据《规程》中公式计算胶凝材料用量如下：

$$m_{b0}=\frac{m_{w0}}{W/B} \tag{4-41}$$

计算结果：方案 1 混凝土的胶凝材料用量为 394kg/m^3；

方案 2 混凝土的胶凝材料用量为 405kg/m^3；

方案 3 混凝土的胶凝材料用量为 387kg/m^3。

6. 计算外加剂用量

选定 C30 混凝土的 A 型减水剂掺量为 1.0%，根据《规程》中公式计算外加剂用量如下：

$$m_{a0}=m_{b0}\beta_a \tag{4-42}$$

计算结果：方案 1 混凝土的外加剂单位用量为 3.94kg/m^3；

方案 2 混凝土的外加剂单位用量为 4.05kg/m^3；

方案 3 混凝土的外加剂单位用量为 3.87kg/m^3。

7. 计算矿物掺合料用量

根据上述确定的粉煤灰和矿粉掺量，根据《规程》中公式分别计算粉煤灰和矿粉用量如下：

$$m_{f0}=m_{b0}\beta_f \tag{4-43}$$

计算结果：方案 1 混凝土的粉煤灰用量为 118kg/m^3；

方案2混凝土的粉煤灰和矿粉用量分别为122kg/m³和41kg/m³。

方案3混凝土的粉煤灰和矿粉用量分别为97kg/m³和77kg/m³。

8. 计算水泥用量

根据胶凝材料用量、粉煤灰用量，根据《规程》中公式（4-44）计算水泥用量如下：

$$m_{c0}=m_{b0}-m_{f0} \tag{4-44}$$

计算结果：方案1混凝土的水泥用量为276kg/m³；

方案2混凝土的水泥用量为243kg/m³。

方案3混凝土的水泥用量为213kg/m³。

9. 计算砂率

根据《规程》中表的规定（表4-45），初步选取坍落度60mm时砂率值为31%（插值）。随后按坍落度每增大20mm，砂率增大1%的幅度予以调整，得到坍落度180mm混凝土的砂率$\beta_s=(180-60)/20+31\%=37\%$。

计算结果：坍落度180mm的C30混凝土砂率为37%。

10. 计算粗、细集料用量

根据《规程》规定的质量法计算混凝土配合比，假定C30混凝土密度为2400kg/m³，则粗、细集料用量应按式（4-45）计算；砂率应按式（4-46）计算：

$$m_{f0}+m_{c0}+m_{g0}+m_{s0}+m_{w0}=m_{cp} \tag{4-45}$$

$$\beta_s=\frac{m_{s0}}{m_{g0}+m_{s0}}\times 100\% \tag{4-46}$$

计算结果：方案1混凝土的砂和石子用量分别为678kg/m³和1154kg/m³。

方案2混凝土的砂和石子用量分别为673kg/m³和1147kg/m³。

方案3混凝土的砂和石子用量分别为680kg/m³和1158kg/m³。

11. 调整用水量

扣除液体外加剂的水分，C30混凝土实际单位用水量计算结果为：

方案1混凝土的调整用水量为171kg/m³；

方案2混凝土的调整用水量为171kg/m³；

方案3混凝土的调整用水量为171kg/m³。

12. 试拌配合比（共计3个方案的配合比）

综上所述，计算得到C30混凝土的试拌配合比见表4-48。

表4-48 计算试拌配合比 （单位：kg/m³）

方案序号	强度等级	胶凝材料	水泥	粉煤灰	矿粉	粗集料	细集料	减水剂	水
1	C30	394	276	118	0	1154	678	3.94	171
2	C30	405	243	122	41	1147	673	4.05	171
3	C30	399	213	97	77	1158	680	3.87	171

13. 技术经济比较

14. 试配

第十一节 特殊混凝土的配合比设计

一、高强混凝土

强度等级为C60及其以上的混凝土称为高强混凝土。

1. 配制高强混凝土所用的材料

1）应选用硅酸盐水泥或普通硅酸盐水泥。

2）粗集料宜采用连续级配，其最大公称粒径不宜大于25mm；针、片状颗粒含量不宜大于5.0%；含泥量不应大于0.5%，泥块含量不应大于0.2%；其他质量指标应符合现行国家标准《建设用卵石、碎石》（GB/T 14685—2022）的规定。

3）细集料的细度模数宜为2.6~3.0，含泥量不应大于2.0%，泥块含量不应大于0.5%。其他质量指标应符合现行国家标准《建设用砂》（GB/T 14684—2022）的规定。

4）配制高强混凝土时应掺用减水率不小于25%的高性能减水剂。

5）配制高强混凝土时宜复合掺用粒化高炉矿渣粉、粉煤灰和硅灰等矿物掺合料。粉煤灰等级不应低于Ⅱ级，对强度等级不低于C80的高强混凝土宜掺用硅灰。

2. 高强混凝土配合比计算

高强混凝土配合比的计算方法和步骤可参照普通混凝土方法进行，同时还应满足下列规定：

1）高强混凝土配合比应经试验确定。在缺乏试验依据的情况下，配合比设计宜符合下列要求：

① 高强混凝土适配强度应按式（4-24）确定。

② 水胶比、胶凝材料用量和砂率可按表4-49选取，并应经试配确定。

表4-49 高强混凝土水胶比、胶凝材料用量和砂率

强度等级	水胶比	胶凝材料用量/（kg/m³）	砂率（%）
≥C60，<C80	0.28~0.34	480~560	35~42
≥C80，<C100	0.26~0.28	520~580	
C100	0.24~0.26	550~600	

③ 外加剂和矿物掺合料的品种、掺量，应通过试配确定；矿物掺合料掺量宜为25%~40%；硅灰掺量不宜大于10%。

④ 水泥用量不宜大于500kg/m³。

2）在试配过程中，应采用三个不同的配合比进行混凝土强度试验，其中一个可为依据表4-48计算后调整拌合物的试拌配合比，另外两个配合比的水胶比，宜较试拌配合比分别增加和减少0.02。

3）高强混凝土设计配合比确定后，尚应用该配合比进行不少于三盘混凝土的重复试验，每盘混凝土应至少成型一组试件，每组混凝土的抗压强度不应低于配制强度。

4）高强混凝土抗压强度宜采用标准试件通过试验测定；使用非标准尺寸试件时，尺寸折算系数应由试验确定。

二、泵送混凝土

（一）泵送混凝土所采用的材料

1. 水泥

宜选用硅酸盐水泥、普通硅酸盐水泥、矿渣硅酸盐水泥和粉煤灰硅酸盐水泥。

2. 粗集料

宜采用连续级配，其针、片状颗粒含量不宜大于10%；最大公称粒径与输送管径之比宜符合表4-50的规定。

表4-50 泵送混凝土粗集料最大公称粒径与输送管径之比

粗集料品种	泵送高度/m	粗集料最大公称粒径与输送管径之比
碎石	<50 50~100 >100	≤1∶3.0 ≤1∶4.0 ≤1∶5.0
卵石	<50 50~100 >100	≤1∶2.5 ≤1∶3.0 ≤1∶4.0

3. 细集料

宜采用中砂，其通过公称直径为0.315mm筛孔的颗粒含量不宜少于15%。

4. 外加剂及掺合料

泵送混凝土应掺用泵送剂或减水剂，并宜掺用矿物掺合料，其质量应符合国家现行有关标准的规定。

泵送混凝土拌合物坍落度设计值不宜大于180mm，经时损失不宜大于30mm/h；泵送高强混凝土的扩展度不宜小于50mm；高密度混凝土的扩展度不宜小于600mm。

5. 坍落度的确定

泵送混凝土拌合物入泵坍落度不宜小于100mm，坍落度或扩展度可按表4-32选用。

（二）泵送混凝土配合比设计、计算及试配

泵送混凝土配合比，除必须满足混凝土设计强度和耐久性要求外，尚应使混凝土满足可泵性要求。泵送混凝土配合比设计、计算及试配步骤应按普通混凝土配合比设计要求进行外，尚应符合下列规定：

1）泵送混凝土的水胶比不宜大于0.60。

2）泵送混凝土的胶凝材料用量不宜小于300kg/m³。

3）泵送混凝土的砂率宜为35%~45%。

4）掺用引气型外加剂时，其混凝土含气量不宜大于4%。

三、抗渗混凝土

（一）抗渗混凝土所用的材料

1. 水泥

宜采用普通硅酸盐水泥。

2. 粗集料

宜采用连续级配，其最大公称粒径不宜大于40mm，含泥量不得大于1.0%，泥块含量

不得大于0.5%。

3. 细集料

宜采用中砂，含泥量不得大于3.0%，泥块含量不得大于1.0%。

4. 外加剂

宜采用防水剂、膨胀剂、引气剂、减水剂或引气减水剂。

5. 矿物掺合料

为提高混凝土的密实性、抗渗性，抗渗混凝土宜掺用矿物掺合料，粉煤灰等级应为Ⅰ级或Ⅱ级。

（二）抗渗混凝土配合比设计

抗渗混凝土配合比的设计、计算和试配步骤应按普通混凝土的方法进行，同时应满足下列要求：

1）每立方米混凝土中胶凝材料总量不宜小于320kg/m^3。

2）砂率宜为35%~45%。

3）最大水胶比应符合表4-51的要求。

表4-51 抗渗混凝土最大水胶比

抗渗等级	最大水胶比	
	C20~C30混凝土	C30以上混凝土
P6	0.60	0.55
P8~P12	0.55	0.50
>P12	0.50	0.45

4）试配时，应增加抗渗性能试验，并应符合下列规定：

① 试配要求的抗渗水压值应比设计值提高0.2MPa。

② 其抗渗试验结果应符合下列要求：

$$P_t \geqslant \frac{P}{10}+0.2 \qquad (4\text{-}47)$$

式中 P_t——6个试件中不少于4个未出现渗水时的最大水压值（MPa）；

P——设计要求的抗渗等级值。

③ 掺引气剂或引气型外加剂的抗渗混凝土，应进行含气量试验，其含气量宜控制在3%~5%。

知识延伸

粉煤灰在三峡水电站混凝土中的应用

三峡水电站（图4-23）是世界上规模最大的水电站。修建三峡大坝，为防止大坝开裂渗水，几乎用光方圆百里的粉煤灰，打破了“无坝不裂”的常规，创造了“天衣无缝”的大坝奇迹，也为我国后续水利工程建设积累了宝贵的经验。

图 4-23　三峡水电站

“三掺一低”技术指的是在混凝土配合比设计和生产中，采用国标一级粉煤灰与缓凝高效减水剂、混凝土引气剂三种物质（图 4-24）进行联掺，以此来降低混凝土单位用水量，从而达到改善混凝土和易性、减少混凝土内部缺陷、温控防裂、提高混凝土耐久性等目的。其中“三掺一低”中粉煤灰的作用“功不可没”。

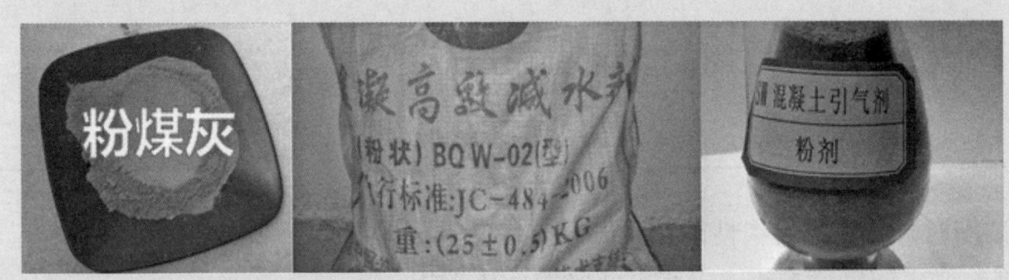

图 4-24　部分混凝土掺合料及外加剂

经过三峡工程专家组广泛深入研究以及粉煤灰品质鉴定，在三峡工程建设中一共选用了6个火电厂产生的粉煤灰，且都是国家一级粉煤灰，分别是：平圩灰、珞璜灰、南京灰、华能灰、神头灰、阳逻灰，总用量达 170 万 t，粉煤灰的利用也间接地减少了固体废物对环境的污染。

当然，世界瞩目的三峡大坝之所以创造了“天衣无缝”的世界奇迹，并非只有粉煤灰的“功劳”，而是千千万万组织、参研、参试以及参建者共同奋斗的结果，在此向大国工匠们致敬。

思　考　题

4-1　什么是混凝土？混凝土为什么能在工程中得到广泛应用？

4-2　混凝土的各组成材料在混凝土硬化前后都起什么作用？

4-3　配制混凝土时应如何选择水泥的品种及强度等级？

4-4　砂、石集料的粗细程度与颗粒级配如何评定？有何实际意义？

4-5　混凝土拌合物的和易性的含义是什么？受哪些因素影响？在施工中可采用哪些措施来改善和

易性？

4-6 配制混凝土时，采用合理砂率有何技术经济意义？

4-7 区分立方体抗压强度、立方体抗压强度标准值、强度等级和轴心抗压强度的含义。

4-8 影响混凝土强度的因素有哪些？采用哪些措施可提高混凝土的强度？

4-9 引起混凝土产生变形的因素有哪些？采用什么措施可减小混凝土的变形？

4-10 简述混凝土耐久性的概念。它包括哪些内容？工程中如何保证混凝土的耐久性？

4-11 混凝土配合比设计时，应使混凝土满足哪些基本要求？

4-12 混凝土配合比设计时的三个基本参数是什么？怎样确定？

4-13 当按初步配合比配制的混凝土流动性及强度不能满足要求时，应如何调整？

4-14 什么叫减水剂？减水机理是什么？在混凝土中掺入减水剂有何技术经济效果？

4-15 常用的早强剂、引气剂有哪些？简述它们的作用机理。

4-16 轻集料混凝土的物理力学性能与普通混凝土相比，有何特点？

4-17 某一砂样经筛分析试验，各筛上的筛余量列于表 4-52，试评定该砂的粗细程度及颗粒级配情况。

表 4-52 筛余量

筛孔尺寸 /mm	分计筛余			累计筛余	
	筛余量 /g	百分率		符号	百分率 (%)
		符号	%		
4.75	30	α_1		$A_1=\alpha_1$	
2.36	60	α_2		$A_2=A_1+\alpha_2$	
1.18	70	α_3		$A_3=A_2+\alpha_3$	
0.60	140	α_4		$A_4=A_3+\alpha_4$	
0.30	120	α_5		$A_5=A_4+\alpha_5$	
0.15	70	α_6		$A_6=A_5+\alpha_6$	
0.15 以下	10				

4-18 采用矿渣硅酸盐水泥、卵石和天然砂配制混凝土，水胶比为 0.5，制作 10cm×10cm×10cm 试件三块，在标准条件下养护 7d 后，测得破坏荷载分别为 185kN、187kN、190kN。试求：①估算该混凝土 28d 的标准立方体抗压强度。②该混凝土采用的矿渣硅酸盐水泥的强度等级。

4-19 制作钢筋混凝土屋面梁，设计强度等级 C25，施工坍落度要求 30~50mm，根据施工单位历史统计资料，混凝土强度标准差为 $\sigma=4.0$MPa。采用材料：

普通硅酸盐水泥 32.5 级，实测强度 35MPa，$\rho_c=3.0\text{g/cm}^3$；砂 $\rho_{og}=2.669\text{g/cm}^3$，$\rho_{os}=2.60\text{g/cm}^3$；卵石 $D_{max}=40$mm；自来水。

①求初步配合比。②若调整试配时加入 10%水泥浆后满足和易性要求，并测得拌合物的表观密度为 2380kg/m^3，求其基准配合比。③基准配合比经强度检验符合要求。现测得工地用砂的含水率 4%，石子含水率 1%，求施工配合比。

4-20 某混凝土试拌试样经调整后，各种材料的用量分别为水泥 3.1kg，水 1.86kg，砂 6.24kg，碎石 12.84kg，并测得拌合物的表观密度为 2450kg/m^3，试求 1m^3 混凝土的各种材料实际用量。

4-21 已知混凝土设计强度等级 C25，配合比为 1∶2.20∶4.20，水胶比为 0.60，拌合物的表观密度为 2400kg/m^3。若施工工地砂含水率 3%，石子含水率 1%，求施工配合比。若施工时不进行配合比换算，直接把实验室配合比在现场使用，对混凝土的性能有何影响？若采用 32.5 级普通水泥，对混凝土的强度将产生多大的影响（碎石）？

第五章 建筑砂浆

【学习目标】

通过本章的学习，了解建筑砂浆的种类及用途，掌握砂浆的配合比选用及技术性能的检查方法，掌握影响砂浆质量的因素。

【了解】 抹面砂浆及防水砂浆的组成、技术性能及应用。

【熟悉】 砌筑砂浆组成材料的要求；粉煤灰砂浆的技术特性、配合比设计方法。

【掌握】 砌筑砂浆的技术性质及配合比设计方法；粉煤灰砂浆的特性及应用。

建筑砂浆是由胶凝材料、细集料和水，有时也加入适量掺合料和外加剂，混合而成的建筑工程材料，又称为无粗集料的混凝土。在建筑施工过程中，建筑砂浆主要用作砌筑、抹灰、灌缝和粘贴饰面的材料。建筑砂浆按用途可分为砌筑砂浆、普通抹面砂浆、装饰砂浆、防水砂浆以及防辐射砂浆、绝热砂浆、吸声砂浆、耐酸砂浆、修补砂浆等；按所用胶凝材料可分为水泥砂浆、石灰砂浆、混合砂浆、聚合物砂浆等。

第一节 预拌砂浆

预拌砂浆是指专业生产厂生产的湿拌砂浆或干混砂浆。

湿拌砂浆是指水泥、细集料、矿物掺合料、外加剂、添加剂和水按一定比例，在专业生产厂经计量、拌制后，运至使用地点，并在规定时间内使用的拌合物。

干混砂浆是指胶凝材料、干燥细集料、添加剂以及根据性能确定的其他组分，按一定比例，在专业生产厂经计量、混合而成的混合物，在使用地点按规定比例加水或配套组分拌合使用。

一、预拌砂浆的分类

1. 湿拌砂浆的分类

湿拌砂浆按用途分为湿拌砌筑砂浆、湿拌抹灰砂浆、湿拌地面砂浆和湿拌防水砂浆，并采用表 5-1的代号。

表 5-1 湿拌砂浆的代号

品种	湿拌砌筑砂浆	湿拌抹灰砂浆	湿拌地面砂浆	湿拌防水砂浆
代号	WM	WP	WS	WW

湿拌砂浆按强度等级、抗渗等级、稠度、保塑时间的分类应符合表 5-2 的规定。

表 5-2　湿拌砂浆的分类

项目	湿拌砌筑砂浆	湿拌抹灰砂浆		湿拌地面砂浆	湿拌防水砂浆
		普通抹灰砂浆（G）	机喷抹灰砂浆（S）		
强度等级	M5、M7.5、M10、M15、M20、M25、M30	M5、M7.5、M10、M15、M20		M15、M20、M25	M15、M20
抗渗等级	—	—		—	P6、P8、P10
稠度①/mm	50、70、90	70、90、100	90、100	50	50、70、90
保塑时间/h	6、8、12、24	6、8、12、24		4、6、8	6、8、12、24

① 可根据现场气候条件或施工要求确定。

2. 干混砂浆的分类

干混砂浆按用途分为干混砌筑砂浆、干混抹灰砂浆、干混地面砂浆、干混普通防水砂浆、干混陶瓷砖黏结砂浆、干混界面砂浆、干混聚合物水泥防水砂浆、干混自流平砂浆、干混耐磨地坪砂浆、干混填缝砂浆、干混饰面砂浆和干混修补砂浆，并采用表 5-3的代号。

表 5-3　干混砂浆品种和代号

品种	干混砌筑砂浆	干混抹灰砂浆	干混地面砂浆	干混普通防水砂浆	干混陶瓷砖黏结砂浆	干混界面砂浆
代号	DM	DP	DS	DW	DTA	DIT
品种	干混聚合物水泥防水砂浆	干混自流平砂浆	干混耐磨地坪砂浆	干混填缝砂浆	干混饰面砂浆	干混修补砂浆
代号	DWS	DSL	DFH	DTG	DDR	DRM

干混砌筑砂浆、干混抹灰砂浆、干混地面砂浆和干混普通防水砂浆按强度等级、抗渗等级的分类应符号表 5-4 的规定。

表 5-4　部分干混砂浆分类

项目	干混砌筑砂浆		干混抹灰砂浆			干混地面砂浆	干混普通防水砂浆
	普通砌筑砂浆（G）	薄层砌筑砂浆（T）	普通抹灰砂浆（G）	薄层抹灰砂浆（T）	机喷抹灰砂浆（S）		
强度等级	M5、M7.5、M10、M15、M20、M25、M30	M5、M10	M5、M7.5、M10、M15、M20	M5、M7.5、M10	M5、M7.5、M10、M15、M20	M15、M20、M25	M15、M20
抗渗等级	—	—	—	—	—	—	P6、P8、P10

二、预拌砂浆的标记

1. 湿拌砂浆

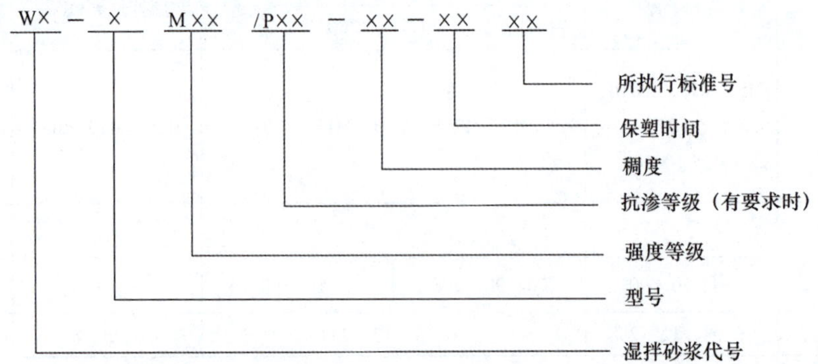

示例1：湿拌砌筑砂浆的强度等级为M10，稠度为70mm，保塑时间为12h，其标记为WM M10-70-12 GB/T 25181—2019。

示例2：湿拌防水砂浆的强度等级为M15，抗渗等级为P8，稠度为70mm，保塑时间为12h，其标记为WW M15/P8-70-12 GB/T 25181—2019。

2. 干混砂浆

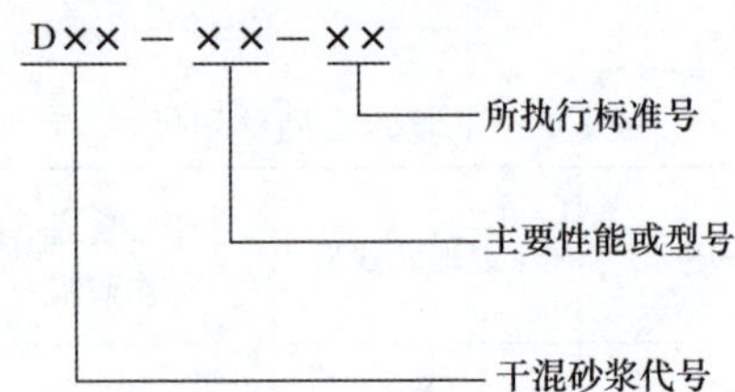

示例1：干混砌筑砂浆的强度等级为M10，其标记为DM M10 GB/T 25181—2019。

示例2：用于混凝土界面处理的干混界面砂浆，其标记为DIT-C GB/T 25181—2019。

三、要求

1. 湿拌砂浆

湿拌砌筑砂浆的砌体力学性能应符合《砌体结构设计规范》（GB 50003—2011）的规定，湿拌砌筑砂浆拌合物的表观密度不应小于$1800kg/m^3$。

湿拌砂浆性能应符合表5-5的规定。

表5-5 湿拌砂浆性能指标

<table>
<tr><th colspan="2" rowspan="2">项目</th><th rowspan="2">湿拌砌筑砂浆</th><th colspan="2">湿拌抹灰砂浆</th><th rowspan="2">湿拌地面砂浆</th><th rowspan="2">湿拌防水砂浆</th></tr>
<tr><th>普通抹灰砂浆</th><th>机喷抹灰砂浆</th></tr>
<tr><td colspan="2">保水率（%）</td><td>≥88.0</td><td>≥88.0</td><td>≥92.0</td><td>≥88.0</td><td>≥88.0</td></tr>
<tr><td colspan="2">压力泌水率（%）</td><td>—</td><td>—</td><td><40</td><td>—</td><td>—</td></tr>
<tr><td colspan="2">14d拉伸黏结强度/MPa</td><td>—</td><td>M5：≥0.15
>M5：≥0.20</td><td>≥0.20</td><td>—</td><td>≥0.20</td></tr>
<tr><td colspan="2">28d收缩率（%）</td><td>—</td><td colspan="2">≤0.20</td><td>—</td><td>≤0.15</td></tr>
<tr><td rowspan="2">抗冻性①</td><td>强度损失率（%）</td><td colspan="5">≤25</td></tr>
<tr><td>质量损失率（%）</td><td colspan="5">≤5</td></tr>
</table>

① 有抗冻性要求时，应进行抗冻性试验。

湿拌砂浆抗压强度应符合表 5-6 的规定。

表 5-6　湿拌砂浆抗压强度　　（单位：MPa）

强度等级	M5	M7.5	M10	M15	M20	M25	M30
28d 抗压强度	≥5.0	≥7.5	≥10.0	≥15.0	≥20.0	≥25.0	≥30.0

湿拌防水砂浆抗渗压力应符合表 5-7 的规定。

表 5-7　湿拌防水砂浆抗渗压力　　（单位：MPa）

抗渗等级	P6	P8	P10
28d 抗渗压力	≥0.6	≥0.8	≥1.0

湿拌砂浆稠度实测值与合同规定的稠度值之差应符合表 5-8 的规定。

表 5-8　湿拌砂浆稠度允许偏差　　（单位：mm）

规定稠度	允许偏差
<100	±10
≥100	-10～+5

2. 干混砂浆

粉状产品应均匀、无结块。双组分产品液料组分经搅拌后应呈均匀状态、无沉淀；粉料组分应均匀、无结块。干混砌筑砂浆的砌体力学性能应符合《砌体结构设计规范》（GB 50003—2011）的规定，干混普通砌筑砂浆拌合物的表观密度不应小于 1800kg/m^3。

干混砌筑砂浆、干混抹灰砂浆、干混地面砂浆、干混普通防水砂浆的性能应符合表 5-9 的规定。

表 5-9　部分干混砂浆性能指标

<table>
<tr><th colspan="2" rowspan="2">项目</th><th colspan="2">干混砌筑砂浆</th><th colspan="3">干混抹灰砂浆</th><th rowspan="2">干混地面砂浆</th><th rowspan="2">干混普通防水砂浆</th></tr>
<tr><th>普通砌筑砂浆</th><th>薄层砌筑砂浆</th><th>普通抹灰砂浆</th><th>薄层抹灰砂浆</th><th>机喷抹灰砂浆</th></tr>
<tr><td colspan="2">保水率（%）</td><td>≥88.0</td><td>≥99.0</td><td>≥88.0</td><td>≥99.0</td><td>≥92.0</td><td>≥88.0</td><td>≥88.0</td></tr>
<tr><td colspan="2">凝结时间/h</td><td>3～12</td><td>—</td><td>3～12</td><td>—</td><td>—</td><td>3～9</td><td>3～12</td></tr>
<tr><td colspan="2">2h 稠度损失率（%）</td><td>≤30</td><td>—</td><td>≤30</td><td>—</td><td>≤30</td><td>≤30</td><td>≤30</td></tr>
<tr><td colspan="2">压力泌水率（%）</td><td>—</td><td>—</td><td>—</td><td>—</td><td><40</td><td>—</td><td>—</td></tr>
<tr><td colspan="2">14d 拉伸黏结强度/MPa</td><td>—</td><td>—</td><td>M5：≥0.15
>M5：≥0.20</td><td>≥0.30</td><td>≥0.20</td><td>—</td><td>≥0.20</td></tr>
<tr><td colspan="2">28d 收缩率（%）</td><td>—</td><td>—</td><td colspan="3">≤0.20</td><td>—</td><td>≤0.15</td></tr>
<tr><td rowspan="2">抗冻性①</td><td>强度损失率（%）</td><td colspan="7">≤25</td></tr>
<tr><td>质量损失率（%）</td><td colspan="7">≤5</td></tr>
</table>

① 有抗冻性要求时，应进行抗冻性试验。

第二节 砌筑砂浆

砌筑砂浆在建筑工程中用量很大，起黏结、垫层及传递应力的作用。

一、砌筑砂浆的组成材料

1. 水泥

常用水泥品种有普通硅酸盐水泥、矿渣硅酸盐水泥、火山灰硅酸盐水泥、粉煤灰硅酸盐水泥、砌筑水泥等。水泥品种应根据使用部位的耐久性要求来选择。

不同品种的水泥不得混用。水泥的强度等级要求：用于水泥砂浆中的水泥不宜超过32.5级；用于水泥混合砂浆中的水泥不宜超过42.5级。$1m^3$ 水泥砂浆中水泥的用量不低于200kg，$1m^3$ 水泥混合砂浆中水泥与掺合料的总量为300~350kg。

2. 掺加料

常用掺加料有石灰膏、磨细的生石灰粉、黏土膏、粉煤灰、电石膏、沸石粉等无机材料，以改善砂浆的和易性，节约水泥，利用工业废渣，有利于环境保护。

用于砂浆中的生石灰粉要配成石灰膏，而且至少陈伏2d。石灰膏和黏土膏必须配制成稠度为120mm±5mm的膏状体，并用3mm×3mm的丝网过滤。严禁使用已经干燥、冻结、污染及脱水硬化的石灰膏。消石灰粉因未充分熟化，颗粒太粗，起不到改善和易性的效果，因此不得直接用于砌筑砂浆中。

粉煤灰的技术指标必须符合国标《用于水泥和混凝土中的粉煤灰》（GB/T 1596—2017）的规定和要求。

3. 砂

选用洁净的河砂或符合要求的山砂、海砂、人工砂，并且应过筛。砂中不得含有草根、树叶、泥土和泥块等杂质。砂子的技术要求（如杂质含量、粗细程度、级配状态、体积稳定性等），应符合《建设用砂》（GB/T 14684—2022）中的规定。黏结烧结普通砖的砂浆宜采用中砂，最大粒径不大于砂浆层厚度的1/4（2.5mm）；毛石砌体宜用粗砂，最大粒径应小于砂浆厚度的1/5~1/4。

4. 外加剂

外加剂是指在拌制砂浆的过程中掺入，用以改善砂浆性能的物质，如松香皂、微沫剂等有机塑化剂。外加剂应具有法定检测机构出具的砌体强度形式检验报告，并经砂浆性能试验合格后方可使用。

5. 水

水的质量指标应符合《混凝土用水标准（附条文说明）》（JGJ 63—2006）中规定，选用不含有害杂质的洁净水。

二、砌筑砂浆的技术性质

（一）新拌砂浆的和易性

和易性是指新拌制的砂浆拌合物的工作性，即在施工中易于操作而且能保证工程质量的性质，包括流动性和保水性两方面。和易性好的砂浆，在运输和操作时，不会出现分层、泌水等现象，而且容易在粗糙的砖、石、砌块表面上铺成均匀、薄薄的一层，保证灰缝既饱满又密实，能够将砖、砌块、石块很好地黏结成整体。此外，它可操作的时间较长，有利于施工操作。

1. 流动性

砌筑砂浆的技术性质-和易性

流动性又称为稠度，是指新拌制的砂浆在自重或外力作用下，产生流动的性能，用沉入度表示。沉入度指以标准试锥在砂浆内自由沉入10s时沉入的深度，按《建筑砂浆基本性能试验方法标准》（JGJ/T 70—2009）规定，用砂浆稠度仪测定。

沉入度的大小与许多因素有关，如水泥的品种和用量、用水量、砂子的粗细程度及级配状态、搅拌时间、塑化剂和外加剂的掺加量。其影响机理与混凝土流动性基本相同。

沉入度的大小，应根据砌体的种类、施工条件和气候条件等综合确定，且应符合表5-10的要求。流动性太大，不能保证砂浆层的厚度和黏结强度，同时砂浆层的收缩过大，出现收缩裂缝；但流动性太小，砂浆不容易铺抹开，同样不能保证砂浆层的厚度和强度。流动性选择合适，有利于提高施工效率，减轻劳动强度。

表5-10 砌筑砂浆的稠度（单位：mm）

砌体种类	砂浆稠度
烧结普通砖砌体、粉煤灰砖砌体	70~90
混凝土砖砌体、普通混凝土小型空心砌块砌体、灰砂砖砌体	50~70
烧结多孔砖砌体、烧结空心砖砌体、轻集料混凝土小型空心砌块砌体、蒸压加气混凝土砌块砌体	60~80
石砌体	30~50

2. 保水性

砂浆保水性是指砂浆保全水分的能力。新拌制砂浆在存放、运输和使用过程中，保持砂浆中水分均匀一致。保水性不好的砂浆，在运输和存放过程中容易泌水离析，即水分浮在上面，砂和水泥沉在下面，使用前必须重新搅拌。在涂抹过程中，水分容易被砖吸去，使砂浆过于干稠，涂抹不平；同时砂浆过多失水会影响砂浆的正常凝结硬化，降低了砂浆与物面的黏结力。

测定砂浆保水性，以判定砂浆拌合物在运输及停放时内部组分的稳定性。砂浆保水性通常以砂浆分层度、保水率来衡量。砂浆分层度是指新拌制砂浆的稠度与同批砂浆静态存放达规定时间后所测得下层砂浆稠度的差值；砂浆保水率是衡量砂浆保水性能的指标。砂浆中如果水泥用量太少，不能填充砂子孔隙，稠度、保水率将无法保证。砂浆保水率就是吸水处理后砂浆中保留的水的质量，用原始水量的质量百分数来表示。保水率适宜于测定大部分预拌砂浆保水性能。

砂浆保水率计算式：

$$W=\left[1-\frac{m_4-m_2}{a\times(m_3-m_1)}\right]\times100\% \tag{5-1}$$

式中 W——砂浆保水率（%）；

m_1——底部不透水片与干燥试模质量（g），精确至1g；

m_2——15片滤纸吸水前的质量（g），精确至0.1g；

m_3——试模、底部不透水片与砂浆总质量（g），精确至1g；

m_4——15片滤纸吸水后的质量（g），精确至0.1g；

a——砂浆含水率（%）。

（二）硬化砂浆的技术性质

1. 砂浆的强度

砂浆的强度等级是以70.7mm×70.7mm×70.7mm的立方体标准试件，在标准条件（温度为20℃±2℃，水泥砂浆的相对湿度≥90%，混合砂浆的相对湿度为60%~80%）下养护至28d，测得的抗压强度平均值，并考虑具有85%的强度保证率而确定的。

砌筑砂浆按抗压强度划分为不同的强度等级。水泥砂浆和预拌砂浆的强度等级可分为M5、M7.5、M10、M15、M25、M30；水泥混合砂浆的强度等级可分为M7.5、M10、M15。

影响砂浆抗压强度的因素很多，其中主要的影响因素是原材料的性能和用量，以及砌筑层（砖、石、砌块）吸水性，最主要的材料是水泥。砂的质量、掺合材料的品种及用量、养护条件（温度和湿度）都会影响砂浆的强度和强度增长。

1）用于黏结吸水性较小、密实的底面材料（如石材）的砂浆，其强度取决于水泥强度和水胶比，与混凝土类似，计算公式如下：

$$f_{m,0}=0.29f_{ce}\left(\frac{C}{W}-0.4\right) \tag{5-2}$$

式中 $f_{m,0}$——砂浆28d抗压强度平均值（MPa）；

f_{ce}——水泥的实测强度（MPa）；

C/W——水胶比。

2）用于黏结吸水性较大的底面材料（如砖、砌块）的砂浆，砂浆中一部分水分会被底面吸收。由于砂浆必须具有良好的和易性，因此，不论拌和时用多少水，经底层吸水后，留在砂浆中的水分大致相同，可视为常量。在这种情况下，砂浆的强度取决于水泥强度和水泥用量，可不必考虑水胶比；可用下面经验公式：

$$f_{m,0}=\frac{\alpha f_{ce}Q_c}{1000}+\beta \tag{5-3}$$

式中 $f_{m,0}$——砂浆的试配强度（MPa），精确至0.1MPa；

Q_c——每立方米砂浆的水泥用量（kg），精确至1kg；

f_{ce}——水泥28d时的实测强度值（MPa），精确至0.1MPa；

α、β——砂浆的特征系数，其中$\alpha=3.03$、$\beta=-15.09$，也可由当地的统计资料计算（$n\geq30$）获得。

2. 黏结力

砌筑砂浆必须具有足够的黏结力，才能将砌筑材料黏结成一个整体。黏结力的大小，会影响整个砌体的强度、耐久性、稳定性和抗震性能。砂浆的黏结力由其本身的抗压强度决定。一般来说，砂浆的抗压强度越大，黏结力越大；另外，黏结力与基面的清洁程度、含水状态、表面状态、养护条件等有关。

三、砌筑砂浆的配合比设计

砂浆配合比用每立方米砂浆中各种材料的用量来表示。可以从砂浆配合比速查手册查

得，也可以按行标《砌筑砂浆配合比设计规程》（JGJ/T 98—2010）中的设计方法进行计算；但都必须用试验验证其技术性能，应达到设计要求。

（一）技术要求

砌筑砂浆拌合物的表观密度宜符合表 5-11 的规定。

表 5-11 砌筑砂浆拌合物的表观密度 （单位：kg/m^3）

砂浆种类	表观密度
水泥砂浆	≥1900
水泥混合砂浆	≥1800
预拌砌筑砂浆	≥1800

砌筑砂浆的稠度、保水率、试配抗压强度应同时满足要求。砌筑砂浆施工时的稠度宜按表 5-10 选用。

砌筑砂浆的保水率应符合表 5-12 的规定。

表 5-12 砌筑砂浆的保水率 （单位:%）

砂浆种类	保水率
水泥砂浆	≥80
水泥混合砂浆	≥84
预拌砌筑砂浆	≥88

有抗冻性要求的砌体工程，砌筑砂浆应进行冻融试验。砌筑砂浆的抗冻性应符合表 5-13的规定；当设计对抗冻性有明确要求时，尚应符合设计规定。

表 5-13 砌筑砂浆的抗冻性

使用条件	抗冻指标	质量损失率（%）	强度损失率（%）
夏热冬暖地区	F15	≤5	≤25
夏热冬冷地区	F25		
寒冷地区	F35		
严寒地区	F50		

（二）配合比设计

水泥混合砂浆和预拌砌筑砂浆的配合比，按不同方法确定。

1. 现场配制水泥混合砂浆的试配

1）配合比应按下列步骤进行计算：

① 计算砂浆试配强度（$f_{m,0}$）。

② 计算每立方米砂浆中的水泥用量（Q_c）。

③ 计算每立方米砂浆中的石灰膏用量（Q_D）。

④ 确定每立方米砂浆中的砂用量（Q_s）。

⑤ 按砂浆稠度选每立方米砂浆的用水量（Q_w）。

砂浆的试配强度应按下式计算：

$$f_{m,0}=kf_2 \tag{5-4}$$

式中 $f_{m,0}$——砂浆的试配强度（MPa），应精确至 0. 1MPa；

f_2——砂浆强度等级值（MPa），应精确至0.1MPa；

k——系数，按表5-14取值。

表5-14 砂浆强度标准差 σ 及 k 值

施工水平	强度标准差 σ/MPa							k
	M5	M7.5	M10	M15	M20	M25	M30	
优良	1.00	1.50	2.00	3.00	4.00	5.00	6.00	1.15
一般	1.25	1.88	2.50	3.75	5.00	6.25	7.50	1.20
较差	1.50	2.25	3.00	4.50	6.00	7.50	9.00	1.25

2）砂浆强度标准差的确定应符合下列规定：

① 当有统计资料时，砂浆强度标准差应按下式计算：

$$\sigma = \sqrt{\frac{\sum_{i=1}^{n} f_{m,i}^2 - n\mu_{fm}^2}{n-1}} \tag{5-5}$$

式中 $f_{m,i}$——统计周期内同一品种砂浆第 i 组试件的强度（MPa）；

μ_{fm}——统计周期内同一品种砂浆 n 组试件强度的平均值（MPa）；

n——统计周期内同一品种砂浆试件的总组数，$n \geqslant 25$。

② 当无统计资料时，砂浆强度标准差可按表5-14取值。

3）水泥用量的计算应符合下列规定：

① 每立方米砂浆中的水泥用量，应按下式计算：

$$Q_c = 1000(f_{m,0} - \beta)/(\alpha \cdot f_{ce}) \tag{5-6}$$

式中 Q_c——每立方米砂浆的水泥用量（kg），应精确至1kg；

f_{ce}——水泥的实测强度（MPa），精确至0.1MPa；

α、β——砂浆的特征系数，其中 α 取3.03，β 取−15.09，也可按试验资料确定。

② 在无法取得水泥的实测强度值时，可按下式计算：

$$f_{ce} = \gamma_c \cdot f_{ce,k} \tag{5-7}$$

式中 $f_{ce,k}$——水泥强度等级值（MPa）；

γ_c——水泥强度等级值的富余系数，宜按实际统计资料确定；无统计资料时可取1.0。

4）石灰膏用量应按下列计算：

$$Q_D = Q_A - Q_c \tag{5-8}$$

式中 Q_D——每立方米砂浆的石灰膏用量（kg），应精确至1kg；石灰膏使用时的稠度宜为(120±5)mm；

Q_c——每立方米砂浆的水泥用量（kg），应精确至1kg；

Q_A——每立方米砂浆中水泥和石灰膏总量，应精确至1kg，可为350kg。

5）每立方米砂浆中的砂用量，应按干燥状态（含水率小于0.5%）的堆积密度值作为计算值（kg）。

6）每立方米砂浆中的用水量，可根据砂浆稠度等要求选用210~310kg。

注：1. 混合砂浆中的用水量，不包括石灰膏中的水。

2. 当采用细砂或粗砂时，用水量分别取上限或下限。

3. 稠度小于 70mm 时，用水量可小于下限。

4. 施工现场气候炎热或干燥季节，可酌量增加用水量。

2. 现场配制水泥砂浆的试配

1）水泥砂浆的材料用量可按表 5-15 选用。

表 5-15 每立方米水泥砂浆材料用量 （单位：kg/m³）

强度等级	水泥	砂	用水量
M5	200～230	砂的堆积密度值	270～330
M7.5	230～260		
M10	260～290		
M15	290～330		
M20	340～400	砂的堆积密度值	270～330
M25	360～410		
M30	430～480		

注：① M15 及 M15 以下强度等级水泥砂浆，水泥强度等级为 32.5 级；M15 以上强度等级水泥砂浆，水泥强度等级为 42.5 级。

② 当采用细砂或粗砂时，用水量分别取上限或下限。

2）水泥粉煤灰砂浆材料用量可按表 5-16 选用。

表 5-16 每立方米水泥粉煤灰砂浆材料用量 （单位：kg/m³）

强度等级	水泥和粉煤灰总量	粉煤灰	砂	用水量
M5	210～240	粉煤灰掺量可占胶凝材料总量的 15%～25%	砂的堆积密度值	270～330
M7.5	240～270			
M10	270～300			
M15	300～330			

注：① 表中水泥强度等级为 32.5 级。

② 当采用细砂或粗砂时，用水量分别取上限或下限。

③ 稠度小于 70mm 时，用水量可小于下限。

④ 施工现场气候炎热或干燥季节，可酌量增加用水量。

3. 预拌砌筑砂浆的试配要求

1）预拌砌筑砂浆生产前应进行试配，试配强度按式（5-4）计算确定。试配时稠度取 70～80mm。

2）预拌砌筑砂浆可掺保水增稠材料、外加剂等，掺量应经试配后确定。

（三）砌筑砂浆配合比试配、调整与确定

按计算或查表所得配合比进行试拌时，应按现行标准《建筑砂浆基本性能试验方法标准》（JGJ/T 70—2009）测定砌筑砂浆拌合物的稠度和保水率。当稠度和保水率不能满足要求时，应调整材料用量，直到符合要求为止，然后确定为试配时的砂浆基准配合比。

1）试配时至少应采用三个不同的配合比，其中一个配合比应为按《砌筑砂浆配合比设计规程》（JGJ/T 98—2010）得出的基准配合比，其余两个配合比的水泥用量应按基准配合比分别增加及减少 10%。在保证稠度、保水率合格的条件下，可将用水量、石灰膏、保水增稠材料或粉煤灰等活性掺合料用量作相应调整。

砌筑砂浆试配时稠度应满足施工要求，并应按现行标准《建筑砂浆基本性能试验方法标准》（JGJ/T 70—2009）分别测定不同配合比砂浆的表观密度及强度，并应选定符合试配强度及和易性要求、水泥用量最低的配合比作为砂浆的试配配合比。

2）砌筑砂浆试配配合比尚应按下列步骤进行校正：

根据试配配合比确定的砂浆配合比材料用量，按下式计算砂浆的理论表观密度值：

$$\rho_t = Q_c + Q_D + Q_s + Q_w \tag{5-9}$$

式中 ρ_t——砂浆的理论表观密度值（kg/m^3），应精确至 $10kg/m^3$。

按下式计算砂浆配合比校正系数 δ：

$$\delta = \rho_c / \rho_t \tag{5-10}$$

式中 ρ_c——砂浆的实测表观密度值（kg/m^3），应精确至 $10kg/m^3$。

当砂浆的实测表观密度值与理论表现密度值之差的绝对值不超过理论值的2%时，可将按试配配合比得出的配合比确定为砂浆设计配合比；当超过2%时，应将试配配合比中每项材料用量均乘以校正系数 δ 后，确定为砂浆设计配合比。

预拌砌筑砂浆生产前应进行试配、调整与确定，并应符合现行国家标准《预拌砂浆》（GB/T 25181—2019）的规定。

第三节 抹面砂浆

抹面砂浆是涂抹在建筑物或构筑物的表面，既能保护墙体，又具有一定装饰性的建筑材料。根据砂浆的使用功能，可将抹面砂浆分为普通抹面砂浆、防水砂浆、装饰砂浆和特种砂浆（如绝热砂浆、防辐射砂浆、吸声砂浆、耐酸砂浆）等。对抹面砂浆要求具有良好的工作性，即易于抹成很薄的一层，便于施工，还要有较好的黏结力，保证基层和砂浆层良好黏结，并且不能出现开裂；有时加入一些纤维材料（如麻刀、纸筋、有机纤维）；有时加入特殊的集料（如陶砂、膨胀珍珠岩等）以强化其功能。

一、普通抹面砂浆

普通抹面砂浆可以保护墙体，延长墙体的使用寿命，兼有一定的装饰效果，其组成与砌筑砂浆基本相同，但胶凝材料用量比砌筑砂浆多，而且抹面砂浆的和易性要比砌筑砂浆好，黏结力更高。砂浆配合比可以从砂浆配合比速查手册中查得。

为了使砂浆层表面平整，不容易脱落，一般分两层或三层施工。各层砂浆所用砂的技术要求以及砂浆稠度见表5-17。抹面砂浆层的总厚度不宜太厚，否则容易产生两张皮而出现空鼓、脱落。

表5-17 砂浆的集料最大粒径及稠度选择表

抹面层	稠度/mm	砂子的最大公称粒径/mm
底层	100~120	2.5
中层	70~90	2.5
面层	70~80	1.2

底层砂浆是为了增加抹灰层与基层的黏结力。砂浆的工作性和保水性较好，以防水分被基层吸收，影响砂浆的硬化。底层砂浆用于砖墙底层抹灰，多用混合砂浆，有防水防潮要求

时应采用水泥砂浆；对于板条隔断或板条顶棚，多采用石灰砂浆或混合砂浆等；对于混凝土墙体、柱、梁、板、顶棚，多采用混合砂浆。底层砂浆与基层材料（砌块、烧结砖或石块）的黏结力要强，表面的粗糙度要求较低。

中层主要起找平作用，又称找平层，一般采用混合砂浆或石灰砂浆，找平层的稠度要合适，应能很容易地抹平；砂浆层的厚度以表面抹平为宜，有时可省略。

面层起装饰作用，多用细砂配制的混合砂浆、麻刀石灰砂浆或纸筋石灰砂浆，可加强表面的光滑程度及质感。在容易受碰撞的部位（如窗台、窗口、踢脚板等）应采用水泥砂浆。在加气混凝土砌块墙体表面上作抹灰时，应采用特殊的施工方法，如在墙面上刮胶、喷水润湿或在砂浆层中夹一层钢丝网片以防开裂脱落。表5-18为常用抹面砂浆配合比及应用范围。

表5-18 常用抹面砂浆配合比及应用范围

抹面砂浆组成材料	配合比	应用范围
石灰：砂	1：3	砖石墙面打底找平（干燥环境）
石灰：砂	1：1	墙面石灰砂浆面层
水泥：石灰：砂	1：1：6	内外墙面混合砂浆打底找平
水泥：石灰：砂	1：0.3：3	墙面混合砂浆面层
水泥：砂	1：2	地面顶棚或墙面水泥砂浆面层
水泥：石膏：砂：锯末	1：1：3：5	吸声粉刷
石灰膏：麻刀	100：2.5	木板条顶棚面层
石灰膏：麻刀	100：1.3	木板条顶棚面层
石灰膏：纸筋	100：3.8	木板条顶棚面层
石灰膏：纸筋	$1m^3$ 石灰膏掺3.6kg纸筋	较高级墙面及顶棚

二、防水砂浆

防水砂浆是具有显著的防水、防潮性能的砂浆，是一种刚性防水材料和堵漏密封材料，一般依靠特定的施工工艺或在普通水泥砂浆中加入防水剂、膨胀剂、聚合物等配制而成。其适用于不受振动或埋置深度不大、具有一定刚度的防水工程；不适用于易受振动或发生不均匀沉降的部位。防水砂浆通常是在普通水泥砂浆中掺入外加剂，用人工压抹而成，多采用多层施工。防水砂浆涂抹前应在湿润的基层表面刮树脂水泥浆，同时加强养护防止干裂，以保证防水层的完整，达到良好的防水效果。防水砂浆的组成材料要求为：

1）水泥选用32.5级以上的微膨胀水泥或普通水泥，适当增加水泥的用量。

2）采用级配良好、较纯净的中砂，灰砂比为1：（1.5~3.0），水胶比为0.5~0.55。

3）选用适用的防水剂。防水剂有无机铝盐类、氯化物金属盐类、金属皂化物类及聚合物。

三、装饰砂浆

装饰砂浆是一种具有特殊美观装饰效果的抹面砂浆。装饰砂浆底层和中层的做法与普通抹面砂浆基本相同；面层通常采用不同的施工工艺，选用特殊的材料，得到符合要求的不同质感和颜色、花纹、图案效果。常用胶凝材料有石膏、彩色水泥、白水泥或普通硅酸盐水泥，集料有大理石、花岗岩等带颜色的碎石渣或玻璃、陶瓷碎粒等。常见的装饰砂浆有拉毛、弹涂、水刷石、干黏石、斩假石、喷涂等。

四、特种砂浆

（1）绝热砂浆　采用石灰、水泥、石膏等胶凝材料与膨胀珍珠岩、膨胀蛭石、人造陶粒、陶砂等轻质多孔材料，或采用聚苯乙烯泡沫颗粒，按一定比例配置的砂浆，称为绝热砂浆。绝热砂浆具有质轻、热保温性能好的特点。其热导率约为0.07~0.10W/(m·K)，可用于屋面绝热层、冷库绝热墙壁及工业窑炉管道的绝热层等处。

（2）膨胀砂浆　在砂浆中加入膨胀剂或使用膨胀水泥配置的膨胀砂浆，具有较好的膨胀性或无收缩性，减少收缩，用于嵌缝、修补、堵漏等工程。

（3）防辐射砂浆　在水泥砂浆中加入重晶石粉、重晶石砂，可配置防射线穿透的防辐射砂浆。其质量比为水泥：重晶石粉：重晶石砂=1：0.25：(4~5)。防辐射砂浆多用于医院的放射室、化疗室等。

思考题

5-1　什么是砂浆？砂浆的用途有哪些？

5-2　什么是砌筑砂浆？砌筑砂浆有哪些技术要求？

5-3　砌筑砂浆如何分类？影响砌筑砂浆的质量因素有哪些？

5-4　简述防水砂浆的技术要求和用途。

5-5　防水砂浆中常用的防水剂有哪些？

5-6　什么是抹面砂浆？抹面砂浆有什么用途？其施工有何特点？

5-7　设计强度等级为M10的砌筑砖墙砂浆的配合比。用中砂，堆积密度为1450kg/m^3，含水率为2%，水泥采用32.5级的普通水泥，施工水平一般，采用水泥石灰混合砂浆。

第六章 墙 体 材 料

【学习目标】

通过本章的学习，熟知建筑上常用墙体材料的种类，运用其技术特点合理地选择应用范围，并掌握常用材料的检验方法。

【了解】 新型墙体板材、砌块的类型。

【熟悉】 各种新型墙体板材、砌块的技术特性。

【掌握】 各种新型墙体板材及砌块的特性和应用。

知识点滴

“墙”的历史

在中国几千年历史中，墙作为中国古代城市规划不可或缺的重要元素，出现了墙壁、院墙、城墙。在中国园林的帝王苑囿、民间园圃里，一圈圈代表墙垣或藩篱的象形，足见“园墙”早已有之。在古代典籍中，墙有墉、垣、壁等多种称谓，《释名》曰：“墙，障也，所以自障蔽也；垣，援也，人所阻以为援卫也；墉，容也，所以蔽隐形容也”。

墙最初的形成原因与防有关，除了防寒风与风沙所形成的宅墙，还要防外来民族的入侵，于是产生了具有防御和隔绝内外功能的高墙。自唐宋时期，“壶中天地”基本空间原则的确立使得园林围墙成为必然，而明清园林“芥子纳须弥”的阶段，使得墙在园林中的地位达到极点。明朝著名造园家计成编著的《园冶》中有这样的记述：“凡园之围墙，多于版筑，或于石砌，或编篱棘”；“如内花端、水次、夹径、环山之垣，或宜石宜砖，宜漏宜磨，各有所制，从雅遵时，令人欣赏，园林之佳境也。历来围墙，凭匠作雕镂花鸟仙兽，以为巧制，不第林园之不佳，而宅堂前何可也”。

墙所蕴含的是“内向”民族文化，具有自谦、退让、含蓄、包容等内涵，是中华民族的传统美德。故中国在建筑布局方面也体现着这种思想，四合院就是经典的内向性空间，至今仍在应用这种内敛式组合方式。

墙体在建筑中起承重、围护、分隔作用。在我国，传统的墙体材料主要是烧结黏土砖、石块，应用历史长，有“秦砖汉瓦”之说。随着我国墙体材料改革的深入，为适应现代建筑的轻质高强、多功能的需要，实现建筑节能，相继出现了很多新型材料。主要产品有空心砖、多孔砖、煤矸石砖、粉煤灰砖、灰砂砖、页岩砖等砖类；普通混凝土砌块、轻质混凝土砌块、加气混凝土砌块、石膏砌块等砌块；GRC 板石膏板、各种纤维增强墙板及复合墙板等墙板。这些材料的使用，既可以节约黏土资源，又可以利用工业废渣，有利于环境保护，实现可持续发展的战略。

第一节 砌墙砖

砌墙砖是指以黏土、工业废料及其他资源为主要原材料，按不同工艺制成的，在建筑上用来砌筑墙体的砖；砌墙砖可分为普通砖、空心砖两类，其中用于承重墙的空心砖又称为多孔砖；按制作工艺又可分为烧结砖和非烧结砖两类。

在当前的墙体材料改革中，为实现材料的可持续发展，实现建筑节能，墙体材料必须向节能、利废、隔热、高强、空心、大块方向发展，发展以粉煤灰、页岩、炉渣、煤矸石为主要材料的空心砌块及板材。

一、烧结多孔砖

烧结多孔砖是以黏土、页岩、粉煤灰、煤矸石等为主要原材料，经混料、制坯、干燥、焙烧而制成的空洞率大于15%，而且孔洞数量多、尺寸小，可用于承重墙体的砖。用于清水墙和带有装饰面墙体装饰的砖，称为装饰砖。

烧结多孔砖按主要原料分为烧结黏土多孔砖（N）、烧结页岩多孔砖（Y）、烧结粉煤灰多孔砖（F）和烧结煤矸石多孔砖（M）。

（一）烧结多孔砖的技术规定

《烧结多孔砖和多孔砌块》（GB/T 13544—2011）中规定：

1. 规格尺寸

多孔砖的外形为直角六面体；长、宽、高应符合下列尺寸要求：290mm、240mm、190mm、180mm、140mm、115mm；90mm；外形示意图如图6-1所示。

2. 外观质量

烧结多孔砖和多孔砌块的外观质量见表6-1。

3. 强度等级

按抗压强度划分为MU30、MU25、MU20、MU15、MU10五个强度等级，各个强度等级的抗压强度见表6-2。

4. 质量要求

泛霜和石灰爆裂、抗风化性能的要求见表6-3和表6-4。

5. 密度等级

密度等级应符合表6-5的要求。

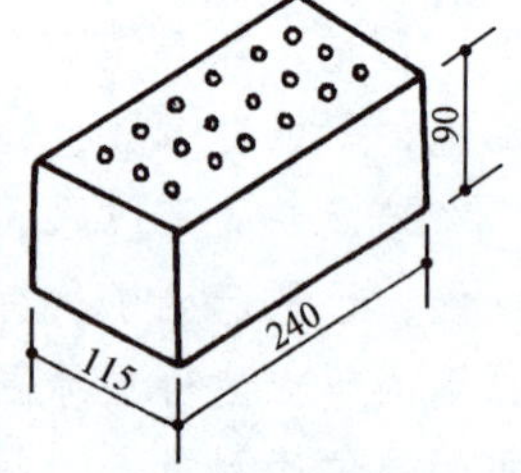

图6-1 烧结多孔砖的外形示意图

表6-1 烧结多孔砖和多孔砌块的外观质量 （单位：mm）

项目	指标
1. 完整面 不得少于	一条面和一顶面
2. 缺棱掉角的三个破坏尺寸 不得同时大于	30
3. 裂纹长度	
1）大面（有孔面）上深入孔壁15mm以上宽度方向及其延伸到条面的长度 不大于	80
2）大面（有孔面）上深入孔壁15mm以上长度方向及其延伸到顶面的长度 不大于	100
3）条顶面上的水平裂纹 不大于	100
4. 杂质在砖或砌块面上造成的凸出高度 不大于	5

注：凡有下列缺陷之一者，不能称为完整面：

① 缺损在条面或顶面上造成的破坏面尺寸同时大于20mm×30mm。

② 条面或顶面上裂纹宽度大于1mm，其长度超过70mm。

③ 压陷、焦花、黏底在条面或顶面上的凹陷或凸出超过2mm，区域最大投影尺寸同时大于20mm×30mm。

表 6-2 烧结多孔砖强度等级和抗压强度

强度等级	抗压强度平均值 $\bar{f}$/MPa，≥	强度标准值 f_k/MPa，≥
MU30	30.0	22.0
MU25	25.0	18.0
MU20	20.0	14.0
MU15	15.0	10.0
MU10	10.0	6.5

表 6-3 烧结多孔砖的质量要求

泛霜	不允许有严重泛霜
石灰爆裂	破坏尺寸大于 2mm 且小于等于 15mm 的爆裂区域，每组砖和砌块不得多于 15 处；其中大于 10mm 的不多于 7 处，不得有破坏尺寸大于 15mm 的爆裂区域
其他	不允许出现欠火砖、酥砖、螺旋纹砖

表 6-4 烧结多孔砖的抗风化性能

<table>
<tr><th rowspan="3">项目</th><th colspan="4">严重风化区</th><th colspan="4">非严重风化区</th></tr>
<tr><th colspan="2">5h 沸煮吸水率(%)，≤</th><th colspan="2">饱和系数，≤</th><th colspan="2">5h 沸煮吸水率(%)，≤</th><th colspan="2">饱和系数，≤</th></tr>
<tr><th>平均值</th><th>单块最大值</th><th>平均值</th><th>单块最大值</th><th>平均值</th><th>单块最大值</th><th>平均值</th><th>单块最大值</th></tr>
<tr><td>黏土砖和砌块</td><td>21</td><td>23</td><td rowspan="2">0.85</td><td rowspan="2">0.87</td><td>23</td><td>25</td><td rowspan="2">0.88</td><td rowspan="2">0.90</td></tr>
<tr><td>粉煤灰砖和砌块</td><td>23</td><td>25</td><td>30</td><td>32</td></tr>
<tr><td>页岩砖和砌块</td><td>16</td><td>18</td><td rowspan="2">0.74</td><td rowspan="2">0.77</td><td>18</td><td>20</td><td rowspan="2">0.78</td><td rowspan="2">0.80</td></tr>
<tr><td>煤矸石砖和砌块</td><td>19</td><td>21</td><td>21</td><td>23</td></tr>
</table>

注：粉煤灰掺入量（质量比）小于 30%时按黏土砖和砌块规定判定。

表 6-5 烧结多孔砖和多孔砌块的密度等级 （单位：kg/m^3）

<table>
<tr><th colspan="2">密度等级</th><th rowspan="2">3 块砖或砌块干燥表观密度平均值</th></tr>
<tr><th>砖</th><th>砌块</th></tr>
<tr><td>—</td><td>900</td><td>≤900</td></tr>
<tr><td>1000</td><td>1000</td><td>900~1000</td></tr>
<tr><td>1100</td><td>1100</td><td>1000~1100</td></tr>
<tr><td>1200</td><td>1200</td><td>1100~1200</td></tr>
<tr><td>1300</td><td>—</td><td>1200~1300</td></tr>
</table>

（二）烧结多孔砖的验收、运输和保管

1. 验收

烧结多孔砖验收项目有外观质量、尺寸偏差、强度等级、抗风化性能、石灰爆裂、泛霜、孔形空洞率及空洞排列。按相应技术标准检验，其中有一项不合格，则该批产品就判为不合格。

2. 标志运输及保管

（1）标志　产品应有合格证，其中包括产品名称、规格、等级、生产厂家等信息。

（2）运输　在运输过程中，应采取适当的措施保护砖块，避免损坏。运输工具应具备足够的强度和稳定性，以防止砖块在运输过程中破损或变形。

（3）保管　烧结多孔砖应存放在干燥、通风良好的地方，避免潮湿环境导致砖块受损。堆放时应确保砖块之间留有适当的间隙，以便于空气流通和防止堆叠过高导致塌陷。

（三）烧结多孔砖的应用

烧结多孔砖代替烧结黏土砖，可以节省黏土，提高生产效率，改善墙体的保温隔热性能，有利于实现建筑节能。在砖混结构中用于±0.000mm以上的承重墙体。其中优等品可以用于墙体装饰和清水墙砌筑，一等品和合格品可用于混水墙，中等泛霜的砖不得用于潮湿部位。

二、烧结空心砖和空心砌块

烧结空心砖和空心砌块以黏土、页岩、煤矸石、粉煤灰、淤泥（江、湖、河等淤泥）、建筑渣土及其他固体废弃物为主要原料，经焙烧而成，主要用于建筑物非承重部位。

烧结空心砖和空心砌块按主要原料分为黏土空心砖和空心砌块（N）、页岩空心砖和空心砌块（Y）、煤矸石空心砖和空心砌块（M）、粉煤灰空心砖和空心砌块（F）、淤泥空心砖和空心砌块（U）、建筑渣土空心砖和空心砌块（Z）、其他固体废弃物空心砖和空心砌块（G）。

（一）技术规定

《烧结空心砖和空心砌块》（GB/T 13545—2014）规定：

1. 规格尺寸

空心砖和空心砌块的外形为直角六面体，其长度、宽度、高度尺寸应符合下列要求：

长度规格尺寸：390mm、290mm、240mm、190mm、180（175）mm、140mm。

宽度规格尺寸：190mm、180（175）mm、140mm、115mm。

高度规格尺寸：180（175）mm、140mm、115mm、90mm。

其他规格尺寸由供需双方协商确定。

孔洞排列及结构应符合表6-6规定。

表6-6　孔洞排列及结构

孔洞排列	孔洞排数/排		孔洞率（%）	孔形
	宽度方向	高度方向		
有序或交替排列	$B \geqslant 200$mm，≥4	≥2	≥40	矩形孔
	$B < 200$mm，≥3			

2. 技术要求

烧结空心砖和空心砌块强度等级应符合表6-7要求。

表 6-7 烧结空心砖和空心砌块强度等级

强度等级	抗压强度/MPa		
	抗压强度平均值$\bar{f}$，≥	变异系数 $\delta\leqslant 0.21$	变异系数 $\delta>0.21$
		强度标准值f_k，≥	单块最小抗压强度值f_{min}，≥
MU10.0	10.0	7.0	8.0
MU7.5	7.5	5.0	5.8
MU5.0	5.0	3.5	4.0
MU3.5	3.5	2.5	2.8

烧结空心砖和空心砌块密度等级应符合表 6-8 要求。

表 6-8 烧结空心砖和空心砌块密度等级 （单位：kg/m^3）

密度等级	五块体积密度平均值
800	≤800
900	801~900
1000	901~1000
1100	1001~1100

烧结空心砖和空心砌块的外观质量应符合表 6-9 的规定。

表 6-9 烧结空心砖和空心砌块外观质量 （单位：mm）

项目		指标
1. 弯曲	不大于	4
2. 缺棱掉角的三个破坏尺寸	不得同时大于	30
3. 垂直度差	不大于	4
4. 未贯穿裂纹长度		
（1）大面上宽度方向及其延伸到条面的长度	不大于	100
（2）大面上长度方向或条面上水平面方向的长度	不大于	120
5. 贯穿裂纹长度		
（1）大面上宽度方向及其延伸到条面的长度	不大于	40
（2）壁、肋沿长度方向、宽度方向及其水平方向的长度	不大于	40
6. 肋、壁内残缺长度	不大于	40
7. 完整面①	不少于	一条面或一大面

注：① 凡有下列缺陷之一者，不能称为完整面：

缺损在大面、条面上造成的破坏面尺寸同时大于 20mm×30mm。

大面、条面上裂纹宽度大于 1mm，其长度超过 70mm。

压陷、黏底、焦花在大面、条面上的凹陷或凸出超过 2mm，区域尺寸同时大于 20mm×30mm。

烧结空心砖和空心砌块尺寸允许偏差应符合表6-10规定。

表6-10 烧结空心砖和空心砌块尺寸允许偏差 （单位：mm）

尺寸	样本平均偏差	样本极差，≤
>300	±3.0	7.0
>200~300	±2.5	6.0
100~200	±2.0	5.0
<100	±1.7	4.0

此外，烧结空心砖和空心砌块还应满足泛霜、石灰爆裂、抗风化性能和放射性核素限量要求，产品中不允许有欠火砖（砌块）和酥砖（砌块）。凡不符合上述技术要求的，则判定该批产品不合格。

（二）烧结空心砖的验收、运输和保管

同烧结多孔砖。

（三）烧结空心砖的应用

烧结空心砖的孔数少，孔径大，具有良好的保温、隔热功能，可用于多层建筑的隔断墙和填充墙。因为具有良好的耐水性，所以尤其适用于耐水防潮的部位。

采用多孔砖和空心砖，可以节约燃料10%~20%，节约黏土25%以上，减轻墙体自重，提高工效40%，降低造价20%，改善墙体的热工性能。多孔砖和空心砖是当前墙体改革中取代黏土实心砖的重要品种。

三、非烧结砖

不经焙烧而制成的砖均为非烧结砖。常见的品种有蒸压灰砂砖、蒸压粉煤灰砖等。

（一）蒸压灰砂砖

蒸压灰砂砖是以石灰和砂子（也可以掺入颜料和外加剂）为原料，经过磨细、计量配料、搅拌混合、压制成形、蒸压养护（温度为175~191°C，压力为0.8~1.2MPa）而成的实心砖或空心砖。颜色可分为彩色（C）、本色（N）。目前朝着空心化和大型化发展。

《蒸压灰砂实心砖和实心砌块》（GB/T 11945—2019）规定：蒸压灰砂实心砖（LSSB）、蒸压灰砂实心砌块（LSSU）、大型蒸压灰砂实心砌块（LLSS），应考虑工程应用砌筑灰缝的宽度和厚度要求，由供需双方协商后，在订货合约中确定其标示尺寸；按抗压强度划分为MU30、MU25、MU20、MU15、MU10五个强度等级，各等级强度值见表6-11。

表6-11 蒸压灰砂砖的强度等级

强度等级	抗压强度/MPa	
	平均值	单个最小值
MU10	≥10.0	≥8.5
MU15	≥15.0	≥12.8
MU20	≥20.0	≥17.0
MU25	≥25.0	≥21.2
MU30	≥30.0	≥25.5

注：优等品的强度等级不得低于MU15。

蒸压灰砂实心砖的外观质量、尺寸偏差见表6-12。彩色砖的颜色要求基本一致。

表 6-12　蒸压灰砂实心砖的尺寸偏差和外观质量

项目名称		蒸压灰砂实心砖
尺寸偏差/mm	长度 L	±2
	宽度 B	±2
	高度 H	±1
缺棱掉角	三个方向最大投射尺寸/mm	≤10
弯曲/mm		≤2
裂纹延伸的投影尺寸累计/mm		≤20

同其他砖相比，灰砂砖具有较高的蓄热能力，堆密度大，隔声性能十分优越，不易燃。除了用于外墙和内隔墙中承重和非承重的灰砂砖和砌块外，还有灰砂地面砖、屋面砖、饰面砖、灰砂空心砖（空洞率大于 15%）和各种异形砖等产品。

灰砂砖中的 MU30、MU25、MU20、MU15 的砖可用于建筑基础和其他建筑；MU10 的砖用于防潮层以上的建筑，但不得用于长期受热 200°C 以上、受急冷急热和有酸性侵蚀的建筑部位，也不适用于有流水冲刷的部位。

（二）蒸压粉煤灰砖

蒸压粉煤灰砖是以粉煤灰、生石灰为主要原料，可掺加适量石膏等外加剂和其他集料，经坯料制备、压制成型、高压蒸汽养护而制成的砖，产品代号 AFB。

《蒸压粉煤灰砖》（JC/T 239—2014）中规定：砖的外形为直角六面体，长度 240mm、宽度 115mm、高度 53mm。按照强度分为 MU10、MU15、MU20、MU25、MU30 五个等级。技术要求包括：外观质量和尺寸偏差、强度等级、抗冻性、线性干燥收缩值、碳化系数、吸水率及放射性核素限量，产品技术指标有一项达不到技术要求的，则判定该产品不合格。

（三）非烧结砖的验收、运输和保管

1. 标志

产品应有合格证，其中包括生产厂家、商标、批量编号和数量、产品标记和生产日期、检验人员签章。

2. 储存

砖龄期不足 10d 不得出厂。

3. 运输

运输装卸时严禁摔、掷、翻斗车自翻卸货。

4. 验收

1）灰砂砖的检验项目包括尺寸偏差、抗压强度和抗折强度、外观质量；必要时检验其抗冻性和空洞率。抽样批量为每 10 万块为一批，不足者视为一批。随机取 36 块检验颜色，随机取 50 块进行外观和尺寸偏差检验；从外观合格的样品中随机取 10 块（NF 砖为 2 组 20 块）检验抗压强度（5 块）和抗折强度（5 块）。按技术标准中的指标评定其等级并判定是否合格。

2）粉煤灰砖的检验项目有尺寸偏差、抗压强度和抗折强度、外观质量和色差，必要时检验其抗冻性、干燥收缩值及碳化性能。抽样批量为每 10 万块为一批，不足者视为一批。

随机取36块检验颜色，随机取100块（一批样本50块）进行外观和尺寸偏差检验，第一批50块中的不合格数不超过5块时，外观和尺寸偏差合格；超过9块时为外观和尺寸偏差不合格；在5~9块时，用第二批50块重复检验，两批不合格数的和不超过12块时，外观和尺寸偏差合格，超过12(不含）块时为外观和尺寸偏差不合格。从外观合格的样品中随机取20块检验强度，取3块检验干燥收缩值，取15块检验碳化性能。当所有检验项目都合格时判定该批产品合格。

第二节 砌 块

砌块是指砌筑用的人造块材，多为直角六面体。砌块主规格尺寸中的长度、宽度和高度，至少有一项分别大于365mm、240mm、115mm，但高度不大于长度或宽度的6倍，长度不超过高度的3倍。

砌块按用途划分为承重砌块和非承重砌块；按产品规格可分为大型（主规格高度大于980mm)、中型（主规格高度为380~980mm）和小型（主规格高度为115~380mm）砌块；按生产工艺可分为烧结砌块和蒸养蒸压砌块；按其主要原材料命名，主要品种有普通混凝土砌块、轻集料混凝土砌块、硅酸盐混凝土砌块、石膏砌块等。

砌块的生产工艺简单，生产周期短；可以充分利用地方资源和工业废渣，有利于环境保护；尺寸大，砌筑效率高，可提高工效；通过空心化，可以改善墙体的保温隔热性能，是当前大力推广的墙体材料之一。

一、蒸压加气混凝土砌块

墙体材料-墙用砌块

蒸压加气混凝土砌块是以钙质材料（水泥、石灰等）和硅质材料（矿渣和粉煤灰）为主要材料，并加入铝粉作加气剂，经磨细、计量配料、搅拌浇筑、发气膨胀、静停切割、蒸压养护等工序而制成的多孔轻质块体材料，简称加气混凝土砌块。

（一）规格尺寸

《蒸压加气混凝土砌块》(GB/T 11968—2020）规定：蒸压加气混凝土砌块长度为600mm；宽度为100mm，120mm，125mm，150mm，180mm，200mm，240mm，250mm，300mm；高度为200mm，240mm，250mm，300mm；外形示意图如图6-2所示。

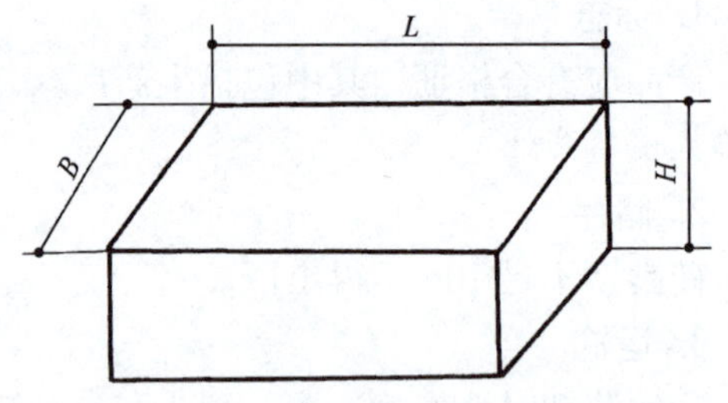

图6-2 蒸压加气混凝土砌块外形示意图

蒸压加气混凝土砌块的尺寸偏差和外观要求见表6-13。

表6-13 蒸压加气混凝土砌块的尺寸偏差和外观质量

项目		Ⅰ型	Ⅱ型
尺寸偏差/mm	长度 L	±3	±4
	宽度 B	±1	±2
	高度 H	±1	±2

（续）

项目		Ⅰ型	Ⅱ型
缺棱掉角	最小尺寸/mm，≤	10	30
	最大尺寸/mm，≤	20	70
	三个方向尺寸之和不大于 120 mm 的掉角个数/个，≤	0	2
裂纹长度	裂纹长度，≤	0	70
	任意面不大于 70mm 裂纹条数/条，≤	0	1
	每块裂纹总数/条，≤	0	2
损坏深度/mm，≤		0	10
表面疏松、分层、表面油污		无	无
平面弯曲/mm，≤		1	2
直角度/mm，≤		1	2

（二）强度等级

蒸压加气混凝土砌块按抗压强度有 A1. 5、A2. 0、A2. 5、A3. 5、A5. 0 五个级别；按干密度划分为 B03、B04、B05、B06、B07 五个级别；各等级的抗压强度见表 6-14。

表 6-14　蒸压加气混凝土砌块的抗压强度

强度级别	抗压强度/MPa		干密度级别	平均干密度/（kg/m³）
	平均值	最小值		
A1. 5	≥1. 5	≥1. 2	B03	≤350
A2. 0	≥2. 0	≥1. 7	B04	≤450
A2. 5	≥2. 5	≥2. 1	B04	≤450
			B05	≤550
A3. 5	≥3. 5	≥3. 0	B04	≤450
			B05	≤550
			B06	≤650
A5. 0	≥5. 0	≥4. 2	B05	≤550
			B06	≤650
			B07	≤750

（三）质量等级

蒸压加气混凝土砌块按尺寸偏差、外观质量分为Ⅰ型和Ⅱ型。蒸压加气混凝土砌块的抗冻性见表 6-15。

表 6-15　蒸压加气混凝土砌块的抗冻性

强度级别		A2. 5	A3. 5	A5. 0
抗冻性	冻后质量平均值损失（%）	≤5. 0		
	冻后强度平均值损失（%）	≤20		

（四）验收、运输和保管

1. 标志

应有产品质量说明书，内容包括产品名称、标准编号、商标、生产企业名称和地址、产品规格、等级、生产日期、出厂检验项目和结果判定、检验部门与检验人员签章、检验日期。

2. 储存

砌块应存放5d后才能出厂，储存、存放应做到分品种、分规格、分级别，做好标记，整齐稳妥，宜有防雨措施。

3. 运输

应成垛绑扎或有其他包装，绝热用产品应捆扎加塑料薄膜封包，装卸宜用专用机具，不应摔、掷及自翻卸货。

4. 检验

检验项目有尺寸偏差、外观、抗压强度、干密度，必要时应增加干燥收缩、抗冻性、热导率。①同品种、同规格、同级别的砌块以30000块为一批，不足者视为一批。②随机抽取80块进行尺寸、外观检验，不符合相应级别数不超过7块时为合格。③从尺寸和外观合格的样品中随机抽样，制成5组试件进行抗压强度试验，以5组试件的测定结果判定强度级别；制成3组试件进行干密度试验，以3组试件的测定结果判定干密度级别，符合相应级别的强度和密度要求时判为合格。其中有一项不合格时要判为不合格。

（五）用途

蒸压加气混凝土砌块的常用品种有加气粉煤灰砌块和蒸压矿渣砂加气混凝土砌块两种。这种砌块表观密度小，保温及耐火性好，易于加工，抗震性强，隔声性好，其耐火等级按不同厚度75mm、100mm、150mm、200mm分别为2.50h、3.75h、5.75h、8.00h，施工方便。适用于低层建筑的承重墙，多层和高层建筑的非承重墙、隔断墙、填充墙及工业建筑物的围护墙体和绝热材料。这种砌块易干缩开裂，必须做好饰面层，同时其砌筑砂浆的技术性能应符合《蒸压加气混凝土墙体专用砂浆》（JC/T 890—2017）的规定。

如无有效措施，蒸压加气混凝土砌块不得用于以下部位：建筑物标高±0.000以下；长期浸水或经常受干湿交替作用；受酸碱化学物质腐蚀；制品表面温度高于80°C。

二、混凝土小型空心砌块

混凝土小型空心砌块是以水泥为黏结材料，砂、碎石或卵石、煤矸石、炉渣为集料，加水搅拌，振动加压或冲压成形、养护而成的小型砌块，空心率应不小于25%。混凝土小型空心砌块外形示意图如图6-3所示。

（一）普通混凝土小型砌块

普通混凝土小型砌块（简称混凝土小砌块）是以水泥、矿物掺合料、砂、石等为原材料，经搅拌、振动成形、养护等工艺制成的小型砌块。其主要分为主块型砌块、辅助砌块、免浆砌块三类。

《普通混凝土小型砌块》（GB/T 8239—2014）规定：砌块按空心率分为空心砌块（空心率不小于25%，代号H）和实心砌块（空心率小于25%，代号S）。砌块按使用时砌筑墙体的结构和受力情况，分为承重结构用砌块（代号L，简称承重砌块）、非承重结构用砌块（代号N，简称非承重砌块）。常用辅助砌块代号分别为：半块——50，七分头块——70，圈梁块——U，清扫孔块——W。

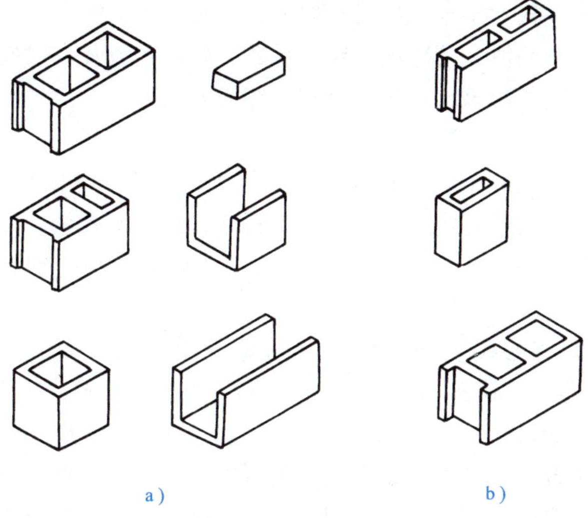

图 6-3　混凝土小型空心砌块外形示意图
a）主砌块　b）辅助砌块

普通混凝土小型砌块外形宜为直角六面体，常用块形的规格尺寸为长度 390mm，宽度 90mm、120mm、140mm、190mm、240mm、290mm，高度 90mm、140mm、190mm。承重空心砌块的最小外壁厚应不小于 30mm，最小肋厚应不小于 25mm；非承重空心砌块的最小外壁厚和最小肋厚应不小于 20mm。

砌块的强度等级见表 6-16。

表 6-16　砌块的强度等级

砌块种类	承重砌块（L）	非承重砌块（N）
空心砌块（H）	7.5，10.0，15.0，20.0，25.0	5.0，7.5，10.0
实心砌块（S）	15.0，20.0，25.0，30.0，35.0，40.0	10.0，15.0，20.0

不同强度等级砌块的抗压强度应符合表 6-17 的规定。

表 6-17　不同强度等级砌块的抗压强度

强度等级	抗压强度/MPa	
	平均值，≥	单块最小值，≥
MU5.0	5.0	4.0
MU7.5	7.5	6.0
MU10	10.0	8.0
MU15	15.0	12.0
MU20	20.0	16.0
MU25	25.0	20.0
MU30	30.0	24.0
MU35	35.0	28.0
MU40	40.0	32.0

普通混凝土小型砌块技术要求包括尺寸偏差、外观质量、空心率、外壁和肋厚、强度等级、吸水率、线性干燥收缩值、抗冻性、碳化系数、软化系数及放射性核素限量，所有技术指标符合规定要求时，则判定该批砌块符合相应等级要求。

（二）轻集料混凝土小型空心砌块

采用轻集料混凝土制成的小型空心砌块主要规格为390mm×190mm×190mm，其他规格尺寸可由供需双方商定。其中轻集料有天然轻集料（浮石、火山渣）、工业废渣（煤渣、煤矸石）、人造轻集料（黏土陶粒、页岩陶粒、粉煤灰陶粒）。其性能应符合《轻集料混凝土小型空心砌块》(GB/T 15229—2011）的规定。

轻集料混凝土小型空心砌块按孔的排数可分为单排孔（1)、双排孔（2)、三排孔（3)、四排孔（4）四类；按其密度可分为700、800、900、1000、1100、1200、1300、1400八个等级；按强度分为MU2.5、MU3.5、MU5.0、MU7.5、MU10.0五个等级。

采用轻砂配制的全轻集料混凝土小砌块，表观密度小，保温性能好，表面质量好，可满足自承重或既承重又保温的外墙体用；采用普通砂配制的砂轻集料混凝土小砌块，表观密度大，强度高，表面质量好，可用于承重的内外墙体。采用无细集料或少细集料配制的无砂轻集料混凝土小型砌块具有更小的表观密度和更好的保温性能，适用于作保温自承重的框架结构填充墙。

混凝土小型空心砌块具有保护耕地、节约能源、充分利用地方资源和工业废渣、劳动生产率高、有利于建筑节能和综合效益等优点，是一种可持续发展的墙体材料，发展前景广阔。

（三）混凝土小型空心砌块的验收、运输和保管

1. 标志

应有产品质量合格证书，内容包括生产厂名、商标、产品标记、性能检验结果、批次编号及砌块数量、检验人员和检验部门签字盖章。

2. 储存

砌块应在厂内养护28d后才能出厂，储存应有防雨和排水措施，按类别、密度等级和强度等级分批堆放。

3. 运输

装卸时严禁碰撞、扔、摔，应轻码轻放，不许用翻斗车倾卸。

4. 出厂检验

①同一品种集料和水泥按同一生产工艺制成的相同密度等级和强度等级的砌块以300m^3为一批，不足者视为一批。②随机抽取32块进行尺寸、外观检验，不符合相应等级要求数量少于7块时为合格。③从尺寸和外观合格的样品中随机抽样（强度等级5块，相对含水率3块)，所有项目都合格时判为合格。

三、粉煤灰小型空心砌块

粉煤灰小型空心砌块是以粉煤灰、水泥、各种轻重集料、水为主要成分（也可加外加剂等）拌和制成的小型空心砌块，其中粉煤灰用量不应低于原材料重量的20%，水泥用量不应低于原材料重量的10%。

《粉煤灰混凝土小型空心砌块》(JC/T 862—2008）规定：主规格尺寸390mm×190mm×190mm，按抗压强度划分为MU3.5、MU5.0、MU7.5、MU10.0、MU15.0和MU20六个强度等级。

粉煤灰小型空心砌块是黏土实心砖的替代产品，符合墙体材料改革和建筑节能的要求，适用于抗震设防烈度6~8度及非抗震设防地区的工业与民用建筑的承重墙体和非承重墙体。

四、混凝土多孔砖

混凝土多孔砖是以水泥为黏结材料，以砂、石为主要集料，加水搅拌、成形、养护制成的一种多排小孔的混凝土砖。

混凝土多孔砖的外形尺寸为直角六面体，其长度、宽度、高度应符合下列要求：290mm，240mm，190mm，180mm；240mm，190mm，115mm，90mm；115mm，115mm，90mm。

混凝土多孔砖按尺寸偏差与外观质量分为一等品（B）及合格品（C）；按抗压强度平均值和单块最小值分为MU10、MU15、MU20、MU25、MU30五个强度等级。其抗冻性要求为非采暖区D15，采暖地区D15(一般环境)、D25(干湿交替环境)。

混凝土多孔砖主要适用于工业与民用建筑承重部位。

第三节 墙体板材

墙体板材具有轻质、高强、多功能的特点，便于拆装，平面尺寸大，施工生产效率高，改善墙体功能；厚度薄，可提高室内使用面积；自重小，可减轻建筑物对基础的承重要求，降低工程造价。因此大力发展轻质墙体板材是墙体材料改革的趋势。

一、石膏板材

石膏板材以其平面平整、光滑细腻、可装饰性好、具有特殊的呼吸功能、原材料丰富、制作简单等特点，得到广泛的应用。在轻质板材中占很大比例的主要有各种纸面石膏板、石膏空心条板、石膏刨花板和石膏纤维板等。

（一）纸面石膏板

纸面石膏板是以熟石膏为胶凝材料，并掺入适量添加剂和纤维作为芯材，以特制的护面纸作为面层的一种轻质板材。在各种轻质隔断墙体材料中，产量最大，机械化、自动化程度最高的是纸面石膏板。

1. 分类

纸面石膏板按用途可分为普通纸面石膏板（P）、耐水纸面石膏板（S）、耐火纸面石膏板（H）三种。普通纸面石膏板是以建筑石膏为主要原料，掺入适量轻集料、纤维增强材料和外加剂构成芯材，并与护面纸牢固地黏结在一起的建筑板材；若掺入耐水外加剂，并采用耐水护面纸制成的石膏板，就得到耐水纸面石膏板；若采用无机耐火纤维增强材料和外加剂，改善高温下的黏结力，就得到耐火纸面石膏板。

2. 规格尺寸

常用的规格尺寸有：长度1800mm、2100mm、2400mm、2700mm、3000mm和3600mm；宽度900mm、1200mm；普通纸面石膏板的厚度9.5mm、12mm、15mm、18mm，耐水纸面石膏板的厚度9.5mm、12mm、15mm，耐火纸面石膏板的厚度9.5mm、12mm、15mm、18mm、21mm、25mm。

3. 技术要求

1）表面平整，不得有影响使用的破损、波纹、沟槽、污痕、过烧、亏料、边部漏料和纸面脱开等缺陷。

2）板材的两对角线长度差应不大于5mm。

3）耐水纸面石膏板的吸水率应不大于10%，表面吸水量应不大于160g/m^2；耐火纸面石膏板的遇火稳定时间应不小于20min。

4）纵向断裂荷载为360~1100N，横向断裂荷载为140~370N；板材的单位面积质量为9.5~25.0kg/m^2。板材厚度越大，承受的断裂荷载越大。

纸面石膏板主要用于公共建筑和高层建筑的内隔墙，以及复合墙板的内面板。使用这种板材的墙体中可以安装管道和电线，墙面平整，装饰效果好。

（二）石膏空心条板

石膏空心条板是以建筑石膏为基材，掺以无机轻集料（如膨胀珍珠岩、膨胀蛭石）、无机纤维增强材料，经振动成形、抽芯模，干燥而制成的空心条板，主要用于建筑物中非承重内墙。其相关性能应符合《石膏空心条板》（JC/T 829—2010）的规定。常用规格尺寸：长度为2100~3600mm，宽度为600mm，厚度为60mm、90mm和120mm三种。面密度依据厚度规格分别为≤45kg/m^2、≤60kg/m^2、≤75kg/m^2，抗弯破坏荷载大于等于板自重的1.5倍。

（三）石膏刨花板和石膏纤维板

石膏刨花板以半水石膏为胶凝材料，木质刨花碎料为增强材料，外加适量水和化学缓凝助剂，经搅拌形成半干性混合料，加压而成的板材，常用规格主要有3050mm×1220mm×(8~28)mm，具有较好的防水、防火、隔热、隔声性能及较高的尺寸稳定性。石膏刨花板主要用于工业建筑与住宅建筑的隔墙、吊顶、复合墙体基材。

石膏纤维板是由熟石膏、纤维（废纸纤维、木纤维或有机纤维）及多种添加剂（淀粉、硫酸钾、密封剂、生石灰）等加水组合而成，具有较好的尺寸稳定性和防潮、防火、隔声性能，以及可钉可锯可装饰的性能，同时可调节室内的温度和湿度。石膏纤维板主要用于工业建筑与住宅建筑的隔墙、吊顶、防火门、地板等。

二、水泥类墙体板材

水泥类墙体板材具有较好的耐久性和力学性能，生产技术成熟，产品质量可靠，可用于承重墙、外墙和复合墙体的外层面，但表观密度大，抗拉强度低，多采用空心化来减轻自重。

（一）GRC轻质多孔墙板

GRC轻质多孔墙板又名GRC空心条板，是以硫铝酸盐水泥轻质砂浆为基材，以耐碱玻璃纤维或其网格布作为增强材料，并加入发泡剂和防水剂等，经配料、搅拌、浇筑、振动成形、脱水养护而成的具有若干个圆孔的条形板。

GRC轻质多孔条板的性能应符合《玻璃纤维增强水泥轻质多孔隔墙条板》（GB/T 19631—2005）的规定：GRC多孔板按厚度分为90mm、120mm两种；长度为2500~3500mm；宽度为600mm。按板型分为普通板、门框板、窗框板、过梁板四种，代号分别为PB、MB、CB和LB。

GRC轻质多孔条板具有密度小、韧性好、耐水、不燃、易加工等特点，可用于工业与民用建筑的分室、分户、厨房、卫浴间、阳台等非承重的内隔墙和复合墙体的外墙面。

（二）纤维增强水泥平板

建筑用纤维增强水泥平板是以纤维与水泥作为主要原料，经制浆、成坯、养护等工序而

制成的板材。纤维增强水泥平板按使用的纤维品种分石棉水泥板、混合纤维水泥板、无石棉纤维水泥板三类；按产品使用的水泥品种分为普通水泥板和低碱度水泥板；按密度分为高密度板（即加压板）、中密度板（即非加压板）和轻板（板中含有轻集料）。

采用混合纤维与低碱度的硫铝酸盐水泥制成的纤维增强低碱度水泥平板称为 TK 板；采用抗碱玻璃纤维与低碱度硫铝酸盐水泥制成的纤维增强低碱度水泥平板称为 NTK 板。

纤维增强水泥平板常用的规格：长度为 1200mm，1800mm，2400mm，2800mm；宽度为 800mm，900mm，1200mm；厚度为 4mm，5mm，6mm；抗折强度不低于 7.0MPa，可达到 18MPa；抗冲击强度不小于 1.5kJ/m^2；吸水率不大于 32%；密度不超过 1.8g/cm^3。

这种板材要求具有良好的外观：正面应平整、光滑，边缘整齐，不应有裂纹和孔洞。

各类纤维水泥板均具有防水、防潮、防蛀、防霉、不易变形及良好的可加工性。其中密度不大于 1.7g/cm^3，吸水率不大于 20%的加压板的密度高，抗冻性和抗渗性好，干缩率低，经表面涂覆处理后可用作建筑物的外墙面板，非加压板和轻板主要用作隔墙和吊顶。

三、复合墙体板材

用单一材料制成的板材常因材料本身不能满足墙体的多功能要求，使其应用受限制。如质量较轻，绝热效果、隔热、隔声较好的石膏板，加气混凝土板，稻草板等，因为耐水性较差或强度较低，只能用于非承重的内隔墙；而水泥混凝土类板材的强度和耐久性很好，但其自重太大，隔声保温效果差。现代建筑常采用不同材料组成复合墙体，以减轻墙体的自重，改善墙体的保温、隔热、隔声性能。

复合墙板一般由强度和耐久性较好的普通混凝土板或金属板做结构层或外墙面板，保温层多采用矿棉、聚氨酯和聚苯乙烯泡沫塑料、加气混凝土作保温层，采用各类轻质板材做面板或内墙面板。

（一）玻璃纤维增强水泥（GRC）外墙内保温板

玻璃纤维增强水泥（GRC）外墙内保温板是指以玻璃纤维增强水泥砂浆或玻璃纤维增强水泥膨胀珍珠岩砂浆为面板，以阻燃型聚苯乙烯泡沫塑料或以其他绝热材料为芯材复合而成的外墙内保温板。

按《玻璃纤维增强水泥（GRC）外墙内保温板》(JC/T 893—2001）的规定：按板的类型可分为普通板（PB)、门口板（MB)、窗口板（CB)；普通板为条板形式，主规格尺寸中，长度为 2500～3000mm，宽度为 600mm，厚度为 60mm、70mm、80mm、90mm、其外形及端面如图 6-4 所示。

外墙内保温板的外观质量要求：板面不允许有贯通裂纹，不允许外露纤维；板面裂纹长度不允许超过 30mm，且不多于两处：蜂窝气孔的长径尺寸不大于 5mm，深度不大于 2mm，且不多于 10 处；缺棱掉角的深度不大于 10mm，宽度不大于 20mm，长度不大于 30mm，且不多于 2 处。

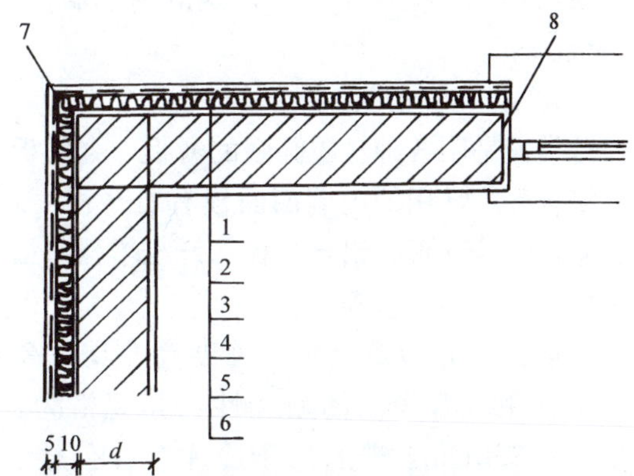

图 6-4 外墙内保温板的构造示意图

1—外饰面 2—4～5mm 厚 EC 聚合物砂浆 3—EC 聚合物砂浆粘贴玻纤网格布 4—EC-2 黏结剂粘贴聚苯板 5—主墙（砖墙、混凝土墙） 6—内饰面 7—阳角包贴玻纤网格布，转角咬槎粘贴聚苯板 8—洞口四周粘贴玻纤网格布

板材的气干面密度不超过50kg/m²，抗折荷载不低于1400N，70mm厚的板材主断面热阻不低于1.10（m²·K)/W，面板干缩率不大于0.08%。

（二）外墙外保温板

在外墙的保温节能体系中，常用的外保温板有BT型外保温板、水泥聚苯乙烯外保温板、GRC外保温板。采用墙体外保温措施，可以消除热桥或降低热桥，墙体蓄热能力较强，提高室内的热稳定性和舒适感；减少墙体内表面的结露，延长墙体的使用寿命；不影响建筑使用面积；旧房节能改造时对住户干扰小。

1. BT型外保温板

该保温板是以普通水泥砂浆为基材，以镀锌钢丝网及钢筋为增强材料，制作时与聚苯乙烯泡沫塑料板复合成为单面型的保温板材。

2. 钢丝网架水泥夹心板

常用品种有舒乐舍板、3D板、泰柏板、UBS板、英派克板。

泰柏板是以直径为2.06mm±0.03mm，屈服强度为390~490MPa的钢丝焊接成的三维网架骨架，与内填自熄型聚苯乙烯泡沫塑料构成的网架芯板，经施工现场涂抹水泥砂浆后形成的。舒乐舍板的构成与泰柏板类似，用于非承重的内隔墙。

3D板是先将聚苯乙烯板放在两层钢丝（直径为2~4mm）焊接网之间，然后再用短的单根连系筋（直径为2~4mm）将两层焊接网架焊成整体式网架后制成芯板，经施工现场涂抹水泥砂浆后形成的，可用作承重墙板。

钢丝网架水泥夹心板按所用轻质芯材分为钢丝网架泡沫塑料夹心板和钢丝网架岩棉夹心板。钢丝网架泡沫塑料夹心板的规格尺寸为：长度2140mm、2440mm、2700mm、2950mm；宽度1220mm；钢丝网架厚度76mm。钢丝网架岩棉夹心板的规格尺寸为：长度3000mm以内；宽度1200mm、900mm；钢丝网架厚度65mm、75mm、85mm。特殊尺寸可与厂家协商。抹好砂浆后墙体厚度为100mm左右。

这类板材具有重量轻，保温隔热性好，安全性、防水、防潮、防震、耐久性好，安装方便的特点，适用于房屋建筑的内隔墙、围护外墙、保温复合外墙楼面屋面板、3m内的跨板。

（三）轻型夹心板

这类板是用各种轻质高强的薄板、金属板做面板，中间以轻质的保温隔热材料为芯材组成的复合板。常用的内墙面面板有石膏板、硅钙板、硅镁板，外墙面的外层面板有不锈钢板、彩色镀锌钢板、铝合金板、纤维增强薄板等。芯材有岩棉毡、阻燃型发泡聚苯乙烯、发泡聚氨酯、玻璃棉毡等。

金属面夹心板重量轻、强度高、具有高效绝热性；施工方便、快捷；可多次拆卸重复安装使用，有较高的耐久性，其规格为：长度800~12000mm，宽度900~1200mm，厚度50~250mm。普遍用于冷库、办公楼、厂房、车间、超市、体育馆、活动房等的墙体材料。以石膏板为面板的预制石膏板复合墙板，一般用于现浇钢筋混凝土墙和砖砌外墙等的内保温。以薄型纤维水泥板或纤维增强硅酸钙板为面板的纤维水泥复合墙板与硅酸钙复合墙板，常用规格为2450(2750)mm×600mm×100(80、60)mm，可用于建筑物的内隔墙和外墙。

知识延伸

冬奥村的绿色建筑材料

冬奥村作为张家口赛区规模最大的场馆项目，按照我国最高的绿建三星标准进行建设，早在申办冬奥会时，北京申冬奥代表团就提出了“以运动员为中心、可持续发展、节俭办赛”的理念。冬奥村建筑采用装配式技术，包括采用钢框架结构体系，造型简约、结构稳固。室内采用剪力墙设计，满足从赛时到赛后转换的要求。所有组团的公寓外墙均采用两层装配式砌墙，通过选用高性能围护结构，使传热系统优于节能标准10%以上。

张家口冬奥村采用的这些新技术、新材料，既符合绿色办奥的理念，又能充分满足冬奥会的需求，为运动员和随队官员们提供一个温馨、舒适的家（图6-5）。

图6-5 冬奥村室内

思考题

6-1 什么叫砌墙砖？分哪几类？

6-2 烧结空心砖、烧结多孔砖的强度等级如何划分？各有什么用途？

6-3 为什么推广使用多孔砖和空心砖代替普通砖？

6-4 什么叫砌块？砌块同砌墙砖相比，有何优缺点？

6-5 简述加气混凝土砌块和小型空心砌块的技术特性及其应用。

6-6 简述常见轻质墙板的性能及应用。

第七章　建 筑 钢 材

【学习目标】

通过本章的学习，熟练运用建筑钢材的力学性能、标准或规范的技术性质要求，正确地选择建筑结构用钢和合理地使用建筑钢材。

【了解】　钢材的冶炼方法及其对钢材质量的影响；钢材的分类及建筑钢材的类型。

【熟悉】　钢材的化学成分、晶体组织及其与钢材性能的关系；建筑钢材的标准及类型；建筑钢材防火、防腐的原理及方法。

【掌握】　建筑钢材的力学性能（拉伸性能、冷弯性能、冲击韧性）；冷加工时效的原理、目的及应用。

建筑钢材是主要的建筑材料之一，它是指建筑工程中使用的各种钢材，包括钢结构用各种型材（如圆钢、角钢、工字钢、槽钢、管钢等）、板材，以及混凝土结构用钢材（如钢筋、钢丝等）。

钢材有如下优点：材质均匀，性能可靠，强度高，具有一定的塑性和韧性，具有承受冲击和振动荷载的能力，可切割、焊接、铆接或螺栓连接，便于装配；其缺点是：易锈蚀，维修费用高，耐火性差。

第一节　钢的冶炼与分类

一、钢的冶炼

钢是由生铁冶炼而成。生铁是由铁矿、熔剂（石灰石）、燃料（焦炭）在高炉中经过还原反应和造渣反应而得到的一种铁碳合金。生铁又分为炼钢生铁（白口铁）和铸造生铁（灰口铁）。生铁硬而脆，无塑性和韧性，不能焊接、锻造、轧制。

炼钢的过程是把熔融的生铁进行氧化，使碳含量降低到预定的范围，其他杂质降低到允许范围。理论上，凡碳含量在2%以下，含有害杂质较少的铁、碳合金均可称为钢。目前国内主要有转炉钢、平炉钢和电炉钢三种钢材。

钢在熔炼过程中不可避免地产生部分氧化铁并残留在钢水中，降低了钢的质量，因此在铸锭过程中要进行脱氧处理。钢的脱氧方法对钢材性能和应用影响较大。

目前采用的脱氧剂有：锰（Mn）、硅（Si）、铝（Al）、钛（Ti）。其脱氧能力是：

$$Mn : S : Al = 1 : 5 : 90$$

由于脱氧方法和脱氧程度的不同，钢材的性能就不同，因此钢材又可分为：沸腾钢（F）、镇静钢（Z）、半镇静钢（b）、特殊镇静钢（TZ）（用汉语拼音首位字母表示为F、Z、b、TZ）。碳素结构钢的牌号表示方法和代号由代表屈服强度的字母、屈服强度数值、质量等级符号与脱氧方法四部分按顺序组成，例如：Q235A·F。在牌号表示方法中，Z与TZ符

号予以省略。每当我们遇到这些牌号的表示方法时，应联想到脱氧方法对钢材性能的影响。

二、钢的分类

钢的品种繁多，为了便于掌握和选用，现将钢的一般分类归纳如下：

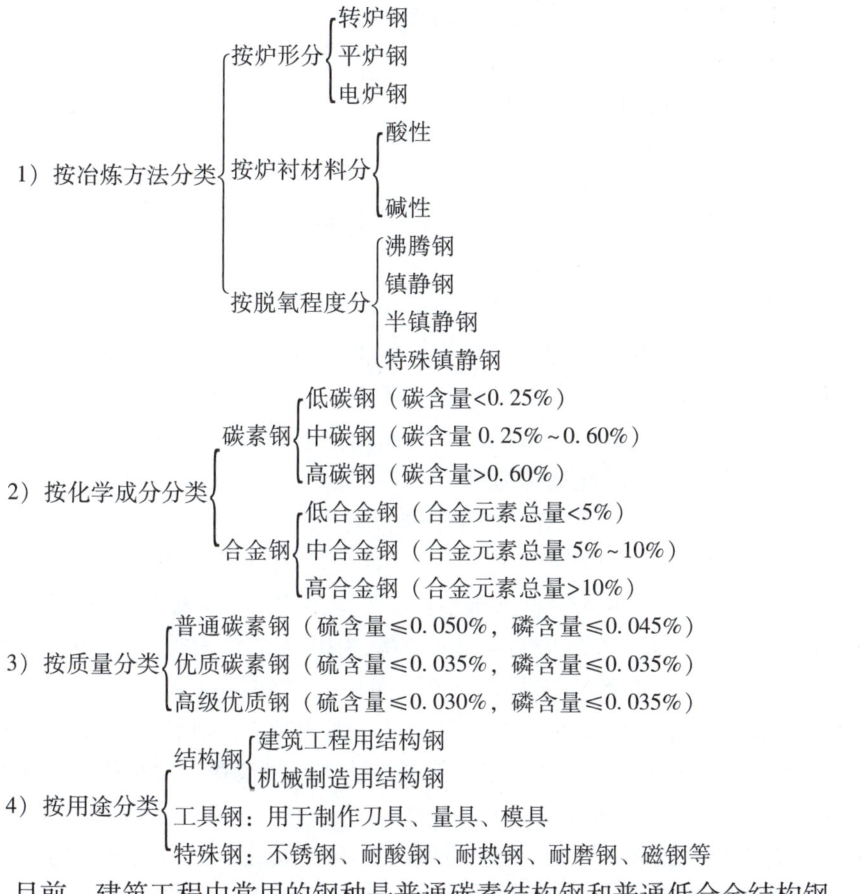

- 1）按冶炼方法分类
  - 按炉形分：转炉钢、平炉钢、电炉钢
  - 按炉衬材料分：酸性、碱性
  - 按脱氧程度分：沸腾钢、镇静钢、半镇静钢、特殊镇静钢
- 2）按化学成分分类
  - 碳素钢
    - 低碳钢（碳含量<0.25%）
    - 中碳钢（碳含量 0.25%~0.60%）
    - 高碳钢（碳含量>0.60%）
  - 合金钢
    - 低合金钢（合金元素总量<5%）
    - 中合金钢（合金元素总量 5%~10%）
    - 高合金钢（合金元素总量>10%）
- 3）按质量分类
  - 普通碳素钢（硫含量≤0.050%，磷含量≤0.045%）
  - 优质碳素钢（硫含量≤0.035%，磷含量≤0.035%）
  - 高级优质钢（硫含量≤0.030%，磷含量≤0.035%）
- 4）按用途分类
  - 结构钢：建筑工程用结构钢、机械制造用结构钢
  - 工具钢：用于制作刀具、量具、模具
  - 特殊钢：不锈钢、耐酸钢、耐热钢、耐磨钢、磁钢等

钢材的基本知识

目前，建筑工程中常用的钢种是普通碳素结构钢和普通低合金结构钢。

第二节　建筑钢材的主要技术性能

钢材的性能主要包括力学性能、工艺性能和化学性能等。只有了解、掌握钢材的各种性能，才能做到正确、经济、合理地选择和使用钢材。

一、力学性能

（一）拉伸性能

拉伸是建筑钢材的主要受力形式，所以，拉伸性能是表示钢材性能和选用钢材的重要指标。

钢材的拉伸性能

将低碳钢（软钢）制成一定规格的试件，放在材料机上进行拉伸试验，可以绘出如图 7-1 所示的应力—应变关系曲线。钢材的拉伸性能就可以通过该图来表示。从图中可以看出，低碳钢受拉至拉断，经历了四个阶段：弹性阶段（O—A）、屈服阶段（A—B）、强化阶段（B—C）和颈缩阶段（C—D）。

（1）弹性阶段　曲线中 OA 段是一条直线，应力与应变成正比。如卸去外力，试件能恢

复原来的形状，这种性质即为弹性，此阶段的变形为弹性变形。与 A 点对应的应力称为弹性极限，以 σ_p 表示。应力与应变的比值为常数，即弹性模量（E），$E=\sigma/\varepsilon$，单位 MPa。弹性模量反映钢材抵抗弹性变形的能力，是钢材在受力条件下计算结构变形的重要指标。建筑常用碳素结构钢 Q235 的弹性模量 $E=(2.0\sim2.1)\times10^5$MPa。

（2）屈服阶段　应力超过 A 点后，应力、应变不再成正比关系，开始出现塑性变形。应力增长滞后于应变的增长，当应力达到 $B_上$ 点后（上屈服强度）瞬时下降至 $B_下$ 点（下屈服强度），变形迅速增大，而此时外力则大致在恒定的位置上波动，直到 B 点。这就是“屈服现象”，似乎钢材不能承受外力而屈服，所以 AB 段称为屈服阶段。与 $B_下$ 点（此点较稳定，易测定）对应的应力称为屈服强度，用 σ_s 表示。

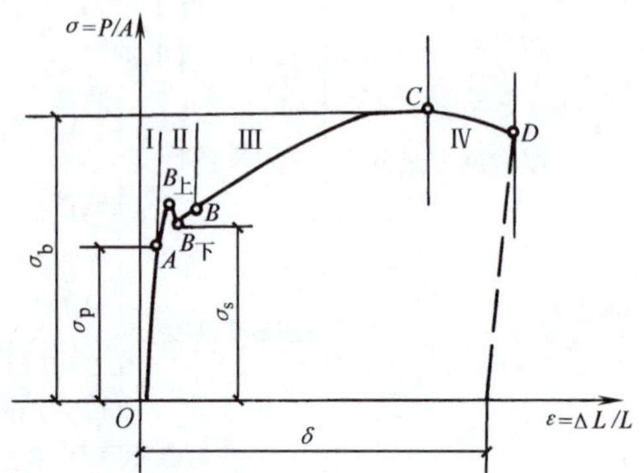

图 7-1　低碳钢受拉的应力—应变图

钢材受力大于屈服强度后，会出现较大的塑性变形，已不能满足使用要求，因此屈服强度是设计中钢材强度取值的依据，是工程结构计算中非常重要的一个参数。

（3）强化阶段　当应力超过屈服强度后，由于钢材内部组织中的晶格发生了畸变，阻止了晶格进一步滑移，钢材得到强化，因此钢材抵抗塑性变形的能力又重新提高，B—C 为上升曲线，称为强化阶段。对应于最高点 C 的应力值（σ_b）称为极限抗拉强度，简称抗拉强度。

所以，σ_b 是钢材受拉时所能承受的最大应力值，屈服强度和抗拉强度之比（即屈强比$=\sigma_s/\sigma_b$）能反映钢材的利用率和结构安全可靠程度。屈强比越小，其结构的安全可靠程度越高，但屈强比过小，又说明钢材强度的利用率偏低，造成钢材浪费。建筑结构合理的屈强比一般为 0.60~0.75。

《混凝土结构工程施工质量验收规范》（GB 50204—2015）规定：对有抗震设防要求的结构，其纵向受力钢筋的性能应满足设计要求；当设计无具体要求时，对按一、二、三级抗震等级设计的框架和斜撑构件（含梯段）中的纵向受力钢筋应采用 HRB335E、HRB400E、HRB500E、HRBF335E、HRBF400E 或 HRBF500E 钢筋，其强度和最大力下总伸长率的实测值应符合：钢筋的抗拉强度实测值与屈服强度实测值的比值不应小于 1.25；钢筋的屈服强度实测值与屈服强度标准值的比值不应大于 1.30；钢筋的最大力下总伸长率不应小于 9%。

（4）颈缩阶段　试件受力达到最高点 C 点后，其抵抗变形的能力明显降低，变形迅速发展，应力逐渐下降，试件被拉长，在有杂质或缺陷处，断面急剧缩小，直至断裂。故 CD 段称为颈缩阶段。

将拉断后的试件拼合起来，测定出标距范围内的长度 L_1(mm)，L_1 与试件原标距 L_0(mm)之差为塑性变形值，L_1-L_0 与 L_0 之比称为伸长率（δ），如图 7-2 所示。伸长率的计算式如下：

$$\delta=\frac{L_1-L_0}{L_0}\times100\%$$

伸长率 δ 是衡量钢材塑性的一个重要指标，δ 越大，说明钢材的塑性越好。而一定的塑性变形能力，可保证应力重新分布，避免应力集中，从而钢材用于结构的安全性越大。

塑性变形在试件标距内的分布是不均匀的，颈缩处的变形最大，离颈缩部位越远其变形越小。所以原标距与直径之比越小，则颈缩处伸长值在整个伸长值中的比重越大，计算出来的 δ 值越大。通常以 δ_5 和 δ_{10} 分别表示 $L_0=5d_0$ 和 $L_0=10d_0$ 时的伸长率。对于同一种钢材，其 δ_5 大于 δ_{10}。

中碳钢与高碳钢（硬钢）的拉伸曲线与低碳钢不同，屈服现象不明显，难以测定屈服强度，则规定产生残余变形为原标距长度的 0.2%时所对应的应力值，作为硬钢的屈服强度，也称为条件屈服强度，用 $\sigma_{0.2}$ 表示，如图 7-3 所示。

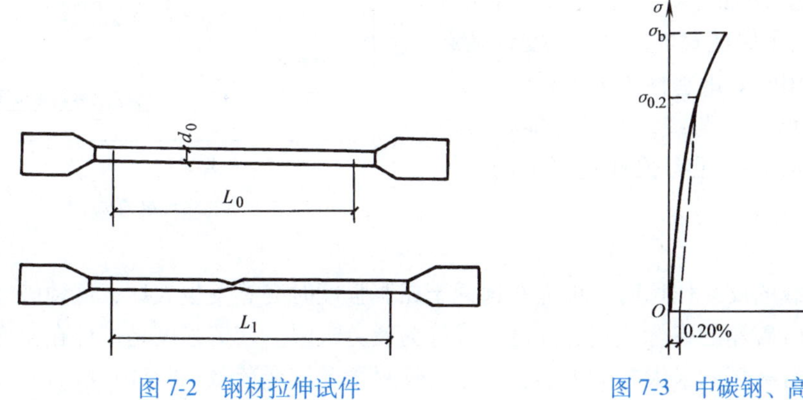

图 7-2 钢材拉伸试件　　图 7-3 中碳钢、高碳钢的 σ-ε 图

（二）冲击韧度

冲击韧度是指钢材抵抗冲击荷载而不被破坏的能力。规范规定是以刻槽的标准试件，在冲击试验的摆锤冲击下，以破坏后缺口处单位面积上所消耗的功来表示，符号 α_K，单位为 J/cm^2，如图 7-4 所示。α_K 越大，冲断试件消耗的能量越多，钢材的冲击韧度越好。

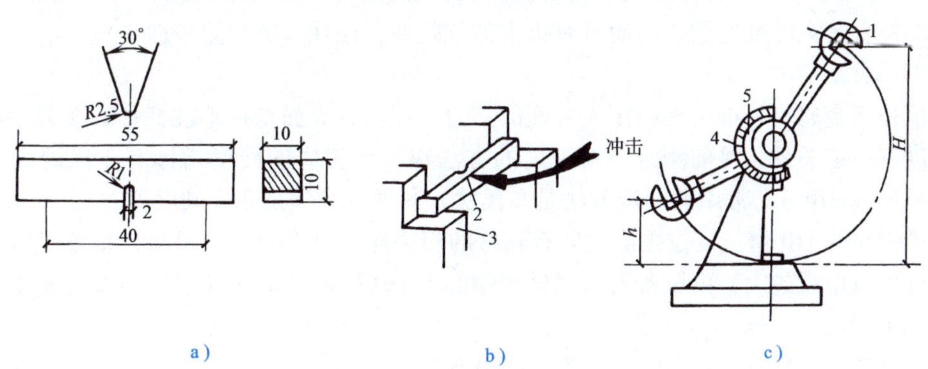

图 7-4 冲击韧度试验图

a）试件尺寸 b）试验装置 c）试验机

1—摆锤 2—试件 3—试验台 4—刻度盘 5—指针

H—摆锤扬起高度 h—摆锤向后摆动高度

钢材的冲击韧度与钢的化学成分、冶炼与加工有关。一般来说，钢中的磷含量、硫含量较高，夹杂物以及焊接中形成的微裂纹等都会降低冲击韧度。此外，钢的冲击韧度还受温度和时间的影响。常温下，随温度的下降，冲击韧度降低很小，此时破坏的钢件断口呈韧性断裂状；当温度降至某一温度范围时，α_K 突然发生明显下降，如图 7-5 所示，钢材开始呈脆

性断裂，这种性质称为冷脆性，发生冷脆性时的温度称为脆性临界温度。低于这一温度时，α_K 降低趋势又缓和，此时 α_K 值很小。在负温下使用的结构，应当选用脆性临界温度较低的钢材。由于脆性临界温度的测定较复杂，故规范中通常根据气温条件规定-20℃或-40℃的负值冲击值指标。

因时效作用，冲击韧度还将随时间的延长而下降。一般完成时效的过程可达数十年，但钢材如经冷加工或使用中受振动和荷载的影响，时效可迅速发展。因时效导致钢材性能改变的程度称为时效敏感性。时效敏感性越大的钢材，经过时效后冲击韧度的降低就越显著。为了保证安全，对于承受动荷载的重要结构，应当选用时效敏感性小的钢材。

因此，对于直接承受动荷载，而且可能在负温下工作的重要结构，必须按照有关规范要求进行钢材的冲击韧度检验。

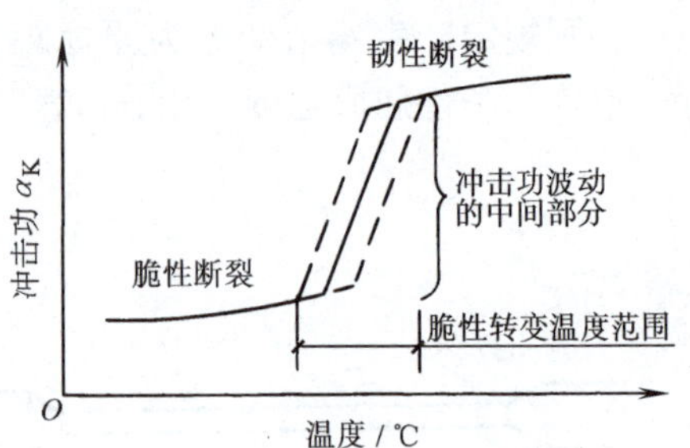

图7-5 钢的脆性转变温度

（三）疲劳强度

钢材承受交变荷载的反复作用时，可能在远低于屈服强度时突然发生破坏，这种破坏称为疲劳破坏。钢材疲劳破坏的指标即疲劳强度，或称为疲劳极限。疲劳强度是试件在交变应力作用下，不发生疲劳破坏的最大主应力值，一般把钢材承受交变荷载 $10^6 \sim 10^7$ 次时不发生破坏的最大应力作为疲劳强度。在设计承受反复荷载且须进行疲劳验算的结构时，应当了解所用钢材的疲劳强度。

研究表明，钢材的疲劳破坏是拉应力引起的，首先在局部开始形成微细裂纹，其后由于裂纹尖端处产生应力集中而使裂纹迅速扩展直至钢材断裂。因此，钢材的内部成分的偏析和夹杂物的多少以及最大应力处的表面粗糙度、加工损伤等，都是影响钢材疲劳强度的因素。疲劳破坏经常是突然发生的，因而具有很大的危险性，往往造成严重事故。

（四）硬度

硬度是指金属材料抵抗硬物压入表面的能力，即材料表面抵抗塑性变形的能力，通常与抗拉强度有一定关系。目前测定钢材硬度的方法很多，相应的硬度指标有布氏硬度（HB）和洛氏硬度（HRC）。常用的测定方法是布氏法，其硬度指标是布氏硬度值。

各类钢材的HB值与抗拉强度之间有较好的相关性。材料的强度越高，塑性变形抵抗力越强，硬度值也就越大。由试验得出当低碳钢的 HB<175 时，其抗拉强度与布氏硬度的经验关系式如下：

$$\sigma_b = 0.36\text{HB}$$

根据这一关系，可以直接在钢结构上测出钢材的HB值，并估算该钢材的 σ_b。

建筑钢材常以屈服强度、抗拉强度、伸长率、冲击韧度等作为评定牌号的依据。

钢材的工艺性能

二、工艺性能

良好的工艺性能，可以保证钢材顺利通过各种加工，而使钢材制品的质量不受影响。冷弯、冷拉、冷拔及焊接性能均是建筑钢材的重要工艺性能。

（一）冷弯性能

冷弯性能是反映钢材在常温下承受弯曲变形的能力。其指标是以试件弯曲的角度 α 和

弯心直径对试件厚度（或直径）的比值(d/a)来表示，如图 7-6 和图 7-7 所示。

试验时采用的弯曲角度越大，弯心直径对试件厚度（或直径）的比越小，表示对冷弯性能的要求越高。冷弯检验是按规定的弯曲角度和弯心直径进行试验，试件的弯曲处不发生裂缝、裂断或起层，即认为冷弯性能合格。

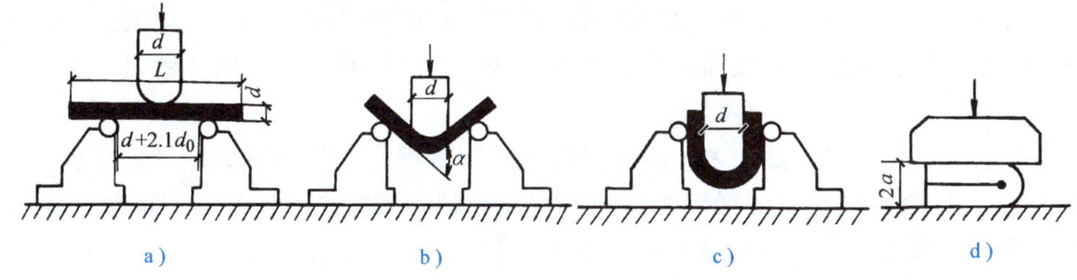

图 7-6 钢筋冷弯

a）试件安装 b）弯曲 90° c）弯曲 180° d）弯曲至两面重合

相对于伸长率而言，冷弯是对钢材塑性更严格的检验，它能检验钢材是否存在内部组织不均匀、内应力和夹杂物等缺陷，并且能检验焊件在受弯表面是否存在未熔合、微裂纹及夹杂物等缺陷。

（二）冷加工性能及时效处理

1. 冷加工强化处理

将钢材在常温下进行冷加工（如冷拉、冷拔或冷轧），使之产生塑性变形，从而提高屈服强度，但钢材的塑性和韧性会降低，这个过程称为冷加工强化处理。

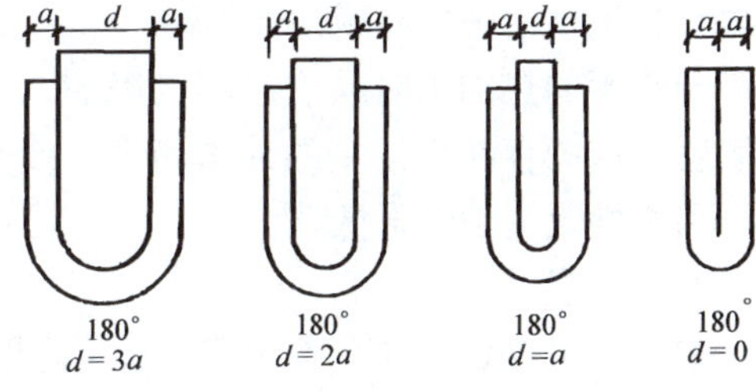

图 7-7 钢材冷弯规定弯心直径

建筑工地或预制构件厂常用的方法是冷拉和冷拔。

2. 时效

钢材经冷加工后，在常温下存放 15~20d 或加热至 100~200°C，保持 2h 左右，其屈服强度、抗拉强度及硬度进一步提高，而塑性及韧性继续降低，这种现象称为时效。前者称为自然时效，后者称为人工时效。

（三）焊接性

焊接是各种型钢、钢板、钢筋的重要连接方式。建筑工程的钢结构有 90%以上是焊接结构。焊接结构质量取决于焊接工艺、焊接材料及钢材本身的焊接性，焊接性好的钢材，焊接后的焊头牢固，硬脆倾向小，特别是强度不低于原有钢材。

钢材焊接性的好坏，主要取决于钢的化学成分。碳含量高将增大焊接接头的硬脆性，碳含量小于 0.25%的碳素钢具有良好的焊接性。因此，碳含量较低的氧气转炉或平炉镇静钢应优先选择。

钢筋焊接应注意的问题是：冷拉钢筋的焊接应在冷拉之前进行；焊接部位应清除铁锈、熔渣、油污等；应尽量避免不同国家的进口钢筋之间或进口钢筋与国产钢筋之间的焊接。

第三节　影响钢材性能的主要因素

一、化学成分

钢是铁碳合金，原料、燃料、冶炼过程等因素使钢材中存在大量的其他元素，如硅、硫、磷、氧等，合金钢是为了改性而有意加入一些元素，如锰、硅、矾、钛等。

1. 碳

碳是决定钢材性质的主要元素。碳含量对热轧碳素钢性能的影响如图 7-8 所示。当碳含量低于 0.8%时，随着碳含量的增加，钢的抗拉强度和硬度提高，而塑性、断面收缩率及韧性降低。同时，钢的冷弯、焊接及抗腐蚀等性能降低，钢的冷脆性和时效敏感性增强。

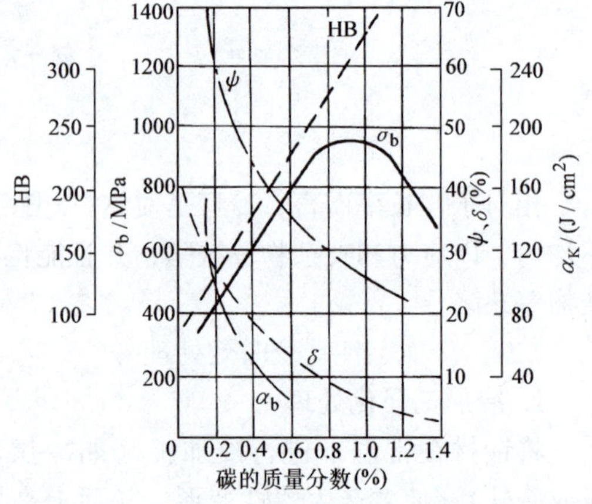

图 7-8　碳含量对热轧碳素钢性能的影响

2. 磷、硫

磷与碳相似，能使钢的屈服强度和抗拉强度提高，塑性和韧性下降，显著增强钢的冷脆性，磷的偏析较严重，焊接时焊缝容易产生冷裂纹，所以磷是降低钢材可焊性的元素之一。但磷可使钢材的强度、耐蚀性提高。

硫在钢的热加工时易引起钢的脆裂，称为热脆性。硫的存在还使钢的冲击韧度、疲劳强度、可焊性及耐蚀性降低。

3. 氧、氮

氧、氮也是钢中的有害元素，显著降低钢的塑性和韧性，以及冷弯性能和可焊性。

4. 硅、锰

硅和锰是在炼钢时为了脱氧去硫而有意加入的元素。硅是钢的主要合金元素，含量在1%以内，可提高强度，对塑性和韧性没有明显影响。但硅含量超过1%时，冷脆性增强，可焊性变差。锰能消除钢的热脆性，改善热加工性能，能使有害物质形成 MnO、MnS 而进入钢渣中，其余的锰溶于铁素体中，显著提高钢的强度。但其含量不得大于1%，否则会降低塑性及韧性，使焊接性变差。

5. 铝、钛、钒、铌

以上元素均是炼钢时的强脱氧剂，适量加入钢内，可改善钢的组织，细化晶粒，显著提高强度和改善韧性。

二、晶体组织

钢材的基本组织有铁素体、渗碳体和珠光体三种。

1）铁素体是碳在铁中的固溶体，由于原子之间的空隙很小，对碳的溶解度也很小，接近于纯铁，因此它赋予钢材良好的延展性、塑性和韧性，但强度、硬度很低。

2）渗碳体是铁和碳组成的化合物 Fe_3C，碳含量达 6.67%（质量分数），性质硬而脆，是碳钢的主要强度组分。

3）珠光体是铁素体和渗碳体的机械混合物，其强度较高，塑性和韧性介于上述二者之间。

三种基本组织的力学性质见表 7-1。

表 7-1　基本组织成分及力学性质

名称	组织成分	抗拉强度/MPa	伸长率(%)	布氏硬度/HB
铁素体	钢的晶体组织中溶有少量碳的纯铁	343	40	80
珠光体	由一定比例的铁素体和渗碳体所组成(碳含量为 0.08%)	833	10	200
渗碳体	钢的晶体组织中的碳化铁(Fe_3C)晶粒	343 以下	0	600

当 w(C)= 0.8%时全部具有珠光体的钢称为共析钢；当 w(C)<0.8%时的钢称为亚共析钢；当 w(C)>0.8%时的钢称为过亚共析钢。建筑钢材都是亚共析钢。钢材共析、碳含量与组织成分的关系见表 7-2。

表 7-2　共析钢与碳含量的关系

名称	质量分数(%)	组织成分
亚共析钢	<0.80	珠光体+铁素体
共析钢	0.80	珠光体
过亚共析钢	>0.80	珠光体+渗碳体

第四节　建筑钢材的标准及应用

钢材的标准及应用

按生产方式不同，钢筋混凝土结构用钢可分为热轧钢筋、冷拉热轧钢筋、冷轧带肋钢筋、热处理钢筋、冷拔低碳钢丝、预应力混凝土用钢丝及钢绞线等。

一、热轧钢筋

热轧钢筋是钢筋混凝土和预应力钢筋混凝土的主要组成材料之一，不仅要求有较高的强度，而且应有良好的塑性、韧性和焊接性。热轧钢筋主要有 Q235 轧制的光圆钢筋和由合金钢轧制的带肋钢筋两类。

（一）热轧光圆钢筋

热轧光圆钢筋是指经热轧成形、横截面通常为圆形、表面光滑的成品钢筋，如图 7-9 和图 7-10 所示。

图 7-9　热轧光圆钢筋（直条）

图 7-10　热轧光圆钢筋（盘条）

1. 牌号划分

按照《钢筋混凝土用钢　第 1 部分：热轧光圆钢筋》（GB/T 1499.1—2017）的规定，

热轧光圆钢筋的牌号按屈服强度特征值分为300级，钢筋牌号的构成及其含义见表7-3。

表7-3 热轧光圆钢筋牌号的构成及其含义

产品名称	牌号	牌号构成	英文字母的含义
热轧光圆钢筋	HPB300	由HPB+屈服强度特征值构成	HPB——热轧光圆钢筋的英文（Hot-rolled Plain Bars）缩写

2. 公称横截面面积与理论重量

热轧光圆钢筋的公称横截面面积与理论重量见表7-4。

表7-4 热轧光圆钢筋的公称横截面面积与理论重量

公称直径/mm	公称横截面面积/mm^2	理论重量/(kg/m)
6	28.27	0.222
8	50.27	0.395
10	78.54	0.617
12	113.10	0.888
14	153.90	1.210
16	201.10	1.580
18	254.50	2.000
20	314.20	2.470
22	380.10	2.980

注：表中理论重量按密度为7.85g/cm^3计算。

3. 化学成分

热轧光圆钢筋的化学成分应符合表7-5的规定。

表7-5 热轧光圆钢筋的化学成分

牌号	化学成分（质量分数）(%，不大于)				
	C	Si	Mn	P	S
HPB300	0.25	0.55	1.50	0.045	0.045

4. 力学性能、工艺性能

热轧光圆钢筋的下屈服强度 R_{eL}、抗拉强度 R_m、断后伸长率 A、最大力总伸长率 A_{gt} 等力学性能特征值应符合表7-6的规定。

表7-6 热轧光圆钢筋的力学性能、工艺性能

牌号	下屈服强度 R_{eL}/MPa	抗拉强度 R_m/MPa	断后伸长率 A(%)	最大力总伸长率 A_{gt}(%)	冷弯试验180°
	不小于				
HPB300	300	420	25.0	10.0	$d=a$

注：d——弯芯直径；a——钢筋公称直径。

(二) 热轧带肋钢筋

热轧带肋钢筋常为圆形横截面且表面带有两条纵肋和沿长度方向均匀分布的横肋，如图7-11和图7-12所示。

图 7-11　热轧带肋钢筋（直条）

图 7-12　热轧带肋钢筋（盘条）

1. 牌号划分

按照《钢筋混凝土用钢　第 2 部分：热轧带肋钢筋》（GB/T 1499. 2—2018）的规定，热轧带肋钢筋牌号的构成及其含义见表 7-7。

表 7-7　热轧带肋钢筋牌号的构成及其含义

类别	牌号	牌号构成	英文字母的含义
普通热轧钢筋	HRB400	由 HRB+屈服强度特征值构成	HRB——热轧带肋钢筋的英文（Hot-rolled Ribbed Bars）缩写 E——“地震”的英文（Earthquake）首位字母
	HRB500		
	HRB600		
	HRB400E	由 HRB+屈服强度特征值+E 构成	
	HRB500E		
细晶粒热轧钢筋	HRBF400	由 HRBF+屈服强度特征值构成	HRBF——在热轧带肋钢筋的英文缩写后加“细”的英文（Fine）首位字母
	HRBF500		
	HRBF400E	由 HRBF+屈服强度特征值+E 构成	
	HRBF500E		

2. 公称横截面面积与理论重量

热轧带肋钢筋的公称横截面面积与理论重量见表 7-8。

表 7-8　热轧带肋钢筋的公称横截面面积与理论重量

公称直径/mm	公称横截面面积/mm^2	理论重量/(kg/m)
6	28. 27	0. 222
8	50. 27	0. 395
10	78. 54	0. 617
12	113. 10	0. 888
14	153. 90	1. 210
16	201. 10	1. 580
18	254. 50	2. 000
20	314. 20	2. 470
22	380. 10	2. 980
25	490. 90	3. 850
28	615. 80	4. 830
32	804. 20	6. 310
36	1018. 00	7. 990
40	1257. 00	9. 870
50	1964. 00	15. 420

注：表中理论重量按密度为 7. 85g/cm^3计算。

3. 化学成分

热轧带肋钢筋的化学成分应符合表 7-9 的规定。

表 7-9 热轧带肋钢筋的化学成分

牌号	化学成分（质量分数）（%，不大于）					碳当量 Ceq（%，不大于）
	C	Si	Mn	P	S	
HRB400 HRB400E HRBF400 HRBF400E	0.25	0.80	1.60	0.045	0.045	0.54
HRB500 HRB500E HRBF500 HRBF500E						0.55
HRB600	0.28					0.58

4. 力学性能

热轧带肋钢筋的下屈服强度 R_{eL}、抗拉强度 R_m、断后伸长率 A、最大力总伸长率 A_{gt} 等力学性能特征值应符合表 7-10 的规定。

表 7-10 热轧带肋钢筋的力学性能

牌号	下屈服强度 R_{eL}/MPa	抗拉强度 R_m/MPa	断后伸长率 A(%)	最大力总伸长率 A_{gt}(%)
	不小于			
HRB400 HRBF400	400	540	16	7.5
HRB400E HRBF400E			—	9
HRB500 HRBF500	500	630	15	7.5
HRB500E HRBF500E			—	9
HRB600	600	730	14	7.5

5. 工艺性能

1）弯曲性能。按表 7-11 规定的弯曲压头直径弯曲 180°后，钢筋受弯曲部位表面不得产生裂纹。

表 7-11 热轧带肋钢筋弯曲性能

牌号	公称直径 d/mm	弯曲压头直径
HRB400 HRBF400 HRB400E HRBF400E	6~25	4d
	28~40	5d
	>40~50	6d
HRB500 HRBF500 HRB500E HRBF500E	6~25	6d
	28~40	7d
	>40~50	8d
HRB600	6~25	6d
	28~40	7d
	>40~50	8d

2）反弯曲性能。反向弯曲试验的弯曲压头直径比弯曲试验相应增加一个钢筋公称直径。

反向弯曲试验：先正向弯曲 90°后再反向弯曲 20°，两个弯曲角度均应在保持载荷时测量。经反向弯曲试验后，钢筋受弯曲部位表面不得产生裂纹。

二、冷轧带肋钢筋

冷轧带肋钢筋是由普通低碳钢、优质碳素钢或低合金钢热轧圆盘条为母材，经冷轧减径后，在其表面冷轧成具有三面或两面月牙形横肋的钢筋。

根据《冷轧带肋钢筋》（GB/T 13788—2017）的规定，冷轧带肋钢筋的牌号由 CRB 和抗拉强度最小值构成，共有 CRB550、CRB650、CRB800、CRB600H、CRB680H、CRB800H 六个牌号。CRB550、CRB600H 为普通钢筋混凝土用钢筋，CRB650、CRB800、CRB800H 为预应力混凝土用钢筋，CRB680H 既可作为普通钢筋混凝土用钢筋，也可作为预应力混凝土用钢筋。

CRB550、CRB600H、CRB680H 钢筋的公称直径范围为 4～12mm。CRB650、CRB800、CRB800H 公称直径为 4mm、5mm、6mm。

根据《冷轧带肋钢筋》（GB/T 13788—2017）的有关规定，冷轧带肋钢筋的力学性能和工艺性能应符合表 7-12 的规定。

表 7-12 冷轧带肋钢筋的力学性能和工艺性能

分类	牌号	规定塑性延伸强度 $R_{p0.2}$/MPa，≥	抗拉强度 R_m/MPa，≥	断后伸长率（%，不小于）		弯曲试验 180°	反复弯曲次数	应力松弛初始应力应相当于公称抗拉强度的 70%
				A	A_{100mm}			1000h（%，不大于）
普通钢筋混凝土用	CRB550	500	550	11.0	—	$D=3d$	—	—
	CRB600H	540	600	14.0	—	$D=3d$	—	—
	CRB680H	600	680	14.0	—	$D=3d$	4	5
预应力混凝土用	CRB650	585	650	—	4.0	—	3	8
	CRB800	720	800	—	4.0	—	3	8
	CRB800H	720	800	—	7.0	—	4	5

注：表中 D 为弯心直径，d 为钢筋公称直径。

三、冷拔低碳钢丝

冷拔低碳钢丝是低碳钢热轧圆盘条经一次或多次冷拔制成的以盘卷供货的钢丝，如图 7-13所示。其屈服强度可提高40%~60%，但失去了低碳钢的性能，变得硬脆，属于硬钢类钢丝。冷拔低碳钢丝按力学强度分为甲、乙两级：甲级为预应力钢丝，乙级为非预应力钢丝。当混凝土工厂自行冷拔时，应对钢丝的质量严格控制，对其外观要求分批抽样，表面不准有锈蚀、油污、伤痕、皂渍、裂纹等，逐盘检查其力学、工艺性质。根据《混凝土制品用冷拔低碳钢丝》（JC/T 540—2006）的规定，其力学性能和工艺性能要符合表 7-13 的规定，凡伸长率不合格者，不准用于预应力混凝土构件中。

图 7-13 冷拔低碳钢丝

表 7-13 冷拔低碳钢丝的力学性能和工艺性能

级别	公称直径 d/mm	抗拉强度 R_m/MPa，不小于	断后伸长率 A_{100} (%)，不小于	反复弯曲次数/(次/180°)，不小于
甲级	5.0	650	3.0	4
		600		
	4.0	700	2.5	
		650		
乙级	3.0，4.0，5.0，6.0	550	2.0	

注：甲级冷拔低碳钢丝作预应力筋用时，如经机械调直则抗拉强度标准值应降低 50MPa。

四、预应力混凝土用钢丝及钢绞线

预应力钢绞线以优质高碳钢圆盘条经等温淬火并拔制而成，如图 7-14 所示。根据《预应力混凝土用钢丝》（GB/T 5223—2014）的规定，钢丝按加工状态分为冷拉钢丝（WCD）和消除应力钢丝两种，消除应力钢丝按松弛性能分为低松弛级钢丝（WLR）和普通松弛级钢丝（WNR）。压力管道用冷拉钢丝的力学性能应符合表 7-14 的规定。

图 7-14 预应力钢绞线

表 7-14 压力管道用冷拉钢丝的力学性能

公称直径 d_n/mm	公称抗拉强度 R_m/MPa	最大力的特征值 F_m/kN	最大力的最大值 $F_{m,max}$/kN	0.2%屈服力 $F_{p0.2}$/kN，不小于	每 210mm 扭矩的扭转次数 N，不小于	断面收缩率 Z(%)，不小于	氢脆敏感性能负载为 70%最大力时，断裂时间 t/h，不小于	应力松弛性能初始力为最大力 70%时，1000h 应力松弛率 r(%)，不大于
4.00	1470	18.48	20.99	13.86	10	35	75	7.5
5.00		28.86	32.79	21.65	10	35		
6.00		41.56	47.21	31.17	8	30		
7.00		56.57	64.27	42.42	8	30		
8.00		73.88	83.93	55.41	7	30		
4.00	1570	19.73	22.24	14.80	10	35		
5.00		30.82	34.75	23.11	10	35		
6.00		44.38	50.03	33.29	8	30		
7.00		60.41	68.11	45.31	8	30		
8.00		78.91	88.96	59.18	7	30		
4.00	1670	20.99	23.50	15.74	10	35		
5.00		32.78	36.71	24.59	10	35		
6.00		47.21	52.86	35.41	8	30		
7.00		64.26	71.96	48.20	8	30		
8.00		83.93	93.99	62.95	6	30		
4.00	1770	22.25	24.76	16.69	10	35		
5.00		34.75	38.68	26.06	10	35		
6.00		50.04	55.69	37.53	8	30		
7.00		68.11	75.81	51.08	6	30		

第五节 钢结构用钢材

土木工程中常用钢种主要有碳素结构钢和低合金高强度结构钢两大类。

一、碳素结构钢

（一）牌号及其表示方法

根据《碳素结构钢》（GB/T 700—2006）的规定，钢牌号由代表屈服强度的字母、屈服强度数值、质量等级符号、脱氧方法符号四个部分按顺序组成。其中“Q”代表屈服强度。碳素结构钢按照其屈服强度分为四个牌号，即 Q195、Q215、Q235 和 Q275；按照质量等级（硫、磷杂质含量由多到少）分为 A、B、C、D 四个质量等级；按照脱氧程度分为沸腾钢（F）、镇静钢（Z）、特殊镇静钢（TZ）三种，分别表示镇静钢和特殊镇静钢的 Z 和 TZ 可以省略。例如，Q235AF 表示屈服强度为 235MPa、质量等级为 A 级的沸腾钢；Q235C 表示屈服强度为 235MPa、质量等级为 C 级的镇静钢。

（二）技术要求

1. 化学成分

碳素结构钢的化学成分应符合表7-15的规定。

2. 力学性能

碳素结构钢的力学性能和冷弯试验指标应分别符合表7-16和表7-17的规定。

表7-15 碳素结构钢的化学成分（GB/T 700—2006）

牌号	统一数字代号①	等级	厚度（或直径）/mm	脱氧方法	化学成分（质量分数）（%），不大于 C	Si	Mn	P	S
Q195	U11952	—	—	F、Z	0.12	0.30	0.50	0.035	0.040
Q215	U12152	A	—	F、Z	0.15	0.35	1.20	0.045	0.050
	U12155	B							0.045
Q235	U12352	A	—	F、Z	0.22	0.35	1.40	0.045	0.050
	U12355	B			0.20②				0.045
	U12358	C		Z	0.17			0.040	0.040
	U12359	D		TZ				0.035	0.035
Q275	U12752	A	—	F、Z	0.24	0.35	1.50	0.045	0.050
	U12755	B	≤40	Z	0.21			0.045	0.045
			>40		0.22				
	U12758	C	—	Z	0.20			0.040	0.040
	U12759	D		TZ				0.035	0.035

注：① 表中为镇静钢、特殊镇静钢牌号的统一数字，沸腾钢牌号的统一数字代号如下：
Q195F——U11950；Q215AF——U12150，Q215BF——U12153；Q235AF——U12350，Q235BF——U12353；Q275AF——U12750。

② 经需方同意，Q235B的碳含量可不大于0.22%。

表7-16 碳素结构钢的力学性能（GB/T 700—2006）

牌号	等级	拉伸试验：屈服强度①R_{eH}/(N/mm^2)，不小于；钢材厚度（或直径）/mm ≤16	>16~40	>40~60	>60~100	>100~150	>150~200	抗拉强度②R_m/(N/mm^2)	断后伸长率A(%)，不小于；钢材厚度（或直径）/mm ≤40	>40~60	>60~100	>100~150	>150~200	冲击试验（V形缺口）温度/℃	冲击吸收功（纵向）/J，不小于
Q195	—	195	185	—	—	—	—	315~430	33	—	—	—	—	—	—
Q215	A	215	205	195	185	175	165	335~450	31	30	29	27	26	—	—
	B													+20	27

（续）

牌号	等级	拉伸试验													冲击试验（V形缺口）	
		屈服强度①R_{eH}/（N/mm²），不小于						抗拉强度②R_m/（N/mm²）	断后伸长率A(%)，不小于						温度/℃	冲击吸收功（纵向）/J，不小于
		钢材厚度（或直径）/mm							钢材厚度（或直径）/mm							
		≤16	>16~40	>40~60	>60~100	>100~150	>150~200		≤40	>40~60	>60~100	>100~150	>150~200			
Q235	A	235	225	215	215	195	185	370~500	26	25	24	22	21	—	—
	B													+20	27③
	C													0	
	D													−20	
Q275	A	275	265	255	245	225	215	410~540	22	21	20	18	17	—	—
	B													+20	27
	C													0	
	D													−20	

注：① Q195 的屈服强度值仅供参考，不作交货条件。

② 厚度大于 100mm 的钢材，抗拉强度下限允许降低 20N/mm²。宽带钢（包括剪切钢板）抗拉强度上限不作交货条件。

③ 厚度小于 25mm 的 Q235B 级钢材，如供方能保证冲击吸收功值合格，经需方同意，可不做检验。

表 7-17 碳素结构钢的冷弯试验指标（GB/T 700—2006）

牌号	试样方向	冷弯试验 180° $B=2a$①	
		钢材厚度（或直径）②/mm	
		≤60	>60~100
		弯心直径 d	
Q195	纵	0	—
	横	0.5a	—
Q215	纵	0.5a	1.5a
	横	a	2a
Q235	纵	a	2a
	横	1.5a	2.5a
Q275	纵	1.5a	2.5a
	横	2a	3a

注：① B 为试样宽度，a 为试样厚度（或直径）。

② 钢材厚度（或直径）大于 100mm 时，弯曲试验由双方协商确定。

（三）碳素钢的选用

由上表可以看出，碳素钢牌号越大，碳含量越高，其强度、硬度也越高，但塑性、韧性降低。

（1）Q195和Q215　碳含量小于0.15%，强度不高，但具有较大的伸长率，塑性、韧性好，冷弯性能较好，易于冷弯加工，常用作钢钉、铆钉、螺栓及铁丝等。

（2）Q235　碳含量0.14%~0.22%，具有较高的强度、塑性、韧性及焊接性，其综合性能好，成本较低，能够较好地满足一般钢结构和混凝土结构的用钢要求，是建筑工程中应用较广泛的碳素结构钢。钢结构中，用Q235钢大量轧制成各种型钢、钢板、钢管等；钢筋混凝土中，HPB300级钢筋也是由Q235钢轧制而成的。

（3）Q275　强度高，但塑性、韧性较差，可轧制成带肋钢筋用于混凝土配筋，制作钢结构构件、机械零件等，并适用于制作耐磨构件、机械零件和工具。

二、低合金高强度结构钢

低合金高强度结构钢是在碳素结构钢的基础上，添加一种或几种合金元素（总量小于5%）而形成的结构钢。常用合金元素有硅、锰、钛、钒、铬、镍、铜及稀土元素。

（一）牌号及其表示方法

根据国家标准《低合金高强度结构钢》（GB/T 1591—2018）的规定，钢的牌号由代表屈服强度“屈”字的汉语拼音首字母Q、规定的最小上屈服强度数值、交货状态代号、质量等级符号（B、C、D、E、F）四个部分组成。低合金高强度结构钢牌号有：Q355、Q390、Q420、Q460、Q500、Q550、Q620、Q690。

注意：交货状态为热轧时，交货状态代号AR或WAR可省略；交货状态为正火或正火轧制状态时，交货状态代号均用N表示。

Q+规定的最小上屈服强度数值+交货状态代号，简称为钢级，例如Q355ND。

当需方要求钢板具有厚度方向性能时，则在上述规定的牌号后加上代表厚度方向（Z向）性能级别的符号，如：Q355NDZ25。

（二）技术要求

热轧钢材的拉伸性能和伸长率分别见表7-18和表7-19。

表7-18　热轧钢材的拉伸性能

牌号		上屈服强度 R_{eH}①/MPa，不小于									抗拉强度 R_m/MPa			
钢级	质量等级	公称厚度或直径/mm												
		≤16	>16~40	>40~63	>63~80	>80~100	>100~150	>150~200	>200~250	>250~400	≤100	>100~150	>150~250	>250~400
Q355	B、C	355	345	335	325	315	295	285	275	—	470~630	450~600	450~630	—
	D									265②				450~600②
Q390	B、C、D	390	380	360	340	340	320	—	—	—	490~650	470~620	—	—
Q420③	B、C	420	410	390	370	370	350	—	—	—	520~680	500~650	—	—
Q460③	C	460	450	430	410	410	390	—	—	—	550~720	530~700	—	—

注：① 当屈服不明显时，可用规定塑性延伸强度 $R_{p0.2}$ 代替上屈服强度。

② 只适用于质量等级为D的钢板。

③ 只适用于型钢和棒材。

表 7-19 热轧钢材的伸长率

牌号		断后伸长率 A（%，不小于）						
钢级	质量等级	公称厚度或直径/mm						
		试样方向	≤40	>40~63	>63~100	>100~150	>150~250	>250~400
Q355	B、C、D	纵向	22	21	20	18	17	17①
		横向	20	19	18	18	17	17①
Q390	B、C、D	纵向	22	20	20	19	—	—
		横向	20	19	19	18	—	—
Q420②	B、C	纵向	20	19	19	19	—	—
Q460②	C	纵向	18	17	17	17	—	—

注：① 只适用于质量等级为 D 的钢板。

② 只适用于型钢和棒材。

（三）性能

低合金结构钢的碳含量较低，均不高于 0.2%，多为镇静钢，P、S 等有害杂质含量少。强度高，具有良好的塑性、韧性、焊接性、耐磨性、耐蚀性，是综合性能更为理想的建筑钢材。与碳素结构钢相反，采用低合金结构钢可以减轻结构自重，适用于大跨度结构、高层建筑和桥梁工程等承受动荷载的结构中。

三、钢结构用型钢、钢板

钢结构构件一般应直接选用各种型钢。构件之间可直接或附连接钢板进行连接。连接方式有铆接、螺栓连接或焊接。

型钢有热轧和冷轧成形两种。钢板也有热轧（厚度为 0.3~250mm）和冷轧（厚度为 0.2~5mm）两种。

（一）热轧型钢

热轧型钢有 H 形钢、部分 T 形钢、工字钢、槽钢、角钢、Z 形钢、U 形钢等。

我国建筑用热轧型钢主要采用碳素结构钢 Q235A（碳的质量分数约为 0.14%~0.22%）。在钢结构设计规范中，推荐使用低合金钢，主要有两种：Q355（16Mn）及 Q390（15MnV），用于大跨度、承受动荷载的钢结构中。

热轧型钢的标记方式为一组符号，包括型钢名称、横断面主要尺寸、型钢标准号及钢号与钢种标准等。例如，用碳素结构钢 Q235A 轧制的，尺寸为 160mm×16mm 的等边角钢，其标识为：

$$\text{热轧等边角钢}\frac{160\times160\times16\text{—GB/T 706—2008}}{\text{Q235A}\quad\text{GB/T 700—2006}}$$

（二）冷弯薄壁型钢

冷弯薄壁型钢通常是用 2~6mm 薄钢板冷弯或模压而成，有角钢、槽钢等开口薄壁型钢及方形、矩形等空心薄壁型钢，主要用于轻型钢结构。其标识方法与热轧型钢相同。

（三）钢板、压型钢板

钢板、压型钢板是用光面轧辊机轧制成的扁平钢材，以平板状态供货的称为钢板；以卷状供货的称为钢带。按轧制温度不同，分为热轧和冷轧两种；按厚度不同，热轧钢板分为厚板（厚度大于4mm）和薄板（厚度为0.35~4mm）两种；冷轧钢板只有薄板（厚度为0.2~4mm）一种。

建筑用钢板及钢带主要是碳素结构钢。一些重型结构、大跨度桥梁、高压容器等也采用低合金钢板。

薄钢板经冷压或冷轧成波形、双曲形、V形等形状，称为压型钢板。彩色钢板、镀锌薄钢板、防腐薄钢板等都可用于制作压型钢板。其特点是：重量轻、强度高、抗震性能好、施工快、外形美观等，主要用于围护结构、楼板、屋面等。

知识延伸

钢结构建筑典范——“鸟巢”（国家体育场）

国家体育场“鸟巢”（图7-15）位于北京奥林匹克公园中心区南部，为2008年北京奥运会的主体育场，占地20.4万m^2，建筑面积25.8万m^2，可容纳观众9.1万人。在“鸟巢”举行过奥运会、残奥会开闭幕式、田径比赛及足球比赛决赛。奥运会后，“鸟巢”成为北京市民参与体育活动及享受体育娱乐的大型专业场所，并成为地标性的体育建筑和奥运遗产。

“鸟巢”于2003年12月24日开工建设，2008年3月完工，总造价22.67亿元。其主体结构设计使用年限100年，耐火等级为一级，抗震设防烈度8度，地下工程防水等级1级。该主体钢结构组成一个大型马鞍形钢桁架，外置42000t钢制“鸟巢”结构。其中，主结构用钢大约23000t，钢结构加固用钢约52000t，钢架结构用钢总量约11万t。“鸟巢”是国内在建筑结构上首次使用Q460规格钢材的项目，钢板厚度达到110mm，在中国材料史上绝无仅有。在国家标准中，Q460的最大厚度也只是100mm，以前这种钢一直依靠进口，但是，作为北京2008年奥运会开幕式的体育场馆，作为中国国家体育场，其栋梁之材显然只能由中国人自己生产。为此，中国的科研人员经历了漫长的科技攻关，经过无数次的研发与探索，经过多次反复试制，从无到有直至刷新国标，终于，自主创新、具有知识产权的国产Q460钢材，撑起了“国家体育场”的钢骨脊梁。

图7-15　国家体育场

第六节　建筑钢材的锈蚀与防锈

钢材的锈蚀是指其表面与周围介质发生化学反应而遭到破坏，锈蚀可发生在许多引起锈蚀的介质中，如湿润空气、土壤、工业废气等。温度提高，锈蚀加速。

钢材在存放中严重锈蚀，不仅截面积减小，材质降低甚至报废，而且除锈工作耗费很大。使用中，锈蚀不仅使受力面积减小，而且局部锈坑的产生，可造成应力集中，促进结构早期破坏。尤其在有反复荷载的情况下将产生锈蚀疲劳现象，使疲劳强度大为降低，出现脆性断裂。

根据钢材表面与周围介质的不同作用，锈蚀可分为下述两类。

一、化学锈蚀

化学锈蚀指钢材表面与周围介质直接发生反应而产生锈蚀。这种腐蚀多数是氧化作用，在钢材的表面形成疏松的氧化物，在干燥环境下进展很缓慢。但在湿度和温度较高的条件下，这种腐蚀进展很快。

在常温下，钢材表面被氧化，形成一层薄薄的、钝化能力很弱的 FeO 氧化保护膜，使化学腐蚀变得很缓慢，对保护钢筋是有利的。

二、电化学锈蚀

建筑钢材在存放和使用中发生的锈蚀主要属于电化学锈蚀。例如，存放在湿润空气中的钢材，表面为一层电解质水膜所覆盖。由于表面成分、晶体组织不同，受力变形、平整度差等的不均匀性，使邻近的局部产生电极电位的差别，因而构成许多“微电池”。在阳极区，铁被氧化成 Fe^{2+}离子进入水膜中。由于水中溶有来自空气的氧，因此在阴极区氧将被还原为 OH^-离子。两者结合成为不溶于水的$Fe(OH)_2$，并进一步氧化成为疏松易剥落的红棕色铁锈 $Fe(OH)_3$。因为水膜离子浓度提高，阴极放电快，锈蚀进行较快，故在工业大气的条件下，钢材较容易锈蚀。如水膜中溶有酸，则阴极被还原的将为 H^+离子。由于所形成的 H^+离子沉积，阴极产生极化作用，使锈蚀停止。若水中的溶氧充足，则与 H^+离子结合成水而使阴极去极化，锈蚀能继续进行。

从以上分析了解，使钢材产生锈蚀的重要因素，是水和充足的、持续供给溶氧的空气。

埋于混凝土中的钢筋，因处于碱性介质的条件（新浇混凝土的 pH 值约为 12.5 或更高），而形成碱性氧化保护膜，故不致锈蚀。但应注意，当混凝土保护层受碳化后使碱度降低，或锈蚀反应将一些卤素离子，特别是氯离子所促进，对保护钢筋是不利的，它们能破坏保护膜，使锈蚀迅速发展。

三、钢材的防锈

钢材锈蚀时，随着体积增大，在钢筋混凝土中的钢筋将使混凝土胀裂。

防止钢材锈蚀的有效办法是在钢材的表面将铁锈清除干净后涂上涂料，使之与空气隔绝。目前一般的除锈方法有下列三种：

1. 钢丝刷除锈

可采取人工用钢丝刷或半自动钢丝刷将钢材表面的铁锈全部刷去，直至露出金属表面为止。这种方法工作效率低，劳动条件差，除锈质量不易保证。

2. 酸洗除锈

该方法是将钢材放入酸洗槽内，分别除去油污、铁锈，直至构件表面全呈铁灰色，并清除干净，保证表面无残余酸液。这种方法比钢丝刷除锈彻底，工效也高。若酸洗后作磷化处理，则效果更好。

3. 喷砂除锈

该方法是将钢材通过喷砂机将其表面的铁锈清除干净，直至金属表面呈灰白色为止，不得存在黄色。这种方法除锈比较彻底，效率亦高，在较发达的国家中已普遍采用，是一种先进的除锈方法。

钢结构防止锈蚀的方法通常是采用表面刷漆。常用底漆有红丹、环氧富锌漆、铁红环氧底漆、磷化底漆等。面漆有灰铅油、醇酸磁漆、酚醛磁漆等。薄壁钢材可采用热浸镀锌或镀锌后加涂塑料涂层。这种方法效果最好，但价格较高。

混凝土配筋的防锈措施，主要是根据结构的性质和所处环境条件等，考虑混凝土的质量要求，即限制水胶比和水泥用量，并加强施工管理，以保证混凝土的密实性及足够的保护层厚度，限制氯盐外加剂的掺用量。

对于预应力配筋，一般碳含量较高，又多系经过变形加工或冷拉，因而对锈蚀破坏较敏感，特别是高强度热处理钢筋，容易产生应力锈蚀现象。故重要的预应力承重结构，除不能掺用氯盐外，应对原材料进行严格检验。

对配筋的除锈措施，还有掺用除锈剂（如重铬酸盐等）的方法。国外有采用钢筋镀锌、镀镉或镀镍等方法。

第七节 建筑钢材的防火

火灾是一种违反人们意志，在时间和空间上失去控制的燃烧现象。燃烧的三个要素是可燃物、氧化剂和点火源。一切防火与灭火措施的基本原理，就是根据物质燃烧的条件，阻止燃烧三要素同时存在，互相结合、互相作用。

建筑物是由各种建筑材料建造起来的。这些建筑材料高温下的性能直接关系到建筑物的火灾危险性大小，以及发生火灾后火势扩大蔓延的速度。对于结构材料而言，在火灾高温作用下力学强度的降低还直接关系到建筑的安全。

一、建筑钢材的耐火性

建筑钢材是建筑材料的三大主要材料之一。它是在严格的技术控制下生产的材料，具有强度大、塑性和韧性好、品质均匀、可焊可铆、制成的钢结构重量轻等优点。但就防火而言，钢材虽然属于不燃性材料，耐火性能却很差，耐火极限只有0.15h。

建筑钢材遇火后，力学性能的变化体现为以下两个方面。

1. 强度的降低

在建筑结构中广泛使用的普通低碳钢在高温下的性能如图7-16所示。抗拉强度在250~300°C时达到最大值（由蓝脆现象引起）；温度超过350°C，抗拉强度开始大幅度下降，在500°C时约为常温时的1/2，600°C时约为常温时的1/3。屈服强度在500°C时约为常温的1/2。由此可见，钢材在高温下抗拉强度降低很快。此外，钢材的应力—应变曲线形状随温度升高发生很大变化，如图7-17所示，温度升高，屈服强度降低，且原来呈现的锯齿形状

逐渐消失。当温度超过 400°C 后，低碳钢特有的屈服强度消失。

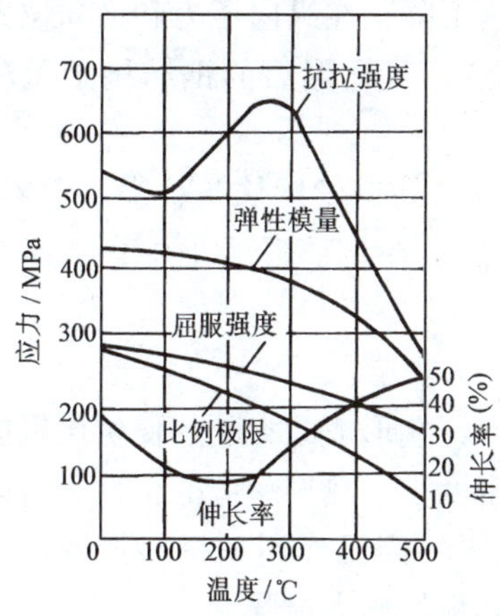

图 7-16　普通低碳钢高温力学性能

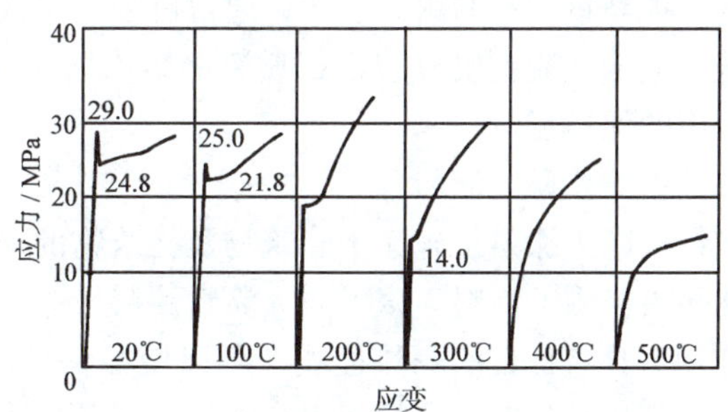

图 7-17　普通低碳钢高温下应力—应变曲线

普通低合金钢是在普通碳素钢中加入一定量的合金元素冶炼成的。这种钢材在高温下的强度变化与普通碳素钢基本相同，在 200~300°C 的温度范围内极限强度升高，当温度超过 300°C 后，强度逐渐降低。

冷加工钢筋是普通钢筋经过冷拉、冷拔、冷轧等加工强化过程得到的钢材，其内部晶格构架发生畸变，强度升高而塑性降低。这种钢材在高温下，内部晶格的畸变随着温度升高而逐渐恢复正常，冷加工所提高的强度也逐渐减少和消失，塑性得到一定恢复。因此，在相同的温度下，冷加工钢筋强度降低值比未加工钢筋大很多。当温度达到 300°C 时，冷加工钢筋强度约为常温时的 1/3；400°C 时强度急剧下降，约为常温时的 1/2；500°C 左右时，其屈服强度接近甚至小于未冷加工钢筋的相应温度下的强度。

高强钢丝用于预应力钢筋混凝土结构。它属于硬钢，没有明显的屈服极限。在高温下，高强钢丝的抗拉强度降低比其他钢筋更快。当温度在 150°C 以内时，强度不降低；温度达 350°C 时，强度降低约为常温时的 1/2；400°C 时强度约为常温时的 1/3；500°C 时强度不足常温时的 1/5。

预应力混凝土构件，由于所用的冷加工钢筋和高强钢丝在火灾高温下强度下降，明显大于普通低碳钢筋和低合金钢筋，因此耐火性能远低于非预应力混凝土构件。

2. 变形的加大

钢材在一定温度和应力作用下，随时间的推移，会发生缓慢塑性变形，即蠕变。蠕变在较低温度时就会产生，在温度高于一定值时比较明显，对于普通低碳钢这一温度为 300~350°C，对于合金钢为 400~450°C，温度越高，蠕变现象越明显。蠕变不仅受温度影响，而且也受应力大小影响。当应力超过钢材在某一温度下的屈服强度时，蠕变会明显增大。

普通低碳钢弹性模量、伸长率、截面收缩率随温度的变化情况如图 7-17 所示，可见高温下钢材塑性增大，易于产生变形。

钢材在高温下强度降低很快，塑性增大，加之其热导率大［普通建筑钢的热导率高达 67.63W/(m·K)］，是造成钢结构在火灾条件下极易在短时间内破坏的主要原因。试验研究和大量火灾实例表明，一般建筑钢材的临界温度为 540°C 左右。而对于建筑物的火灾，火场温度为800~1000°C。因此处于火灾高温下的裸露钢结构往往为10~15min，自身温度就会上升到钢的极限温度540°C以上，致使强度和载荷能力急剧下降，在纵向压力和横向拉力作用下，钢结构发生扭曲变形，导致建筑物的整体坍塌毁坏。而且变形后的钢结构是无法修复的。

为了提高钢结构的耐火性能，通常可采用防火隔热材料（如钢丝网抹灰、浇筑混凝土、砌砖块、泡沫混凝土块）包覆、喷涂钢结构防火涂料等方法。在钢筋混凝土中，钢筋应有一定厚度的保护层。

二、钢结构防火涂料

钢结构防火涂料是施涂于建筑物及构筑物的钢结构表面，能形成耐火隔热保护层以提高钢结构耐火极限的涂料。该类防火涂料涂层较厚，并具有密度小、热导率低的特性，所以在火焰作用下具有优良的隔热性能，可以使被保护的构件在火焰高温作用下材料强度降低缓慢，不易产生结构变形，从而提高钢结构或预应力混凝土楼板的耐火极限。

1. 钢结构防火涂料的分类及品种

钢结构防火涂料按所使用胶黏剂的不同可分为有机防火涂料和无机防火涂料两类，其分类如下：

钢结构防火涂料
- 有机
  - 膨胀型
  - 非膨胀型
- 无机——非膨胀型

根据《钢结构防火涂料》（GB 14907—2018）的规定，钢结构防火涂料按使用场所可分为以下两种。

1）室内钢结构防火涂料：用于建筑物室内或隐蔽工程的钢结构表面的防火涂料。

2）室外钢结构防火涂料：用于建筑物室外或露天工程的钢结构表面的防火涂料。

2. 钢结构防火涂料的阻火原理

钢结构防火涂料的阻火原理有三个：一是涂层对钢基材起屏蔽作用，使钢构件不至于直接暴露在火焰高温中；二是涂层吸热后部分物质分解放出水蒸气或其他不燃气体，起到消耗热量、降低火焰温度和减小燃烧速度、稀释氧气的作用；三是涂层本身多孔轻质和受热后形成碳化泡沫层，阻止了热量迅速向钢基材传递，推迟了钢基材强度的降低，从而提高了钢结构的耐火极限。

3. 钢结构防火涂料的选用原则

选用钢结构防火涂料时，应考虑结构类型、耐火极限要求、工作环境等。选用原则如下：

1）裸露网架钢结构、轻钢屋架，以及其他构件截面小、振动挠曲变化大的钢结构，当要求其耐火极限在1.5h以下时，宜选用薄涂型钢结构防火涂料，装饰要求较高的建筑宜首选超薄型钢结构防火涂料。

2）室内隐蔽钢结构、高层等性质重要的建筑，当要求其耐火极限在1.5h以上时，应选用厚涂型钢结构防火涂料。

3）露天钢结构，必须选用适合室外使用的钢结构防火涂料。

室外使用环境比室内严酷得多，涂料在室外要经受日晒雨淋、风吹冰冻，因此应选用耐水、耐冻融、耐老化、强度高的防火涂料。

一般来说，非膨胀型比膨胀型耐候性好。而非膨胀型中，蛭石、珍珠岩颗粒型厚质涂料，采用水泥为胶黏剂比水玻璃为胶黏剂要好，特别是水泥用量较多、密度较大的，更适宜用于室外。

4）注意不要把饰面型防火涂料选用于保护钢结构。饰面型防火涂料适用于木结构和可燃基材，一般厚度小于1mm，薄薄的涂膜对于可燃材料能起到有效的阻燃和防止火焰蔓延的作用，但其隔热性能一般达不到大幅度提高钢结构耐火极限的作用。

钢结构防火保护措施很多，涂覆防火涂料是目前相对简单而有效的方法。随着高科技建筑材料的发展，对建筑材料功能性要求的提高，防火涂料的使用已暴露出不足，如安全性问题：防火涂料中阻燃成分可能释放有害气体，对火场中的消防人员、群众会产生危害。耐久性问题在2001年9·11事件中已反映出来，如防火涂料涂覆一年或若干年后防火性是否依旧？防火涂料与基材的黏结是否会随时间的延长而出现剥落、粉化（美国世贸大厦火灾发生后，发现防火涂料的涂层已脱落）？

思 考 题

7-1 钢有哪几种分类方法？

7-2 低碳钢受拉时的应力—应变图分为哪几个阶段？各阶段的特征及指标如何？

7-3 什么是屈强比？它在工程中的实际意义是什么？

7-4 建筑钢材的力学性质包括哪些？如何检验？

7-5 钢材中的化学成分对其性能有何影响？

7-6 热轧带肋钢筋分为几级？依据什么划分？

7-7 说明下列钢材牌号的含义：Q235AF、Q235B、Q215Bb、Q345（16Mn）。

7-8 钢材的锈蚀原因及防腐措施有哪些？

7-9 为什么钢材需要防火？防火应采取哪些措施？

第八章　防水材料

【学习目标】

通过本章的学习，掌握常用防水材料的种类、技术性能和应用范围，了解新型防水材料的特点。

【了解】 煤沥青和改性沥青的性能及特点，防水材料发展方向。

【熟悉】 石油沥青的分类、组成、主要性质及应用。

【掌握】 常用防水卷材、密封材料、防水涂料的分类、特性及应用。

防水工程是工程建设的重要环节，必须重视两大方面：渗漏三要素（水，建筑有缝隙或空洞，水通过缝隙或空洞移动，缺一条不存在渗漏）和防水三要素（设计、材料、施工）。防水材料是指能防止雨水、雪水、地下水等对建筑物和各种构筑物的渗透、渗漏和侵蚀的材料。防水材料从产品形式上可分为防水卷材、防水涂料、建筑密封材料、刚性防水材料、瓦类防水材料、堵漏材料六大类，从性质上可分为刚性防水材料和柔性防水材料两大类。

我国建筑防水材料的发展方向：大力发展改性沥青防水卷材，积极推进高分子卷材，适当发展防水涂料，努力开发密封材料，注意开发地下止水、堵漏材料和硬质发泡聚氨酯防水保温一体材料，因此对防水材料的多功能复合化及多样化提出了新的要求。总之，开发高强度、高弹性、高延性、轻质、耐老化、低污染的新型防水材料已势在必行。

本章主要介绍柔性防水材料，柔性防水材料按主要成分分为沥青防水材料、高聚物改性沥青防水材料及合成高分子防水材料三大类。

第一节　沥　　青

沥青是一种有机胶凝材料，具有防潮、防水、防腐的性能，广泛用作交通、水利及工业与民用建筑工程中的防潮、防腐、防水材料。

沥青材料可分为地沥青和焦油沥青两大类。地沥青包括天然沥青和石油沥青；焦油沥青包括煤沥青、木沥青、泥炭沥青、页岩沥青。工程中使用较多的是煤沥青和石油沥青。石油沥青的防水性能好于煤沥青，但是煤沥青的防腐和黏结性能比石油沥青好。

一、石油沥青

石油沥青是石油经蒸馏提炼出各种轻质油品（汽油、煤油等）及润滑油以后的残留物经过再加工得到的褐色或黑褐色的黏稠状液体或固体状物质，略有松香味，能溶于多种有机溶剂，如三氯甲烷、四氯化碳等。

（一）石油沥青的分类

石油沥青按原油的成分不同分为石蜡基沥青、沥青基沥青和混合基沥青；按石油加工方

法不同分为残留沥青、蒸馏沥青、氧化沥青、裂解沥青和调和沥青；按用途不同分为道路石油沥青、建筑石油沥青和普通石油沥青。

（二）石油沥青的组分

石油沥青的成分非常复杂，在研究沥青的组成时，将其中化学成分相近、物理性质相似而具有相同特征的部分划分为若干组，即组分。各组分的含量多少会直接影响沥青的性能。一般将石油沥青分为油分、树脂、地沥青质三大组分，此外，还有一定的石蜡固体。各组分的主要特征及作用见表 8-1。

表 8-1　石油沥青各组分的主要特征及作用

组分		状态	颜色	密度/(g/cm³)	含量（质量分数,%）	作用
油分		黏性液体	淡黄色至红褐色	小于 1	40~60	使沥青具有流动性
树脂	酸性	黏稠固体	红褐色至黑褐色	略大于 1	15~30	提高沥青与矿物的黏附性
	中性					使沥青具有黏附性和塑性
地沥青质		粉末颗粒	深褐色至黑褐色	大于 1	10~30	能提高沥青的黏滞性和耐热性；含量提高，塑性降低

油分和树脂可以互溶，树脂可以浸润地沥青质。以地沥青质为核心，周围吸附部分树脂和油分，构成胶团，无数胶团均匀地分布在油分中，形成胶体结构（溶胶结构、溶胶—凝胶结构、凝胶结构）。

石油沥青中各组分不稳定，会因环境中的阳光、空气、水等因素的作用而变化，油分、树脂减少，地沥青质增多，这一过程称为“老化”。这时，沥青层的塑性降低，脆性增大，变硬，出现脆裂，失去防水、防腐蚀效果。

（三）石油沥青的技术性质

1. 黏滞性

黏滞性是指沥青材料在外力作用下抵抗发生黏性变形的能力。半固体和固体沥青的黏滞性用针入度表示，液体沥青的黏滞性用黏滞度表示。黏滞度和针入度是划分沥青牌号的主要指标。

黏滞度是液体沥青在一定温度下经规定直径的孔，漏下 50mL 所需的秒数。其测定示意图如图 8-1 所示。黏滞度常以符号 C_t^d 表示。其中 d 是孔径（mm），t 为试验时沥青的温度（℃）。黏滞度越大，表示沥青的黏滞性越大。

沥青黏滞度试验

沥青针入度试验

沥青延度试验

针入度是指在温度为 25℃ 的条件下，以 100g 的标准针，经 5s 沉入沥青中的深度，每 0.1mm 为 1 度。针入度测定示意图如图 8-2 所示。针入度越大，流动性越大，黏滞性越小。

针入度大致在5~200度之间。

2. 塑性

塑性是指沥青在外力作用下变形的能力，用延伸度表示，简称延度。塑性表示沥青开裂后的自愈能力及受机械力作用后变形而不被破坏的能力。

将标准延度“8”字试件（图8-3），在一定温度(25℃)和一定拉伸速度（50mm/min）下拉断时延伸的长度称为延度，用cm表示。延度越大，塑性越好。

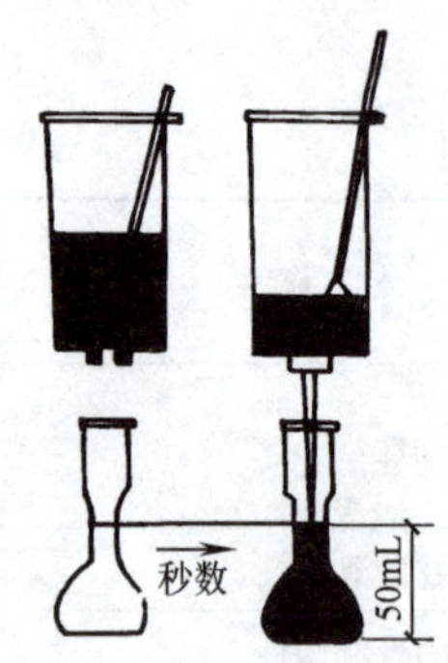

图8-1　黏滞度测定示意图

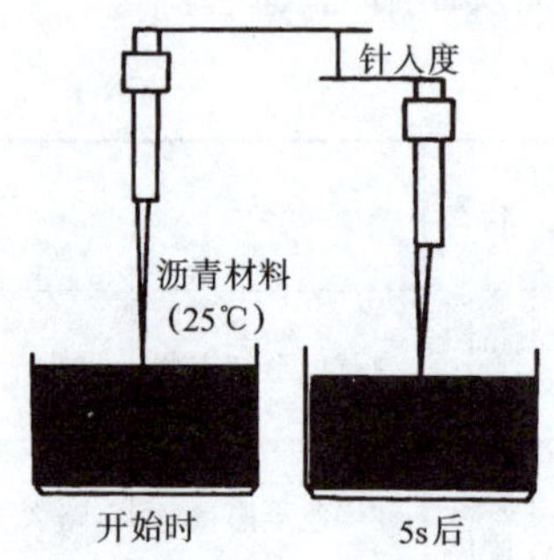

图8-2　针入度测定示意图

沥青软化点试验

3. 温度稳定性

温度稳定性是指沥青在高温下，黏滞性和塑性随温度而变化的快慢程度。变化程度越大，沥青的温度稳定性越差。

温度稳定性用软化点来表示，即沥青材料由固态变为具有一定流动性的膏状体时的温度。通常用环球法测定软化点，如图8-4所示。将经过熬制、已脱水的沥青试样，装入规定尺寸的铜环中，试样上放置规定尺寸的钢球，放在盛水或甘油的容器中，以5℃/min的升温速度，加热至沥青软化，下垂达25.4mm时的温度即为软化点。

沥青的软化点大致在50~100℃之间。软化点越高，沥青的耐热性越好，但软化点过高，不易加工和施工；软化点低的沥青，夏季高温时易产生流淌而变形。

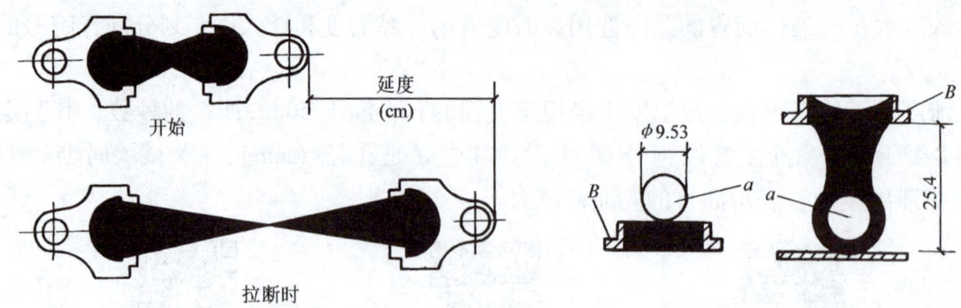

图8-3　“8”字延度试件示意图

图8-4　软化点测定示意图

4. 大气稳定性

大气稳定性是指石油沥青在温度、阳光、空气等的长期作用下性能的稳定程度。大气稳定性好的沥青，沥青层的耐久性就好，耐用时间就长。

石油沥青的大气稳定性用蒸发损失率或针入度比表示。蒸发损失率是将石油沥青试样加热到160℃恒温5h测得蒸发前后的质量损失率。针入度比是指蒸发后的针入度与蒸发前的针入度的比值。石油沥青的蒸发损失率不超过1%；建筑石油沥青的针入度比不小于75%。

上述四大指标是评定沥青质量的主要指标。此外，还有闪点、燃点、溶解度等，都对沥青的使用有影响。

（四）沥青的标准和应用

1. 石油沥青的技术标准

石油沥青的技术标准有《建筑石油沥青》（GB/T 494—2010）、《道路石油沥青》（NB/SH/T 0522—2010）。石油沥青牌号主要根据针入度指标范围及相应的软化点和延度来划分，见表8-2和表8-3。

表8-2 建筑石油沥青技术要求

项目	质量指标		
	10号	30号	40号
针入度（25℃，100g，5s）/(1/10mm)	10~25	26~35	36~50
针入度（46℃，100g，5s）/(1/10mm)	报告	报告	报告
针入度（0℃，200g，5s）/(1/10mm)，不小于	3	6	6
延度（25℃，5cm/min）/cm，不小于	1.5	2.5	3.5
软化点（环球法）/℃，不低于	95	75	60
溶解度（三氯乙烯）(%)，不小于	99.0		
蒸发后质量变化（163℃，5h）(%)，不大于	1		
蒸发后25℃针入度比（%），不小于	65		
闪点（开口杯法）/℃，不低于	260		

注：1. 报告为实测值。

2. 测定蒸发损失后样品的25℃针入度与原25℃针入度之比乘以100后，所得的百分比，称为蒸发后针入度比。

表8-3 道路石油沥青技术要求

项目	质量技术				
	200号	180号	140号	100号	60号
针入度（25℃，100g，5s）/(1/10mm)	200~300	150~200	110~150	80~110	50~80
延度（注）(25℃)/cm，不小于	20	100	100	90	70
软化点/℃	30~48	35~48	38~51	42~55	45~58
溶解度（%），不小于	99.0				
闪点（开口）/℃，不低于	180	200	230		
密度（25℃）/(g/cm^3)	报告				
蜡含量（%），不大于	4.5				
质量变化（%），不大于	1.3	1.3	1.3	1.2	1.0
针入度比（%）	报告				
延度（25℃）/cm	报告				

注：如25℃延度达不到，15℃延度达到时，也认为是合格的，指标要求与25℃延度一致。

2. 石油沥青的选用原则

根据工程特点、使用部位和环境条件的要求，对照石油沥青的技术性质指标，在满足使用要求的前提下，尽量选用较大牌号的品种，以保证正常使用条件下具有较长的使用年限。

道路石油沥青黏滞性差，塑性好，容易浸透和乳化，但弹性、耐热性和温度稳定性较差，可用来拌制沥青混凝土或砂浆，用于修筑路面和各种防渗、防护工程，还可用来配制填缝材料、黏结剂和防水材料。建筑石油沥青具有良好的防水性、黏结性、耐热性及温度稳定性，但黏度大，延伸变形性能较差，主要用于屋面和各种防水工程，并用来制造防水卷材，配制沥青胶和沥青涂料。

选用时，根据工程条件及环境特点，确定沥青的主要技术要求。一般情况下，屋面沥青防水层，要求具有较好的黏结性、温度敏感性和大气稳定性，因此，要求沥青的软化点应高于当地历年来达到的最高气温 20℃以上，以保证夏季高温不流淌；同时要求具有耐低温能力，以保证冬季低温不脆裂。用于地下防潮、防水工程的沥青，要求黏滞性大，塑性和韧性好，以保证沥青层与基层黏结牢固，并能适应结构的变形，抵抗尖锐物的刺入，保持防水层完整，不被破坏；但对其软化点要求不高。

在施工现场，应掌握沥青质量、牌号的鉴别方法，详见表 8-4。

表 8-4　石油沥青的外观及牌号鉴别

项目		鉴别方法
沥青形态	固态	敲碎，检查其断口，色黑而发亮的质好；暗淡的质差
	半固态	即膏状体，取少许，拉成细丝，丝越长越好
	液态	黏滞性强，有光泽，没有沉淀和杂质的较好；也可用一小木条插入液体中，轻轻搅动几下，提起，丝越长越好
沥青牌号	100～140	质软
	60	用铁锤敲，不碎，只出现凹坑和变形
	30	用铁锤敲，成为较大的碎块
	10	用铁锤敲，成为较小的碎块，表面色黑有光

（五）沥青的掺配

当单独使用一种牌号沥青不能满足工程的耐热性要求时，用两种或三种沥青进行掺配。掺配量用下式计算：

$$\text{较软沥青掺配量}(\%)=\frac{\text{较硬沥青的软化点}-\text{要求沥青的软化点}}{\text{较硬沥青的软化点}-\text{较软沥青的软化点}}\times 100$$

$$\text{较硬沥青的掺配量}(\%)=100-\text{较软沥青的掺配量}$$

按确定的配比进行试配，测定掺配后沥青的软化点，最终掺配量以试配结果（掺配量—软化点曲线）来确定满足要求软化点的配比。如用三种沥青进行掺配，可先计算两种沥青的掺配量，然后再与第三种沥青进行掺配。

二、煤沥青

煤沥青是炼焦或生产煤气的副产品。石油沥青与煤沥青的主要区别见表 8-5。煤沥青中含有酚，有毒，但防腐性好，适用于地下防水层或作防腐蚀材料。

表 8-5　石油沥青与煤沥青的主要区别

性质	石油沥青	煤沥青
密度/(g/cm^3)	近于 1.0	1.25~1.28
锤击	韧性较好	韧性差，较脆
颜色	灰亮褐色	浓黑色
溶解	易溶于汽油、煤油中，呈棕黑色	难溶于汽油、煤油中，呈黄绿色
温度敏感性	较好	较差
燃烧	烟少，无色，有松香味，无毒	烟多，黄色，臭味大，有毒
防水性	好	较差（含酚，能溶于水）
大气稳定性	较好	较差
抗腐蚀性	差	较好

三、改性沥青

对沥青进行氧化、乳化、催化，或者掺入橡胶、树脂、矿物料等物质，使得沥青的性质得到不同程度的改善，所得到的产品称为改性沥青。

(1) 橡胶改性沥青　掺入橡胶（天然橡胶、丁基橡胶、氯丁橡胶、丁苯橡胶、再生橡胶）的沥青，使沥青具有一定橡胶特性，改善其气密性、低温柔性、耐化学腐蚀性、耐光性、耐候性、耐燃烧性，可制作卷材、片材、密封材料或涂料。

(2) 树脂改性沥青　用树脂改性沥青，可以提高沥青的耐寒性、耐热性、黏结性和不透水性，常用树脂有聚乙烯树脂、聚丙烯树脂、酚醛树脂等。

(3) 橡胶和树脂改性沥青　同时加入橡胶和树脂，可使沥青同时具备橡胶和树脂的特性，性能更加优良。主要用于制作片材、卷材、密封材料、防水涂料。

(4) 矿物填充料改性沥青　是指为了提高沥青的黏结力和耐热性，降低沥青的温度敏感性，扩大沥青的使用温度范围，加入一定数量矿物填充料（滑石粉、石灰粉、云母粉、硅藻土）的沥青。

第二节　防水卷材

防水材料-防水卷材

防水卷材是一种可卷曲的片状制品。其尺寸大，施工效率高，防水效果好，耐用年限长，产品具有良好的延伸性、耐高温性以及较高的抗拉强度、抗撕裂能力。防水卷材按组成材料不同分为沥青防水卷材、高聚物改性沥青防水卷材、合成高分子防水卷材三大类。

一、沥青防水卷材

沥青防水卷材是在基胎（原纸或纤维织物等）上浸涂沥青后，在表面撒布粉状或片状隔离材料制成的一种防水卷材。

（一）主要品种的性能及应用

沥青防水卷材有石油沥青纸胎油毡、石油沥青玻璃纤维（或玻璃布）胎油毡、铝箔面油毡、改性沥青聚乙烯胎防水卷材、沥青复合胎柔性防水卷材等品种。

1. 石油沥青纸胎油毡

纸胎油毡是采用低软化点石油沥青浸渍原纸，用高软化点沥青涂盖油纸的两面，再撒以隔离材料而制成的一种纸胎油毡。

国标《石油沥青纸胎油毡》（GB 326—2007）规定：油毡按卷重和物理性能分为Ⅰ型、Ⅱ型、Ⅲ型。油毡幅宽为1000mm，其他规格可由供需双方商定。每卷油毡的总面积为（20±0.3）m^2。油毡按产品名称、类型和标准号顺序标记（如Ⅲ型石油沥青纸胎油毡标记为：油毡Ⅲ型 GB 326—2007）。Ⅰ、Ⅱ型油毡适用于辅助防水、保护隔离层、临时性建筑防水、防潮及包装等。Ⅲ型油毡适用于屋面工程的多层防水。石油沥青纸胎油毡的物理性能见表8-6。

表8-6 石油沥青纸胎油毡的物理性能（GB 326—2007）

项目		指标		
		Ⅰ型	Ⅱ型	Ⅲ型
单位面积浸涂材料总量/（g/m^2），大于等于		600	750	1000
不透水性	压力/MPa，大于等于	0.02	0.02	0.10
	保持时间/min，大于等于	20	30	30
吸水率（%），小于等于		3.0	2.0	1.0
耐热度		（85±2）℃，2h涂盖层无滑动、流淌和集中性气泡		
拉力（纵向）/（N/50mm），大于等于		240	270	340
柔度		（18±2）℃，绕ϕ20mm棒或弯板无裂纹		

2. 石油沥青玻璃纤维胎油毡（简称玻纤油毡）

玻纤油毡是采用玻璃纤维薄毡为胎基，浸涂石油沥青，表面撒以矿物粉料或覆盖以聚乙烯薄膜等隔离材料，制成的一种防水卷材。其指标应符合《石油沥青玻璃纤维胎防水卷材》（GB/T 14686—2008）的规定，柔性好（在0~10℃弯曲无裂纹），耐化学微生物的腐蚀，寿命长。玻纤油毡适用于防水等级为Ⅲ级的屋面工程。

3. 沥青复合胎柔性防水卷材

沥青复合胎柔性防水卷材是指以沥青（用橡胶、树脂等高聚物改性）为基料，以两种材料复合为胎体，细砂、矿物粒（片）料、聚酯膜、聚乙烯膜等为覆面材料，以浸涂、辊压工艺而制成的防水卷材。沥青复合胎柔性防水卷材按胎体分为沥青聚酯毡、玻纤网格布复合胎柔性防水卷材沥青玻纤毡、玻纤网格布复合胎柔性防水卷材沥青涤棉无纺布、玻纤网格布复合胎柔性防水卷材沥青玻纤毡、聚乙烯膜复合胎柔性防水卷材。规格尺寸为长10m、7.5m；宽1000mm、1100mm；厚度3mm、4mm。沥青复合胎柔性防水卷材按物理性能分为一等品（B）和合格品（C）。

4. 铝箔面油毡

铝箔面油毡是用玻璃纤维毡为胎基，浸涂氧化沥青，表面用压纹铝箔贴面，底面撒以细颗粒矿物料或覆盖以聚乙烯（PE）膜制成的防水卷材。铝箔面油毡具有美观效果及能反射热量和紫外线的功能，能降低屋面及室内温度，阻隔蒸汽的渗透，用于多层防水的面层和隔汽层。其性能指标应符合《铝箔面石油沥青防水卷材》（JC/T 504—2007）中的规定。

（二）石油沥青防水卷材的验收、储存、运输和保管

1）不同规格、标号、品种、等级的产品不得混放。

2）卷材应保管在规定温度（粉毡和玻璃毡≤45℃，片毡≤50℃）下。

3）纸胎油毡和玻璃纤维油毡要求立放，高度不得超过两层，所有搭接边的一端必须朝

上；玻璃布胎油毡可以同一方向平放堆置成三角形，码放不超过 10 层，并应远离火源，置于通风、干燥的室内，防止日晒、雨淋和受潮。

4）用轮船和铁路运输时，卷材必须立放，高度不得超过两层，短途运输可平放，不宜超过 4 层，不得倾斜、横压，必要时应加盖苫布；人工搬运要轻拿轻放，避免出现不必要的损伤。

5）产品质量保证期为一年。

6）检验内容：外观不允许有孔洞、硌伤，胎体不允许出现露胎或涂盖不匀；裂纹、折纹、皱折、裂口、缺边不许超标，每卷允许有一个接头，较短的一段不应小于 2.5m，接头处应加长 150mm。其纵向拉力、耐热度、柔度、不透水性指标应符合技术要求。

二、高聚物改性沥青防水卷材

高聚物改性沥青防水卷材是以合成高分子聚合物改性沥青为涂盖层，纤维织物或纤维毡为基胎，粉状、粒状、片状或薄膜材料为防黏隔离层制成的防水卷材，具有高温不流淌、低温不脆裂、拉伸强度高、延伸率较大等优异性能。

（一）常用高聚物改性沥青防水卷材

常用品种有弹性体改性沥青防水卷材、塑性体改性沥青防水卷材、改性沥青聚乙烯胎防水卷材、自粘橡胶改性沥青防水卷材等，高聚物改性沥青有 SBS、APP、PVC 等。

1. 弹性体改性沥青防水卷材

弹性体改性沥青防水卷材是以 SBS 热塑性弹性体作改性剂制成的卷材，简称 SBS 卷材。

（1）分类和标记

① 类型。按胎基分为聚酯毡（PY）、玻纤毡（G）、玻纤增强聚酯毡（PYG）。按上表面隔离材料分为聚乙烯膜（PE）、细砂（S）、矿物粒料（M）。按下表面隔离材料分为细砂（S）、聚乙烯膜（PE）。按材料性能分为Ⅰ型和Ⅱ型，见表 8-7。

表 8-7　弹性体改性沥青防水卷材的性能（GB 18242—2008）

<table>
<tr><th rowspan="3">序号</th><th rowspan="3" colspan="2">项目</th><th colspan="5">指标</th></tr>
<tr><th colspan="2">Ⅰ</th><th colspan="3">Ⅱ</th></tr>
<tr><th>PY</th><th>G</th><th>PY</th><th>G</th><th>PYG</th></tr>
<tr><td rowspan="4">1</td><td rowspan="4">可溶物含量 / (g/m²)，≥</td><td>3mm</td><td colspan="4">2100</td><td>—</td></tr>
<tr><td>4mm</td><td colspan="4">2900</td><td>—</td></tr>
<tr><td>5mm</td><td colspan="5">3500</td></tr>
<tr><td>试验现象</td><td>—</td><td>胎基不燃</td><td>—</td><td>胎基不燃</td><td>—</td></tr>
<tr><td rowspan="3">2</td><td rowspan="3">耐热性</td><td>℃</td><td colspan="2">90</td><td colspan="3">105</td></tr>
<tr><td>≤mm</td><td colspan="5">2</td></tr>
<tr><td>试验现象</td><td colspan="5">无流淌、滴落</td></tr>
<tr><td rowspan="2">3</td><td rowspan="2" colspan="2">低温柔性/℃</td><td>-20</td><td colspan="4">-25</td></tr>
<tr><td colspan="5">无裂缝</td></tr>
<tr><td>4</td><td colspan="2">不透水性 30min</td><td>0.3MPa</td><td>0.2MPa</td><td colspan="3">0.3MPa</td></tr>
<tr><td rowspan="3">5</td><td rowspan="3">拉力</td><td>最大峰拉力/(N/50mm)，≥</td><td>500</td><td>350</td><td>800</td><td>500</td><td>900</td></tr>
<tr><td>次高峰拉力/(N/50mm)，≥</td><td>—</td><td>—</td><td>—</td><td>—</td><td>800</td></tr>
<tr><td>试验现象</td><td colspan="5">拉伸过程中，试件中部无沥青涂盖层开裂或与胎基分离现象</td></tr>
</table>

（续）

<table>
<tr><th rowspan="3">序号</th><th rowspan="3" colspan="3">项目</th><th colspan="5">指标</th></tr>
<tr><th colspan="2">Ⅰ</th><th colspan="3">Ⅱ</th></tr>
<tr><th>PY</th><th>G</th><th>PY</th><th>G</th><th>PYG</th></tr>
<tr><td rowspan="2">6</td><td rowspan="2">延伸率</td><td colspan="2">最大峰时延伸率（%），≥</td><td>30</td><td rowspan="2">—</td><td>40</td><td rowspan="2">—</td><td>—</td></tr>
<tr><td colspan="2">第二峰时延伸率（%），≥</td><td>—</td><td>—</td><td>15</td></tr>
<tr><td rowspan="2">7</td><td rowspan="2" colspan="2">浸水后质量增加（%），≤</td><td>PE、S</td><td colspan="5">1.0</td></tr>
<tr><td>M</td><td colspan="5">2.0</td></tr>
<tr><td rowspan="6">8</td><td rowspan="6">热老化</td><td colspan="2">拉力保持率（%），≥</td><td colspan="5">90</td></tr>
<tr><td colspan="2">延伸率保持率（%），≥</td><td colspan="5">80</td></tr>
<tr><td rowspan="2" colspan="2">低温柔性/℃</td><td colspan="2">-15</td><td colspan="3">-20</td></tr>
<tr><td colspan="5">无裂缝</td></tr>
<tr><td colspan="2">尺寸变化率（%），≤</td><td>0.7</td><td>—</td><td>0.7</td><td>—</td><td>0.3</td></tr>
<tr><td colspan="2">质量损失（%），≤</td><td colspan="5">1.0</td></tr>
<tr><td>9</td><td colspan="2">渗油性</td><td>张数，≤</td><td colspan="5">2</td></tr>
<tr><td>10</td><td colspan="3">接缝剥离强度/(N/mm)，≥</td><td colspan="5">1.5</td></tr>
<tr><td>11</td><td colspan="3">钉杆撕裂强度①/N，≥</td><td colspan="4">—</td><td>300</td></tr>
<tr><td>12</td><td colspan="3">矿物粒料黏附性②/g，≤</td><td colspan="5">2.0</td></tr>
<tr><td>13</td><td colspan="3">卷材下表面沥青涂盖层厚度③/mm，≥</td><td colspan="5">1.0</td></tr>
<tr><td rowspan="4">14</td><td rowspan="4">人工气候加速老化</td><td colspan="2">外观</td><td colspan="5">无滑动、流淌、滴落</td></tr>
<tr><td colspan="2">拉力保持率（%），≥</td><td colspan="5">80</td></tr>
<tr><td rowspan="2" colspan="2">低温柔性/℃</td><td colspan="2">-15</td><td colspan="3">-20</td></tr>
<tr><td colspan="5">无裂缝</td></tr>
</table>

注：① 仅适用于单层机械固定施工方式卷材。
② 仅适用于矿物粒料表面的卷材。
③ 仅适用于热熔施工的卷材。

② 规格。卷材公称宽度为1000mm。聚酯毡卷材公称厚度为3mm、4mm、5mm。玻纤毡卷材公称厚度为3mm、4mm。玻纤增强聚酯毡卷材公称厚度为5mm。每卷卷材公称面积为7.5m^2、10m^2、15m^2。

③ 标记。产品按名称、型号、胎基、上表面材料、下表面材料、厚度、面积和本标准编号顺序标记。

示例：10m^2面积、3mm厚上表面为矿物粒料、下表面为聚乙烯膜酯毡Ⅰ型弹性体改性沥青防水卷材标记为：SBS I PY M PE 3 10 GB 18242—2008。

（2）用途　SBS卷材属于高性能的防水材料，保持沥青防水的可靠性和橡胶的弹性，提高了柔韧性、延展性、耐寒性、黏附性、耐候性，具有良好的耐高、低温性能，可形成高强度防水层。耐穿刺、硌伤、撕裂和疲劳，出现裂缝能自我愈合，能在寒冷气候条件下热熔搭接，密封可靠。

弹性体改性沥青防水卷材主要适用于工业与民用建筑的屋面和地下防水工程。玻纤增强聚酯毡卷材可用于机械固定单层防水，但需通过抗风荷载试验。玻纤毡卷材适用于多层防水

中的底层防水。

外露使用应采用上表面隔离材料为不透明矿物粒料的防水卷材。地下工程防水采用表面隔离材料为细砂的防水卷材。

2. 塑性体（APP）改性沥青防水卷材

塑性体改性沥青防水卷材是指以无规聚丙烯（APP）或聚烯烃类聚合物作改性剂，两面覆以隔离材料所制成的防水卷材，简称 APP 卷材。

（1）类型和标记

① 类型。按胎基分为聚酯毡（PY）、玻纤毡（G）、玻纤增强聚酯毡（PYG）。按上表面隔离材料分为聚乙烯膜（PE）、细砂（S）、矿物粒料（M）。按下表面隔离材料分为细砂（S）、聚乙烯膜（PE）。按材料性能分为Ⅰ型和Ⅱ型，见表 8-8。

表 8-8 塑性体改性沥青防水卷材的性能（GB 18243—2008）

序号	项目		指标				
			Ⅰ		Ⅱ		
			PY	G	PY	G	PYG
1	可溶物含量/(g/m²)，≥	3mm	2100				—
		4mm	2900				—
		5mm	3500				
		试验现象	—	胎基不燃	—	胎基不燃	—
2	耐热性	℃	110		130		
		mm，≤	2				
		试验现象	无流淌、滴落				
3	低温柔性/℃		-7		-15		
			无裂纹				
4	不透水性 30min		0.3MPa	0.2MPa	0.3MPa		
5	拉力	最大峰拉力/(N/50mm)，≥	500	350	800	500	900
		次高峰拉力/(N/50mm)，≥	—	—	—	—	800
		试验现象	试验过程中，试件中部无沥青涂盖层开裂或与胎基分离现象				
6	延伸率	最大峰时延伸率（%），≥	25	—	40	—	—
		第二峰时延伸率（%），≥	—		—		15
7	浸水后质量增加（%），≤	PE、S	1.0				
		M	2.0				
8	热老化	拉力保持率（%），≥	90				
		延伸率保持率（%），≥	80				
		低温柔性/℃	-2		-10		
			无裂缝				
		尺寸变化率（%），≤	0.7	—	0.7	—	0.3
		质量损失（%），≤	1.0				
9	接缝剥离强度/(N/mm)，≥		1.0				

（续）

<table>
<tr><th rowspan="3">序号</th><th rowspan="3" colspan="2">项目</th><th colspan="5">指标</th></tr>
<tr><th colspan="2">Ⅰ</th><th colspan="3">Ⅱ</th></tr>
<tr><th>PY</th><th>G</th><th>PY</th><th>G</th><th>PYG</th></tr>
<tr><td>10</td><td colspan="2">钉杆撕裂强度[①]/N，≥</td><td colspan="4">—</td><td>300</td></tr>
<tr><td>11</td><td colspan="2">矿物粒料黏附性[②]/g，≤</td><td colspan="5">2.0</td></tr>
<tr><td>12</td><td colspan="2">卷材下表面沥青涂盖层厚度[③]/mm，≥</td><td colspan="5">1.0</td></tr>
<tr><td rowspan="4">13</td><td rowspan="4">人工气候加速老化</td><td>外观</td><td colspan="5">无滑动、流淌、滴落</td></tr>
<tr><td>拉力保持率（%），≥</td><td colspan="5">80</td></tr>
<tr><td rowspan="2">低温柔性/℃</td><td colspan="2">−2</td><td colspan="3">−10</td></tr>
<tr><td colspan="5">无裂缝</td></tr>
</table>

注：① 仅适用于单层机械固定施工方式卷材。
② 仅适用于矿物粒料表面的卷材。
③ 仅适用于热熔施工的卷材。

② 规格。卷材公称宽度为1000mm。聚酯毡卷材公称厚度为3mm、4mm、5mm。玻纤毡卷材公称厚度为3mm、4mm。玻纤增强聚酯毡卷材公称厚度为5mm。每卷卷材公称面积为7.5m^2、10m^2、15m^2。

③ 标记。产品按名称、型号、胎基、上表面材料、下表面材料、厚度、面积和本标准编号顺序标记。

示例：10m^2 面积、3mm厚上表面为矿物粒料、下表面为聚乙烯膜聚酯毡Ⅰ型塑性体改性沥青防水卷材标记为：APP I PY M PE 3 10 GB 18243—2008。

（2）用途　APP卷材具有良好的防水性能、耐高温性能和较好的柔韧性（耐−15℃不裂），能形成高强度、耐撕裂、耐穿刺的防水层，耐紫外线照射，耐久寿命长。采用热熔法黏结，可靠性强。

塑性体改性沥青防水卷材适用于工业与民用建筑的屋面和地下防水工程。玻纤增强聚酯毡卷材可用于机械固定单层防水，但需通过抗风荷载试验。玻纤毡卷材适用于多层防水中的底层防水。

外露使用应采用上表面隔离材料为不透明矿物粒料的防水卷材。地下工程防水应采用表面隔离材料为细砂的防水卷材。

3. 自粘橡胶改性沥青防水卷材

这种卷材是用SBS和SBR等弹性体及沥青材料为基料，并掺入增塑增黏材料和填充材料，采用聚乙烯膜或铝箔为表面材料或无表面覆盖层，底表面或上下表面涂覆硅质隔离、防黏的材料，制成的可自行黏结的防水材料，可节省胶黏剂。

《自粘聚合物改性沥青防水卷材》（GB 23441—2009）中规定：自粘橡胶改性沥青防水卷材公称面积有30m^2、20m^2、15m^2、10m^2 四种。公称宽度有2000mm和1000mm两种。厚度有N类（无胎基）：1.2mm、1.5mm、2.0mm；PY类（聚酯胎基）：2.0mm、3.0mm、4.0mm。自粘橡胶改性沥青防水卷材具有良好的柔韧性、延展性，适应基层变形能力强，不需要胶黏剂。采用聚乙烯膜作为覆面材料时，适用于非外露的屋面防水；采用铝箔作为覆面材料时，适用于外露的防水工程，具有防水、热反射的效果，耐高温性好。

（二）高聚物改性沥青防水卷材的验收

外观要求：成卷卷材应卷紧整齐，端面里进外出不得超过10mm；成卷卷材在规定温度（4~50℃）下展开，在距卷芯1.0m长度外，不应有10mm以上的裂纹和黏结；胎基应浸透，不应有未被浸透的条纹；卷材表面应平整，不允许有空洞、缺边、裂口，矿物粒（片）应均匀并且紧密黏附于卷材表面；每卷接头不多于1个，较短一段不应少于1000mm，接头应剪切整齐，并加长150mm，以备黏结用。

物理性能应检验拉力、最大拉力时的延伸率、耐热度、低温柔性、不透水性等指标。

（三）高聚物改性沥青防水卷材的卷重、面积、厚度

高聚物改性沥青防水卷材的单位面积质量、面积及厚度见表8-9。

表8-9　高聚物改性沥青防水卷材的单位面积质量、面积及厚度

规格（公称厚度）/mm		3			4			5		
上表面材料		PE	S	M	PE	S	M	PE	S	M
下表面材料		PE	PE、S		PE	PE、S		PE	PE、S	
面积/（m^2/卷）	公称面积	10、15			10、7.5			7.5		
	偏差	±0.10			±0.10			±0.10		
单位面积质量（kg/m^2），≥		3.3	3.5	4.0	4.3	4.5	5.0	5.3	5.5	6.0
厚度/mm	平均值，≥	3.0			4.0			5.0		
	最小单值	2.7			3.7			4.7		

（四）高聚物改性沥青防水卷材的储存、运输与保管

1）不同品种、等级、标号、规格的产品应有明显标记，不得混放。

2）卷材应存放在远离火源、通风、干燥的室内，防止日晒、雨淋和受潮。

3）卷材必须立放，高度不得超过两层，不得倾斜或横压，运输时平放不宜超过4层。在正常贮运条件下，贮存期自生产日起为一年。

4）应避免与化学介质及有机溶剂等有害物质接触。

三、合成高分子防水卷材

合成高分子防水卷材是以合成树脂、合成橡胶或橡胶—塑料共混体等为基料，加入适量的化学助剂和添加剂，经过混炼（塑炼）压延或挤出成型、定型、硫化等工序制成的防水卷材（片材），属于高档防水材料。《高分子防水材料　第1部分：片材》（GB 18173.1—2012）规定了其类别及规格尺寸。

（一）合成高分子防水卷材的类别

1. 高分子片材

合成高分子防水卷材包括以高分子材料为主要材料，以挤出或压延等方法生产的均质片材（简称均质片）、复合片材（简称复合片）、异形片材（简称异形片）、自黏片材（简称自黏片）、点（条）黏片材［简称点（条）黏片］。

合成高分子防水卷材广泛用于各类工程的防水、防渗、防潮、隔气和防污染等。

（1）术语和定义

① 均质片材：以高分子合成材料为主要材料，各部位截面结构一致的防水片材。

② 复合片材：以高分子合成材料为主要材料，复合织物为保护层或增强层，以改变其尺寸稳定性和力学特性，各部位截面结构一致的防水片材。

③ 自黏片材：在高分子片材表面复合一层自黏材料和隔离保护层，以改善或提高其与基层的黏结性能，各部位截面结构一致的防水片材。

④ 异形片材：以高分子合成材料为主要材料，经特殊工艺加工成表面为连续凹凸壳体或特定几何形状的防排水片材。

⑤ 点（条）黏片材：均质片材与织物等保护层多点（条）黏结在一起，黏结点（条）在规定区域内均匀分布，利用黏结点（条）的间距，使其具有切向排水功能的防水片材。

（2）分类及标记　高分子防水卷材的分类见表8-10。

表8-10　高分子防水卷材的分类

分类		代号	主要材料
均质片材	硫化橡胶类	JL1	三元乙丙橡胶
		JL2	橡塑共混
		JL3	氯丁橡胶、氯磺化聚乙烯、氯化聚乙烯等
	非硫化橡胶类	JF1	三元乙丙橡胶
		JF2	橡塑共混
		JF3	氯化聚乙烯
	树脂类	JS1	聚氯乙烯等
		JS2	乙烯醋酸乙烯共聚物、聚乙烯等
		JS3	乙烯醋酸乙烯共聚物与改性沥青共混等
复合片材	硫化橡胶类	FL	（三元乙丙、丁基、氯丁橡胶、氯磺化聚乙烯等）/织物
	非硫化橡胶类	FF	（氯化聚乙烯、三元乙丙、丁基、氯丁橡胶、氯磺化聚乙烯等）/织物
	树脂类	FS1	聚氯乙烯/织物
		FS2	（聚乙烯、乙烯醋酸乙烯共聚物等）/织物
自黏片材	硫化橡胶类	ZJL1	三元乙丙/自黏料
		ZJL2	橡塑共混/自黏料
		ZJL3	（氯丁橡胶、氯磺化聚乙烯、氯化聚乙烯等）/自黏料
		ZFL	（三元乙丙、丁基、氯丁橡胶、氯磺化聚乙烯等）/织物/自黏料
	非硫化橡胶类	ZJF1	三元乙丙/自黏料
		ZJF2	橡塑共混/自黏料
		ZJF3	氯化聚乙烯/自黏料
		ZFF	（氯化聚乙烯、三元乙丙、丁基、氯丁橡胶、氯磺化聚乙烯等）/织物/自黏料
	树脂类	ZJS1	聚氯乙烯/自黏料
		ZJS2	（乙烯醋酸乙烯共聚物、聚乙烯等）/自黏料
		ZJS3	乙烯醋酸乙烯共聚物与改性沥青共混等/自黏料
		ZFS1	聚氯乙烯/织物/自黏料
		ZFS2	（聚乙烯、乙烯醋酸乙烯共聚物）/织物/自黏料

（续）

分类		代号	主要材料
异形片材	树脂类（防排水保护板）	YS	高密度聚乙烯，改性聚丙烯，高抗冲聚苯乙烯等
点（条）黏片材	树脂类	DS1/TS1	聚氯乙烯/织物
		DS2/TS2	（乙烯醋酸乙烯共聚物、聚乙烯等）/织物
		DS3/TS3	乙烯醋酸乙烯共聚物与改性沥青共混物等/织物

产品应按下列顺序标记，并可根据需要增加标记内容：类型代号、材质（简称或代号）、规格（长度×宽度×厚度）。异形片材加入壳体高度。

标记示例如下。

均质片材：长度为20.0m，宽度为1.0m，厚度为1.2mm的硫化型三元乙丙橡胶（EPDM）片材标记为JL1-EPDM-20.0m×1.0m×1.2mm。

异形片材：长度为20.0m，宽度为2.0m，厚度为0.8mm，壳体高度为8mm的高密度聚乙烯防排水片材标记为YS-HDPE-20.0m×2.0m×0.8mm×8mm。

（3）高分子片材的规格尺寸（表8-11）

表8-11　高分子片材的规格尺寸

项目	厚度/mm	宽度/m	长度/m
橡胶类	1.0、1.2、1.5、1.8、2.0	1.0、1.1、1.2	≥20①
树脂类	>0.5	1.0、1.2、1.5、2.0、2.5、3.0、4.0、6.0	

注：① 橡胶类片材在每卷20m长度中允许有一处接头，且最小块长度应≥30m，并应加长15cm，备作搭接；树脂类片材在每卷至少20m长度内不允许有接头；自黏片材及异形片材每卷10m长度内不允许有接头。

2. 聚氯乙烯防水卷材（PVC卷材）

PVC卷材是以聚氯乙烯树脂为主要基料制成的防水卷材，按产品的组成分为均质卷材（代号H）、带纤维背衬卷材（代号L）、织物内增强卷材（代号P）、玻璃纤维内增强带纤维背衬卷材（代号GL）。具体性能要求应符合《聚氯乙烯（PVC）防水卷材》（GB 12952—2011）的规定。

PVC卷材的拉伸强度高，伸长率大，对基层的伸缩和开裂变形适应性强；卷材幅面宽，焊接性好；具有良好的水蒸气扩散性，冷凝物容易排出；耐穿透、耐腐蚀、耐老化。低温柔性和耐热性好。其可用于各种屋面防水、地下防水及旧屋面维修工程。

聚氯乙烯防水卷材的主要性能见表8-12。

3. 氯化聚乙烯—橡胶共混防水卷材

以氯化聚乙烯树脂和丁苯橡胶的混合体为基料，加入各种添加剂加工而成，简称共混卷材。其属于硫化型高档防水卷材。

卷材的厚度有1.0mm、1.2mm、1.5mm、1.8mm、2.0mm，幅宽有1000mm、1200mm，长度为20m，其物理性能应符合《高分子防水卷材 第1部分：片材》（GB 18173.1—2012）的规定。其具有高伸长率、高强度，耐臭氧性能和耐低温性能好，耐老化性、耐水和耐腐蚀性强。其性能优于单一的橡胶类或树脂类卷材，对结构基层的变形适应能力大，适用于屋面的外露和非外露防水工程，地下室防水工程，水池、土木建筑的防水工程等。

表 8-12 聚氯乙烯防水卷材的主要性能

品种			主要指标						
			断裂拉伸强度/MPa（均质片）/(N/cm)（复合片）		扯（胶）断伸长率（%）		撕裂强度/(kN/m)（均质片）/N（复合片），大于等于	不透水性 30min 无渗漏	低温弯折/℃，小于等于
			常温，大于等于	60℃，大于等于	常温，大于等于	-20℃，大于等于			
均质片材	硫化橡胶类	JL1	7. 5	2. 3	450	200	25	0. 3MPa	-40
		JL2	6. 0	2. 1	400	200	24	0. 3MPa	-30
		JL3	6. 0	1. 8	300	170	23	0. 2MPa	-30
		JL4	2. 2	0. 7	200	100	15	0. 2MPa	-20
	非硫化橡胶类	JF1	4. 0	0. 8	400	200	18	0. 3MPa	-30
		JF2	3. 0	0. 4	200	100	10	0. 2MPa	-20
		JF3	5. 0	1. 0	200	100	10	0. 2MPa	-20
	树脂类	JS1	10	4	200	150	40	0. 3MPa	-20
		JS2	16	6	550	350	60	0. 3MPa	-35
		JS3	14	5	500	300	60	0. 3MPa	-35
复合片材	硫化橡胶类	FL	80	30	300	150	40	0. 3MPa	-35
	非硫化橡胶类	FF	60	20	250	50	20	0. 3MPa	-20
	树脂类	FS1	100	40	150	10	20	0. 3MPa	-30
		FS2	60	30	400	10	20	0. 3MPa	-20

（二）合成高分子卷材的验收

外观不允许出现裂纹、气泡、机械损伤、折痕、穿孔、杂质及异常黏着的缺陷；允许在20m长度内有一个接头，并加长150mm，备作搭接；接头处要求剪切平整，最短段不小于2. 5m等。物理力学性能应检验断裂拉伸强度、拉断伸长率、低温弯折、不透水性等。

（三）合成高分子卷材的储存、运输与保管

同高聚物改性沥青防水卷材的要求。

四、新型防水保温隔热一体的屋面防水材料

在现行防水材料中有一些品种具有良好的复合功能，实现功能多样化，代表产品有阳光板、复合保温涂层金属板和聚氨酯硬泡体防水保温材料。

聚氨酯硬泡体是一种高分子材料，在聚氨酯喷涂过程中，产生高闭孔率的硬泡体化合物，将防水和保温功能集于一体，现场喷涂施工，快速发泡成型，具有优良的保温隔热功能，同时具有良好的防水性能。

（一）聚氨酯硬泡体的技术特点

1）防水保温一体化，使用专用设备喷涂在基面上，保证防水保温性能的整体优良。

2）工程可靠性高，现场喷涂，无须预制搭接，形成无接缝壳体，与各种基面的黏结性好，集保温防水于一体，具有很好的可靠性。

3）质量轻，可降低荷载。按规定密度不低于55kg/m³，当喷涂厚度为25~30mm时，每平方米质量只为约2kg，非常适用于轻型框架建筑和大跨度的厂房和高层建筑。

4）节能效率高，保温隔热防水性能好。聚氨酯硬泡体防水保温材料的热导率可达到0.018~0.024W/(m·K)，有良好的保温隔热性能，闭孔率可达95%以上，防水性能良好。

5）设计简单，施工维修方便。采用现场喷涂，防水保温一次完成，对施工部位没有特殊要求，简化设计，施工操作方便，缩短工期。在维修旧屋面时，可以不铲除旧基层，降低施工工程强度和难度。

6）无氟发泡，适应环境广，符合环保要求。耐环境温度为-50~+150℃，且耐弱酸、弱碱等化学物质的腐蚀。耐用年限可达20年，集产品、施工、服务于一体，降低维修量和造价。

（二）聚氨酯硬泡体的储存及用途

一般情况下聚氨酯硬泡体的材料呈双组分分装的桶装形式，在储运过程中，不允许混装双组分，应立放，存放期不许超过6个月。

聚氨酯硬泡体防水保温技术主要用于防水等级为Ⅰ~Ⅳ级工业与民用建筑的平屋面、斜屋面，墙体及大跨度的金属网架结构与异形屋面的防水保温，还适用于旧屋面的维修和改造。其技术标准应符合《硬泡聚氨酯保温防水工程技术规范》（GB 50404—2017）的相关要求。

第三节　防水涂料

防水涂料是以沥青、合成高分子等为主体，在常温下呈无定形流态或半固态，涂布在构筑物表面，通过溶剂挥发或反应固化后能形成坚韧防水膜的材料的总称。

防水涂料按主要成膜物质可划分为沥青类、高聚物改性沥青类、合成高分子类、水泥类四种；按涂料的液态类型，可分为溶剂型、水乳型、反应型三种；按涂料的组分可分为单组分和双组分两种。

一、沥青类防水涂料

这类涂料的主要成膜物质是沥青，包括溶剂型和水乳型两种，主要品种有冷底子油、沥青胶、水乳型沥青基防水涂料。

1. 冷底子油

冷底子油是将建筑石油沥青（30号、10号或60号）加入汽油、柴油或将煤沥青（软化点为50~70℃）加入苯，融合而成的沥青溶液。冷底子油一般不单独作为防水材料使用，而是作为打底材料与沥青胶配合使用，增大沥青胶与基层的黏结力。常用配合比为：①石油沥青∶汽油=30∶70。②石油沥青∶煤油或柴油=40∶60，一般现配现用，用密闭容器储存，以防溶剂挥发。

2. 沥青胶（玛琋脂）

沥青胶是为了提高沥青的耐热性，降低沥青层的低温脆性，在沥青材料中加入填料进行改性而制成的液体。粉状填料有石灰石粉、白云石粉、滑石粉、膨润土等，纤维状填料有木质纤维、石棉屑等。该产品主要有耐热性、黏结力、柔韧性三种技术指标，见表8-13。

表 8-13 石油沥青胶的技术指标

<table>
<tr><th rowspan="2">项目</th><th colspan="6">标号</th></tr>
<tr><th>S-60</th><th>S-65</th><th>S-70</th><th>S-75</th><th>S-80</th><th>S-85</th></tr>
<tr><td rowspan="2">耐热性</td><td colspan="6">用 2mm 厚沥青胶黏合两张沥青油纸，在不低于下列温度（℃）下，于 45°的坡度上停放 5h，沥青胶结料不应流出，油纸不应滑动</td></tr>
<tr><td>60</td><td>65</td><td>70</td><td>75</td><td>80</td><td>85</td></tr>
<tr><td>黏结力</td><td colspan="6">将两张用沥青胶粘贴在一起的油纸揭开时，若被撕开的面积超过粘贴面积的一半，则认为不合格；否则认为合格</td></tr>
<tr><td rowspan="2">柔韧性</td><td colspan="6">涂在沥青油纸上的厚沥青胶层，在 18℃±2℃时围绕下列直径（mm）的圆棒以 5s 时间且匀速弯曲成半周，沥青胶结料不应有开裂</td></tr>
<tr><td>10</td><td>15</td><td>15</td><td>20</td><td>25</td><td>30</td></tr>
</table>

沥青胶的标号应根据屋面的历年最高温度及屋面坡度进行选择，见表 8-14。沥青与填充料应混合均匀，不得有粉团、草根、树叶、砂土等杂质。沥青胶施工方法有冷用和热用两种。热用比冷用的防水效果好；冷用施工方便，不会烫伤，但耗费溶剂。沥青胶用于沥青或改性沥青类卷材的黏结、沥青防水涂层和沥青砂浆层的底层。

表 8-14 石油沥青胶的标号选择

<table>
<tr><th>屋面坡度/(°)</th><th>历年极端室外温度/℃</th><th>沥青胶标号</th><th>屋面坡度/(°)</th><th>历年极端室外温度/℃</th><th>沥青胶标号</th></tr>
<tr><td rowspan="3">1~3</td><td>低于 38</td><td>S-60</td><td>3~15</td><td>41~45</td><td>S-75</td></tr>
<tr><td>38~41</td><td>S-65</td><td rowspan="4">15~25</td><td>低于 38</td><td>S-75</td></tr>
<tr><td>41~45</td><td>S-70</td><td>38~41</td><td>S-80</td></tr>
<tr><td rowspan="2">3~15</td><td>低于 38</td><td>S-65</td><td rowspan="2">41~45</td><td rowspan="2">S-85</td></tr>
<tr><td>38~41</td><td>S-70</td></tr>
</table>

3. 水乳型沥青基防水涂料

水乳型沥青基防水涂料是指乳化沥青及在其中加入各种改性材料的水乳型防水材料，主要用于Ⅲ、Ⅳ级防水等级的屋面防水及厕浴间、厨房防水。

水乳型沥青基防水涂料按性能分为 H 型和 L 型，其物理力学性能应符合《水乳型沥青基防水涂料》(JC/T 408—2005) 的规定，见表 8-15。水乳型沥青基防水涂料按质量分为一等品和合格品。外观要求搅拌后均匀无色差，无凝胶，无结块，无明显沥青丝。

表 8-15 水乳型沥青基防水涂料物理力学性能

<table>
<tr><th>项目</th><th>L</th><th>H</th></tr>
<tr><td>固体含量（%），大于等于</td><td colspan="2">45</td></tr>
<tr><td rowspan="2">耐热度/℃</td><td>80±2</td><td>110±2</td></tr>
<tr><td colspan="2">无流淌、滑动、滴落</td></tr>
<tr><td>不透水性</td><td colspan="2">0. 10MPa，30min 无渗水</td></tr>
<tr><td>黏结强度/MPa，大于等于</td><td colspan="2">0. 3</td></tr>
</table>

（续）

项目		L	H
表干时间/h，小于等于		8	
实干时间/h，小于等于		24	
低温柔度/℃	标准条件	-15	0
	碱处理	-10	5
	热处理		
	紫外线处理		
断裂伸长率（%），大于等于	标准条件	600	
	碱处理		
	热处理		
	紫外线处理		

注：供需双方可以商定温度更低的低温柔度指标。

这类材料的质量检验项目有固含量、柔韧性、黏结性、不透水性和耐热性等指标，经检验合格后才能用于工程中。

二、合成高分子类防水涂料

合成高分子类防水涂料是以合成橡胶或合成树脂为主要成膜物质，加入其他辅料而配成的单组分或多组分防水涂料，主要类型有聚氨酯（单、多组分）、硅橡胶、水乳型、丙烯酸酯、聚氯乙烯、水乳型三元乙丙橡胶防水涂料以及水泥基渗透结晶型防水涂料等。

1. 聚氨酯防水涂料

聚氨酯防水涂料又称为聚氨酯防水材料，按组分分为单组分（S）和多组分（M）两种；按基本性能分为Ⅰ型、Ⅱ型和Ⅲ型；按是否暴露使用分为外露（E）和非外露（N）；按有害物限量分为A类和B类。

《聚氨酯防水涂料》（GB/T 19250—2013）规定：聚氨酯防水涂料主要技术要求分为外观、物理力学性能和有害物质限量三个方面。聚氨酯防水涂料外观要求为均匀黏稠体，无凝结、结块；物理力学性能包括基本性能和可选性能，见表8-16。聚氨酯防水涂料中挥发性有机化合物（VOC）、苯、苯酚、蒽、萘、游离TDI等有害物质限量应符合规定要求。

表8-16 聚氨酯防水涂料基本性能

项目		技术指标		
		Ⅰ	Ⅱ	Ⅲ
固体含量（%），≥	单组分	85		
	双组分	92		
表干时间/h，≤		12		
实干时间/h，≤		24		
流平性[①]		20mm时，无明显齿痕		
拉伸强度/MPa，≥		2	6	12
断裂伸长率（%），≥		500	450	250
撕裂强度/(N/mm)，≥		15	30	40

（续）

项目		技术指标		
		Ⅰ	Ⅱ	Ⅲ
低温弯折性		−35℃，无裂纹		
不透水性		0.3MPa，120min 不透水		
加热伸缩率（%）		−4.0~+1.0		
黏结强度/MPa，≥		1.0		
吸水率（%），≤		5.0		
定伸时老化	加热老化	无裂纹及变形		
	人工气候老化	无裂纹及变形		
热处理（80℃，168h）	拉伸强度保持率（%）	80~150		
	断裂伸长率（%），≥	450	400	200
	低温弯折性	−30℃，无裂纹		
碱处理【0.1%NaOH +饱和 $Ca(OH)_2$ 溶液，168h】	拉伸强度保持率（%）	80~150		
	断裂伸长率（%），≥	450	400	200
	低温弯折性	−30℃，无裂纹		
酸处理【2%H_2SO_4 溶液，168h】	拉伸强度保持率（%）	80~150		
	断裂伸长率（%），≥	450	400	200
	低温弯折性	−30℃，无裂纹		
人工气候老化②（1000h）	拉伸强度保持率（%）	80~150		
	断裂伸长率（%），≥	450	400	200
	低温弯折性	−30℃，无裂纹		
燃烧性能②		B_2−E（点火 15s，燃烧 20s，Fs≤150mm，无燃烧滴落物引燃滤纸）		

注：① 该项性能不适用于单组分和喷涂施工的产品。流平性时间也可以根据工程要求和施工环境由供需双方商定，并在订货合同与产品包装上明示。

② 仅外露产品要求测定。

2. 水泥基渗透结晶型防水涂料

水泥基渗透结晶型防水涂料是以特种水泥、石英砂等为基料，掺入多种活性化学物质制成的粉状刚性防水材料。与水作用后，材料中含有的活性化学物质通过载体水向混凝土内部渗透，在混凝土中形成不溶于水的结晶体，堵塞毛细孔道，从而使混凝土致密、防水。

水泥基渗透结晶型防水涂料中溶出的硅酸离子随着表层水在混凝土中渗透扩散，与混凝土中的钙离子发生化学反应，生成不溶于水的硅酸钙水化物（枝蔓状结晶体），结晶体充满毛细管孔隙并与混凝土结合成整体，堵塞混凝土内部的毛细孔道，从而使混凝土致密，防止水渗漏，并且具有催化特性，一旦遇水可以不断产生化学反应，生成的结晶体不断生长并填充混凝土内部的毛细孔隙，具有多次抗渗和自我修复的特点和性能，以及极强的抗压能力，最高可达 3.0MPa。

水泥基渗透结晶型防水涂料适用于工业与民用建筑的地下工程、地铁及涵洞、水池、水利等工程混凝土结构的防水与防护。

三、聚合物水泥防水砂浆

聚合物水泥防水砂浆是以丙烯酸酯等聚合物乳液和水泥为主要原料，加入其他外加剂制得的双组分水性防水涂料。聚合物水泥防水砂浆按性能分为Ⅰ型和Ⅱ型两种；按组分分为单组分（S类）和双组分（D类）两类，Ⅰ型以聚合物为主的防水涂料，用于非长期浸水环境下的建筑防水工程，Ⅱ型以水泥为主的防水涂料，适用于长期浸水环境下的建筑防水工程。

聚合物水泥防水砂浆的含固量、表干时间、实干时间、低温柔度、常温拉伸断裂延伸率及强度、不透水性和黏结性等指标应符合《聚合物水泥防水砂浆》（JC/T 984—2011）的要求。聚合物水泥防水砂浆适用于工业及民用建筑的屋面工程，厕浴间厨房的防水防潮工程，地面、地下室、游泳池、罐槽的防水工程。

四、防水涂料的储运及保管

防水涂料的包装容器必须密封严实，容器表面应标明涂料名称、生产厂名、生产日期和产品有效期；储运及保管的环境温度不得低于0℃；严防日晒、碰撞、渗漏；应存放在干燥、通风、远离火源的室内，料库内应配备专门用于扑灭有机溶剂燃烧的消防设施；运输时，运输工具、车轮应有接地措施，防止静电起火。

五、常用防水涂料的性能及用途

常用防水涂料的特点及用途，见表8-17。

表8-17　常用防水涂料的特点及用途

品种	特点	用途
乳化沥青防水涂料	成本低，施工方便，耐候性好，但延伸率低	适用于民用及工业建筑厂房的复杂屋面和青灰屋面防水，也可涂于屋顶钢筋板面和油毡屋面防水
橡胶改性沥青防水涂料	有一定的柔韧性和耐火性，常温下冷施工，安全可靠	适用于工业及民用建筑的保温屋面、地下室、洞体、冷库地面等的防水
硅橡胶防水涂料	防水性好，成膜性、弹性、黏结性好，安全无毒	地下工程、储水池、厕浴间、屋面的防水
PVC防水涂料	具有弹塑性，能适应基层的一般开裂或变形	可用于屋面及地下工程、蓄水池、水沟、天沟的防腐和防水
三元乙丙橡胶防水涂料	具有高强度、高弹性、高伸长率，施工方便	可用于宾馆、办公楼、厂房、仓库、宿舍的建筑屋面和地面防水
氯磺化聚乙烯防水涂料	涂层附着力高，耐蚀，耐老化	可用于地下工程、海洋工程、石油化工、建筑屋面及地面的防水
聚丙烯酸酯防水涂料	黏结性强、防水性好、伸长率高、耐老化，能适应基层的开裂变形，冷施工	广泛应用于中、高级建筑工程的各种防水工程，平面、立面均可施工
聚氨酯防水涂料	强度高，耐老化性能优异，伸长率大，黏结力强	用于建筑屋面的隔热防水工程，地下室、厕浴间的防水，也可用于彩色装饰性防水
粉状黏性防水涂料	属于刚性防水、涂层寿命长，经久耐用，不存在老化问题	适用于建筑屋面、厨房、厕浴间、坑道、隧道地下工程防水

第四节　防水材料的选用与验收

一、屋面防水材料的选择

屋面工程应根据建筑物的性质、重要程度、使用功能要求、防水层的使用年限，按不同等级进行设防，合理选用防水材料。《屋面工程质量验收规范》（GB 50207—2012）规定：屋面防水工程应根据建筑物的性质、重要程度、使用功能要求，按不同屋面防水等级进行设防；对于有特殊要求的建筑屋面，应进行专项防水设计，屋面防水等级及设防要求见表8-18。购买材料时应有产品合格证和性能检测报告，材料的尺寸、品种、性能应符合相关标准要求。

表8-18　屋面防水等级及设防要求

防水等级	建筑类别	设防要求
Ⅰ级	重要建筑和高层建筑	两道防水设防
Ⅱ级	一般建筑	一道防水设防

二、地下工程的防水材料

地下工程防水等级分为四级，各级要求见《地下防水工程质量验收规范》（GB 50208—2011）中规定，根据各等级的设防要求选用相应的材料，所用防水材料为防水混凝土、防水砂浆、防水卷材、防水涂料、塑料防水板，各种止水带、止水条及防水嵌缝材料。

知识延伸

国家游泳中心的防水工程特点

国家游泳中心（图8-5），别名“水立方”“冰立方”，位于北京市朝阳区北京奥林匹克公园内，始建于2003年12月24日，于2008年1月正式竣工。2020年11月27日，国家游泳中心冬奥会冰壶场馆改造工程通过完工验收，“水立方”变身为“冰立方”。国家游泳中心是2008年北京奥运会的精品场馆和2022年北京冬奥会的经典改造场馆，也是唯一一座由港澳台同胞、海外华侨华人捐资建设的奥运场馆。

国家游泳中心工程的地下防水等级设为一级，防水设计采用了刚柔结合的复合防水体系，地下室底板、外墙及顶板采用了抗渗等级为S8的钢筋混凝土，柔性防水层选用了聚酯胎、Ⅱ型、PE膜覆盖的SBS改性沥青防水卷材，卷材防水面积约为63200m^2。总结该工程的防水技术，具有如下特点：

1. 防水工程设防等级高

本工程地下防水等级设为一级，工程柔性防水设计选用最高等级的双层4mm厚SBS改性沥青防水卷材，这种防水构造最薄处也有8mm厚，阴阳角等重点加强部位局部达到4层防水卷材叠加，在地下建筑结构的外侧形成了一道全封闭的柔性防水层。

图 8-5 国家游泳中心

2. 防水构造复杂

凡属于明挖法施工的地下结构柔性防水构造，均在本工程中出现，在防水层的施工工艺方面，既有外防外贴法施工，又有外防内贴法施工；在卷材铺贴方法方面，既有空铺法，又有满粘法，还有辅助机械固定法；在防水节点构造方面，不仅有坑、角、缝等常规构造，还有桩头、分段预留搭接等特殊构造。

3. 防水材料选用的品种多

本工程除了选用 SBS 改性沥青防水卷材做主材外，还选用了聚合物水泥砂浆、改性沥青防水涂料、水泥基渗透结晶型防水涂料、BW 遇水膨胀止水条、橡胶止水带以及速凝型止水堵漏材料等。

4. 防水材料的质量要求高

鉴于奥运工程的影响力，为了达到流水作业的要求，总承包单位将整个底板工程分成 3 个区域、24 个流水段，每个流水段又按照“水泥砂浆找平层施工→清理桩头→桩头水泥基渗透结晶型防水涂料处理→桩头聚合物防水砂浆施工→大面卷材施工→防水保护层施工→桩头遇水膨胀止水条施工→绑扎钢筋”等工序施工。

第五节 建筑防水密封材料

建筑防水密封材料又称为嵌缝材料，分为定形（密封条、压条）和不定形（密封膏或密封胶）两类。将建筑防水密封材料嵌入建筑接缝中，可以防尘、防水、隔气，具有良好的黏附性、耐老化性和温度适应性，能长期承受被黏附物体的振动、收缩而不被破坏。

一、建筑防水密封材料的分类

按原材料及其性能，不定形密封材料可分为以下几种：

（1）塑性密封膏　以改性沥青和煤焦油为主要原料制成。其价格低，具有一定的弹塑性和耐久性，但弹性差，延伸性差，使用年限在 10 年以下。

（2）弹塑性密封膏　以聚氯乙烯胶泥及各种塑料油膏为主。弹性较低，塑性较大，延伸性和黏结力较好，年限在 10 年以上。

（3）弹性密封膏　由聚硫橡胶、有机硅橡胶、氯丁橡胶、聚氨酯和丙烯酸苯为主要原料制成。性能好，使用年限在20年以上。

二、工程常用密封膏

1. 建筑防水沥青嵌缝油膏

建筑防水沥青嵌缝油膏是以石油沥青为基料，加入改性材料、稀释剂及填充料混合而成。改性材料有废橡胶粉和硫化鱼油；稀释剂有松节油、机油；填充料有石棉绒和滑石粉。建筑防水沥青嵌缝油膏的物理力学性能应符合《建筑防水沥青嵌缝油膏》（JC/T 207—2011）的规定，见表8-19。

表8-19　建筑防水沥青嵌缝油膏的物理力学性能

序号	项目		技术指标	
			702	801
1	密度/(g/cm^3)，≥		规定值①±0.1	
2	施工度/mm，≥		22.0	20.0
3	耐热性	温度/℃	70	80
		下垂值/mm，≤	4.0	
4	低温柔性	温度/℃	−20	−10
		黏结状况	无裂纹、无剥离	
5	拉伸黏结性（%），≥		125	
6	浸水后拉伸黏结性（%），≥		125	
7	渗出性	渗出幅度/mm，≤	5	
		渗出张数/张，≤	4	
8	挥发性（%）		2.8	

注：① 规定值由生产商提供或供需双方商定。

2. 聚氯乙烯防水接缝材料

聚氯乙烯防水接缝材料以聚氯乙烯（含PVC废料）和煤焦油为基料，同增塑剂、稳定剂、填充剂等共混，经塑化或热熔而成，呈黑色黏稠状或块状。产品应符合《聚氯乙烯建筑防水接缝材料》（JC/T 798—1997）的要求，见表8-20。

3. 聚氨酯建筑密封膏

聚氨酯建筑密封膏是以聚氨基甲酸酯聚合物为主要成分的双组分反应型密封材料。其主要技术性能应符合《聚氨酯建筑密封胶》（JC/T 482—2022）的规定，见表8-21。

表8-20　聚氯乙烯建筑防水接缝材料技术性能

项目		技术要求	
		801	802
密度/(g/cm^3)①		规定值±0.1①	
下垂度/mm，80℃，不大于		4	
低温柔性	温度/℃	−10	−20
	柔性	无裂缝	

（续）

项目		技术要求	
		801	802
拉伸黏结性	最大抗拉强度/MPa	0.02~0.15	
	最大延伸率（%），不小于	300	
浸水拉伸黏结性	最大抗拉强度/MPa	0.02~0.15	
	最大延伸率（%），不小于	250	
恢复率（%），不小于		80	
挥发率（%），②不大于		3	

注：① 规定值是指企业标准或产品说明书所规定的密度值。

② 挥发率仅限于G型PVC接缝材料。

表8-21 聚氨酯建筑密封胶的技术性能

序号	项目		技术指标							
			50LM	50HM	35LM	35HM	25LM	25HM	20LM	20HM
1	密度（g/cm^3）		规定值±0.1							
2	流动性①	下垂度（N型）/mm	≤3							
		流平性（L型）	光滑平整							
3	表干时间/h		≤24							
4	挤出性②（mL/min）		≥150							
5	适用期③/h		≥0.5							
6	拉伸模量/MPa	23℃ 20℃	≤0.4和 ≤0.6	>0.4或 >0.6	≤0.4和 ≤0.6	>0.4或 >0.6	≤0.4和 ≤0.6	>0.4或 >0.6	≤0.4和 ≤0.6	>0.4或 >0.6
7	弹性恢复率（%）		≥70							
8	定伸黏结性		无破坏							
9	浸水后定伸黏结性		无破坏							
10	冷拉-热压后黏结性		无破坏							
11	质量损失率/%		≤5							
12	人工气候老化后黏结性④		无破坏							

注：① 允许采用各方商定的其他指标值。

② 仅适用于单组分产品。

③ 仅适用于多组分产品；允许采用各方商定的其他指标值。

④ 仅适用于户外且直接暴露在阳光下的接缝产品。

三、密封材料的储运、保管与验收

密封材料的储运、保管应遵守下列规定：避开火源、热源、避免日晒、雨淋、防止碰撞，保持包装完好无损；外包装应贴有明显的标记，标明产品的名称、生产厂家、生产日期和使用有效期；应分类储放在通风、阴凉的室内，环境温度不应超过50℃。

改性石油沥青密封材料，每2t为一批，出厂时应检验其耐热度、低温柔性、拉伸性、施工度等指标。合成高分子密封材料，每1t为一批，应检验材料的拉伸性、柔度。外观上检查是否呈匀质膏状物，无结块和未浸透的填料或不易分散的固体块。

四、常用建筑密封材料的性能与用途

常用建筑密封材料的性能与用途见表8-22。

表8-22 常用建筑密封材料的性能与用途

品种	特点	用途
有机硅酮密封胶	具有对硅酸盐制品、金属、塑料良好的黏结性，耐水、耐热、耐低温、耐老化	适用于窗玻璃、幕镜、大型玻璃幕墙、储槽、水族箱、卫生陶瓷等接缝密封
聚硫密封胶	对金属、混凝土、玻璃、木材具有良好的黏结性，耐水、耐油、耐老化、化学稳定性好等	适用于中空玻璃、混凝土、金属结构的接缝密封，也适用于有耐油、耐试剂要求的车间、实验室的地板、墙板密封和一般建筑、土木工程的各种接缝密封
聚氨酯密封胶	对混凝土、金属、玻璃有良好的黏结性，并具有弹性、延伸性、耐疲劳性、耐候性等性能	适用于建筑物屋面、墙板、地板、窗框、卫生间的接缝密封，也适用于混凝土结构的伸缩缝、沉降缝和高速公路、机场跑道、桥梁等土木工程的嵌缝密封
丙烯酸酯密封胶	具有良好的黏结性、耐候性，一定的弹性，可在潮湿基层上施工	适用于室内墙面、地板、门窗框、卫生间的接缝、室外小位移量的建筑缝密封
氯丁橡胶密封胶	具有良好的黏结性、延伸性、耐候性、弹性	适用于室内墙面、地板、门窗框、卫生间的接缝、室外小位移量的建筑缝密封
聚氯乙烯接缝材料	具有良好的弹塑性、延伸性、黏结性、防水性、耐蚀性，耐热性、耐寒性、耐候性较好	适用于各种坡度的建筑屋面和有耐腐蚀要求的屋面的接缝防水，水利设施及地下管道的接缝防渗
改性沥青油胶	具有良好的黏结性、柔韧性、耐温性，可冷施工	适用于屋面板、墙板等装配式建筑构件间的接缝嵌填，以及小位移量的各种建筑接缝的防水密封

思考题

8-1 按用途不同，石油沥青可分为哪几类？

8-2 石油沥青由哪几种组分组成？它们分别对沥青的性能有何影响？沥青的技术性质有哪些？各有什么实用意义？

8-3 石油沥青的牌号如何划分？建筑工程中如何选用沥青的牌号？

8-4 石油沥青和煤沥青的区别有哪些？如何判断沥青质量的好坏？

8-5 什么叫改性沥青？常用的改性沥青有哪几种？各有何特点及用途？

8-6 什么是防水卷材？如何分类？应用防水卷材有何经济意义？

8-7 防水卷材的主要品种及其特性、用途有哪些？

8-8 常用的防水涂料有哪几种？其性能及用途如何？

8-9 什么是建筑防水密封材料？不定型密封材料的主要品种及其应用有哪些？

8-10 某工程需要软化点为80℃的石油沥青胶，工地现有30号和60号两种沥青，经试验其软化点分别为70℃和45℃，试计算这两种沥青的掺配比例。

8-11 简述新型防水保温一体的防水材料的特点。

第九章　建筑塑料及胶黏剂

【学习目标】

通过本章学习，结合工程实际中有形的、可见的事例，能够正确运用建筑塑料及胶黏剂的特性，合理选择和使用常用的建筑塑料及胶黏剂。

【了解】　建筑塑料及胶黏剂的组成、分类。

【熟悉】　建筑塑料及胶黏剂的特性。

【掌握】　常用建筑塑料及胶黏剂的应用。

建筑塑料及胶黏剂同属于有机高分子材料，具有质轻、坚韧、耐化学腐蚀、易加工成形等优点，作为新型建筑材料，越来越广泛地应用于建筑领域。比如，塑料管材（主要以UPVC和PE塑料管为主）是当今新兴的绿色建材，用塑料管材取代给水镀锌管、铸铁管，可以减少水中的金属含量，避免水质二次污染。塑料管道主要用于建筑排水管道，雨水排水管道，建筑给水、热水供应管道，城市燃气管道，建筑电线的穿线护套管等。

第一节　建筑塑料

建筑塑料是由高分子聚合物加入一些辅助材料，加工形成的塑性材料或固化交联形成的刚性材料。它是一种符合可持续发展战略要求的绿色建材，也是一种可替代木材、混凝土、钢材等的新型理想材料。其原料来源广，加工成形方便，色泽美观，成本低，而且质轻、绝缘、耐蚀、耐磨、隔声，适宜用于工业化生产。但塑料仍有不足之处，如耐热性低、热膨胀系数较大、易变形、易老化等。利用纳米材料与塑料结合，可以研制出具有保持原有刚性，而韧性和耐热性均大幅度提高的纳米塑料，提高塑料的综合性能。有人认为，纳米塑料将是我国最有希望实现产业化的纳米技术之一。

一、建筑塑料的组成、分类及特点

（一）塑料的组成

1. 合成树脂

合成树脂是塑料的基本组成成分，在塑料中约占40%~100%。它在塑料中起胶黏剂的作用，不仅能自身黏结，还能将塑料中的其他组分黏结成一个整体。合成树脂的种类、性质和用量不同，塑料的物理力学性能也不同。合成树脂是决定塑料基本性质的主要因素。

合成树脂的原料除石油、天然气、煤等天然材料外，还有各种化学原料，如苯酚、尿素、甲醇、甲醛、乙烯等。它们经聚合反应或缩聚反应而制得的有机高分子化合物（又称高聚物），即为合成树脂。经聚合反应而成的合成树脂称为聚合树脂，如聚乙烯、聚氯乙烯、聚苯乙烯等；经缩聚反应而成的合成树脂称为缩合树脂，如酚醛、脲醛、环氧、聚酯、有机硅等。

2. 填充料

填充料的主要作用是调节塑料的物理力学性能，如改善使用温度，提高塑料强度、硬度、耐磨性，增强化学稳定性等。常用填充料有有机填充料和无机填充料，有粉状和纤维状，如木粉、滑石粉、石英粉、玻璃纤维等。塑料中填充料掺量约为40%~70%。

3. 添加剂

为使塑料具有更好的性能，以满足使用的要求，常根据需要加入一些添加剂，如增塑剂、稳定剂、着色剂、固化剂等。

（二）塑料的分类及特点

1. 分类

塑料按合成树脂受热时所表现的性质不同分为热塑性塑料和热固性塑料两大类。

热塑性塑料受热软化，冷却后变硬，这一过程可反复多次而性质无明显变化，因此热塑性塑料及其制品可以再生利用，属于节能环保材料。热塑性塑料加工成形简单，有较高的力学性能，耐热性差（100℃以下），刚性差，易变形。这类塑料的树脂包括全部聚合树脂及部分缩合树脂，如聚乙烯、聚氯乙烯、聚苯乙烯、聚丙烯等。

热固性塑料受热后先转变成黏稠状态，然后继续发生化学变化而最终固化。这时即使再加热也不会改变形状，所以只能塑制一次。热固性塑料强度高，耐热性好，不易变形，加工较难，力学性能较差。这类塑料包括大部分缩合树脂，如酚醛塑料、环氧树脂、脲醛塑料等。

塑料按组成成分的多少可分为单成分塑料和多成分塑料。单成分塑料仅含有塑料中必不可少的合成树脂，如由聚甲基丙烯酸甲酯树脂制成的塑料，俗称“有机玻璃”，就是一种单成分塑料。大多数塑料是多成分塑料，除合成树脂外，还含有填充料、添加剂等。

2. 特点

建筑塑料与传统建筑材料相比有以下特点：

(1) 表观密度小　建筑塑料表观密度小，一般只有0.8~2.2g/cm^3，与木材差不多。使用建筑塑料可以减轻建筑物的自重，尤其对于高层建筑更具有特殊意义。例如用硬质泡沫塑料作墙体材料的芯材，能大大降低墙体的重量。

(2) 比强度高　塑料的比强度比结构钢、混凝土还要高。有些玻璃钢的抗拉强度可达167~490MPa，可用于建造活动房屋及大型拱形屋顶等。

(3) 耐磨性良好　某些塑料的耐磨性好，如聚氯乙烯塑料，适合做地板；尼龙的摩擦因数很小，耐磨，可作轴承等。

(4) 耐化学腐蚀性好　一般塑料对酸、碱等化学品的耐腐蚀性均比金属材料和无机材料好，特别适合做化学工业厂房的门窗、地面、墙体、屋架等。

(5) 装饰性好　大多数塑料有良好的着色性，因此塑料制品色彩丰富，可使建筑色彩大有改观。

(6) 耐老化性差　有机材料在外界环境条件（阳光、温度、气候、空气等）的影响下会引起老化，使材料容易开裂破损，缩短使用寿命。但是，如果在配方中加入稳定剂及合适的颜料，可以基本满足建筑工程上的需要。

(7) 可燃性　建筑塑料属于有机高分子材料，绝大多数能燃烧，但各种塑料的可燃性有很大差别，例如聚苯乙烯，遇火就会很快燃烧，而聚氯乙烯则有自熄性，所以建筑中的塑

料应采取防火措施，如在塑料中添加大量无机材料或加入阻燃剂等，这样的塑料制品较难燃烧。另外，有些塑料在燃烧时有毒，容易使人窒息，要特别引起注意。

（8）刚性小　塑料的刚性比钢等其他材料小得多，且受温度、时间等影响较大，具有较大的蠕变性，限制了它在受荷状态下的使用。

建筑塑料还具有热导率小，耐水性、抗震、消声好等特点，在使用中要扬长避短。

二、常用建筑塑料

1. 聚乙烯塑料（PE）

聚乙烯是最常用的塑料之一，它是由单体乙烯在催化剂作用下聚合而成的以聚乙烯树脂为主要原料的多功能塑料。

聚乙烯塑料能吸收油类而引起膨胀、变色、破裂，但有很高的化学稳定性、耐水性、物理力学性能和电绝缘性，因此可以作为防水材料、给排水管道、防渗薄膜、混凝土建筑物的防水层，配制涂料、油漆等。

聚乙烯能燃烧，使用时要注意防火。

2. 聚氯乙烯（PVC）塑料

聚氯乙烯树脂主要由氯乙烯单体经聚合而成，是无色定形的白色粉末，是目前建筑中用量最大的塑料之一。聚氯乙烯塑料在常温下易溶于某些有机溶剂（酮、酯等）中，利用这一性质可将聚氯乙烯制品进行黏结。聚氯乙烯塑料对酸、碱及其他溶剂的抵抗能力极强。

由于对光、热的不稳定性以及强度差，因此聚氯乙烯不能单独使用，一般都要加入稳定剂、增塑剂、着色剂等来改善它的物理力学性能。

聚氯乙烯树脂中加入不同量的增塑剂可制成硬质或软质制品。

硬质聚氯乙烯的机械强度高，耐蚀，常温下它的抗冲击性能也较高，但在0℃以下迅速降低。它的软化点低，耐热性差，不能在60℃以上的环境中使用。

硬质聚氯乙烯制品应用范围很广，如百叶窗、屋面采光板、管材、密封条、踢脚板、门窗框、塑料地板等，也可制成泡沫塑料，主要用作隔热、隔声材料。

软质聚氯乙烯的用途更广，可挤压成板、片、型材做地面材料和装修材料，可制成半透明柔软的天花板。软质聚氯乙烯由于有增塑剂，故可燃烧，燃烧时有烟并放出氯化氢气体。

3. 聚苯乙烯（PS）塑料

聚苯乙烯是合成树脂中最轻的树脂之一，由苯乙烯单体经聚合而成，具有高绝热性、高透明性、电绝缘性、刚性及耐化学腐蚀性，可做成透明和不透明的制品；缺点是性脆，耐热性差。主要的聚苯乙烯塑料制品是聚苯乙烯泡沫塑料，可用作复合板材的芯材以获得良好的绝热性能。

4. 聚丙烯（PP）

聚丙烯树脂由丙烯单体聚合而成。以聚丙烯树脂为主要成分的聚丙烯塑料的机械性能和耐热性都优于聚乙烯塑料，聚丙烯塑料刚性、延性好，耐蚀，不耐磨，无毒、易燃，有一定的脆性，主要用于生产管材、卫生洁具、耐腐蚀衬板等。

5. 聚甲基丙烯酸甲酯（PMMA）塑料

聚甲基丙烯酸甲酯，俗称“有机玻璃”，它不仅能透过92%以上的日光，并且能透过73.5%的紫外线。聚甲基丙烯酸甲酯塑料质轻，不易碎裂，在低温时具有较高的冲击强度，坚韧并具有弹性，有优良的耐水性，耐候性好，易加工成形，可制成板材、管材、浴缸、室内隔断、穹形天窗等，是目前透明性较好的热塑性塑料。

6. 酚醛树脂塑料（PF）

酚醛树脂通常以苯酚与甲醛缩聚而成，属于自燃性塑料。由于所用苯酚与甲醛的配合比不同，催化剂类型不同，可得到热塑性和热固性两类树脂。酚醛树脂耐热、耐湿、耐化学侵蚀和电绝缘性能好，强度高，刚性好，但本身很脆，不能单独作为塑料使用。电工器材的电木粉就是将酚醛树脂脱水磨成细粉并与木粉、颜料配成压塑粉，再经过加工而成。

在建筑工程中酚醛塑料主要用于制造各种层压板和玻璃纤维增强塑料，以及生产涂料、黏结剂等。

7. 聚氨酯塑料（PU）

聚氨酯塑料分为单组分和双组分两种。双组分塑料为软性，单组分塑料为硬性。聚氨酯塑料可用于制造建筑涂料、防水材料、黏结剂、塑料地板等。

8. 玻璃纤维增强塑料（GRP）

玻璃纤维增强塑料俗称“玻璃钢”，是采用合成树脂胶结玻璃纤维或玻璃布而制成的轻质高强复合材料，一般用热固性树脂为胶结材料，如酚醛、聚酯、环氧、有机硅等。它的特点是质轻，高强（比强度超过钢材），化学稳定性好，但刚度较低，使用时会产生较大的徐变。

9. 聚碳酸酯塑料（PC）

聚碳酸酯塑料是一种工程塑料，有极高的抗冲击强度，是玻璃的250倍，是有机玻璃的150倍，透光率高，3mm的透光率为60%，故有“不碎玻璃”之称。它质轻，密度仅为玻璃的50%左右，隔热性好，使用温度范围广（-130~130℃），抗紫外线能力强，且具有自熄性、阻燃等特点。它常做成板材，用于办公楼、体育馆、娱乐中心、工业厂房等的采光。

10. 有机硅塑料（SI）

有机硅塑料的分子量低，常用作清漆、润滑剂、脱膜剂中的外加剂或单独作为憎水剂。

以聚酰胺、聚乙烯、聚苯乙烯、环氧树脂、硅橡胶等为基材添加纳米蒙脱土的一系列纳米塑料，表现出优异的物理力学性能，强度高，耐热性好，密度较小。纳米塑料显示出良好的透明度和较高的光泽度，部分材料的耐磨性是黄铜的27倍，钢铁的7倍，因而纳米塑料具有更广阔的应用空间。

第二节　胶　黏　剂

胶黏剂是指能形成薄膜，并能将两个物体的表面通过薄膜紧密胶结而达到一定物理化学性能要求的材料，又称为黏结剂。胶黏剂在建筑上的使用具有悠久的历史，如秦长城就是用糯米浆与石灰制成的混合灰浆来砌筑的。

随着化学工业的不断发展，以合成树脂为主要成分的合成胶黏剂几乎完全取代了天然胶黏剂，广泛应用于建筑工程中，如地板、墙板、吸声板等的黏结，釉面砖、水磨石、壁纸等的铺贴，混凝土裂缝、破损的修补，以及复合材料的黏结等。

随着纳米胶黏剂的出现，胶黏剂的物理力学性能及耐久性都会大大提高。绿色环保型胶

黏剂会有更广阔的发展空间。

一、胶结的特点

胶结作为材料连接的一种方式，与焊、铆、螺栓等连接方式相比，具有如下特点：

1）可利用胶黏剂复合薄膜材料、纤维材料、层状材料、碎屑材料。如胶合板、纤维板、玻璃纤维增强材料、玻璃棉等。

2）胶黏缝的应力分布面积较大，受力较均匀，可以避免或缓解应力集中，有利于制作高强材料。

3）胶黏缝的气密性和水密性好，有利于建筑的节能。

4）可以黏结两种不同材料，甚至两种不同性质的材料以及热膨胀系数相差很大的材料。

5）施工方法简便，省工省料。

二、胶黏剂的组成与分类

（一）胶黏剂的组成

胶黏剂大多是多组分物质，除了起基本黏附作用的黏料外，为了满足特定的物理化学性能，需加入各种填充料和添加剂。

黏料是胶黏剂的基本组分，对胶黏剂的性能，如黏结强度、耐热性、韧性、耐老化性及用途和使用工艺等起决定性作用。常用的黏料有天然高分子化合物（如淀粉、天然橡胶等）、合成高分子化合物（如酚醛树脂、聚醋酸乙烯酯等）、无机化合物（如某些硅酸盐、磷酸盐等）。

填充料可以提高胶黏剂的强度、耐热性，增大黏度，减少收缩，降低成本等，常用的填充料有石棉粉、滑石粉、铁粉等。填充料必须干燥，并磨细过筛才可使用。

稀释剂可以改善胶黏剂的工艺性，降低黏度，延长使用期限，常用的稀释剂有环氧丙烷和丙酮等。

（二）胶黏剂的分类

胶黏剂的品种繁多，分类方法各不相同。

1）胶黏剂按强度特性不同划分为结构胶黏剂、非结构胶黏剂、次结构胶黏剂。

① 结构胶黏剂：胶结强度较高，至少与被胶结物本身的材料强度相当，同时对耐油、耐热和耐水性等都有较高要求，如硅酮结构胶。

② 非结构胶黏剂：要求有一定的强度，但不能承受较大的力，仅起定位作用，如聚醋酸乙烯酯等。

③ 次结构胶黏剂：又称准结构胶黏剂，其物理力学性能介于结构胶黏剂和非结构胶黏剂之间。

2）胶黏剂按固化条件不同划分为溶剂型胶黏剂、反应型胶黏剂、热熔型胶黏剂。

① 溶剂型胶黏剂：溶剂型胶黏剂中的溶剂从黏合端面挥发或者被吸收，形成黏合膜而发挥黏合力，如聚苯乙烯、丁苯等。

② 反应型胶黏剂：反应型胶黏剂的固化是由不可逆的化学变化引起的。按照配方及固化条件不同，反应型胶黏剂可分为单组分、双组分、三组分的室温固化型、加热固化型等形式，如环氧树脂、聚氨酯、硅橡胶、酚醛等。

③ 热熔型胶黏剂：以热塑性高聚物为主要成分，不含水或溶剂的固体聚合物。通过加热熔融黏合、冷却、固化而发挥黏合力，如醋酸乙烯、丁基橡胶、松香、虫胶、石

蜡等。

三、建筑工程中常用的胶黏剂

目前建筑工程中常用的胶黏剂有聚醋酸乙烯及其共聚物胶黏剂、聚氨酯类胶黏剂、环氧树脂类胶黏剂、不饱和聚酯树脂类胶黏剂等。

1. 聚醋酸乙烯胶黏剂

聚醋酸乙烯胶黏剂又称白乳胶，是由醋酸、乙烯经乳液聚合而制得的一种乳白色、带有酯类芳香的乳胶状液体。聚醋酸乙烯胶黏剂的特点是：

1）胶液呈酸性。

2）具有较强的亲水性。

3）流动性好，便于表面粗糙材料的黏结。

4）耐水性差，不能用于潮湿环境。

5）适宜的黏结温度为5~80℃。

6）无毒、无污染，是一种优良的环保材料。

聚醋酸乙烯胶黏剂黏结强度不高，主要用于黏结受力不大的墙壁纸、壁布等，黏结以受压力为主的木地板、塑料地板等。它除用于黏结材料外，还可作为涂料的主要成膜物质，也可加入水泥砂浆中组成聚合物水泥砂浆，以提高砂浆与基体的黏结力。

聚醋酸乙烯胶黏剂是装饰装修工程中用量最大的胶黏剂之一。

2. 聚氨酯类胶黏剂

聚氨酯类胶黏剂是以多异氰酸酯和聚氨基甲酸酯（简称聚氨酯）为黏结物质，加入改性材料、填充料、固化剂等而制得的胶黏剂，一般为双组分。其特点是黏附性好，耐低温性能优异，韧性好，可室温固化。

聚氨酯类胶黏剂对多种材料有良好的黏结性，可以黏结陶瓷、木材、不锈钢、玻璃等材料，另外聚氨酯也可用于制作防水材料、管道密封材料，还可作为聚氨酯涂料的主要成膜物质，涂刷木器家具。

3. 环氧树脂类胶黏剂

环氧树脂是含有环氧基的树脂的总称。通常使用的环氧树脂为黄色至青铜色黏稠液体或固体，它与多种材料有很高的黏结力，加入固化剂后，有相当高的强度，同时有较好的耐热性和化学稳定性，且收缩率、吸水率都较小，不易老化。

环氧树脂可用于黏结金属、玻璃、木材、混凝土等，也可用于配制涂料、环氧混凝土、环氧砂浆，还可作为灌浆材料用于混凝土补强。

4. 不饱和聚酯树脂类胶黏剂

不饱和聚酯树脂除用于制造玻璃钢制品外，也是一种性能良好的黏结材料。不饱和聚酯树脂未固化时为黏度较高的液体，使用时需加固化剂、稀释剂等，它的工艺性能好，可在室温固化，但固化时收缩率较大。

不饱和聚酯树脂类胶黏剂可用来黏结陶瓷、玻璃钢、金属、木材和混凝土等材料。

四、胶黏剂的使用

（一）选择合适的品种

1. 考虑因素

胶黏剂的品种一定要根据实际情况选择，选择时至少应考虑以下几点：

1）所要黏结的材料品种和特性。

2）被黏结材料对胶黏剂的特殊要求，如强度、韧性、颜色等。

3）周围的环境及环境对胶黏剂的要求，如温度、湿度、防潮、防水等。

2. 使用场景

（1）黏结地板　橡胶地面可用天然或合成橡胶溶液、橡胶乳胶水泥黏结。地毡或软木地面用一般的胶黏剂都可黏结，而塑料地砖、地板的黏结要综合考虑地砖、地板及胶黏剂来选择。

（2）黏结墙面　黏结塑料壁纸主要用聚乙烯醇缩甲醛和羧甲基纤维素组成的胶黏剂。

（3）黏结其他材料　大理石、瓷砖、锦砖等可用砂浆、塑料砂浆黏结，如用环氧树脂水泥砂浆黏结大理石墙面效果会更好。

纤维板、胶合板或其他类似的板材，常用聚醋酸乙烯乳液等胶黏剂来黏结，也可用天然胶或氯丁胶等胶黏剂。用在室外的石棉水泥板等墙面材料，可用环氧树脂砂浆黏结。

（4）建筑结构的黏结　胶合木的桁架可用高强度胶黏剂黏结而成，混凝土构件可用环氧树脂或不饱和聚酯砂浆黏结，钢与混凝土的黏结可用环氧树脂砂浆，金属与金属的黏结一般在工厂用环氧树脂、聚氨酯等胶黏剂。

（二）胶黏剂的使用方法

1. 被黏物表面处理

被黏物表面必须清洁，多数胶黏剂还要求被黏物表面干燥，但也有少数胶黏剂可以用于潮湿的表面。当被黏物表面很光滑时，一般还需用砂纸或锉刀将表面打毛，以提高黏结力。

2. 涂胶方法

传统的涂胶工具是刷子和刮刀等。有的胶黏剂可用喷涂机喷涂，辊涂机辊涂。

3. 双组分胶黏剂的使用方法

双组分胶黏剂首先要配比正确，其次必须混合均匀。混合好的胶黏剂必须一次用完。

4. 施加压力

压紧被黏物使其表面互相紧密接触，排除空气。对接触型胶黏剂可用手或辊筒加压，以便获得瞬时黏结力，而不需要继续加压就可达到目的。对于没有瞬时黏结力的胶黏剂，则需要用夹具或压机等加压方法，一般加压要保持数小时才能达到黏结目的。

5. 固化过程

接触型胶黏剂在黏结后即可获得一定强度，其值可以达到一周后最终强度的20%；双组分胶黏剂虽然在几小时内可以固化，但要达到完全固化，则需要较长时间，这段时间应在交付使用时考虑到。

6. 外界条件的影响

温度和湿度会影响胶黏剂的使用性能，在使用溶剂型胶黏剂时，干燥时间随着温度的下降而延长，随着温度的上升而缩短。高湿度状态会延长干燥时间并会缩短使用期。

7. 储存与安全

由于许多胶黏剂是可燃的，有时还会放出有毒气体，因此必须注意安全。在储存胶黏剂时，应遵照说明书规定的条件储存，否则会导致胶黏剂失效。

思 考 题

9-1 名词解释：热塑性塑料；热固性塑料。

9-2 简述聚氯乙烯、聚苯乙烯及有机玻璃、聚氨酯塑料、玻璃钢、聚碳酸酯塑料的特点和用途。

9-3 胶黏剂选用的原则是什么？试举例说明。

9-4 胶黏剂使用时应注意哪些问题？

工程案例

案例1 某办公楼工程采用钢筋混凝土框架剪力墙结构，墙体砌筑前将拉结筋植入框架柱内，在用硅酮结构胶固定后发现黏结强度不够，稍用力就会脱落。

分析：使用已过期结构胶。虽然包装上注明了出厂日期和有效期限，但由于操作者疏忽，差点酿成大错。

案例2 某一家庭斥巨资进行室内装修，三个月后搬进新房。一年以后，原本健康的母亲和孩子都感到不适，头晕、头痛、无力、胸闷，经医生检查，患了白血病。

分析：在建筑涂料和胶黏剂中常含有一定量的甲醛、苯、总挥发性有机化合物（TVOC）等有毒物质，长期吸入后会对呼吸道产生严重的刺激，引起再生障碍性贫血，危及生命安全。上述案例中，经专业环保检测机构对该房间空气进行检测，发现空气中有毒物质全部超标，其中甲醛含量超过国家标准70倍。

课后知识

工业发达国家对绿色建筑塑料的研究开发十分重视，不断开发出一些新型的塑料建材制品。例如，英国一房地产开发公司研制出一种将聚苯乙烯废料变为人造木材的方法。该方法是先将85%的废聚苯乙烯压碎、混合并加热，然后加入4%的滑石粉加固剂及其他一些添加剂，加工制成仿木材制品。其外观、强度及使用性能等方面均可与松木相比。

第十章　常用建筑装饰材料

【学习目标】

【了解】　建筑装饰材料的作用及发展概况与趋势。

【熟悉】　常见装饰材料的品种与性能特点。

【掌握】　几种常用装饰材料的装饰效果、性能特点及应用。

建筑装饰效果的体现很大程度上受到建筑装饰材料的制约，尤其是受到材料的光泽、质地、质感、图案、花纹等装饰特性的影响。

目前许多装饰材料含有对人体有害的物质，例如含高挥发性有机物的涂料，含醛等过敏性化学物质的胶合板、纤维板、胶黏剂，含放射性的花岗岩、大理石、陶瓷面砖，含微细石棉纤维的石棉纤维水泥制品等。随着全世界对环境问题、能源问题及资源问题的普遍关注，人类更加注重“绿色住宅”和“健康住宅”的开发建设。按照世界卫生组织的建议，健康住宅应能使居住者在身体上、精神上和社会上的安全处于良好的状态，这其中最主要的指标之一是室内空气质量，要求尽可能不使用有毒、有害的建筑装饰材料，避免因此产生的化学污染。为此，我国于 2002 年 7 月 1 日起对室内装饰装修材料强制实施市场准入制度，即只有达到《室内装饰装修材料有害物质限量》的 10 项标准方可进入市场。实际上，10 项标准只是市场准入的最低要求，与真正的绿色产品标准还有一段距离。只有获得由中国环境标志认证委员会颁发的绿色产品标志——“十环缠绕青山绿水”的建材产品才是真正符合国际化标准的绿色建材。

此外，在建筑装饰工程中，装饰材料的费用通常占装饰工程造价的 50%～70%，因此合理地选用建筑装饰材料，对于降低建筑装饰工程的造价也具有十分重要的意义。

本章重点介绍几种常用的建筑装饰材料——玻璃、涂料、饰面石材、建筑陶瓷、人造板材及木制品和金属装饰材料。

第一节　玻　　璃

玻璃应用于建筑使人类的居住环境有了极大的改善。如今，随着人们对建筑物的功能和适用性要求的不断提高以及玻璃生产加工技术的不断发展，出现了许多性能优良的功能玻璃制品，它们在控制光线、调节温度、防止噪声、艺术装饰等方面的出色表现，使得玻璃成为现代建筑不可缺少的重要材料之一。可以预见，随着人类环保意识和人性化设计理念的不断增强，具备遮阳、保暖、采光、装饰、节能、隔声等多功能型，具备去污、防霉、自洁净、杀菌、净化环境和光电转化等生态环境型，具备自诊断、自适应、自修补等智能机敏型的建筑玻璃将成为建筑玻璃材料的发展主流。

一、玻璃的分类

玻璃的品种很多，按化学组成可分为硅酸盐玻璃、磷酸盐玻璃、硼酸盐玻璃和铝酸盐玻璃等。应用最早、用量最大的是硅酸盐玻璃，它易于熔制且成本较低，是最常见的一种建筑玻璃。

玻璃按功能可划分为普通玻璃、吸热玻璃、防水玻璃、安全玻璃、装饰玻璃、漫射玻璃、镜面玻璃、热反射玻璃、低辐射玻璃、隔热玻璃等。

本节主要介绍具有一定功能性的建筑玻璃。

二、普通平板玻璃

普通平板玻璃是未经进一步加工的钠钙硅酸盐质平板玻璃制品。其透光率为85%~90%，也称为单光玻璃、净片玻璃，是建筑工程中用量最大的玻璃，也是生产其他多种玻璃制品的基础材料，故又称为原片玻璃。它主要用于一般建筑的门窗，起透光、保温、隔声、挡风雨等作用。

按生产工艺的不同，普通平板玻璃可分为引拉法玻璃和浮法玻璃两种，浮法玻璃在透光率、外观质量及热稳定性等方面均优于同级别引拉法玻璃。根据《平板玻璃》（GB 11614—2022）的规定，玻璃按颜色属性分为无色透明平板玻璃和本体着色平板玻璃；按照外观质量要求分为普通级平板玻璃和优质加工级平板玻璃两级。

大部分普通平板玻璃被直接用作各级各类建筑的采光材料，还有一部分作为深加工玻璃制品的基础原料。

普通平板玻璃采用木箱或集装箱（架）包装，在储存运输时，必须箱盖向上，垂直立放，并需注意防潮、防雨，存放在不结露的房间内。

三、深加工玻璃制品及其应用

玻璃的深加工制品是指将普通平板玻璃经加工制成具有某些特殊性能的玻璃。玻璃的深加工制品品种繁多，功能各异，广泛用于建筑物以及日常生活中。建筑中使用的玻璃深加工制品主要有以下品种：

（一）安全玻璃

玻璃是脆性材料，当外力超过一定值后即碎裂成具有尖锐棱角的碎片，破坏时几乎没有塑性变形。为减小玻璃的脆性，提高其强度，通常对普通玻璃进行增强处理，或与其他材料复合，或采用加入特殊成分等方法来加以改进。经过增强改性后的玻璃称为安全玻璃。常用的安全玻璃有钢化玻璃、夹丝玻璃和夹层玻璃。

1. 钢化玻璃

钢化玻璃又称为强化玻璃，按钢化原理不同分为物理钢化和化学钢化两种。经过物理（淬火）或化学（离子交换）钢化处理的玻璃，可使玻璃表面层产生残余压应力约70~180MPa，如图10-1所示，而使玻璃的抗折强度、抗冲击性、热稳定性大幅提高。物理钢化玻璃破碎时，不像普通玻璃那样形成尖锐的碎片，而是形成较圆滑的微粒状，有利于人身安全，因此可用作高层建筑物的门窗、幕墙、隔墙、桌面玻璃、炉门上的观察窗以及汽车风窗玻璃、电视机屏幕等。

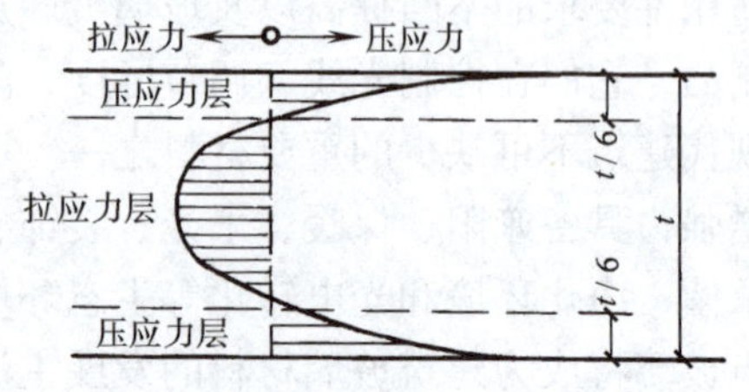

图10-1 钢化玻璃断面应力分布图

钢化玻璃在使用中需选择现有尺寸或提出具体设

计图样加工定做，不能二次加工，边角不能碰击，使用时严禁溅上火花，以避免破坏其应力状态。此外，由于钢化玻璃本身存在自爆（指在使用中无直接机械外力作用下，玻璃发生自裂的情况）这种不可完全避免的缺陷，因此在满足风压设计的要求下，可选用热增强玻璃。热增强玻璃不存在自爆现象，但是强度仅仅是普通玻璃的两倍左右，多数应用在高层建筑中，提高抗风压性能。

2. 夹层玻璃

夹层玻璃是两片或多片玻璃之间嵌夹透明塑料薄片，经加热、加压黏结而成。

生产夹层玻璃的原片可采用一等品的引拉法平板玻璃或浮法玻璃，也可用钢化玻璃、夹丝抛光玻璃、吸热玻璃、热反射玻璃或彩色玻璃等，玻璃厚度可为2mm、3mm、5mm、6mm、8mm。夹层玻璃的层数有3、5、7层，最多可达9层，达9层时则一般子弹不易穿透，成为防弹玻璃。

夹层玻璃按形状可分为平面和曲面两类；按抗冲击性、抗穿透性可分LⅠ和LⅡ两类；按特性分为多个品种：如破碎时能保持能见度的减薄型，可减少日照量和眩光的遮阳型，通电后保持表面干燥的电热型，防弹型，玻璃纤维增强型，报警型，防紫外线型以及隔声夹层玻璃等。夹层玻璃的抗冲击性能比平板玻璃高数倍，破碎时只产生辐射状裂纹而不分离成碎片，不致伤人。通过采用不同的原片玻璃，它还具有耐久、耐热、耐湿、耐寒和隔声等性能，适用于有特殊安全要求的建筑物的门窗、隔墙，工业厂房的天窗和某些水下工程等。

3. 夹丝玻璃

夹丝玻璃是将平板玻璃加热到红热软化状态，再将预热处理的金属丝（网）压入玻璃中而制成。夹丝玻璃的表面可以是压花表面或磨光表面，颜色可以是无色透明或彩色。与普通平板玻璃相比，它的耐冲击性和耐热性好，在外力作用和温度剧变时，破而不散，而且具有防火、防盗功能。

夹丝玻璃适用于公共建筑的阳台、楼梯、电梯间、走廊、厂房天窗和各种采光屋顶。

夹丝玻璃由于是在玻璃中镶嵌了金属物，破坏了玻璃的均一性，玻璃的力学强度有所降低，而且丝网与玻璃的热学性能（如热膨胀系数、热导率等）差别较大，因此在使用中应注意尽量避免玻璃两面出现较大温差或局部冷热交替过于频繁。

（二）温控、声控和光控玻璃

1. 中空玻璃

中空玻璃是将两片或多片平板玻璃相互间隔6~12mm镶于边框中，且四周加以密封，间隔空腔中充填干燥空气或惰性气体，也可在框底放置干燥剂（图10-2）。为获得更好的声控、光控和隔热等效果，还可充以各种能漫射光线的材料、电介质等。

中空玻璃可以根据要求，选用各种不同性能和规格的玻璃原片，如浮法玻璃、钢化玻璃、夹层玻璃、夹丝玻璃、压花玻璃、彩色玻璃、热反射玻璃等制成。玻璃片厚度可为3mm、4mm、5mm、6mm，充气层厚度一般有6mm、9mm、12mm，中空玻璃厚度为12~42mm。国产中空玻璃面积已达3m×2m。

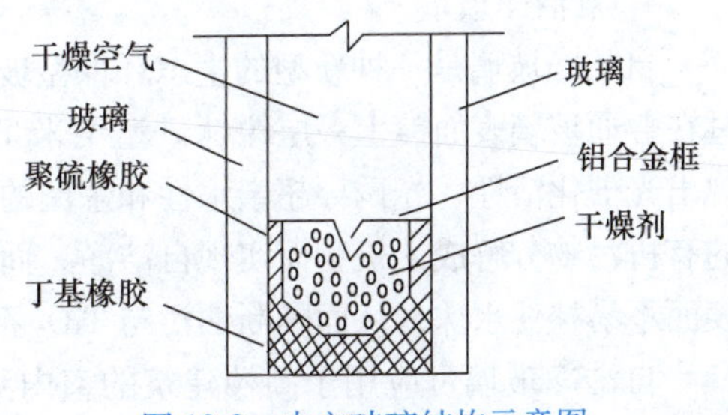

图10-2　中空玻璃结构示意图

中空玻璃往往具有良好的绝热、隔声效果，

而且露点低、自重轻（仅为相同面积混凝土墙的1/30~1/16），适用于需要采暖、空调、防止噪声、防止结露以及需要无直射阳光和特殊光的建筑物，如住宅、学校、医院、旅馆、商店、恒温恒湿的实验室以及工厂的门窗、天窗和玻璃幕墙等。目前已研制出在两片玻璃板的真空间放置支承物以承受大气压力的真空玻璃［参见《真空玻璃》（JC/T 1079—2020）］，其保温隔热性优于中空玻璃。

2. 吸热玻璃

吸热玻璃是能吸收大量红外线辐射能并保持较高可见光透过率的平板玻璃。

生产吸热玻璃的方法有两种：一种是在普通钠钙硅酸盐玻璃的原料中加入一定量有吸热性能的着色剂，如氧化铁、氧化钴以及硒等；另一种是在平板玻璃表面喷镀一层或多层金属或金属氧化物薄膜而制成。吸热玻璃的颜色有灰色、茶色、蓝色、绿色、古铜色、青铜色、粉红色和金黄色等。我国目前主要生产前三种颜色的吸热玻璃，厚度有2mm、3mm、5mm、6mm四种规格。

吸热玻璃与普通平板玻璃相比能吸收更多太阳辐射热，减小太阳光的强度，具有反眩效果而且能吸收一定的紫外线。

由于上述特点，吸热玻璃已广泛用于建筑物的门窗、外墙以及用作车、船风窗玻璃等，起到隔热、防眩、采光及装饰等作用。它还可以按不同用途进行加工，制成磨光、夹层、镜面及中空玻璃，在外部围护结构中用于配制彩色玻璃窗，在室内装饰中用于镶嵌玻璃隔断、装饰家具以增加美感。

吸热玻璃两侧温度差较大，热应力较高，易发生热炸裂，使用时应使窗帘、百叶窗等远离玻璃表面，以利通风散热。

3. 热反射玻璃

热反射玻璃是具有较高的热反射能力而又保持良好透光性的平板玻璃，它是采用热解、真空蒸镀和阴极溅射等方法，在玻璃表面涂以金、银、铝、铬、镍和铁等金属或金属氧化物薄膜，或采用电浮法等离子交换方法，以金属离子置换玻璃表层原有离子而形成热反射膜。热反射玻璃也称镜面玻璃，有金色、茶色、灰色、紫色、褐色、青铜色和浅蓝色等颜色。

热反射玻璃具有良好的隔热性能，热反射率高，反射率达到30%以上，而普通玻璃仅7%~8%。6mm厚浮法玻璃的总反射热为16%，同样条件下，吸热玻璃的总反射热为40%，而热反射玻璃则可达61%，因而常用它制成中空玻璃或夹层玻璃以增强其绝热性能。镀金属膜的热反射玻璃还有单向透像的作用，即白天能在室内看到室外景物，而室外却看不到室内的景象。热反射玻璃具有较高的光线反射率，使用中会出现光污染问题。

热反射玻璃主要用于有绝热要求的建筑物门窗、玻璃幕墙、汽车和轮船的玻璃等。

4. 自洁净玻璃

自洁净玻璃是一种新型的生态环保型玻璃制品，从表面上看与普通玻璃并无差别，但是通过在普通玻璃表面镀上一层锐钛矿型纳米 TiO_2 晶体的透明涂层后，玻璃在紫外光照射下会表现出光催化活性、光诱导超亲水性和杀菌的功能。通过光催化活性可以迅速将附着在玻璃表面的有机污物分解成无机物而实现自洁净，而光诱导超亲水性会使水的接触角在5°以下而使玻璃表面不易挂住水珠，从而隔断油污与 TiO_2 薄膜表面的直接接触，保持玻璃的自身洁净。

自洁净玻璃可应用于高档建筑的室内浴镜、卫生间整容镜、高层建筑物的幕墙、照明玻璃、汽车玻璃场所。用自洁净玻璃制成的玻璃幕墙可长久保持清洁明亮光彩照人，并大大减

少保洁费用。

5. 电热玻璃

电热玻璃是一种通电后能发热升温的夹层玻璃制品。这种玻璃在夹层玻璃中间膜一侧嵌入极细的钨丝或康铜丝等金属电热丝，或者在玻璃内表面涂透明导电膜，通电后使玻璃受热。电热玻璃本身具有热敏电阻，与温度控制系统连接，玻璃表面温度可以自动调节控制，玻璃表面温度最高可达60℃。透光度一般为80%左右。使用电压为190~250V，并具有一定的抗冲击安全性。

在建筑工程中这种玻璃可以用于陈列窗、严寒地区的建筑门窗等，也可以制成各种电热玻璃工艺品、装饰品等，摆放、悬挂在室内，作为冬季的室内辅助热源。将电热玻璃用在汽车、飞机、坦克、舰船的风窗玻璃上，可以防止玻璃表面结霜、结露、结冰。

6. 防火玻璃

防火玻璃是一种新型建筑用功能材料，它是由两层或两层以上玻璃用透明防火胶黏结在一起制成的，具有良好的透光性能和防火阻燃性能。

防火玻璃平时和普通玻璃一样是透明的，在遇火几分钟后，中间膜即开始膨胀发成很厚的泡沫状绝热层，这种绝热层能够阻止火焰蔓延和热传递，把火灾限制在着火点附近的小区域内，起到防火保护作用。性能好的防火玻璃，在1000℃以上的高温下仍有良好的防火阻燃性。

透明防火安全玻璃可用于制作高级宾馆、影剧院、展览馆、机场、体育馆、医院、图书馆、商厦等公共建筑以及其他没有防火分区要求的民用和公用建筑的防火门、防火窗和防火隔断等。

7. 智能调光玻璃

智能调光玻璃属特种建筑装饰玻璃之一，俗称电致变色玻璃，它通过电流的大小可调节玻璃的透光率，是调节外界光线进入室内的极好“帮手”。通过电流变换可控制玻璃变色和颜色深浅度，控制及调节阳光照入室内的强度，使室内光线柔和，舒适怡人。智能调光玻璃主要用于需要保密或隐私防护的建筑场所，由其制成的窗玻璃相当于有电控装置的窗帘，自如方便，不仅有光透过率变换自如的特点，而且在建筑物门窗上占用空间极小，省去了设置窗帘的机构及空间。

（三）结构玻璃

结构玻璃是在建筑物中作为幕墙、采光顶、雨篷、栏杆、地板甚至梁柱使用的玻璃。目前幕墙玻璃根据幕墙形式不同，可以采用钢化玻璃、热反射玻璃、中空玻璃、夹层玻璃等多个品种，显框及隐框玻璃幕墙多选用热反射玻璃、中空玻璃，半钢化夹层玻璃由于有较大的残余强度，常常用于点式玻璃幕墙。采光顶玻璃则必须采用夹层玻璃。对于碎片下落高度达到5m的场所，防坠落用的栏杆玻璃须使用钢化夹层玻璃，这样即使它破裂后，由于中间膜的支承，碎片也不会飞散出去，击伤下方的人群。可行走玻璃一般由至少三层夹合玻璃组成，表面一层一般采用钢化或半钢化玻璃，其表面一般采用喷砂工艺以防滑。作为梁、柱等受压单元使用的结构玻璃一般采用夹层玻璃。

（四）饰面玻璃

饰面玻璃是指用于建筑物表面装饰的玻璃制品，包括板材和砖材。主要品种如下：

1. 彩色玻璃

彩色玻璃有透明和不透明两种。透明彩色玻璃是在玻璃原料中加入一定量金属氧化物而制成。不透明彩色玻璃又名釉面玻璃，它是以平板玻璃、磨光玻璃或玻璃砖等为基料，在玻璃表面涂敷一层易熔性彩釉，加热到彩釉的熔融温度，使釉层与玻璃牢固结合在一起，再经退火或钢化而成。彩色玻璃的彩面也可用有机高分子涂料制得。

彩色玻璃的颜色有红色、黄色、蓝色、绿色、灰色等十余种，可用于镶拼成各种图案花纹，并有耐蚀、抗冲刷、易清洗等特点，主要用于建筑物的内外墙、门窗及对光线有特殊要求的部位。有时在玻璃原料中加入乳浊剂（萤石等）可制得乳浊有色玻璃，这类玻璃透光而不透视，具有独特的装饰效果。

2. 玻璃贴面砖

玻璃贴面砖是以要求尺寸的平板玻璃为主要基材，在玻璃的一面喷涂釉液，再在喷涂釉液表面均匀地撒上一层玻璃碎屑，以形成毛面，然后经500~550℃热处理，使三者牢固地结合在一起制成，可用作内外墙的饰面材料。

3. 玻璃锦砖

玻璃锦砖又称为玻璃马赛克或玻璃纸皮石，它是含有未熔融的微小晶体（主要是石英）的乳浊状半透明玻璃质材料，是一种小规格的饰面玻璃制品。其一般尺寸为20mm×20mm、30mm×30mm、40mm×40mm，厚4~6mm，背面有槽纹，有利于与基面黏结。为便于施工，出厂前将玻璃锦砖按设计图案反贴在牛皮纸上，贴成305.5mm×305.5mm，称为一联。

玻璃锦砖颜色绚丽，色法众多，且有透明、半透明、不透明三种。它的化学稳定性好，急冷、急热稳定性好，雨天能自洗，经久常新，吸水率小，抗冻性好，不变色，不积尘，而且成本低，是一种良好的外墙装饰材料。

4. 压花玻璃

压花玻璃是将熔融的玻璃在急冷中通过带图案花纹的辊轴滚压而成的制品，可一面压花，也可两面压花。压花玻璃分为普通压花玻璃、真空冷膜压花玻璃和彩色膜压花玻璃三种，一般规格为800mm×700mm×3mm。

压花玻璃具有透光不透视的特点，这是由于其表面凹凸不平，当光线通过时产生漫射，因此，从玻璃的一面看另一面物体时，物像模糊不清。压花玻璃表面有各种图案花纹，具有一定的艺术装饰效果，多用于办公室、会议室、浴室、卫生间以及公共场所分离室的门窗和隔断等处。使用时应将花纹朝向室内。

5. 磨砂玻璃

磨砂玻璃又称为毛玻璃，指经研磨、喷砂或氢氟酸溶蚀等加工，使表面（单面或双面）成为均匀粗糙的平板玻璃。其特点是透光不透视，且光线不刺眼，用于要求透光而不透视的部位，如建筑物的卫生间、浴室、办公室等的门窗及隔断，也可作黑板或灯罩。

6. 镭射玻璃

镭射玻璃是以玻璃为基材的新型建筑装饰材料，其特征在于经特种工艺处理，玻璃背面出现全息或其他几何光栅，在光源照射下，形成物理衍射分光而出现艳丽的七色光，且在同一感光点或感光面上会因光线入射角的不同而出现色彩变化，使被装饰物显得华贵高雅，富丽堂皇。镭射玻璃的颜色有银白色、蓝色、灰色、紫色、红色等多种。按其结构有单层和夹层之分。镭射玻璃适用于酒店、宾馆和各种商业、文化、娱乐设施的装饰，可用作内外墙、柱面、地面、桌面、台面、幕墙、隔断、屏风等。使用时应注意当用于地面时应采用钢化玻璃夹层光栅玻璃。

第二节　建筑涂料

涂料是指涂敷于物体表面，能与物体表面黏结在一起，并能形成连续性膜层来实现其保护功能、装饰功能及其他特殊功能的材料。

建筑涂料是指用于建筑物（墙面和地面）的涂料，建筑涂料以其多样的品种、丰富的色彩、良好的质感可以满足各种不同的要求。同时，建筑涂料还具有施工方便，高效且方式多样（刷涂、辊涂、喷涂、弹涂），易于维修更新，自重小，造价低，可在各种复杂墙面作业的优点，成为建筑工程中一种很有发展前景的装饰材料。

由于全球范围内环保意识的加强，具有环保适用性的绿色涂料将成为世界环保型涂料的主流产品。

一、建筑涂料的分类

建筑涂料品种繁多，分类方法也有多种。主要分类如下：

1. 按使用部位分类

建筑涂料可分为内墙涂料、外墙涂料、顶棚涂料、地面涂料、门窗涂料等。

2. 按主要成膜物质的化学组成分类

建筑涂料可分为有机高分子涂料（包括溶剂型涂料、水溶型涂料、乳液型涂料），无机涂料及无机-有机复合涂料。

3. 按涂膜厚度、形状与质感分类

厚度小于1mm的建筑涂料称为薄质涂料，涂膜厚度为1~5mm的建筑涂料称为厚质涂料。建筑涂料按涂膜形状与质感可分为平壁状涂层涂料、砂壁状涂层涂料、凹凸立体花纹涂料。

4. 按涂料的特殊功能分类

建筑涂料可分为防火涂料、防水涂料、防腐涂料、防霉涂料、弹性涂料、变色涂料、保温涂料。

实际上，建筑涂料分类时，常常将上述的分类结合在一起使用，如合成树脂乳液内外墙涂料，水溶性内墙涂料，合成树脂乳液砂壁状涂料等。

二、常用建筑涂料的特点及主要产品

（一）内墙涂料、外墙涂料、地面涂料的性能特点

1. 内墙涂料

内墙涂料的主要功能是装饰及保护室内墙面，由于其直接影响室内人造环境和空气质量，因此内墙涂料必须具有良好的装饰性（色彩丰富、质感细腻）、功能性（耐碱性、耐水性、耐擦洗性、透气性）以及安全健康性［《建筑用墙面涂料中有害物质限量》（GB 18582—2020）］，中高档健康型的绿色内墙涂料是今后内墙涂料的一个发展方向。

2. 外墙涂料

外墙涂料的主要功能是装饰和保护建筑物的外墙面，由于外墙涂料暴露在大气中，受到日光、雨水、风沙、冷热变化等自然因素长期作用，因此外墙涂料不仅应具有一定的装饰性，还应具有很好的耐水性、耐玷污性、耐候性，相对于内墙涂料而言对VOC等有害物质排放量的限量有所放宽。高抗玷污性、自乳化、高固体分乳胶漆将是今后很长一段时期外墙

涂料的发展方向。

3. 地面涂料

地面涂料的主要功能是装饰与保护室内地面，为获得良好的装饰和保护效果，地面涂料应具有健康、涂刷方便、耐碱性好、黏结力强、耐水性好、耐磨性好、抗冲击力强等特点。安全无毒、脚感舒适、坚固耐磨是地面涂料追求的目标。

（二）常用建筑涂料

1. 聚醋酸乙烯乳胶漆

聚醋酸乙烯乳胶漆属于合成树脂乳液型内墙涂料。该涂料无毒无味，不易燃烧，涂膜细腻、平滑、色彩鲜艳，涂膜透气性好、装饰效果良好，价格适中，施工方便，耐水、耐碱性及耐候性优于聚乙烯醇系内墙涂料，但较其他共聚乳液差，主要作为住宅、一般公用建筑等的中档内墙涂料使用，不直接用于室外。若加入石英粉、水泥等可制成地面涂料，尤其适宜水泥旧地坪的翻修。

2. 多彩内墙涂料

多彩内墙涂料简称多彩涂料，是目前国内外流行的高档内墙涂料。它是由不相混溶的两相组成，其中一相为分散介质，另一相为分散相，目前生产的多彩涂料主要是水包油型（即水为分散介质，合成树脂为分散相，以油/水或O/W表示），较其他三种类型涂料［油包水型（W/O）、油包油型（O/O）、水包水型（W/W）］储存稳定性好，应用也更广泛，涂装后显出具有立体质感的多彩花纹涂层。

多彩内墙涂料色彩丰富，图案变化多样，立体感强，装饰效果好，具有良好的耐水性、耐油性、耐碱性、耐洗刷性，较好的透气性，且对基层适应性强，是一种可用于建筑物内墙、顶棚的水泥混凝土、砂浆、石膏板、木材、钢板、铝板等多种基面的高档建筑涂料。

3. 彩色砂壁状外墙涂料

彩色砂壁状外墙涂料又称为彩砂涂料，是一种粗面厚度涂料。彩色砂壁状外墙涂料由于采用高温烧结的彩色砂粒、彩色陶瓷或天然带色石屑为集料，涂层具有丰富的色彩和质感，同时由于所含成膜物质在大气中及紫外光照射下不易发生断链、分解或氧化等化学变化，因此其保色性、耐候性比其他类型的外墙涂料有较大的提高。当采用不同的施工工艺时可获得仿大理石、仿花岗岩质感与色彩的涂层，又称为仿石涂料、石艺漆。

彩色砂壁状外墙涂料主要用于办公楼、商店等公用建筑的外墙面，是一种良好的装饰保护性外墙涂料。

4. 聚氨酯系地面涂料

聚氨酯是聚氨基甲酸酯的简称。聚氨酯地面涂料分为薄质罩面涂料与厚质弹性地面涂料两类。前者主要用于木质地板或其他地面的罩面上光。后者用于刷涂水泥地面，能在地面形成无缝且具有弹性的耐磨涂层，因此称为弹性地面涂料。

聚氨酯弹性地面涂料是以聚氨酯为基料的双组分常温固化型的橡胶类溶剂型涂料。甲组分是聚氨酯预聚体，乙组分由固化剂、颜料、填料及助剂按一定比例混合、研磨均匀制成。两组分在施工应用时按一定比例搅拌均匀后，即可在地面上涂刷。涂层固化是靠甲、乙组分反应、交联后而形成具有一定弹性的彩色涂层。

涂料与水泥、木材、金属、陶瓷等地面的黏结力强，整体性好，且弹性变形能力大，不会因地基开裂、裂纹而导致涂层的开裂。色彩丰富，可涂成各种颜色，也可在地面做成各种

图案。耐磨性很好，并且耐油、耐水、耐酸、耐碱，是化工车间较为理想的地面材料。其重涂性好，便于维修。施工较复杂，原材料具有毒性，施工中应注意通风、防火及劳动保护。聚氨酯地面涂料固化后，具有一定的弹性，且可加入少量发泡剂形成含有适量泡沫的涂层，因此脚感舒适，适用于高级住宅、会议室、手术室、放映厅等的地面，但价格较贵。

5. 绿色涂料

综合考虑各种类型的涂料，在施工以及使用过程中能够造成室内空气质量下降，有可能含有影响人体健康的有害物质。《建筑用墙面涂料中有害物质限量》（GB 18582—2020）对内墙涂料中 VOC、游离甲醛、可溶性重金属（铅、镉、铬、汞）及苯、甲苯、二甲苯含量作了严格限制，认为合成树脂乳液水性涂料相对于有机溶剂型涂料来说有机挥发物极少，是典型的绿色涂料。水溶性涂料由于含有未反应完全的游离甲醛，在涂刷及养护过程中会逐渐释放出来，对人体造成危害，属于淘汰产品。

目前，绿色生态类涂料的研制和开发正加快进行并初具规模，如引入纳米技术的改性内墙涂料、杀菌性建筑涂料等。

三、特种涂料

特种涂料又称为功能涂料，它不仅具有保护和装饰的作用，还具有一些特殊功能，如防水、防火、防腐、防静电等。

（一）防火涂料

防火涂料可以有效减缓可燃材料的引燃时间，阻止非可燃结构材料表面温度升高而引起的强度急剧下降，阻止或延缓火焰的蔓延，可为人们争取到灭火和人员疏散的宝贵时间。

根据防火原理不同，防火涂料有膨胀型和非膨胀型两种。非膨胀型防火涂料是由不燃型或难燃型合成树脂、难燃剂和防火填料组成，其涂膜不易燃烧。膨胀型防火涂料是由难燃树脂、阻燃剂、成碳剂、发泡剂等材料组成，在高温和火焰作用下，这些成分迅速膨胀形成比原涂料厚几十倍的泡沫状炭化层，从而阻止高温对基材的传热，使基材表面温度降低。

防火涂料可用于钢材、木材和木制品、混凝土等材料表面。

1. 木结构防火涂料

YZL-858 发泡型防火涂料由无机高分子材料和有机高分子材料复合而成，具有质轻、防火、隔热、耐候、坚韧不脆、施工方便、装饰性良好等特点，适用于公共和民用建筑物的室内木结构，如木条、木板、木柱等基材。

膨胀型乳胶防火涂料是以丙烯酸乳液为黏结剂，与多种防火添加剂配合，以水为介质配合颜料和助剂配制而成，有黄、红、蓝、绿等色系。该种涂料涂膜遇火膨胀，产生蜂窝状炭化层，隔热效果显著，适用于工业与民用建筑物的内层架、隔墙、顶棚（木质、纤维板、胶合板、纸板）等易燃材料上的防护和装饰，还可用于发电厂、变电站及建筑物的沟道内和竖井中电缆的阻燃涂刷保护。

2. 钢结构防火涂料

（1）ST1-A 型钢结构防火涂料　该类涂料采用特制保温蛭石集料、无机胶黏材料、防火添加剂与复合化学助剂调配而成。该类涂料具有质量轻、热导率小、防火隔热性能好等特点，可用作各类建筑钢结构和钢筋混凝土结构的梁、柱、墙和楼板的防火阻燃层。

（2）LG 钢结构防火隔热涂料　该类涂料是以改性无机高温黏结剂配以膨胀珍珠岩等吸热隔热材料及增强材料和化学助剂合成的一种新型涂料，具有质量轻、热导率小、防火隔热性能好、附着力强、干燥固化快等特点，适用于各类建筑物室内钢结构防火，也可用于防火墙、防火挡板及电缆沟内钢铁支撑架等构筑物的防火阻燃。

（二）防水涂料

防水涂料是指能形成防止雨水或其他水对建筑装饰层面渗漏膜层的一种涂料。防水涂料按照其形式与状态不同可分为溶剂型、水乳型和反应型三类。

1. 溶剂型防水涂料

该类涂料是以各种高分子合成树脂溶于溶剂中制成的防水涂料。它的防水效果好，能快速干燥，可在低温下施工。常用的树脂种类有氯丁橡胶沥青、丁基橡胶沥青、SBS改性沥青、再生橡胶改性沥青。

2. 水乳型防水涂料

该类涂料是应用较多的涂料，它以水为稀释剂，有效降低了施工污染、毒性和易燃性。主要品种有改性沥青系防水涂料、丙烯酸乳液防水涂料、膨润土沥青防水涂料等。

3. 反应型防水涂料

该类涂料是以化学反应型合成树脂构成的双组分涂料，具有优异的防水性、防变形性和耐老化性，属于高档防水涂料。主要品种有聚氨酯系防水涂料、环氧树脂防水涂料等。

（三）防霉涂料及防潮涂料

防霉涂料是指能够抑制各种霉菌生长的一种涂料。它是以聚乙烯共聚物为基料加低毒高效防霉剂配制而成，适用于食品厂、果品厂、卷烟厂以及地下室等易发生霉变场所的内墙装饰。

防潮涂料是以高分子共聚乳液为基料，掺入高效防潮剂等助剂制成。防潮涂料具有耐水、防潮、无毒、无味、施工安全等特点，主要用于洞库墙面及南方多雨潮湿场所的室内墙面装饰。

（四）发光涂料

发光涂料是指在夜间能产生指示标志的一类涂料。它是由成膜物质、填充剂和荧光物质等组成。发光涂料所含的荧光颜料的分子受光的照射即被激发释放能量，在夜间或白昼都能发光。发光涂料具有耐候、耐油、透明、抗老化等优点，主要适用于交通及建筑的指示标识、广告牌、门窗把手、电灯开关等需要发出各种色彩和明亮发光的场合。

（五）防锈涂料及防腐涂料

防锈涂料是由有机高分子聚合物为基料，加入防锈颜料、填充料等配制而成。该种涂料适用于钢铁制品表面防锈。

防腐涂料是一种能将酸、碱及各类有机物与材料隔离，使材料免于被有害物质侵蚀的涂料，适用于建筑内外墙面的防腐性装饰。

（六）防静电涂料

防静电涂料是以聚乙烯醇缩甲醛为基料，掺入防静电剂及多种助剂加工而成，具有质量轻、涂层薄、耐磨损、不燃烧、附着力强、有一定弹性等特点，适用于电子计算机机房、精密仪器车间等地面涂装。

第三节　建筑饰面石材

建筑石材是指具有一定的物理、化学性能，可用作建筑材料的石材，有天然石材和人工石材两大类。

天然石材是对天然岩石的形状、尺寸和表面进行简单的物理加工而得到的块状材料，是人类历史上应用最早的建筑材料。天然石材具有抗压强度高、耐久性和耐磨性良好、资源分布广、便于就地取材等优点，在建筑工程中被广泛应用至今。它们不仅可作为基石用材、墙体用材、混凝土集料用材，更由于其自身特有的色泽和纹理美，在室内外装饰环境中也扮演了十分重要的角色。

人造石材是用无机或有机胶黏材料、矿物质原料及各种外加剂人工配制而成的仿天然石材制品。人造大理石、人造花岗岩、水磨石等是常见的人造石材，因具有性能、形状、花色图案的可设计性，得到广泛应用。

一、常用天然建筑饰面石材

用于建筑工程中的饰面石材大多为板材，也有曲面材料，按其基本属性可分为花岗岩和大理石两大类。其要求应符合《天然石材装饰工程技术规程》（JCG/T 60001—2007）的规定。

（一）天然花岗岩饰面石材

1. 花岗岩

花岗岩有时也称为麻石。某些花岗岩含有微量的放射性元素（如氡气），应避免用于室内。

花岗岩的密度为 2500~2800kg/m^3，抗压强度为 120~300MPa，孔隙率低，吸水率为 0.1%~0.7%，莫氏硬度为 6~7，耐磨性好，抗风化性及耐久性高，耐酸性好，但不耐火。使用年限为数十年至数百年，高质量的可达千年以上。建筑工程中所使用的花岗岩泛指具有装饰功能并可以磨光、抛光的各类岩浆岩及少量其他类岩石。这类岩石组织非常紧密，矿物全部结晶且颗粒粗大呈块状构造或为粗晶嵌入玻璃质结构中的斑状构造，强度高、吸水性小，硬度、密度及导热性大，它们都可以磨光、抛光成镜面，呈现出斑点状花纹。

2. 天然花岗岩装饰板材

花岗岩板材是用花岗岩荒料（由岩石矿床开采而得到的形状规则的大石块称为荒料）加工制成的板状产品。花岗岩板材抗压强度达 120~250MPa，耐久性好，使用年限为 75~200 年。

花岗岩按板材的形状分为普形板材（正方形或长方形，代号 N）、异形板材（其他形状的板材，代号 S）；按板材厚度分为薄板（厚度小于等于 15mm）和厚板（厚度大于 15mm）；按板材表面加工程度分为细面板材（RB）（表面平整光滑）、镜面板材（PL）（表面平整，具有镜面光泽）和粗面板材（RU）（表面粗糙平整，具有较规则加工条纹的机刨板、剁斧板、捶击板等）。

花岗岩板材的规格尺寸很多，常用的长度和宽度范围为 300~1200mm，厚度为 10~30mm。

花岗岩属于高级装饰材料，但开采加工困难，故造价较高，因而主要用于大型建筑或有装饰要求的其他建筑。粗面板材和细面板材主要用于室外地面、台阶、墙面、柱面、台面等；镜面板材主要用于室内外墙面、地面、柱面、台面、台阶等。花岗岩也可加工成条石、蘑菇石、柱头、饰物等，用于室外装饰工程中。

（二）天然大理石饰面石材

1. 大理石

大理石又称为云石。建筑工程中所用的大理石泛指具有装饰功能，并可磨光抛光的各种沉积岩和变质岩，如大理岩、石英岩、蛇纹岩、致密石灰岩、砂岩、石膏岩、白云岩等。大理石构造致密，体积密度为2500~2700kg/m^3，抗压强度为50~190MPa，莫氏硬度为3~4，较花岗岩易于雕琢磨光，且石质细腻，光泽柔润，绚丽多彩，磨光后具有优良的装饰性。

天然大理岩具有纯黑色、纯白色、浅灰色、绿色、米黄色等多种色彩，并且斑纹多样，千姿百态，朴素自然。纯大理石为白色，我国常称汉白玉。当大理石中含有氧化铁、二氧化硅、云母、石墨、蛇纹石等杂质时，大理石呈现出红色、黄色、黑色、绿色、灰色、褐色等各色斑驳纹理，磨光后极为美丽典雅。在这类大理石中，大理岩、石灰岩、白云岩的主要成分是碳酸盐，能抵抗碱的作用，但不耐酸，若用于城市外部的饰面材料，则因城市空气中常含有二氧化硫，遇水时会生成亚硫酸而后变为硫酸与岩石中的碳酸盐作用，生成易溶于水的石膏，使表面很快失去光泽，变得粗糙多孔而降低建筑性能。若是含石英为主的砂岩、石英岩则不存在此种问题。

2. 天然大理石板材

将天然大理石荒料经锯切、研磨、抛光等加工后就成为天然大理石板材。装饰大理石多数为镜面板材，按板材的形状分为普形板材（N）和异形板材（S）两种。

大理石属于高级装饰材料，大理石镜面板材主要用于大型建筑或装饰等级要求高的建筑，如商店、宾馆、酒店、会议厅等的室内墙面、柱面、台面及地面。但大理石的耐磨性相对较差，在人流较大的场所不宜作为地面装饰材料。大理石也常加工成栏杆、浮雕等装饰部件，但一般不宜用于室外。

二、天然石材的选用原则

在建筑工程设计和施工中，应根据适用性、经济性和安全性的原则选用石材。

1. 适用性

根据石材在建筑物中的用途和部位及所处环境条件，来选择主要技术性质满足要求的岩石。如承重用的石材（基础、勒脚、柱、墙等），主要应考虑其强度、耐久性、抗冻性等技术性能；用作地面、台阶等的石材应考虑其是否坚韧耐磨；装饰用构件（饰面板、栏杆、扶手等）需考虑石材本身的色彩与环境的协调性及可加工性等；对处在高温、高湿、严寒等特殊条件下的构件，还要分别考虑所用石材的耐久性、耐水性、抗冻性及耐化学侵蚀性等。

2. 经济性

天然石材的密度大、运输不便、运费高，应综合考虑地方资源，尽可能做到就地取材。难以开采加工的石料，将使材料成本提高，选材时应加以注意。

3. 安全性

由于天然石材是构成地壳的基本物质，因此可能存在含有放射性的物质。石材中的放射性物质主要是指镭、钍等放射性元素，在衰变中会产生对人体有害的物质。经国家质量技术监督部门对全国花岗岩、大理石等天然石材的放射性抽查结果表明，其合格率为73.1%。其中，花岗岩的放射性较高，大理石较低。从颜色上看，红色、深红色的超标较多。因此，在选用天然石材时，应有放射性检验合格证明或检测鉴定。根据《建筑材料放射性核素限量》（GB 6566—2010）的规定，按装修材料的放射性水平，把装修材料产品分为A、B、C三类。A类使用范围不受限制，可在任何环境使用。B类放射性高于A类，该类石材产品不可用于Ⅰ类民用建筑的内饰面，但可用于Ⅰ类民用建筑的外饰面及其他一切建筑物的内、外

饰面。C 类放射性较高，只可用于一切建筑物的外饰面及室外其他用途。

三、人造石材

由于天然石材加工较困难，花色品种较少，因此，自 20 世纪 70 年代后，人造石材得以较快发展。人造石材是以天然大理石、碎料、石英砂、石渣等为集料，以树脂或水泥等为胶黏材料，经拌和成形、聚合和养护后，打磨、抛光、切割而成的仿天然石材制品。

相对于天然石材，人造石材具有更多的花色品种，加之可以任意切割成各种形状甚至热弯成曲面，因此表现出更为灵活多样的装饰效果。并且同类型人造石材之间没有天然石材常见的色差与纹理的差异，而同色胶水在人造板材无缝隙拼接上也使其在维护、去渍除痕、不滋生细菌等多方面表现出优异的性能，特别是其无放射性的优点更使得人造石材符合 21 世纪人们对环保型装饰材料的理念追求。其缺点是色泽、纹理不及天然石材自然柔和，且目前市场价格偏高。

人造石材按照使用胶黏材料不同分为水泥型、聚酯型、复合型（无机和有机）和烧结型四类。后两种人造石材生产工艺复杂，应用很少。

水泥型人造大理石是以各种水泥作为黏结剂，砂为细集料，碎大理石、花岗岩、工业废渣等为粗集料，经配料、搅拌、成形、加压蒸养、磨光、抛光而制成，俗称水磨石，可以现场磨制也可预制。水磨石具有强度高、耐久、表面光而平，打磨抛光后的石碴自然美观的特点，且建造成本低，缺点是抗腐蚀性能较差，容易出现微裂纹，只适合于作为板材，可用于墙面、地面、柱面、台面、踏步、水池等部位。

聚酯型人造大理石是以不饱和聚酯为黏结剂，与石英砂、大理石、方解石粉等搅拌混合，浇筑成形，在固化剂作用下产生固化作用，经脱模、烘干、抛光等工序而制成。我国多用此法生产人造大理石。与天然大理石相比，人造大理石具有强度高，密度小，厚度薄，耐蚀，可加工性好，能制成弧形、曲面等形状，施工方便等优点，但其耐老化性能较差，在大气中光、热、电等作用下会发生老化，表面会逐渐失去光泽、亮度甚至翘曲变形，而且目前市场价格相对较高，多用于室内装饰，可用于宾馆、商店、公共建筑工程和制作各种卫生器具等。

聚酯型人造花岗岩性能与聚酯型人造大理石相近，通过色粒和颜色的搭配可呈现出极像天然花岗岩的装饰效果，同时还可避免天然花岗岩抛光后表面存在的轻微凹陷，且不含铀、钍等放射性元素，耐热和耐化学物质侵蚀的性能优于天然花岗岩，主要用于宾馆、商店、公共建筑等高级装饰工程。

第四节　建筑陶瓷

陶瓷是把黏土原料、瘠性原料及熔剂原料经过适当的配比、粉碎、成形并在高温熔烧情况下经过一系列的物理化学反应后形成的坚硬物质。

建筑陶瓷是用于建筑物墙面、地面及卫生设备的陶瓷材料及制品。建筑陶瓷因其坚固耐久、色彩鲜明、防火防水、耐磨耐蚀、易清洗、维修费用低等优点，成为现代建筑工程的主要装饰材料之一。

一、建筑陶瓷的原料组成

1. 可塑性原料

可塑性原料是构成陶瓷坯体的主体，称为黏土原料，如高岭土、膨润土、耐火黏土。陶瓷坯体借助于黏土原料的可塑性成形。

2. 瘠性原料

瘠性原料具有降低黏土原料的塑性、减小坯体的收缩、防止高温变形的作用。瘠性原料有石英砂、熟料和瓷粉等。熟料是将黏土预先煅烧磨细而成，瓷粉是将废瓷器磨细而成。

3. 熔剂原料

熔剂原料又称为助熔剂，在熔烧过程中能降低可塑性物料的烧结温度，同时增强制品的密实性和强度，但会降低制品的耐火度、体积稳定性和高温下抵抗变形的能力。

陶瓷工业中常用的熔剂原料有长石、滑石及钙、镁的碳酸盐等。

4. 釉料及着色剂

陶瓷有施釉与不施釉之分，釉是附着在陶瓷坯体表面的一层连续的类似玻璃质的物质。施釉的陶瓷制品须使用釉料。釉料不仅起着装饰作用，而且可以提高陶瓷制品的机械强度、表面硬度、化学稳定性和热稳定性；同时，釉是光滑的玻璃物质，气孔极少，还可以起到保护坯体不透水、不受污染且易于清洗的作用。

陶瓷制品所使用的着色剂大多是金属氧化物（天然的或人工合成的），它们大多不溶于水，可直接在坯体或釉上着色。

二、陶瓷制品的分类与特征

陶瓷制品品种繁多，分类方法各异，最常用的分类方法有以下两种。

按用途分类，陶瓷制品可分为日用陶瓷、艺术陶瓷、工业陶瓷三类。

按坯体质地和烧结程度分类，陶瓷制品可分为陶质、瓷质和炻质三种。

陶质制品通常具有较大的吸水率（吸水率大于10%）；断面粗糙无光，不透明，敲之声音沙哑，有的施釉，有的无釉。由于原料中含有大量在焙烧过程中产生的气体，且熔剂原料较少，形成了具有大量开口孔隙的多孔性坯体结构，因此力学强度不高，吸水率大，吸湿膨胀也大，容易造成制品的后期龟裂，抗冻性也差。建筑陶瓷中陶质制品主要是釉面内墙砖，由于是墙砖，室内使用对力学强度要求不高，因此也不存在冻融问题。建筑琉璃制品由于件大体厚，采用可塑法成形，因此也属于陶器，但琉璃制品在寒冷地区室外极少使用。

瓷质制品的坯体致密，基本上不吸水（吸水率小于0.5%），断面细腻呈贝壳状，呈半透明性，敲之声音清脆，通常施有釉层。瓷器中含有较高的玻璃相物质，透光性好，有较高的力学强度和耐化学侵蚀性。建筑陶瓷中瓷质制品主要有瓷质砖。

炻质制品是介于陶质制品与瓷质制品之间的一类制品，也称半瓷器，其吸水率在1%~10%之间。炻器与陶器的区别在于陶器的坯体是多孔结构，而炻器坯体结构致密，达到了烧结程度。炻器与瓷器的区别主要在于炻器坯体多数带有颜色且无半透明性。炻器按其坯体致密程度分为粗炻器（吸水率为4%~8%）和细炻器（吸水率为1%~3%）。建筑装饰工程中所用的一些有色的外墙砖、地砖均属于粗炻器；一些无色的外墙面砖、地砖、有釉陶瓷锦砖属于细炻器。

三、常用建筑陶瓷制品

现代建筑装饰工程中应用的陶瓷制品，主要是陶瓷墙地砖、卫生陶瓷、琉璃制品等，尤以墙地砖用量最大。

1. 釉面内墙砖

釉面内墙砖（简称釉面砖）是用于建筑物内部墙面装饰的薄板状施釉精陶制品，习惯

上称作瓷砖，因其釉面光泽度好，装饰手法丰富，色彩鲜艳，易于清洁，防火、防水、耐磨、耐蚀，被广泛用于建筑内墙装饰，几乎成为厨房、卫生间不可替代的装饰和维护材料。釉面砖按颜色可分为单色（含白色）、花色（各种装饰手法）和图案砖，按形状可分为正方形、长方形和异形砖。异形砖一般用于屋顶、底、角、边、沟等建筑内部转角的贴面。

釉面砖坯体属多孔的陶质坯体，在长期与空气的接触中，特别是在潮湿的环境中使用，往往会吸收大量的水分而发生膨胀，其外表面的致密的玻璃质釉层吸湿膨胀量相对很小，这种坯体和釉层在应变应力上的不匹配，会导致釉面受拉应力而开裂。因此釉面砖不得用于室外。

2. 彩釉砖

彩釉砖是可用于外墙面与室内地面的有彩色釉面的炻质瓷砖。其产品按表面质量分为优等品、一等品、合格品三级。

彩釉砖色彩图案丰富多样，表面光滑，且表面可制成压花浮雕画、纹点画，还可进行釉面装饰，因而具有优良的装饰性，适用于各类建筑的外墙面及地面装饰；用于地面时应考虑其耐磨类别的适应性，用于寒冷地区应选用吸水率小于3%的彩釉砖。

3. 劈离砖

劈离砖又称劈裂砖，由于成形时为双砖背连坯体，烧成后再劈裂成两块砖而得名，是近年来开发的新型建筑陶瓷制品，适用于各类建筑物的外墙装饰和楼堂馆所、车站、候车室、餐厅等人流密集场所的室内地面铺设。厚砖（厚度13mm）适用于广场、公园、停车场、走廊、人行道等露天场所的地面铺设。

劈离砖的特点在于它兼有普通黏土砖和彩釉砖的特性，即由于制品内部结构特征类似黏土砖，故其具有一定的强度、抗冲击性、防潮、防腐、耐磨、防滑，具有良好的抗冻性和可黏结性；而且其表面可以施釉，故又具有一般压制成形的彩釉墙地砖的装饰效果和可清洗性。

4. 墙地砖

墙地砖是墙砖和地砖的总称，由于目前其发展趋势为墙、地两用，故称为墙地砖。墙地砖包括建筑物装饰贴面用砖和室内外地面装饰铺贴用砖。

墙地砖以品质均匀、耐火度较高的黏土作为原料，经压制成形、高温烧制而成。其表面可上釉或不上釉，可光滑或粗糙，以求不同质感。其背面常有凹凸不平的沟槽以利于与基材的黏结。外墙砖具有强度高、防潮、抗冻、防火、耐蚀、易清洗、色调柔和等特点；地砖则砖面平整、色调均匀、耐蚀、耐磨，还可拼成图案，可用于室外台阶、地面及室内门厅、厨房、浴厕等处地面。

第五节　人造板材和木制品

木材是人类最早使用的建筑材料之一，由于其良好的声、热、力学性能和优异的装饰及加工性，至今在建筑中仍有广泛的应用：一类是用于结构物的梁、板、柱、拱；另一类是用于装饰工程中的门窗、顶棚、护壁板、栏杆、龙骨等。

为了节约资源、改善天然木材的不足，同时提高木材的利用率和使用年限，将木材加工中的大量边角、碎屑、刨花、小块等再加工，生产各种人造板材已成为木材综合利用的重要途径之一。

一、常用的人造板材

1. 细木工板

细木工板又称大芯板，是中间为木条拼接，两个表面胶黏一层或二层单片板而成的实心板材。细木工板中间为木条拼接有缝隙，可降低因木材变形而造成的影响。细木工板具有较高的硬度和强度，质轻、耐久、易加工，适用于家具制造及建筑装饰装修工程，是一种极有发展前景的新型木材。

2. 胶合板

胶合板是由原木沿年轮切成薄片，经选切、干燥、涂胶后，按木材纹理纵横交错，以奇数层数，经热压加工而成的人造板材。常用的有3、5、7、9层胶合板，一般称为三合板、五合板、七合板、九合板等。胶合板的相邻木片的纤维互相垂直，在很大程度上克服了木材的各向异性的缺点，使之具有良好的物理力学性能。胶合板具有材质均匀、强度高、幅面大、木纹真实自然的特点，广泛用于室内护壁板、顶棚板、门框、面板的装修及家具制作。

3. 纤维板

纤维板是用木材碎料（或甘蔗渣等植物纤维）作原料，经切削、软化、磨浆、施胶、成形、热压等工序制成的一种人造板材。纤维板按其表观密度可分为硬质纤维板（表观密度大于800kg/m^3）、中密度纤维板（表观密度500~800kg/m^3）和软质纤维板（表观密度小于500kg/m^3）三种。纤维板材质构造均匀，各向强度一致，弯曲强度较大（可达55MPa），耐磨，不腐朽，无木节、虫眼等缺陷，故又称无疵点木材，并具有一定的绝缘性能。其缺点是背面有网纹，造成板材两面表面积不等，吸湿后因产生膨胀力差异而使板材翘曲变形。硬质纤维板和中密度纤维板一般用作隔墙、地面、家具等。软质纤维板质轻多孔，为隔热吸声材料，多用于吊顶。

4. 刨花板、木丝板、木屑板

刨花板、木丝板、木屑板是利用木材加工过程中产生的大量刨花、木丝、木屑，添加或不添加胶料，经热压而成的板材。这类板材一般表观密度较小，强度较低，主要用作绝热和吸声材料，且不宜用于潮湿处。其表面粘贴塑料贴面或胶合板作饰面层后可用作吊顶、隔墙、家具等。

胶合板、刨花板和纤维板三者中，以胶合板的强度及体积稳定性最好，加工工艺性能也优于刨花板和纤维板，因此使用最广。与锯材相比，人造板的缺点是胶层会老化，长期承载能力差，使用期限比锯材短得多，抗弯和抗拉强度均次于锯材。

二、木制品及其应用

1. 条木地板

条木地板是使用最普遍的木质地板，分为空铺和实铺两种。空铺条木地板由龙骨、水平撑和地板三部分构成，因造价较高，故使用相对较少。实铺条木地板有单层和双层两种。

条木地板自重轻，弹性好，脚感舒适，其导热性小，冬暖夏凉。它适用于办公室、会客室、旅馆客房、卧室等场所的地面铺装。

2. 拼花木地板

拼花木地板是较高级的室内地面装修材料，分为双层和单层两种，二者面层均用一定大小的硬木块镶拼而成，双层者下层为毛板层。面层拼花板材多选用柚木、水曲柳、柞木、核桃木、栎木、榆木、槐木等质地优良、不易腐朽开裂的硬木材。

拼花木地板通过小木板条不同方向组合可拼造出多种图案花纹，具有极佳的装饰效果，适合宾馆、会议室、办公室、疗养院、托儿所、体育馆、舞厅、酒吧、民用住宅等的地面装饰。

3. 强化复合木地板

强化复合木地板是以原木为原料，经过粉碎、添加黏结及防腐材料后，加工制作成为地面铺装的型材。构造为三层复合：表层为含有耐磨材料的三聚氰胺树脂浸渍装饰纸，芯层为中、高密度纤维板或刨花板，底层为浸渍酚醛树脂的平衡纸。

强化复合木地板的特点是耐磨性好、经久耐用。强化复合木地板的尺寸稳定性较实木地板小，且具有较大的强度、耐冲击性，较好的弹性，其耐污染腐蚀、抗紫外线、耐香烟灼烧、耐擦洗性能均优于实木地板，而且规格尺寸大，采用悬浮铺设方法，安装简单，特别是该材料无须上漆打蜡，日常维护简便，可以大大减少使用中的成本支出，是很有发展前景的地面装饰材料。强化复合木地板适用于办公室、会议室、商场、展览厅、民用住宅等的地面装饰。

第六节　金属装饰材料

金属作为一种广泛应用的装饰材料，具有永久的生命力。现代建筑中金属装饰材料因其耐蚀、轻盈、质地佳、力度好等性能特点，更是赢得了建筑师的广泛关注。从高层建筑的铝合金门窗到铝塑板幕墙，从铁艺栅栏到彩色不锈钢柱面，从不锈钢管楼梯扶手到铝合金板吊顶和墙面，金属材料无所不在。

目前，建筑装饰工程中常用的钢材制品有不锈钢及其制品、彩色涂层钢板、彩色涂层压型钢板、钢塑复合板及轻钢龙骨。

1. 不锈钢及其制品

不锈钢具有较强的耐蚀性，良好的韧性及延展性，常温下也可加工。特别是其显著的表面光泽性，使不锈钢经表面精饰加工后，可以获得镜面般光亮平滑的效果，光反射率达90%以上，具有良好的装饰性，极富现代装饰气息。

不锈钢制品中应用最多的为板材，一般为薄材，厚度多小于2.0mm，用于柱面、栏杆、扶手装饰等。不锈钢的高反射性及金属质地的强烈时代感，与周围环境中的各种色彩、景物交相辉映，对空间起到了强化、点缀和烘托的作用，成为现代高档建筑柱面装饰的流行材料之一，广泛用于大型商店、旅游宾馆、餐馆的入口、门厅、中庭等处，在豪华的通高大厅及四季厅之中也非常普遍。

在不锈钢板上进行着色处理，可使其成为蓝色、灰色、紫色、红色、绿色、金黄色、橙色等各种绚丽多彩的彩色不锈钢板，能随光照角度改变而产生变幻的色调。其彩色面层能在200℃高温或弯曲180°后色层不剥离，且色彩经久不褪。耐盐雾腐蚀性能也超过一般不锈钢，耐磨和耐刻划性能相当于箔层镀金。彩色不锈钢板适用于高级建筑物的电梯厢板、车厢板、厅堂墙板、吊顶、招牌等。除板材外，还有方管、圆管、槽形、角形等彩色不锈钢型材。

2. 彩色涂层钢板

彩色涂层钢板（简称彩板）是以金属带材为基材，在其表面涂以各类有机涂料的产品。

它一方面起到了保护金属的作用，另一方面起到了装饰作用，是近年来发展较快的一种装饰板材。

彩色涂层钢板发挥了金属材料与有机材料的各自特性，板材具有良好的加工性，可切、可弯、可钻、可铆、可卷等。其彩色涂层附着力强，色彩、花纹多样，经加热、低温、沸水、污染等作用后涂层仍能保持色泽艳丽如一。彩色涂层钢板可用作各类建筑物内外墙板、吊顶，工业厂房的屋面板和壁板，还可作为排气管道、通风管道及其他类似的具有耐蚀要求的物件及设备罩等。

3. 彩色涂层压型钢板

使用冷轧板、镀锌板、彩色涂层板等不同类别的薄钢板，经辊压、冷弯而成，其截面呈V形、U形、梯形或类似这几种形状的波形，称为建筑用压型钢板（简称压型板）。压型钢板具有质量轻（板厚0.5~1.2mm）、波纹平直坚挺、色彩鲜艳丰富、造型美观大方、耐久性强（涂敷耐腐涂层）、抗震性高、加工简单、施工方便等特点，广泛用于工业与民用建筑的内外墙面、屋面、吊顶等的装饰以及轻质夹芯板材的面板等。

4. 钢塑复合板

钢塑复合板是在钢板上覆以0.2~0.4mm聚氯乙烯塑料薄膜而成。它具有绝缘性好、耐磨损、耐冲击、耐潮湿、良好的延展性及加工性，弯曲180°塑料层不脱离钢板，既改变了普通钢板的乌黑面貌，又可在其上绘制图案和艺术条纹，如布纹、木纹、皮革纹、大理石纹等。钢塑复合板可用作地板、门板、天花板等。

5. 建筑用轻钢龙骨及配件

用钢带、铝带、铝合金制成的龙骨统称为轻钢龙骨。轻钢龙骨是木龙骨的换代产品。轻钢龙骨配装不同材质、不同色彩和质感的罩面板，不仅改善了建筑物的热学、声学特性，也直接造就了不同的艺术风格，是室内设计经常采用的重要手段之一。

思 考 题

10-1 玻璃的基本性质有哪些？

10-2 安全玻璃有哪些品种？

10-3 热反射玻璃和吸热玻璃有何不同？

10-4 简述建筑涂料的组成成分和它们所起的作用。

10-5 常用建筑涂料有哪些？试述其特性及用途。

10-6 岩石按地质形成条件分为哪几类？其特性各有哪些？

10-7 选择天然石材应考虑哪些原则？为什么？

10-8 为什么天然大理石板材一般不宜于室外装饰？

10-9 试比较内墙砖、彩釉砖、劈离砖的性质特点和主要用途。它们与坯体种类关系如何？

课后知识

课后知识1——装修污染

白血病、肺癌、婴儿畸形……许许多多的惨痛案例告诉我们，室内污染已经严重威胁到了人们的生活。中国室内装饰协会室内环境监测工作委员会于2004年在北京地区千户新装修家庭中进行的抽检结果显示，甲醛超标的占60%。从其他地区（如青岛、南京、银川、重庆、深圳、乌鲁木齐等地）有关部门的检测数据看，新装修家庭中的甲醛不合格比率都

在60%以上。深圳市计量质量检测研究院2004年1—7月，共对全市400多套房子进行了室内环境检测，90%甲醛超标。

南京日报报道，3岁的小女孩一到爷爷奶奶家就生病，回到父母身边后却什么事都没有。如此反复多次，心疼女儿的媳妇差点为此与婆婆“反目成仇”。最后一查原因，原来是婆婆家刚装修的房子内甲醛超标在“挑拨离间”。

作为建筑工程的建设者、消费者、使用者，我们要从现在起树立质量和环境意识，保护人民和自身的生命安全不受侵害。

课后知识2——什么是装修污染？装修污染的危害有哪些？

装修污染是指装饰材料、家具等含有的对人体有害的物质释放到家居、办公环境中造成的污染。国家已颁布实施的《民用建筑工程室内环境污染控制规范》列出的五种主要污染物为：甲醛、苯、氨气、挥发性有机物、放射性氡。

装修污染物的释放期长达3~15年，它们的危害包括：

1）造成人体免疫功能异常、肝损伤及神经中枢受影响。

2）对眼、鼻、喉、上呼吸道和皮肤造成伤害。

3）引起慢性健康伤害，缩短人的寿命。

4）严重时可致癌，引起胎儿畸形、妇女不孕症等。

5）对小孩的正常生长发育影响很大，可导致白血病、记忆力下降、生长迟缓等。

6）对容颜肌肤造成侵害。

第十一章　绝热材料与吸声材料

【学习目标】

通过本章的学习，在熟悉绝热材料和吸声材料的作用机理及其影响因素的基础上，对常用绝热材料和吸声材料的基本要求及合理选用有明确认识。可通过到施工现场参观学习或者观看有关录像，加深对使用这类材料的直观认识。

【了解】　常用绝热材料及吸声材料的品种。

【熟悉】　影响绝热材料绝热性能好坏的因素及影响吸声材料吸声效果好坏的因素。绝热材料的绝热原理，吸声材料的吸声原理。

绝热材料与吸声材料都属于功能材料。建筑物选用适当的绝热材料，一方面可以保证室内有适宜的温度，为人们创建温暖、舒适的环境，另一方面可以减少建筑物的采暖和空调能耗以节约能源；采用吸声材料可以改善室内音质效果，减少噪声污染。绝热材料和吸声材料以改善工作和居住环境，提高生活质量为目的。

第一节　绝热材料

绝热材料是指对热流具有显著阻抗性的材料或材料复合体，是保温材料和隔热材料的总称。保温即防止室内热量的散失，而隔热是防止外部热量的进入。在建筑工程中，对于寒冷地区的建筑物，为保持室内温度的恒定、减少热量的损失，要求围护结构具有良好的保温性能；而对于炎热夏季使用空调的建筑物，则要求围护结构具有良好的隔热性能。

一、绝热材料的作用原理

在理解材料绝热原理之前，先了解热传递的原理。热传递是指热量从高温区向低温区的自发流动，是一种由于温差而引起的能量转移。在自然界中，无论是在一种介质内部还是在两种介质之间，只要有温差存在，就会出现热传递过程。热传递的方式有三种：传导、对流和热辐射。传导是指热量由高温物体流向低温物体或由物体的高温部分流向低温部分；对流是指液体或气体通过循环流动传递热量的方式；热辐射是依靠物体表面对外发射电磁波而传递热量的方式。

在实际的传热过程中，往往同时存在着两种或三种传热方式。建筑材料的传热主要是靠传导，由于建筑材料内部孔隙中含有空气和水分，因此同时还有对流和热辐射存在，只是对流和热辐射所占比例较小。

衡量材料导热能力的主要指标是热导率 λ，λ 值越小，材料的导热能力越差，而保温隔热性能越好。对绝热材料的基本要求是热导率 $\lambda \leqslant 0.23\text{W}/(\text{m}\cdot\text{K})$。

二、影响材料热导率大小的主要因素

1. 材料的化学组成及分子结构

不同化学成分的材料，其热导率有很大的差异，通常金属热导率最大，其次为非金属，

液体较小而气体则更小。化学成分相同但具有不同分子结构的材料，其热导率也不一样。对于多孔绝热材料而言，由于孔隙率高，气体的热导率起着主要作用，因而固体部分无论是晶态或非晶态，对热导率影响都较小。

2. 材料的表观密度和孔隙特征

由于固体物质的热导率要比空气的热导率大很多，因此，表观密度小的材料孔隙率大，其热导率也较小。当孔隙率相等时，孔隙尺寸小而封闭的材料由于空气热对流作用的减弱，而比孔隙尺寸粗大且连通的孔的热导率更小。

3. 材料所处环境的温度、湿度

当材料受潮后，由于孔隙中增加了水蒸气的扩散和水分子的热传导作用，致使材料热导率增大［$\lambda_{水}=0.58\text{W}/(\text{m}\cdot\text{K})$，$\lambda_{空气}=0.023\text{W}/(\text{m}\cdot\text{K})$，水的热导率比空气大 20 多倍］；而当材料受冻后，水变成冰，其热导率将更大［$\lambda_{冰}=2.2\text{W}/(\text{m}\cdot\text{K})$］。因而绝热材料使用时切忌受潮受冻。材料的热导率随温度的升高而增大，但是当温度在 0~50℃范围内变化时，这种影响并不显著，只有处于高温或负温下，才考虑温度的影响。

4. 热流方向的影响

材料如果是各向异性的，如木材等纤维质材料，当热流平行于纤维延伸方向时受到的阻力小，而热流垂直于纤维延伸方向时受到的阻力最大。例如松木，当热流垂直于木纹时$\lambda=0.175\text{W}/(\text{m}\cdot\text{K})$，而当热流平行于木纹时，则 $\lambda=0.349\text{W}/(\text{m}\cdot\text{K})$。在评价材料绝热性能时，除了上述的热导率 λ 外，还有热阻、蓄热系数等指标。

三、常用的绝热材料

绝热材料按其化学组成可分为无机、有机、复合三大类型。

（一）无机保温绝热材料

1. 石棉及其制品

石棉为常见的保温绝热材料，是一种纤维状无机结晶材料。石棉纤维具有极高的抗拉强度，并具有耐高温、耐蚀、绝热、绝缘等优良特性，是一种优质绝热材料，通常将其加工成石棉粉、石棉板、石棉毡等制品，用于热表面绝热及防火覆盖。

2. 矿棉及其制品

岩棉和矿渣棉统称为矿棉。岩棉是由玄武岩、火山岩等矿物在冲天炉或电炉中熔化后，用压缩空气喷吹法或离心法制成；矿渣棉是以工业废料矿渣为主要原料，熔融后，用高速离心法或压缩空气喷吹法制成的一种棉丝状的纤维材料。矿棉具有质轻、不燃、绝热和电绝缘等性能，且原料来源广，成本较低，可制成矿棉板、矿棉保温带、矿棉管壳等。

3. 玻璃棉及其制品

玻璃棉是以石灰石、萤石等天然矿物、岩石为主要原料，在玻璃窑炉中熔化后，经喷制而成的。建筑业中常用的玻璃棉分为两种，即普通玻璃棉和普通超细玻璃棉。玻璃棉制品用于建筑保温，在我国应用较少，主要原因是生产成本较高，在较长一段时间内，我国的建筑保温仍会以矿棉及其他保温材料为主体。

4. 膨胀珍珠岩及其制品

珍珠岩是一种酸性火山玻璃质岩石，内部含有 3%~6%的结合水，当受高温作用时，玻璃质由固态软化为黏稠状态，内部水则由液态变为一定压力的水蒸气向外扩散，使黏稠的玻璃质不断膨胀，当被迅速冷却达到软化温度以下时就形成一种多孔结构的物质，称为膨胀珍珠岩。膨胀珍珠岩具有表观密度小、热导率低、化学稳定性好、使用温度范围广、吸湿能力小，且无毒、无味、吸声等特点，占我国保温材料年产量的一半左右。

5. 膨胀蛭石及其制品

膨胀蛭石是由天然矿物——蛭石，经烘干、破碎、焙烧（850~1000℃），在短时间内体积急剧膨胀（6~20倍）而成的一种金黄色或灰白色的颗粒状材料，具有表观密度小、热导率低、防火、防腐、化学性能稳定、无毒无味等特点，是一种优良的保温、隔热建筑材料。

在建筑领域内，膨胀蛭石的应用方式和方法与膨胀珍珠岩相同，除用作保温绝热填充材料外，还可用胶黏材料将膨胀蛭石黏结在一起制成膨胀蛭石制品，如水泥膨胀蛭石制品、水玻璃膨胀蛭石制品等。

6. 泡沫玻璃

泡沫玻璃是以天然玻璃或人工玻璃碎料和发泡剂配制成的混合物经高温煅烧而得到的一种内部多孔的块状绝热材料。玻璃质原料在加热软化或熔融冷却时，具有很高的黏度，此时引入发泡剂，体系内有气体产生，使黏流体发生膨胀，冷却固化后，便形成微孔结构。泡沫玻璃具有均匀的微孔结构，孔隙率高达80%~90%，且多为封闭气孔，因此，具有良好的防水抗渗性、不透气性、耐热性、抗冻性、防火性和耐蚀性。大多数绝热材料都具有吸水透湿性，因此随着时间的延长，其绝热效果也会降低，而泡沫玻璃的热导率则长期稳定，不因环境影响发生改变。实践证明，泡沫玻璃在使用20年后，其性能没有任何改变，且使用温度范围较广，其工作温度一般在-200~430℃，这也是其他材料无法替代的。

（二）有机保温绝热材料

1. 泡沫塑料

泡沫塑料是高分子化合物或聚合物的一种，是以各种树脂为基料，加入各种辅助料经加热发泡制得的轻质、保温、隔热、吸声、防震材料。它保持了原有树脂的性能，并且同塑料相比，具有表观密度小、热导率低、防震、吸声、耐蚀、耐霉变、加工成形方便、施工性能好等优点。由于这类材料造价高，且具有可燃性，因此应用上受到一定的限制。

2. 碳化软木板

碳化软木板是以一种软木橡树的外皮为原料，经适当破碎后再在模型中成形，在300℃左右热处理而成。由于软木树皮层中含有无数树脂包含的气泡，所以成为理想的保温、绝热、吸声材料，具有不透水、无味、无毒等特性，并且有弹性，柔和耐用，不起火焰只能阴燃。

3. 植物纤维复合板

植物纤维复合板是以植物纤维为主要材料加入胶黏材料和填料而制成。如木丝板是以木材下脚料制成的木丝，加入硅酸钠溶液及普通硅酸盐水泥混合，经成形、冷压、养护、干燥而制成。甘蔗板是以甘蔗渣为原料，经过蒸制、加压、干燥等工序制成的一种轻质、吸声、保温材料。

第二节 吸声材料

一、吸声材料的作用原理和基本要求

声音起源于物体的振动，发出声音的发声体称为声源。当声源振动时，邻近空气随之振动并产生声波，通过空气介质向周围传播。当声波入射到建筑构件（如墙、顶棚）时，声能的一部分被反射，一部分穿透材料，其余部分被吸收。如图11-1所示，单位时间内入射

到构件上的总声能为 E_o，反射声能为 E_r，透过构件的声能为 E_t，通常把材料吸收的能量（E_a+E_t）与全部声能的比值称为材料的吸声系数，用 α 表示，其表达式为

$$\alpha=\frac{E_a+E_t}{E_o}$$

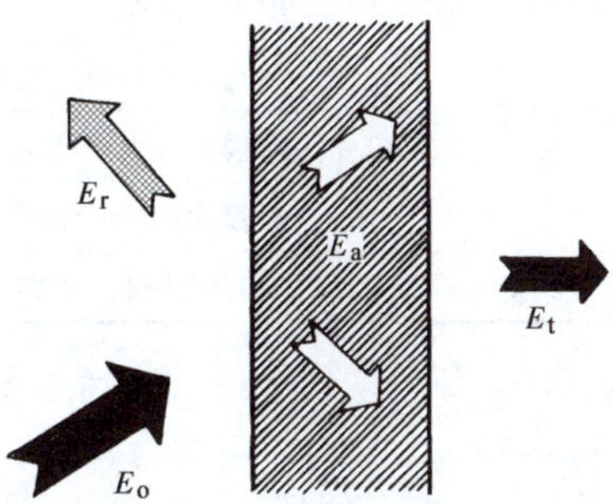

图 11-1　声能的反射、透射和吸收

材料的吸声性能除与材料本身性质、厚度及材料表示特征、声波方向有关外，还与声波的频率有着密切的关系，同一种材料对高、中、低不同频率声波的吸声系数有着较大的差异，故不能按同一频率的吸声系数来评定材料的吸声性能。为了全面地反映材料的吸声频率特性，工程上通常将 125Hz、250Hz、500Hz、1000Hz、2000Hz、4000Hz 这 6 个频率的平均吸声系数大于 0.2 的材料称为吸声材料。

一般来讲，坚硬、光滑、结构紧密的材料吸声能力差，反射能力强，如水磨石、大理石、混凝土、水泥粉刷墙面等；粗糙松软、具有互相贯穿内外微孔的多孔材料吸声能力好，反射性能差，如玻璃棉、矿棉、泡沫塑料、木丝板、半穿孔吸声装饰纤维板和微孔砖等。

二、影响多孔性材料吸声性能的因素

1. 材料内部孔隙率及孔隙特征

一般说来，相互连通的细小开放性孔隙，其吸声效果好，而粗大孔、封闭的微孔对吸声性能是不利的，这与保温绝热材料有着完全不同的要求，同样都是多孔材料，保温绝热材料要求必须是封闭的不相连通的孔。

2. 材料的厚度

增大材料的厚度，可提高材料的吸声系数，但厚度对高频声波系数的影响并不显著，因而为提高材料的吸声能力盲目地增大材料的厚度是不可取的。

3. 材料背后的空气层

空气层相当于增大了材料的有效厚度，因此它的吸声性能一般来说随空气层厚度增大而提高，特别在改善对低频声波的吸收方面，比用增大材料厚度来提高吸声效果更有效。

4. 温度和湿度的影响

温度对材料的吸声性能影响并不显著，温度的影响主要改变入射声波的波长，使材料的吸声系数产生相应的改变。

湿度对多孔材料的影响主要表现在多孔材料容易吸湿变形，滋生微生物，从而堵塞孔洞，使材料的吸声性能降低。

三、吸声材料（结构）的分类

吸声材料（结构）的种类很多，详见表 11-1。

表 11-1 吸声材料（结构）类型

结构类型	多孔吸声材料	纤维状
		颗粒状
		泡沫状
	共振吸声结构	单个共振器
		穿孔板共振吸声结构
		薄板共振吸声结构
		薄膜共振吸声结构
	特殊吸声结构	空间吸声体、吸声尖劈等

四、常用吸声材料（结构）

1. 多孔吸声材料

多孔吸声材料的构造特征是：材料从表到里具有大量内外连通的微小间隙和连续气泡，有一定的通气性。当声波入射到多孔材料表面时，声波顺着微孔进入材料内部，引起孔隙内空气的振动，由于空气与孔壁的摩擦，空气的黏滞阻力使振动空气的动能不断转化成微孔热能，从而使声能衰减；在空气绝热压缩时，空气与孔壁间不断发生热交换，由于热传导的作用，也会使声能转化为热能。

凡是符合多孔吸声材料构造特征的，都可以当成多孔吸声材料来利用。常见多孔吸声材料的基本类型见表 11-2。

表 11-2 常见多孔吸声材料的基本类型

主要种类		常用材料举例	使用情况
纤维材料	有机纤维材料	动物纤维：毛毡	价格昂贵，使用较少
		植物纤维：麻绒、海草	防火、防潮性能差，原料来源丰富
	无机纤维材料	玻璃纤维：中粗棉、超细棉、玻璃棉毡	吸声性能好，保温隔热，不自燃，防腐防潮，应用广泛
		矿渣棉：散棉、矿棉毡	吸声性能好，松散材料易由于自重下沉，施工扎手
	纤维材料制品	软质木纤维板、矿棉吸声板、岩棉吸声板、玻璃棉吸声板	装配式施工，多用于室内吸声装饰工程
颗粒材料	砌块	矿渣吸声砖、膨胀珍珠岩吸声砖、陶土吸声砖	多用于砌筑截面较大的消声器
	板材	膨胀珍珠岩吸声装饰板	质轻、不燃、保温、隔热、强度偏低
泡沫材料	泡沫塑料	聚氨酯及脲醛泡沫塑料	吸声性能不稳定，吸声系数使用前需实测
	其他	泡沫玻璃	强度高、防水、不燃、耐蚀、价格昂贵、使用较少
		加气混凝土	微孔不贯通，使用较少
		吸声粉刷	多用于不易施工的墙面等处

2. 共振吸声结构

共振吸声结构又称为共振器，它形似一个瓶子，结构中间封闭有一定体积的空腔，并通过有一定深度的小孔与声场相联系。受外力激荡时，空腔内的空气会按一定的共振频率振动，此时开口颈部的空气分子在声波作用下，像活塞一样往复振动，因摩擦而消耗声能，起到吸声的效果。共振吸声结构在厅堂建筑中应用极广。

（1）薄膜、薄板共振吸声结构　皮革、人造革、塑料薄膜等材料因具有不透气、柔软、受张拉时有弹性等特点，将其固定在框架上，背后留有一定的空气层，即构成薄膜共振吸声结构。某些薄板固定在框架上后，也能与其后面的空气层构成薄板共振吸声结构。当声波入射到薄膜、薄板结构时，声波的频率与薄膜、薄板的固有频率接近时，膜、板产生剧烈振动，膜、板内部和龙骨间摩擦损耗，使声能转变为机械运动，最后转变为热能，从而达到吸声的目的。由于低频声波比高频声波容易使薄膜、薄板产生振动，因此薄膜、薄板吸声结构是一种很有效的低频吸声结构。

（2）穿孔板组合共振吸声结构　在各种穿孔板、狭缝板背后设置空气形成吸声结构，其实也属于空腔共振吸声结构，其原理同共振器相似，它们相当于若干个共振器并列在一起。这类结构取材方便，并有较好的装饰效果，所以使用广泛。穿孔板具有适合于中频的吸声特性。

五、隔声材料

能减弱或隔断声波传递的材料称为隔声材料。人们要隔绝的声音按其传播途径可分空气声（由于空气的振动）和固体声（由于固体撞击或振动）两种。两者隔声的原理不同。

对空气声的隔绝，主要是依据声学中的质量定律，即材料的密度越大，越不易受声波作用而产生振动，因此，其声波通过材料传递的速度迅速减弱，其隔声效果越好。因此应选择密实、沉重的材料（如黏土砖、钢板、钢筋混凝土等）作为隔声材料。

对固体声隔绝的最有效措施是断绝其声波继续传递的途径，即在产生和传递固体声波的结构（如梁、框架与楼板、隔墙，以及它们的交接处等）层中加入具有一定弹性的衬垫材料，如软木、橡胶、毛毡、地毯或设置空气隔离层等，以阻止或减弱固体声波的继续传播。

思　考　题

11-1　什么是绝热材料？评定绝热材料绝热性好坏的指标是什么？

11-2　什么是材料的热导率？影响材料热导率大小的因素有哪些？

11-3　绝热材料为什么总是轻质的？使用时为什么一定要注意防潮？

11-4　试列举几种常用的绝热材料，并指出它们各自的用处。

11-5　什么是吸声材料？什么是材料的吸声系数？

11-6　影响多孔吸声材料吸声性能的因素有哪些？

11-7　绝热材料与吸声材料在内部构造特征上有什么区别？

11-8　简述吸声材料与隔声材料的区别。试述隔绝空气声和固体撞击传声的处理原则。

11-9　试列举几种常用的吸声材料和吸声结构。

第十二章　常用建筑材料性能检测与检验

【学习目标】

【了解】　通过材料的常规试验操作，了解试验设备、操作步骤。

【掌握】　材料质量的检验方法及相关的标准和规范要求。

【熟悉】　测试原理，为合理使用、正确鉴别、检测材料及进行科学研究奠定基础，并通过试验加深理解和进一步巩固所学过的理论知识。

第一节　概　述

一、关于材料试验

材料试验是本课程的一个重要组成部分，它不仅是课堂理论教学的必要环节，而且是实践技能训练的实践性教学基础，同时也是生产实践中一门重要的科学技术，在建筑工程中占有重要的地位。通过对原材料、半成品的质量检验，能科学地鉴定建筑物的质量，为结构设计、构件制作提供科学的技术依据，通过试验、试配能够合理地使用原材料。通过试验研究能够推广应用发展新材料、新技术，推动我国建材业的发展。在国际统一规则下，材料质量更成为公平竞争，择优入选的主要条件。

材料质量检测的主要内容包括：质量标准、取样方法、检验方法、检验规则。材料质量检测综合了三方面的技术：一是抽样技术，要求检测试样必须具有代表性；二是测试技术，要求测试条件及仪器设备具有准确性，试样制备及处理具有同一性，测试方法具有规范性；三是试验数据的整理，要求数据的处理和结论具有科学性和适用性。

在建筑材料质量检测的教学过程中，注意做到以下几点：

1）在了解建筑材料技术性能和质量标准的基础上，理解其含义，才能更好地理解其标准。要求试验前必须预习。

2）不同材料的取样方法、试样数量等不尽相同，应加以区别。

3）检验方法是试验的重点之一，是鉴别材料质量的手段，是试验课的重要环节，直接影响测试数据，必须以严密的工作、严谨的态度、严格的操作对待整个试验过程。

4）试验报告是试验课内容之一，应该有创新，有新意，能提出问题，并培养独立分析和解决问题的能力。

二、关于试验技能

1. 测试技术

(1) 取样　在进行试验之前，首先要选取有代表性的试样，取样原则为随机抽样，取样方法视不同材料而异。如散粒材料可采用缩分法（四分法），成形材料可采用不同部位切取、随机数码表、双方协定等方法。不论采取何种方法，所抽取的试样必须具有代表性，能

反映批量材料的总体质量。

（2）仪器设备的选择　不同试验所需设备差异很大，但每一项试验都会涉及从仪器上读数（如长度、面积、体积、质量、拉力、压力、强度等）的问题，而每一项试验要求读数都在一定的精确度内，因此在仪器设备选择上应具有相应的精度（即感量），如称量精度为0.05g，则选择如混凝土抗压强度试验用试验机的精度应在±2%，量程一般为全量程的20%~80%（即试验机指针停在试验机度盘的第二、三象限）。

（3）试验方法　各项试验必须按规定的方法和规则进行，一般分两种情况：一是作为质量检测，在试验操作过程中，必须使仪器设备、试件制备、测试技术等严格符合标准规定的规则和方法，保证试验条件的可靠性，才能获得准确的试验数据，得到正确的结论。二是作为新材料研制开发，可以按试验设计的方案进行。

（4）试验条件　每项试验可能处在不同的试验条件下，而同一材料在不同试验条件下其试验也会不同，试验条件是影响试验数据准确性的因素之一，试验条件包括试验时的温度、湿度、速率、试件制作情况等。例如对温度敏感性大的沥青，温度对其测试结果影响非常大，必须严格控制温度；混凝土试件尺寸的大小、试验机加荷速度对强度值也造成很大程度的影响，所以试验须规定标准尺寸、加荷速率、试件表面的平整度等。

（5）结果计算与评定　每一项试验结果都需按规定的方法或规则进行数据处理（包括计算方法、数字精度确定、有效数字取舍等），经计算处理后进行综合分析，给予结果的评定，包括结果是否有效、等级评定、是否满足标准要求的结论等。

2. 试验技能训练

试验预习报告：试验之前进行预习，初步了解内容、目的、基本原理，感悟理论与实践的区别，找出问题，这样可带着问题进行试验，加深印象，加深理解。

试验报告：试验应掌握的内容基本体现在试验报告中。其试验报告的形式可以不同，但内容基本一致，有试验名称、试验内容、试验目的、试验原理、测试数据、数据处理、结果评定及分析等，同时要求在试验报告中反映出预习报告中提出的问题，新观点的提出并设想解决方案。总之，试验中应启发学生发散思维，善于思考，勇于创新。

三、关于试验数据处理

1. 误差理论

（1）误差的概念　做任何一项试验时，所测定的数据必然有误差，尽管所使用的仪器设备、试验方法、试验条件相同，但测试结果往往存在与被测体实际状况之间的差异。造成这种差异的原因有很多，如仪器本身精度，测试人员的技术水平、测试环境等，对测试结果都会存在影响，这种测试结果与真值（因真实值无法确定，通常取与之接近的实际值代替）之间的差异称为测量误差，这种误差的存在具有必然性和普遍性。一般称上述理论为误差公理，即测量结果都有误差，误差自始至终存在于一切科学试验和测量的过程中。

（2）误差的种类　误差来源于设备误差、测量误差、环境误差、人员误差、方法误差等多方面，但就其性质可分为三类：

1）系统误差。在测量过程中不发生改变或遵循一定规律变化的误差，称为系统误差。如天平砝码不准确产生测量始终恒定不变的仪器误差；测试人员生理特点造成读数偏高、偏低误差；仪器度盘指针偏心造成每转一周误差相同的周期性变化的误差等。这种误差的产生原因明确，误差大小可确定。通过产生原因的分析，采取有关措施，就可消除或减弱系统误差，避免对测试结果的影响。通常所说的准确度就是反映系统误差大小的程度。

2）过失误差（粗大误差、粗误差）。由于操作者本身的主观原因（如责任心差、工作不认真、过度疲劳等造成操作失误、读数错误、计算错误等误差）或测量仪器自身不合格等造成的误差称为过失误差或粗误差。这种误差是无规律的，超出规定条件下产生的，导致试验结果是错误的，因此这种误差必须消除。凡含有过失误差的数据均应舍去。

3）偶然误差（随机误差）。随机误差是指在测试过程中反复测量同一量值时，以不确定的方式变化，没有规律性，其大小和特点随机变化的误差。产生随机误差的原因有客观条件的偶然变化、仪器结构不稳定、试样本身不均匀等，这种误差的特点是变化频繁、复杂，无法掌握其规律。任何测试中的随机误差都是无法消除和避免的，而且其变化大小无法控制和测定。但可以通过大量试验找出误差的分布规律，用统计法对数据分析和处理后，确定误差的范围，得出最可靠的结果。通常所说的精密度就是反映随机误差的大小程度。可见，精密度和准确度的综合影响可反映出测量值与真值的接近程度，测量值与真值越接近，可以说测量值的精确度越高，系统误差和偶然误差就越小，精密度、准确度、精确度从不同角度反映了测试误差，但意义不同。

（3）误差的表示方法　误差的表示方法分为绝对误差和相对误差。

1）绝对误差。表示测量值与真值之差，绝对误差既能表示偏差大小，又能确定偏差方向，绝对误差通常简称为误差。误差=测量值-真值。由于真值是指测试瞬间被测量的真实大小，一般无法测到，因此通常用满足规定精确度要求的，能用高一级计量标准测量的实际值（如标准样品给定值、规范规定值等）代替，则误差=测量值-实际值。

2）相对误差。绝对误差与真值之比称为相对误差，通常用百分数表示。可表示为相对误差=绝对误差/真值，或相对误差=绝对误差/实际值。相对误差能表示测量的精确度，具有可比性。对于相同被测量，绝对误差可以评定不同测量方法的测量精度高低；但对于不同被测量，绝对误差难以评定不同测量方法的测量精度高低，就需要用相对误差来表示。

2. 数据处理

（1）数字修约　各种测量、计算的数值都需要按相关的计量规则进行数字修约。数字修约时应遵循以下规则。

1）在拟舍去部分的数字中，若左边第一个数字小于5（不包括5），则舍去，即拟保留的末位数字不变。例：将54.343修约到只保留一位小数，则在54.343中，拟舍去数字为43，拟保留数字为54.3，拟保留数字的末位数（修约数字）为3，据上条规则，拟舍去数字中左边第一个数字为4，小于5，则舍去。拟保留的末位数不需要修约即不变，仍为3。则修约结果为54.3。

2）在拟舍去部分的数字中，若左边第一个数字大于5（不包括5），则进一，即拟保留的末位数字加一。例：将54.383修约到只保留一位小数，按上条规则，拟舍去数字左边第一个数字为8，大于5则进一，拟保留的末位数3需修正，则加1为4，修约结果为54.4。

3）在拟舍去部分的数字中，若左边第一个数字等于5而其右边的数字并非全部为零，则进一，即所拟保留的末位数字加一。例：将54.3501修约到只保留一位小数，拟舍去部分数字501中左边第一个数字等于5，而右边的数字01并不全是零，则进一，拟保留的数字中54.3的末位数3需修正为4，则修约结果为54.4。

4）在拟舍去部分的数字中，若左边第一个数字等于5而其右边数字皆为零，拟保留的

末位数若为奇数则进一，若为偶数（包括0）则不进。例：将54.3500修约到只保留一位小数，拟舍去部分左边第一个数字等于5，而右边数字皆为零，拟保留数字54.3中末位数为3，是奇数则进一，3修正为4，则修约结果为54.4；将54.8500修约到只保留一位小数，则修约结果为54.8。

以上修约规则称为“四舍六入五成双法则”，记忆口诀：五下舍去五上进。单收双弃指五整。

5）所舍去数字若为两位以上数字，不得连续修约。例：将53.4586修约为整数，应修约为53，而不能修约为54（53.459—53.46—53.5—54）。

6）凡标准中规定有界数值时，不允许采用数字修约的方法。例：含水率测定中，2次测定值与平均值之差不得大于0.3%，即最大差值0.03，而不能将0.031修约为0.03。

（2）数据记录　所有的试验都离不开数据记录，而数据记录的正确与否，影响到计算精度，所以也应按相应的规则进行记录。

①记录测量数据时，只保留一位可疑（不确定）数字。

②在数据计算时，当有效数字（指测量中实际能测得的数字）确定之后，其余数字应按修约规则一律舍去。

③当表示精确度（通常反映综合误差大小的程度）时，一般只取一位有效数字。

第二节　水泥性能检验

一、一般规定

1. 取样

水泥检验应按同一生产厂家、同一等级、同一品种、同一批号且连续进场的水泥，袋装不超过200t为一批，散装不超过500t为一批，每批抽样不少于一次。取样应有代表性，可连续取，也可从20个以上不同部位抽取等量样品，总量至少12kg。

2. 试验条件

1）实验室温度为17~25℃，相对湿度大于50%。养护室温度为20℃±2℃，相对湿度大于90%。

2）试验用水应是洁净的淡水，有争议时也可采用蒸馏水。

3）水泥试样应充分搅拌均匀，并通过0.9mm方孔筛，记录其筛余物情况。

二、水泥细度（45μm方孔标筛和80μm方孔筛筛析法）检验［《水泥细度检验方法 筛析法》（GB/T 1345—2005）］

（一）试验原理及方法

通过45μm和80μm筛析法测量筛网上所得筛余量（即大于45μm和80μm的颗粒含量）占试样总质量的百分数来表示水泥样品的细度。

水泥细度测定

细度检验方法有负压筛析法、水筛法和手工筛析法三种。当三种检验方法测试结果发生争议时，以负压筛析法为准。

（二）试验目的及标准

通过80μm筛析法测定筛余量，评定水泥细度是否达到标准要求；若不符合标准要求，该水泥视为不合格。

普通硅酸盐水泥、矿渣硅酸盐水泥、火山灰质硅酸盐水泥、粉煤灰硅酸盐水泥、复合硅酸盐水泥等，80μm 方孔筛筛余量不得超过 10%。

（三）主要仪器

1）负压筛析仪：由方孔筛、橡胶垫圈、控制板、微电动机等部件及收尘器组成，如图 12-1 所示。

2）试验筛：由圆形筛框和筛网组成，分为负压筛和水筛两种。

3）水筛架和喷头。

4）分度值不大于 0.05g。

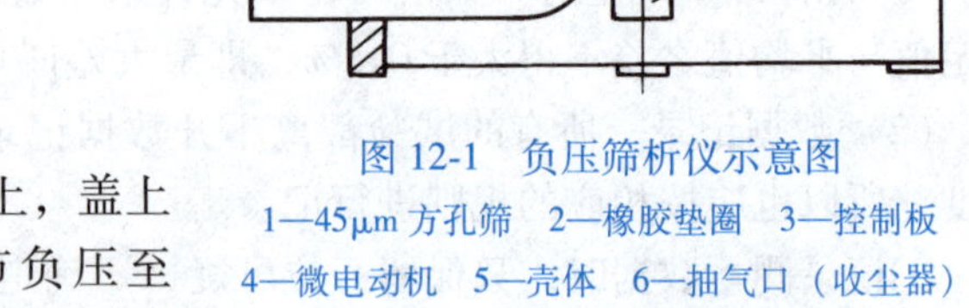

图 12-1 负压筛析仪示意图

1—45μm 方孔筛 2—橡胶垫圈 3—控制板 4—微电动机 5—壳体 6—抽气口（收尘器） 7—风门（调节负压） 8—喷气嘴

（四）试验步骤要点及注意事项

1. 负压筛析法

1）筛析试验前，将负压筛放在筛座上，盖上筛盖，接通电源，检查控制系统，调节负压至 4000~6000Pa 范围内。

2）称取试样精确至 0.01g。置于洁净的负压筛中，盖上筛盖，接通电源，开动筛析仪连续筛析 2min，在此期间如有试样附着在筛盖上，可轻轻敲击使试样落下。筛毕，用天平称量全部筛余物。

注意事项：当工作负压小于 4000Pa 时，应清理吸尘器内水泥，使负压恢复正常。

2. 水筛法（图 12-2）

1）试验前，应检查水中无泥、砂，调整好水压及水筛架的位置，使其能正常运转，并控制喷头底面和筛网之间的距离为 35~75mm。

2）称取试样精确至 0.01g，置于洁净的水筛中，立即用淡水冲洗至大部分细粉通过后，放在水筛架上，用水压为 0.05MPa±0.02MPa 的喷头连续冲洗 3min。筛毕，用少量水把筛余物冲至蒸发皿中，等水泥颗粒完全沉淀后，小心倒出清水，烘干并用天平称量筛余物。

注意事项：筛子应保证洁净，喷头防止孔眼堵塞。使用 10 次后清洗。

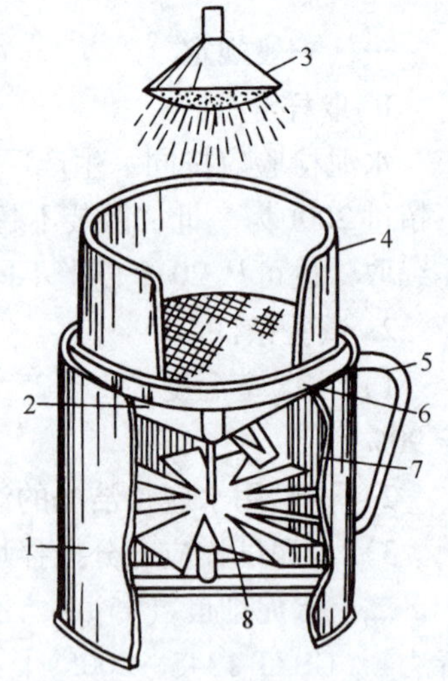

图 12-2 水筛法装置系统图

1—外壳 2—集水头 3—喷头 4—标准筛 5—把手 6—旋转托架 7—出水口 8—叶轮

3. 手工筛析法

当无负压筛析仪和水筛的情况下，允许用手工筛析法。

1）称取水泥试样精确至 0.01g，倒入手工筛内。

2）用一只手持筛往复摇动，另一只手轻轻拍打，往复摇动和拍打过程应保持水平。拍打速度每分钟约 120 次，每 40 次向同一方向转 60°，使试样均匀分布在筛网上，直至每分钟通过的试样量不超过 0.03g 为止。称量全部筛余物。

注意事项：筛子必须保持洁净，定期检查。使用 10 次后应清洗。

（五）数据处理及试验结果

水泥试样筛余百分数按下式计算：

$$F = R_t / m \times 100 \tag{12-1}$$

式中　F——水泥试样的筛余百分数（%）；

R_t——水泥筛余物的质量（g）；

m——水泥试样的质量（g）。

结果计算至 0.1%。当水泥筛余百分数 $F \leqslant 10\%$ 时为合格。

三、水泥标准稠度用水量检验［《水泥标准稠度用水量、凝结时间、安定性检验方法》（GB/T 1346—2011）］

水泥标准稠度用水量试验

（一）试验原理及方法

水泥标准稠度净浆对标准试杆（或试锥）的沉入具有一定阻力。通过试验不同含水量的水泥净浆的穿透性，可以确定水泥标准稠度净浆中所需加入的水量。

水泥标准稠度用水量的测定有两种方法，即标准法和代用法。

（二）试验目的和标准

水泥的凝结时间、安定性均受水泥浆稠稀的影响。为了使不同水泥具有可比性，水泥必须有一个标准稠度，通过此项试验测定水泥浆达到标准稠度时的用水量，作为凝结时间和安定性试验用水量的标准。

《水泥标准稠度用水量、凝结时间、安定性检验方法》（GB/T 1346—2011）规定，当采用标准法时，以试杆沉入净浆并距底板 6mm±1mm 时水泥净浆为标准稠度净浆，其拌和水量为该水泥的标准稠度用水量（P）。当采用代用法时，以试锥下沉深度 30mm±1mm 时的净浆为标准稠度净浆，其拌和水量为该水泥的标准稠度用水量（调整水量法）或标准稠度用水量。

（三）主要仪器

1）水泥净浆搅拌机。

2）代用法维卡仪，如图 12-3、图 12-4 所示。

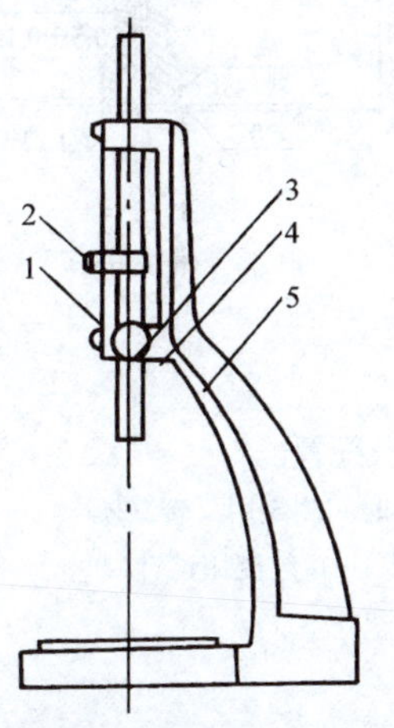

图 12-3　水泥标准稠度与凝结时间维卡仪

1—标尺　2—指针　3—松紧螺钉　4—金属圆棒　5—铁座

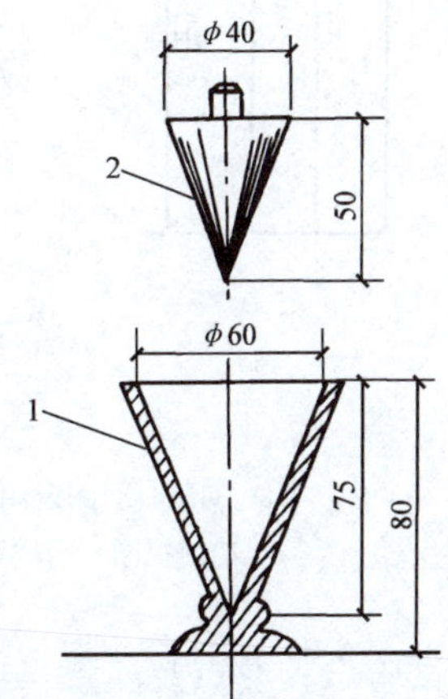

图 12-4　测定标准稠度用试锥和锥模

1—锥模　2—试锥

3）标准法维卡仪。基本同代用法维卡仪，用试杆取代试锥，用截顶圆锥模取代锥模（图 12-5）。

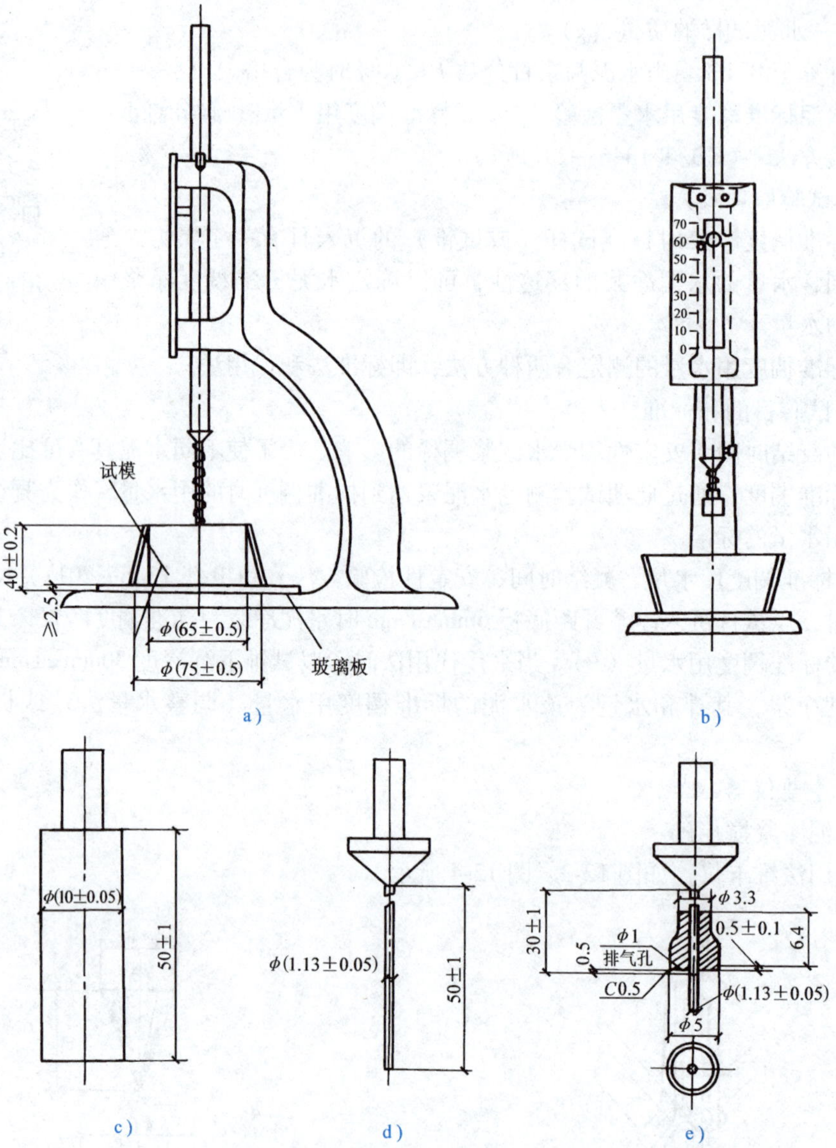

a)　　b)

c)　　d)　　e)

图 12-5　水泥凝结时间测定仪及配置

a）初凝时间测定用立式试模的侧视图　b）终凝时间测定用反转试模的前视图　c）标准稠度试杆　d）初凝用试针　e）终凝用试针

（四）试验步骤要点及注意事项

1. 标准法

1）搅拌机具用湿布擦过后，将拌和水倒入搅拌锅内，然后在 5～10s 内小心将称好的 500g 水泥加入水中，防止水和水泥溅出。

2）拌和时，先将锅放在搅拌机的锅座上，升至搅拌位置，启动搅拌机，低速搅拌

120s，停 15s，同时将叶片和锅壁上的水泥浆刮入锅内，接着高速搅拌 120s，停机。

3）拌和结束后，立即取适量水泥净浆一次性将其装入已置于玻璃底板上的试模中，用小刀插捣，轻振数次，刮去多余的净浆。抹平后迅速将试模和底板移至维卡仪上，调整试杆与水泥净浆表面接触，拧紧螺钉 1～2s 后，迅速放松，使试杆垂直自由地沉入水泥净浆中。在试杆停止沉入或释放试杆 30s 时记录试杆距底板之间的距离。

2. 代用法

1）水泥净浆的拌制同标准法 1）、2）条。

2）采用代用法测定水泥标准稠度用水量时，可采用调整水量法或不变水量法两种方法的任一种测定。采用调整水量法时拌和水量据经验确定，采用不变水量法时拌和水量用 142.5ml。

3）水泥净浆搅拌结束后，立即将拌制好的水泥净浆装入锥模中，用小刀插捣，轻振数次，刮去多余的净浆；抹平后迅速放至试锥下面固定的位置上，将试锥与水泥净浆表面接触，拧紧螺钉 1～2s 后，迅速放松，让试锥垂直自由地沉入水泥净浆中。到试锥停止下沉或释放试锥 30s 时，记录试定锥下沉深度。

注意事项：

① 维卡仪的金属棒能自由滑动。

② 调整至试锥（柱）接触锥模顶面（玻璃板）时指针对准零点。

③ 沉入深度测定应在搅拌后 1.5min 以内完成。

（五）数据处理及试验结果

（1）标准法　以试杆沉入净浆并距底板 6mm±1mm 的水泥净浆为标准稠度净浆，其拌和水量为该水泥的标准稠度用水量（P），按水泥质量的百分比计算。

（2）代用法　用调整水量法测定时，以试锥下沉深度为 30mm±1mm 时的净浆为标准稠度净浆，其拌和水量为该水泥的标准稠度用水量（P），按水泥质量的百分比计算。用不变水量法测定时，据试锥下沉深度 S(mm) 按下式计算得标准稠度用水量（P)%。

$$P=33.4-0.185S$$

标准稠度用水量也可从仪器上对应的标尺上读取；当 $S<13$mm 时，应改用调整水量法测定。

四、水泥凝结时间检验［《水泥标准稠度用水量、凝结时间、安定性检验方法》（GB/T 1346—2011）］

（一）试验原理及方法

通过测定试锥沉入标准稠度水泥净浆至一定深度所需的时间来表示水泥初凝和终凝时间。

凝结时间的测定可以用人工测定，也可用符合标准操作要求的自动凝结时间测定仪测定，一般以人工测定为准。

（二）试验目的和标准

通过凝结时间的测定，得到初凝时间和终凝时间，以便评定水泥质量，判定是否符合技术标准要求，是否满足施工要求。

（三）主要仪器

1）凝结时间测定仪，如图 12-3、图 12-5 所示。

2）湿热养护箱：温度 20℃±3℃，相对湿度>90%。

（四）试验步骤要点及注意事项

（1）试件制备　按标准稠度用水量测定方法制备标准稠度水泥净浆（水泥500g，拌和水为上述方法测得的标准稠度用水量），一次装满试模振动数次刮平后，立即放入养护箱内，记录水泥全部加入水中的时间即为凝结时间的起始时间。

（2）初凝时间的测定　试件在湿热养护箱中养护至30min时进行第一次测定。测定时，将试针与水泥净浆表面接触。拧紧螺钉1~2s后，迅速放松，让试针垂直自由地沉入净浆中，观察试针停止下沉或释放试针30s时指针的读数，并同时记录此时的时间。

（3）终凝时间的测定　在完成初凝时间测定后，将试模连同浆体以平移的方式从玻璃板直取下，并翻转180°，直径大端向上、小端向下放在玻璃板上，再放入湿热养护箱内继续养护。临近终凝时间时，每隔15min测定一次，并同时记录测定时间。

注意事项：

① 测定前调整试件接触玻璃板时，指针对准零点。

② 整个测试过程中试针以自由下落为准，且沉入位置至少距试模内壁10mm。

③ 每次测定不能让试针落入原孔，每次测完必须将试针擦净并将试模放回湿热养护箱内，整个测试过程要防止试模受振。

④ 临近初凝，每隔5min测定一次；临近终凝，每隔15min测定一次。达到初凝或终凝时应立即重复测一次，当两次结论相同时，才能定为达到初凝状态或终凝状态。

（五）数据处理及结果评定

初凝时间确定：当试针沉至距底板4mm±1mm时，为水泥达到初凝状态；从水泥全部加入水中至初凝状态的时间为水泥的初凝时间，单位min。

终凝时间确定：当试针沉入试体0.5mm时（即环形附件开始不能在试件上留下痕迹时）为水泥达到终凝状态；从水泥全部加入水中至终凝状态的时间为水泥的终凝时间，单位min。

若初凝时间和终凝时间未达到标准要求，则判定为不合格品。

五、水泥体积安定性检验［《水泥标准稠度用水量、凝结时间、安定性检验方法》（GB/T 1346—2011）］

水泥体积安定性测定

（一）试验原理及方法

体积安定性检验的方法有两种：雷氏法和试饼法。当发生争议时，一般以雷氏法为准。

雷氏法（标准法）是通过测定沸煮后两个试针的相对位移来衡量标准稠度水泥净浆体积膨胀程度，以此评定水泥浆硬化后体积是否均匀变化。

试饼法（代用法）是观测沸煮后水泥标准稠度净浆试饼煮沸后的外形变化情况，评定水泥浆硬化后体积是否均匀变化。

（二）试验目的和标准

通过测定沸煮后水泥标准稠度净浆试样的体积和外形的变化程度，评定体积安定性是否合格。

（三）主要仪器

（1）雷氏夹　由铜质材料制成，结构如图12-6所示，当一根指针的根部先悬挂在一根金属丝或尼龙丝上，另一根指针的根部再挂上300g质量的砝码时，两根指针针尖的距离应增加17.5mm±2.5mm，即$2x$=17.5mm±2.5mm。当去掉砝码后针尖的距离能恢复至挂砝码前的状态。

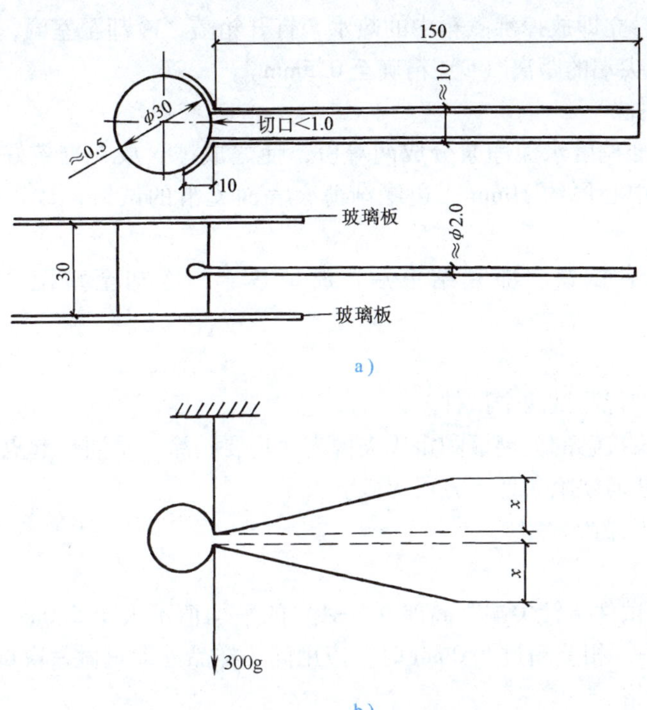

图 12-6　雷氏夹及受力示意图

a）雷氏夹　b）雷氏夹受力示意图

（2）沸煮箱　有效容积为410mm×240mm×310mm，能在30min±5min内将水由室温升至沸煮状态达3h以上，期间不需补充水量。

（3）雷氏夹膨胀测定仪　标尺最小刻度为0.5mm，如图12-7所示。

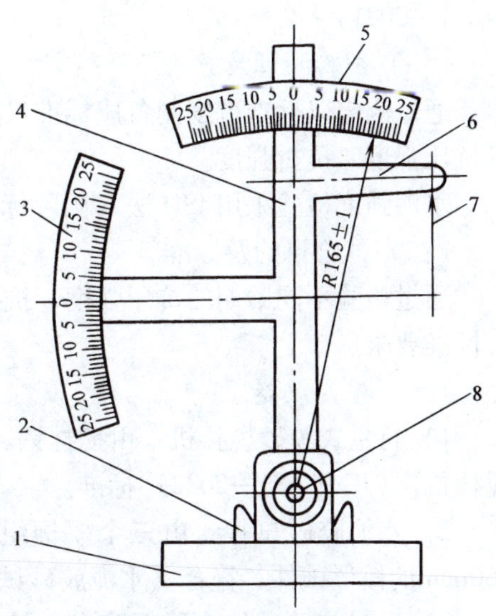

图 12-7　雷氏夹膨胀测定仪

1—底座　2—模子座　3—测弹性标尺　4—立柱　5—测膨胀值标尺　6—悬臂　7—悬丝　8—弹簧顶钮

（四）试验步骤要点及注意事项

1. 标准法（雷氏法）

1）将备好的雷氏夹放在涂油的玻璃板上，并立即将已制好的标准稠度水泥净浆一次装满雷氏夹，装浆时一手轻扶雷氏夹，另一手用小刀插捣数次后抹平，盖上涂油玻璃板，置湿气养护箱内养护24h±2h。

2）调整好沸煮箱内的水位，使其保证在整个沸煮过程中都超过试件，不需中途补试验用水，且在30min±5min内沸腾。

3）脱去玻璃板取下试件，测量雷氏夹指针尖端间的距离（A），精确到0.5mm，然后将试件放入沸煮箱水中的试件架上，指针朝上，试件间互不交叉，然后在30min±5min内加热至沸并恒沸180min±5min。

4）沸煮结束后，立即放掉沸煮箱中的热水，打开箱盖，冷却至室温，取出试件进行判别。测量雷氏夹指针尖端的距离（C）精确至0.5mm。

2. 代用法（试饼法）

1）将制好的标准稠度水泥净浆分成两等份，使之成球，放在准备好的玻璃板上，制成直径70~80mm、中心厚约10mm、边缘渐薄、表面光滑的试饼，放入湿气养护箱内养护24h±2h。

2）按标准法沸煮试饼。沸煮结束后，放掉热水，冷却至室温，取出试饼观察、测量。

3. 注意事项

1）每种方法需平行测试两个试件。

2）凡与水泥净浆接触的玻璃板和雷氏夹内表面均要稍涂一层油（起隔离作用）。

3）试饼应在无任何缺陷条件下方可沸煮。

（五）数据处理及结果评定

1. 标准法

当沸煮前后两个试件指针尖端距离差（$C-A$）的平均值不大于5.0mm时，即认为该水泥安定性合格；当$C-A$相差超过5.0mm时，应用同一样品立即重做一次试验，再如此，则认为水泥安定性不合格。

2. 代用法

目测试饼未发现裂缝，钢直尺测量未弯曲（钢直尺和试饼底部紧靠，以两者间不透光为不弯曲）的试饼为安定性合格；当两个试饼判别结果不一致时，该水泥的安定性不合格。

六、水泥胶砂强度检验（ISO法）[《水泥胶砂强度检验方法（ISO法）》（GB/T 17671—2021）]

（一）试验原理及方法

通过测定以标准稠度制备成标准尺寸的胶砂试块的抗压破坏荷载、抗折破坏荷载，确定其抗压强度、抗折强度。

水泥强度检验采用ISO法（国际标准）。

（二）试验目的及标准

通过检验不同龄期的抗压强度、抗折强度，确定水泥的强度等级或评定水泥强度是否符合标准要求。

（三）主要仪器

1）行星式胶砂搅拌机：由搅拌锅、搅拌叶片、电动机等组成，符合《行星式水泥胶砂搅拌机》（JC/T 681—2022）标准。

2）水泥胶砂试模：由三个模槽组成，可同时成形三条截面为40mm×40mm，长度为160mm的棱形试件，符合《水泥胶砂试模》（JC/T 726—2005）标准，如图12-8所示。

3）水泥胶砂试体成形振实台：符合《水泥胶砂试体成型振实台》（JC/T 682—2022）标准，如图12-9所示。

4）抗折强度试验机。

5）抗压强度试验机。

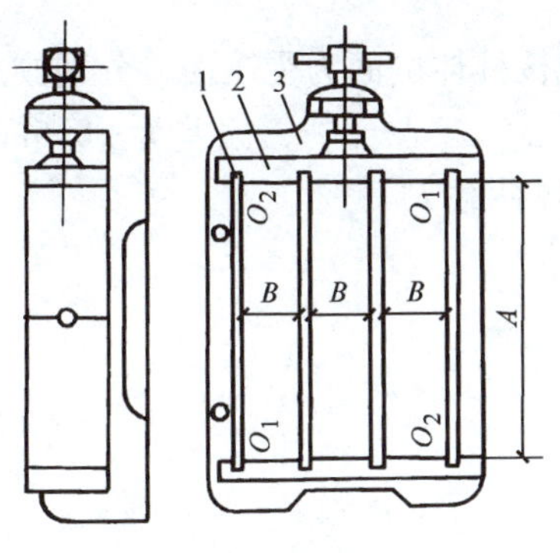

图 12-8　水泥胶砂试模

1—隔板　2—端板　3—底板

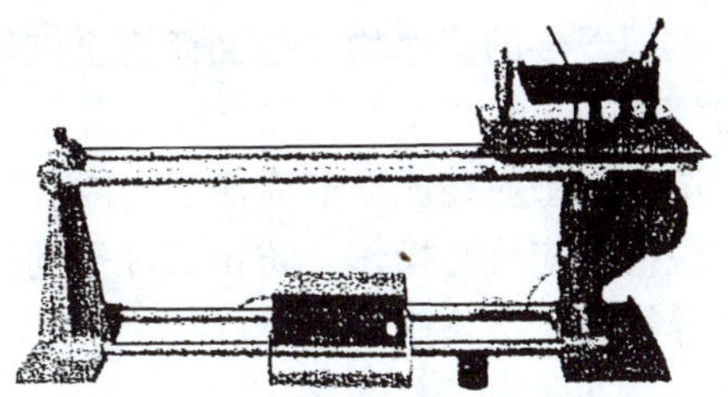

图 12-9　水泥胶砂试体成形振实台

（四）试验步骤要点及注意事项

1. 配合比

对于《水泥胶砂强度检验方法（ISO 法）》（GB/T 17671—2021）限定的通用水泥，按水泥试样、标准砂（ISO）、水，以质量计的配合比为 1∶3∶0.5，每一锅胶砂成形三条试体，需水泥试样 450g±2g，ISO 标准砂 1350g±5g，水 225g±1g。

2. 搅拌

把水加入锅内，再加入水泥，把锅放在固定架上，上升至固定位置后开动搅拌机，低速搅拌 30s±1s 后，在第二个 30s±1s 开始搅拌的同时均匀加入砂子（当各级砂是分装时，从最大粒级开始，依次将所需的每级砂量加完），然后把机器转至高速，再拌 30s±1s，停拌 90s。在停拌开始的 15s±1s 内，将搅拌锅放下，用刮具将叶片、锅壁和锅底上的胶砂刮入锅中间，在高速下继续搅拌 60s±1s。

3. 成形

胶砂制备后应立即成形，将空试模和模套固定在振实台上，将胶砂分两层装入试模。装第一层时，每模槽内约放 300g 胶砂，并将料层布平振实 60 次后，再装入第二层胶砂，布平后再振实 60 次，然后从振实台上取下试模，用金属直边尺以 90°的角度架在试模模顶一的端，沿试模长度方向以横向锯割动作慢慢向另一端移动，将超出试模部分的胶砂刮去并抹平，然后做好标记。两个龄期以上的试件，编号时应将同一试模中的 3 条试件分在两个以上龄期内。

4. 养护

将做好标记的试模放入养护箱内至规定时间拆模。对于 24h 龄期的试件，应在破型试验前 20min 内脱模，并用湿布覆盖到试验。对于 24h 以上龄期的试件，应在成形后 20~24h 之间脱模，并放入相对湿度大于 90%的标准养护室或水中养护（温度 20℃±1℃）。

5. 试验

养护到期的试件，应在试验前 15min 从水中取去，擦去表面沉积物，并用湿布覆盖到试验。先进行抗折试验，后做抗压试验。

抗折强度试验：将试件长向侧面放于试验机的两个支撑圆柱上，通过加荷圆柱以（50±10）N/s 的速率均匀地将荷载垂直地加在试件相对侧面上，直至折断，记录破坏荷

载 F_f。

抗压强度试验：以折断后保持潮湿状态的两个半截棱柱体侧面为受压面，分别放入抗压夹具内，并要求试件中心、夹具中心、压力机压板中心，三心合一，偏差为±0.5mm，以(2.4±0.2) kN/s 的速率均匀地加荷直至破坏，记录破坏荷载 F_c。

注意事项：

1）试模内壁应在成形前涂薄层的隔离剂。

2）脱模时应小心操作，防止试件受到损伤。

3）养护时不应将试模叠放。

（五）数据处理及结果评定

一组试件三条，分别进行三折六压试验，测得破坏荷载。

抗折强度按下式计算：

$$R_f = 1.5F_fL/b^3 \text{（精确至 0.1MPa）} \tag{12-2}$$

式中 R_f——抗折强度（MPa）；

F_f——折断时施加于棱柱体中部的荷载（N）；

L——支撑圆柱之间的距离（mm）；

b——棱柱体正方形截面的边长（mm）。

以一组三个棱柱体抗折结果的平均值作为试验结果。当三个强度值中有一个超出平均值的±10%时，应剔除后再取平均值作为抗折强度试验结果；当三个强度值中有两个超出平均值的±10%时，则以剩余一个作为抗折强度结果。

抗压强度按下式计算：

$$R_c = F_c/A \text{（精确至 0.1MPa）} \tag{12-3}$$

式中 F_c——受压破坏最大荷载（N）；

A——受压面积 40mm×40mm。

以一组三个棱柱体上得到的六个抗压强度测定值的平均值为试验结果。当六个测定值中有一个超出六个平均值的±10%时，剔除这个结果，再以剩下五个测定值的平均值为结果。当五个测定值中再有超过它们平均值的±10%时，则此组结果作废。当六个测定值中同时有两个或两个以上超出平均值的±10%时，则此组结果作废。

当强度值低于标准要求的最低强度值时，应视为不合格或降低等级。

第三节 混凝土用砂、石性能检验

一、一般规定

1. 取样

砂石取样应按批进行。用大型工具（火车、货船、汽车等）运输的以 400m^3 或 600t 为一验收批，用小型工具（马车、四轮车等）运输的，以 200m^3 或 300t 为一验收批，不足上述数量以一个验收批论。

每验收批至少进行颗粒分析，检验含泥量、泥块含量及针片状颗粒含量。重要工程、特殊工程及某指标有异议等，应根据需要增加检测项目。

每验收批取样方法应按有关规定执行：

1）从料堆取样时，取样部位应均匀分布，取样前先将表面铲除，然后从不同部位抽取大致相等的8份砂样（15份石样），组成一组样品。

2）从汽车、火车、货船上取样时，先从每验收批中抽取有代表性的若干单元（汽车为4~8辆、火车为3节车皮、货船为2艘），再从若干单元的不同部位和深度抽取大致相等的8份砂样（16份石样），组成一组样品。

3）每组样品的取样数量，对于单项试验，不少于规定的最少取样数量；对于多项试验，若能保证样品经一项试验后不影响另一项试验结果，可用同一组样品进行多项不同的试验。

4）每组样品应按缩分法（四分法）缩分至略多于进行试验所必需的质量为止。

5）砂、石的含水量、堆积密度和紧密度的检验，所用试样不经缩分，拌匀后直接进行试验。

6）若检验不合格，应重新双倍取样复验，复验仍不满足标准要求，应按不合格处理。

2. 试验条件

1）试验温度应为15~30℃。

2）试验用水应是洁净的淡水，有争议时可采用蒸馏水。

二、砂的颗粒级配检验［《建设用砂》（GB/T 14684—2022）］

（一）试验原理及方法

砂筛分析试验

通过由不同孔径的筛组成的一套标准筛对砂样进行过筛，测定砂样中不同粒径的颗粒含量。采用国际统一的筛分析法。

（二）试验目的及标准

通过筛分析试验测定不同粒径集料的含量比例，评定砂的颗粒级配状况及粗细程度，为合理选择砂提供技术依据。

《建设用砂》（GB/T 14684—2022）规定：砂的级配应符合3个级配区的要求（粗砂区、中砂区、细砂区），并据细度模数规定了四种规格砂的范围，粗砂：3.7~3.1；中砂：3.0~2.3；细砂：2.2~1.6；特细砂：1.5~0.7。

（三）主要仪器

1）试验用标准筛：符合《试验筛 技术要求和检验 第1部分：金属丝编织网试验筛》（GB/T 6003.1—2022）、《试验筛 技术要求和检验 第2部分：金属穿孔板试验筛》（GB/T 6003.2—2012）、《电成型薄板试验筛》（GB/T 6003.3—1999）中方孔试验筛的规定，孔径为0.15mm、0.30mm、0.60mm、1.18mm、2.36mm、4.75mm及9.50mm的筛各一只，并附有筛底和筛盖。

2）鼓风烘箱：温度控制为105℃±5℃。

3）摇筛机如图12-10所示。

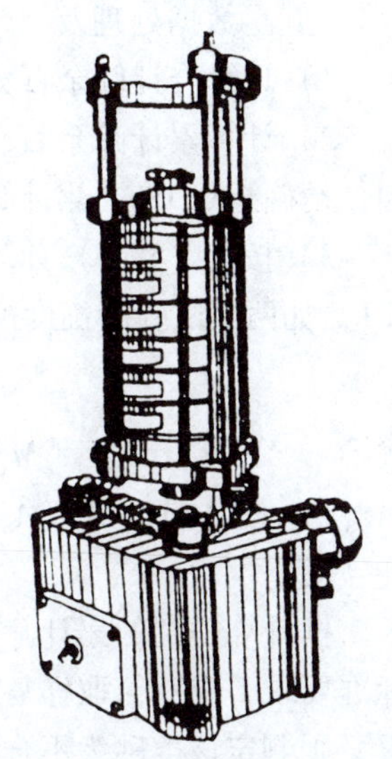

图12-10　摇筛机

（四）试验步骤要点及注意事项

1. 试验步骤要点

1）按规定取样后，筛除大于9.50mm的颗粒，算出其筛余百分率，并将试样缩分至约1100g，放在烘箱中于（105±5）℃下烘干至恒重，待冷却至室温后，平均分成2份备用

（每份550g）。

2）称取试样500g（精确至1g），将试样倒入按孔径大小从上至下组合的套筛上。

3）将放好试样的套筛安放在摇筛机上，摇筛10min后，取下套筛，按筛孔大小顺序再逐个进行手筛，筛至每分钟通过量小于试样总量的0.1%（即0.5g）为止，通过的试样（即小于筛孔直径的试样）并入下一号筛中，并和下一号筛中的试样一起过筛，依次分别进行至各号筛全部筛完为止。

4）称量各号筛的筛余量（精确至1g）。试样在各号筛上的筛余量不得超过按式（12-4）计算出的量；若超过，应按下列处理方法之一进行：筛分后，如每号筛的筛余量与筛底的剩余量之和与原试样质量之差超过1%时，须重新试验。

$$m_a = A \times \sqrt{d} / 200 \tag{12-4}$$

式中 m_a——在一个筛上的筛余量（g）；

A——筛面面积（mm^2）；

d——筛孔尺寸（mm）。

2. 处理方法

1）将该粒级试样分成少于按式（12-4）计算出的量（至少分成两份），分别筛分，并以筛余量之和作为该号筛的筛余量。

2）将该粒级及以下各粒级的筛余混合均匀，称出其质量（精确至1g），再用四分法缩分为大致相等的两份，取其中1份，称出其质量（精确至1g），继续筛分。计算该粒级及以下各粒级的分计筛余量时，应根据缩分比例进行修正。

3. 注意事项

1）试样必须烘干至恒量，恒量是指在相隔1～3h的情况下，前后两次烘干重量之差小于该试验所要求的称量精度。

2）试验前应检查筛孔是否畅通，若阻塞应清除。

3）试验过程中防止颗粒遗漏。

（五）数据处理及结果评定

1）计算分计筛余百分率：各号筛的筛余量与试样总量之比，精确至0.1%。

2）计算累计筛余百分率：该号筛的筛余百分率加上该号筛以上各分计筛余百分率之和，精确至0.1%。累计筛余百分率取两次试验结果的算术平均值，精确至1%。

3）按式（12-5）计算细度模数 M_x，细度模数取两次试验结果的算术平均值，精确至0.1，如两次试验的细度模数之差超过0.2时，须重新试验。

$$M_x = [(A_2 + A_3 + A_4 + A_5 + A_6) - 5A_1] / (100 - A_1) \tag{12-5}$$

式中 M_x——细度模数；

A_1、A_2、A_3、A_4、A_5、A_6——孔径分别为4.75mm、2.36mm、1.18mm、0.60mm、0.30mm、0.15mm的筛的累计筛余百分率。

据计算得到的累计筛余百分率，按标准要求的级配区判定级配是否符合标准；若不符合标准要求，应双倍取样复检，复检符合标准要求，判定该类砂合格，若复检的不符合标准要求，则判定该类砂为不合格。据细度模数 M_x 的大小，按标准确定砂的规格。

分计筛余、累计筛余、通过率的关系见表12-1。

表 12-1　分计筛余、累计筛余、通过率的关系

筛孔尺寸	分计筛余（%）	累计筛余（%）	通过率（%）
4. 75mm	a_1	$A_1=a_1$	$100-A_1$
2. 36mm	a_2	$A_2=a_1+a_2$	$100-A_2$
1. 18mm	a_3	$A_3=a_1+a_2+a_3$	$100-A_3$
600μm	a_4	$A_4=a_1+a_2+a_3+a_4$	$100-A_4$
300μm	a_5	$A_5=a_1+a_2+a_3+a_4+a_5$	$100-A_5$
150μm	a_6	$A_6=a_1+a_2+a_3+a_4+a_5+a_6$	$100-A_6$

三、砂的密度测定［《建设用砂》（GB/T 14684—2022）］

（一）试验原理及方法

通过测定砂处在不同状态下的有关质量，利用阿基米德原理（即砂排出水的体积为砂样体积），确定砂的近似密度体积，计算砂的密度。砂密度测定采用容量瓶法。

（二）试验目的和标准

通过密度的测定，判断是否符合标准要求，并为计算砂的空隙率和混凝土配合比设计提供依据。

《建设用砂》（GB/T 14684—2022）规定：密度不小于 2500kg/m^3。

（三）主要仪器

1）烘箱：温度控制在 105℃±5℃。

2）天平：量程不小于 1000g，分度值不大于 0. 1。

3）容量瓶：500mL。

4）浅盘、滴管、毛刷、温度计等。

（四）试验步骤要点及注意事项

1. 试验步骤要点

1）按规定取样缩分后，称取约 660g，放在烘箱中 105℃±5℃烘干至恒量，待冷却至室温后，分成大致相等的两份备用。

2）称取试样 300g（精确至 0. 1g），记为 m_{i0}将试样装入容量瓶，注水至接近 500mL 的刻度处，充分摇动，排除气泡，塞紧瓶塞，静置 24h，然后用滴管小心加水至容量瓶 500mL 刻度处，塞紧瓶塞，擦干瓶外水分，称其质量 m_{i1}（精确至 0. 1g）。

3）倒出瓶中水和试样，洗净容量瓶，再向容量瓶内注水至 500mL 刻度处，塞紧瓶塞，擦干瓶处水分，称其质量 m_{i2}，（精确至 0. 1g）。

2. 注意事项

1）试验用水应在整个试验过程中保持水温相差不超过 2℃（并在 15~25℃之间）。

2）带有容量瓶称量时必须擦干瓶外水分。

3）滴管添水至瓶颈 500mL 刻度线应当以弯液面为准。

（五）数据处理及结果评定

砂的密度按式（12-6）计算，密度取两次试验结果的算术平均值，精确至 10kg/m^3；若两次试验之差大于 20kg/m^3 时应重新试验，即：

$$\rho_0=\frac{m_{i0}}{m_{i0}+m_{i2}-m_{i1}}\times\rho_w \tag{12-6}$$

式中 ρ_0——表观密度（kg/m³）；

ρ_w——水的密度（1000kg/m³）；

m_{i0}——烘干后试样的质量（即300g）；

m_{i1}——试样、水及容量瓶的总质量（g）；

m_{i2}——水及容量瓶的总质量（g）。

当砂密度测定值小于等于2500kg/m³，应重新选砂。

四、砂的堆积密度测定［《建设用砂》（GB/T 14684—2022）］

砂堆积密度试验

（一）试验原理及方法

通过测定装满容量筒的砂的质量和体积（自然状态下）计算堆积密度及空隙率。

（二）试验目的及标准

通过测定砂的堆积密度，判定是否符合标准要求，并为计算空隙率及混凝土配合比设计提供依据。

《建设用砂》（GB/T 14684—2022）规定：除特细砂外，松散堆积密度不小于1400kg/m³，空隙率不大于44%。

（三）主要仪器

1）烘箱：温度控制在105℃±5℃。

2）容量筒：容积为1L。

3）天平：量程不小于10kg，分度值不大于1g。

4）试验筛：孔径为4.75mm的筛。

5）垫棒：直径10mm、长500mm的圆钢。

6）直尺、漏斗或料勺、浅盘、毛刷等。

（四）试验步骤要点和注意事项

1. 试验步骤要点

1）按规定取样缩分后，称取试样3L，放在烘箱中于105℃±5℃下烘干至恒量，待冷却至室温后，筛除大于4.75mm的颗粒，分成大致相等的两份备用，称容量筒质量G_2。

2）称取试样一份，用料斗将试样从容量筒中心上方50mm处缓慢倒入，让试样以自由落体落下，当容量筒上部试样呈堆体，且容量筒四周溢满时，停止加料，然后用直尺沿筒口中心线向两边刮平，称出试样和容量筒的总质量m_{j1}（精确至1g）。

2. 注意事项

1）试样通过料斗装入容量筒时，料斗口距容量筒口最大高度不超过50mm，试验过程中应防止振动容量筒。

2）试验前可按规定方法对容量筒体积进行校正。

（五）数据处理及结果评定

松散堆积密度及空隙分别按式（12-7）、式（12-8）计算，堆积密度取两次试验结果的算术平均值（精确至10kg/m³），空隙率取两次试验结果的算术平均值（精确

至1%)，即：

$$\rho_0{}'=(m_{j1}-m_{j0})/V_0' \qquad (12\text{-}7)$$

式中　ρ_0'——松散堆积密度（kg/m^3），精确至$100kg/m^3$；

m_{j1}——容量筒和试样总质量（g）；

m_{j0}——容量筒质量（g）；

V_0'——容量筒的容积（即1L）。

$$P=(1-\rho_0{}'/\rho_0)\times 100 \qquad (12\text{-}8)$$

式中　P——空隙率（%）；

ρ_0'——砂的堆积密度（kg/m^3）；

ρ_0——砂的密度（kg/m^3）。

当砂的堆积密度小于$1400kg/m^3$，空隙率大于44%时，应重新选砂。

五、石子颗粒级配检验［《建设用卵石、碎石》（GB/T 14685—2022）］

（一）试验原理及方法

通过由不同孔径的筛组成的一套标准筛对石子样筛析，测定石子样中不同粒径的颗粒含量。采用国际统一的筛分析法。

（二）试验目的及标准

通过筛分析试验测定不同粒径集料的含量比例，评定石子的颗粒级配状况，是否符合标准要求，为合理选择和使用粗集料提供技术依据。

《建设用卵石、碎石》（GB/T 14685—2022）规定：建筑用卵石、碎石必须级配合格，符合标准要求。

（三）主要仪器

1）试验用方孔标准筛：孔径为2.36mm、4.75mm、9.50mm、16.0mm、19.0mm、26.5mm、31.5mm、37.5mm、53.0mm、63.0mm、75.0mm及90.0mm的方孔筛，并附有筛底和筛盖（筛框内径300mm）。

2）烘箱：温度控制在105℃±5℃之间。

3）摇筛机。

4）天平：分度值不大于最少试样质量的0.1%。

（四）试验步骤要点及注意事项

1. 试验步骤要点

1）按规定取样缩分后，按表12-2的要求称取试样一份（精确至1g），倒入按孔径大小从上至下组合好的套筛上，然后放置于摇筛机上进行筛分，摇筛10min，取下套筛，按筛孔大小顺序依次分别再逐个手筛，筛至每分钟通过量小于试样总量的0.1%为止。

表12-2　颗粒级配试验所需试样数量

最大粒径/mm	9.5	16.0	19.0	26.5	31.5	37.5	63.0	≥75.0
最少试样质量/kg	1.9	3.2	3.8	5.0	6.3	7.5	12.6	16.0

2）通过的颗粒并入下一号筛中，并与下一号筛中的试样一起过筛，这样顺序进行，直

至各号筛全部筛完为止，称出各号筛的筛余量（精确至1g）。

2. 注意事项

1）试样须在试验前进行烘干或风干。

2）试验过程中应避免试样遗落。

（五）数据处理及结果评定

1）计算分计筛余百分率：各号筛的筛余量与试样总质量之比（精确至0.1%）。

2）计算累计筛余百分率：该号筛及以上各筛的分计筛余百分率之和（精确至1%）。

3）筛分后，如每号筛的筛余量与筛底的筛余量之和与筛分前试样质量之差超过1%时，须重新试验。

根据各号筛的累计筛余百分率，评定该试样的颗粒级配；若不符合标准要求，应双倍取样进行复验，复验符合标准要求，则判定该试样合格，若复验不合格，则判定该试样不合格。

六、石子密度测定［《建设用卵石、碎石》（GB/T 14685—2022）］

（一）试验原理及方法

利用阿基米德原理（即集料排出水的体积为集料的体积）确定粗集料（卵石或碎石）的近似密实体积（包括封闭孔隙在内），计算粗集料的密度。方法有液体比重天平法和广口瓶法。

（二）试验目的和标准

通过密度测定，判断是否符合标准要求，为计算试样空隙率及混凝土配合比设计提供依据。

《建设用卵石、碎石》（GB/T 14685—2022）规定：卵石或碎石密度不小于2600kg/m^3。

（三）主要仪器

1）烘箱：温度控制在105℃±5℃之间。

2）天平：量程不小于10kg，分度值不大于5g。

3）吊篮：由孔径为1~2mm的筛网或钻有2~3mm孔洞的耐腐蚀金属板组成。

（四）试验步骤要点及注意事项

1. 液体比重天平法（图12-11）

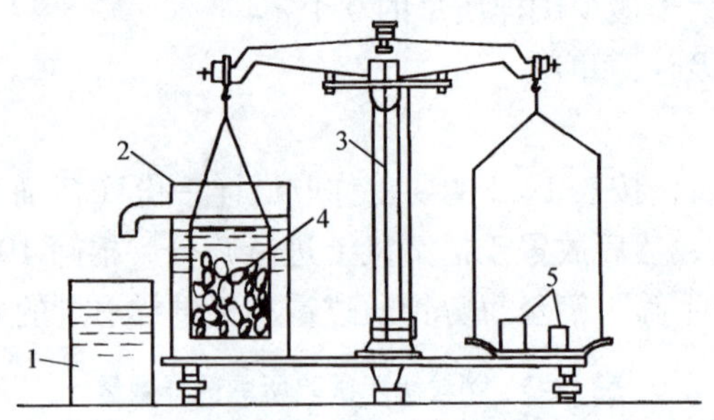

图12-11 液体比重天平

1—容器 2—金属筒 3—天平 4—吊篮 5—砝码

（1）试验步骤要点

1）按规定取样缩分后，按表12-3称取试样，风干后筛余小于4.75mm的颗粒，然后洗

刷干净，分成大致相等的两份备用。

2）取试样一份放入吊篮内，并浸入盛水容器中，液面高于试样表面50mm，浸水（24±1）h后，移入称量用的盛水容器中，并用上、下升降吊筛的方法排除气泡（试样不得露出水面），吊筛每升降一次约1s，升降高度为30~50mm。

3）准确称出吊篮及试样在水中的质量 m_{h2}（此时吊篮应全浸在水中），精确至5g，称量时盛水容器的水面高度仍由溢流孔控制。

表 12-3　密度试验所需试样质量

最大粒径/mm	小于26.5	31.5	37.5	63.0	75.0
最少试样质量/kg	2.0	3.0	4.0	6.0	6.0

4）提起吊篮，将试样倒入浅盘，放在烘箱中105℃±5℃，烘干至恒量，冷却至室温后，称出其质量 m_{h1}（精确至5g）。

5）称出吊篮在水中的质量 m_{h3}（精确至5g），称量时盛水容器的水面高度仍由溢流孔控制。

（2）注意事项

1）称量吊篮与水，吊篮、水与试样的质量时，水温控制必须相同。

2）整个试验的称量可在15~25℃范围内进行，但从试样加水静止24h起至试验结束，温差不超过2℃。

2. 广口瓶法

（1）试验步骤要点

1）按规定取样缩至表12-3规定的数量，风干后筛除小于4.75mm的颗粒，然后洗净，分成大致相等的两份备用。

2）将试样浸水饱和，装入广口瓶中，装试样时，广口瓶应倾斜放置。注入饮用水，上下左右摇晃排除气泡，向瓶内滴水至瓶口边缘，用玻璃片沿瓶口迅速滑行，紧贴瓶口水面，覆盖瓶口。擦干瓶外水分后，称出试样、水、瓶和玻璃片总质量 m_{h5}（精确至1g）。

3）将瓶中试样倒入浅盘，放烘箱105℃±5℃烘干至恒量，冷却至室温后，称出其质量 m_{h4}（精确至1g）。

4）将瓶内重新注水至瓶口，用玻璃片紧贴瓶口水面覆盖瓶口，擦干瓶外水分后，称水、瓶和玻璃片总质量 m_{h6}（精确至1g）。

（2）注意事项

1）带水称量各项质量时水温应一致。

2）整个试验中称量时水温可在15~25℃范围内进行，但温差不应超过2℃。

（五）数据处理及结果评定

表观密度按式（12-9）计算（精确至10kg/m³）：

$$\rho_0=\left(\frac{m_{h1}}{m_{h1}+m_{h3}-m_{h2}}-\alpha_t\right)\times\rho_{水} \tag{12-9}$$

式中　ρ_0——表观密度（kg/m³）；

m_{h1}——烘干后试样的质量（g）；

m_{h3}——吊篮在水中的质量（g）；

m_{h2}——吊篮及试样在水中的质量（g）；

α_t——水温对表观密度影响的修正系数；

$\rho_水$——水的密度（kg/m^3）。

表观密度取两次试验结果的算术平均值，两次试验结果之差大于 $20kg/m^3$，须重新试验。对颗粒材质不均匀的试验，若两次试验之差又超过 $20kg/m^3$，则取四次试验结果的算术平均值。

七、石子堆积密度测定［《建设用卵石、碎石》（GB/T 14685—2022）］

（一）试验原理及方法

通过测定容量筒装满石子时的质量和体积（自然状态下），确定石子的堆积密度和空隙率。

（二）试验目的及标准

通过测定石子的堆积密度，判定是否符合标准要求，为计算空隙率及混凝土配合比设计提供依据。

（三）主要仪器

1）天平：分度值不大于试样质量的 0.1%。

2）容量筒。

（四）试验步骤要点及注意事项

1. 试验步骤要点

1）按规定取样缩分并烘干（或风干）后、拌匀将试样分成大致相等的两份备用。

2）取试样一份，用小铲将试样从容量筒口中心上方 50mm 处缓慢倒入，让试样以自由落体落下。当容量筒上部试样呈锥体，且容量筒四周溢满时，停止加料。除去凸出筒口表面的颗粒，并以合适的颗粒填入凹陷部分，使表面微凸起部分和凹陷部分的体积相等。称出试样和容量筒总质量 m_{i1} 和容量筒的质量 m_{i2}。

2. 注意事项

1）试验过程中应防止碰振容量筒。

2）试验前应校正容量筒的体积。

（五）数据整理及结果评定

堆积密度按式（12-10）、式（12-11）计算（精确至 $10kg/m^3$）。

$$\rho_L = (m_{i1} - m_{i0})/V_i \tag{12-10}$$

$$\rho_C = \frac{m_{i2} - m_{i0}}{V_i} \tag{12-11}$$

式中 ρ_L——松散堆积密度（kg/m^3）；

m_{i1}——松散堆积时容量筒和试样的总质量（g）；

m_{i0}——容量筒的质量（g）；

V_i——容量筒的容积（L）；

ρ_C——紧密堆积密度（kg/m^3）；

m_{i2}——紧密堆积时容量筒和试件的总质量。

空隙率按式（12-12）、式（12-13）计算（精确至1%）。

$$P_L=\left(1-\frac{\rho_L}{\rho_0}\right)\times100\% \tag{12-12}$$

$$P_C=\left(1-\frac{\rho_C}{\rho_0}\right)\times100\% \tag{12-13}$$

式中　P_L——松散堆积空隙率；

ρ_L——松散堆积密度（kg/m^3）；

ρ_0——表观密度（kg/m^3）；

P_C——紧密堆积空隙率；

ρ_C——紧密堆积密度（kg/m^3）。

堆积密度取两次试验结果的算术平均值，精确至$10kg/m^3$。空隙率取两次试验结果的算术平均值，精确至1%。

第四节　混凝土性能检验

一、一般规定

1. 取样

取样应在混凝土的浇筑地点随机抽样，取样与试件留置应符合下列规定：

1）每拌制100盘且不超过$100m^3$的同配合比的混凝土，取样不得少于一次。

2）每工作时拌制的同一配合比的混凝土不足100盘时，取样不得少于一次。

3）每一次连续浇筑超过$1000m^3$时，同一配合比的混凝土每$200m^3$取样不得少于一次。

4）每一楼层，同一配合比的混凝土，取样不得少于一次。

5）每一次取样应至少留置一组标准养护试件，同条件养护试件的留置组数应根据实际需要确定。

2. 试验条件

1）试验用原材料应提前运入室内，与此同时室内温度一致，拌和混凝土时实验室温度应保持在20℃±5℃之间。

2）实验室拌制混凝土时，材料用量以重量计，称量的精确度：集料为±1%，水、水泥和外加剂为±0.5%。

3）混凝土部分的有关试验应根据混凝土配合比设计的内容，结合工程实例进行，即按设计好的混凝土配合比进行混凝土的性能试验。

二、混凝土拌合物的和易性检验——坍落度法与坍落度扩展度法［《普通混凝土拌合物性能试验方法标准》（GB/T 50080—2016）］

（一）试验原理及方法

通过测定混凝土拌合物在自重作用下自由坍落的程度及外观现象（泌水、离析等），评定混凝土的和易性（流动性、保水性、黏聚性）是否满足施工要求。

混凝土拌合物和易性试验

（二）试验目的及标准

通过坍落度测定，确定实验室配合比，检验混凝土拌合物和易性是否满足施工要求，并制成符合标准要求的试件，以便进一步确定混凝土的强度。

本方法适用于测定集料最大公称粒径不大于40mm、坍落度值不小于10mm的混凝土拌合物坍落度的测定。

（三）主要仪器

1）坍落度筒。

2）插捣棒、卡尺。

（四）试验步骤要点及注意事项

1. 试验步骤要点

1）湿润坍落度筒及各种拌和用具，坍落度筒内壁和底板应无明水并把坍落筒放在拌和用平板上。

2）按要求取得试样后，分三层均匀装入筒内，捣实后每层高度约为筒高的1/3，每层用捣棒插捣25次，在整个截面上由外向中心均匀插捣，捣棒应插透本层，并与下层接触。

3）顶层插捣完毕，刮去多余混凝土后抹平。

4）清除筒边底板上的混凝土后，应垂直平稳地提起坍落度筒，并轻放于试样旁边。注意坍落度筒的提离过程宜控制在3~7s。从开始装料到提坍落度筒的整个过程应连续进行，并应在150s内完成。

5）当试样不再继续坍落或坍落时间达30s时，用钢尺测量出筒高与坍落后混凝土试体最高点之间的高度差，作为该混凝土拌合物的坍落度值，如图12-12所示。

2. 注意事项

1）装料时，应使坍落度筒固定在拌和平板上，保持位置不动。

2）坍落度筒提升时避免左右摇摆。

3）在试验过程中密切观察混凝土的外观状态。

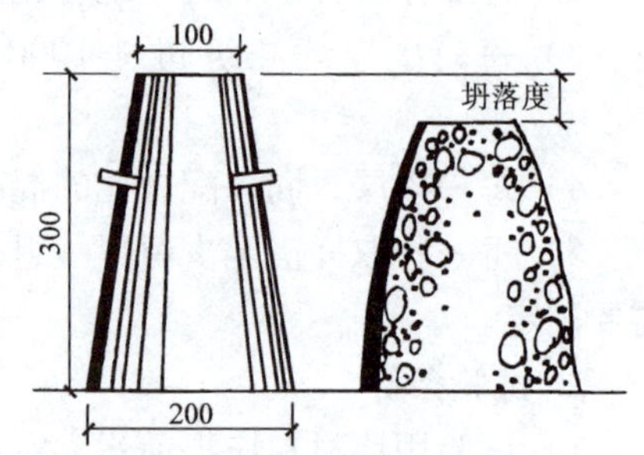

图12-12 坍落度试验

（五）数据处理及结果评定

坍落前后的高度差即为坍落度。

据坍落度的大小判定是否满足施工要求的流动性，据在测试过程观察到的混凝状态，评定黏聚性和保水性是否良好。

当坍落度筒提离后，如混凝土发生崩塌或一边剪坏现象，则应重新取样另行测定。如第二次试验仍出现上述现象，则表示该混凝土拌合物和易性不好，应予记录备查。

观察坍落后的混凝土试体的黏聚性和保水性。黏聚性的检查方法是用捣棒在已坍落的混凝土锥体侧面轻轻敲打。此时如果锥体逐渐下沉，则表示黏聚性良好；如果锥体倒塌、部分崩裂或出现离析现象，则表示黏聚性不好。

保水性以混凝土拌合物中稀浆析出的程度来评定。坍落度筒提起后如有较多的稀浆从底部析出，锥体部分的混凝土也因失浆而集料外露，则表明此混凝土拌合物的保水性能不好。如坍落度筒提起后无稀浆或仅有少量稀浆自底部析出，则表示此混凝土拌合物

保水性良好。

当混凝土拌合物坍落度大于220mm时，用钢尺测量混凝土扩展后最终的最大直径和最小直径。在两个直径差小于50mm的条件下，以算术平均值作为坍落度扩展度值；否则，试验无效。坍落度值和扩展度值以mm为单位，精确至1mm，修约至5mm。

三、混凝土拌合物的和易性检验——维勃稠度法［《普通混凝土拌合物性能试验方法标准》（GB/T 50080—2016）］

（一）试验原理及方法

通过测定混凝土拌合物在外力作用下由圆台状均匀摊平所需要的时间，评定混凝土的流动性是否满足施工要求。该方法适用于测定集料最大公称粒径不大于40mm、维勃稠度在5~30s之间的混凝土拌合物稠度的测定。

（二）试验目的及标准

测定混凝土拌合物的维勃稠度值，用以评定混凝土拌合物坍落度在10mm以内混凝土的流动性。确定实验室配合比，检验混凝土拌合物和易性是否满足施工要求，并制成符合标准要求的试件，以便进一步确定混凝土的强度。

（三）主要仪器

1. 维勃稠度仪（图12-13）

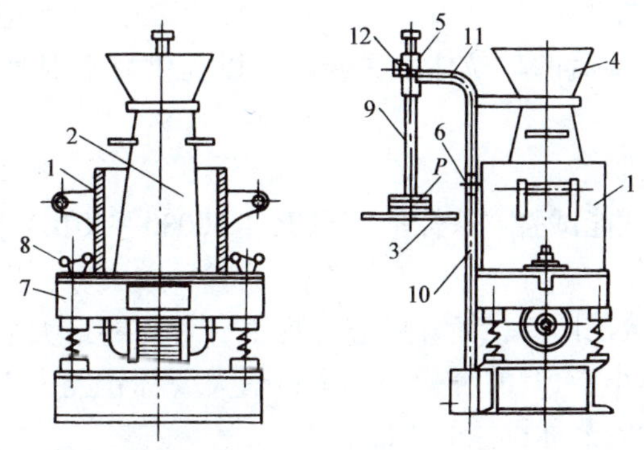

图12-13　维勃稠度仪

1—容器　2—坍落度筒　3—圆盘　4—喂料斗　5—套管　6—定位螺钉　7—振动台　8—导向器　9—测杆　10—支柱　11—旋转架　12—测杆螺钉

2. 捣棒

直径16mm、长600mm的钢棒，端部应磨圆。

3. 秒表

精度应不低于0.1s。

（四）试验步骤要点及注意事项

1. 试验步骤要点

1）把维勃稠度仪放置在坚实水平的基面上，容器、坍落度筒内壁及其他用具应湿润无明水。

2）将喂料斗提到坍落度筒上方扣紧，校正容器位置，使其中心与喂料斗中心重合，然后拧紧固定螺钉。

3）把按要求取得的混凝土试样用小铲分三层以喂料斗均匀地装入筒内，装料及插捣的方法同坍落度法的试验步骤。

4）把喂料斗转离，垂直地提起坍落度筒，此时应注意不应使混凝土拌合物试件产生横向的扭动。

5）把透明圆盘转到混凝土圆台体顶面，放松测杆螺钉，小心地降下圆盘，使它轻轻接触到混凝土顶面。

6）拧紧定位螺钉，并检查测杆螺钉是否已经完全放松，同时开启振动台和秒表；当振动到透明圆盘的整个底面与水泥浆接触时应停止计时，并关闭振动台。记下秒表上的时间，读数精确至1s。

2. 注意事项

1）若维勃稠度值小于5s或大于30s，则此种混凝土所具有的稠度已超出仪器的适用范围。

2）试验前要检查秒表是否准确。

（五）数据处理及结果评定

由秒表读出的时间秒数（s），即为该混凝土拌合物的维勃稠度值。

四、混凝土拌合物湿表观密度检验

（一）试验原理及方法

测定混凝土拌合物捣实后的单位体积重量，用以提供核实混凝土配合比计算中的材料用量。

（二）试验目的及标准

《普通混凝土拌合物性能试验方法标准》（GB/T 50080—2016）

（三）主要仪器

1）容量筒：金属制成的圆筒，筒外壁应有提手。对集料最大公称粒径不大于40mm的混凝土拌合物采用容积不小于5L的容量筒；集料最大公称粒径大于40mm时，容量筒的内径与内高均应大于集料最大公称粒径的4倍。

2）电子天平：最大量程为50kg，感量不应大于10g。

3）振动台：频率应为（50±3）Hz，空载时的振幅应为（0.5±0.1）mm。

（四）试验步骤要点及注意事项

1. 试验步骤要点

1）用湿布把容量筒内外擦干净，称出质量（m_1），精确至10g。

2）混凝土的装粒及捣实方法应视拌合物的稠度而定。一般来说，为使所测混凝土密实状态更接近于实际状况，对于坍落度不大于90mm的混凝土，宜用振动台振实，大于90mm的混凝土，宜用捣棒插捣密实。

采用振动台振实时，应一次将混凝土拌合物灌满到稍高出容量筒口。装料时允许用捣棒稍加插捣，振捣过程中如混凝土高度沉落到低于筒口，则应随时添加混凝土。振动直至表面出浆为止。

3）坍落度大于90mm时，混凝土拌合物宜用捣棒插捣密实。插捣时，应根据容量筒的大小决定分层与插捣次数：用5L容量筒时，混凝土拌合物应分两层装入，每层的插捣次数应为25次；用大于5L的容量筒时，每层混凝土的高度不应大于100mm，每层插捣次数应

按每 10000mm^2 截面不小于 12 次计算。各次插捣应由边缘向中心均匀地插捣，插捣底层时捣棒应贯穿整个深度，插捣第二层时，捣棒应插透本层至下一层的表面；每一层捣完后用橡皮锤沿容量筒外壁敲击 5~10 次，进行振实，直至混凝土拌合物表面插捣孔消失并不见大气泡为止。自密实混凝土应一次性填满，且不应进行振动和插捣。

4）用刮尺齐筒口将多余的混凝土拌合物刮去；表面如有凹陷应予填平。将容量筒外壁擦净，称出混凝土与容量筒总质量（m_2），精确至 10g。

2. 注意事项

1）容量筒容积应经常予以校正。

2）混凝土拌合物湿表观密度也可以利用制备混凝土抗压强度试件时进行，称量试模及试模与混凝土拌合物总质量（精确至 0.1kg）、试模容积，以一组三个试件表观密度的平均值作为混凝土拌合物表观密度。

（五）数据处理及结果评定

混凝土拌合物表观密度按式（12-14）计算：

$$\rho=\frac{m_2-m_1}{V}\times 1000 \tag{12-14}$$

式中　m_1——容量筒质量（kg）；

m_2——容量筒及试样总质量（kg）；

V——容量筒容积（L）；

ρ——混凝土拌和物表观密度（kg/m^3）。

试验结果的计算精确至 10kg/m^3。

五、普通混凝土力学性能——抗压强度检验

（一）试验原理及方法

将和易性符合施工要求的混凝土拌合物按规定成形，制成标准的立方体试件，经 28d 标准养护后，测其抗压破坏荷载，计算其抗压强度。

（二）试验目的及标准

混凝土试块制作

通过测定混凝土立方体的抗压强度，以检验材料质量，确定、校核混凝土配合比，确定混凝土强度等级，并为控制施工质量提供依据。制作提供各种性能试验用的混凝土试件。

试验标准应符合《混凝土物理力学性能试验方法标准》（GB/T 50081—2019）的规定。

（三）主要仪器

1. 试模

由铸铁或钢或塑料制成，应具有足够的刚度并便于拆卸。试模内表面应蚀光，其不平度应不大于试件边长的 0.05%。组装后各相邻面的垂直度应不超过±1°。

2. 捣实设备

可选用下列三种之一：

1）振动台：试验用振动频率应为（50±2）Hz，空载时振幅应约为（0.5±0.02）mm，如图 12-14所示。

2）振动棒：直径 30mm 高频振动棒。

3）钢制捣棒：直径（16±0.2）mm、长（600±5）mm，一端为弹头形。

3. 压力试验机

精度（示值的相对误差）至少应为±1%，其量程应能使试件的预期破坏荷载值不小于全量程的 20%，也不大于全量程的 80%，如图 12-15 所示。

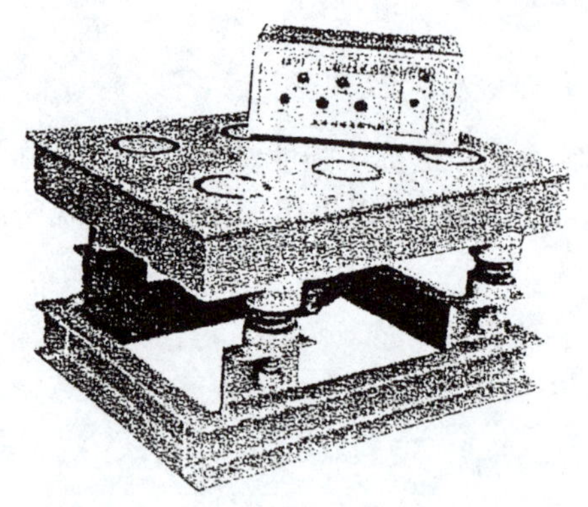

图 12-14 混凝土磁力振动台

图 12-15 压力试验机

4. 混凝土标准养护室

温度应控制在（20±2）℃，相对湿度为 95%以上。

（四）试验步骤要点及注意事项

1. 试件成形

1）在制作试件前，应检查试模的尺寸并符合标准规定。将试模擦拭干净。在其内壁涂上一薄层矿物油脂。

2）室内混凝土拌和应符合《普通混凝土拌合物性能试验方法标准》（GB/T 50080—2016 的规定。

3）振捣成形。

采用振动台成形时，应将混凝土拌合物一次装入试模，装料时应用抹刀沿试模内壁略加插捣，并使混凝土拌合物高出试模上口。振动时应防止试模在振动台上自由跳动。振动应持续到混凝土表面出浆且无明显大气泡溢出为止。刮除多余的混凝土，并用抹刀抹平。

4）试件成形后，待混凝土临近初凝时，用抹刀沿模口抹平，进行编号。

2. 试件的养护

（1）养护方法　根据试验目的不同，试件可采用标准养护或与构件同条件养护。

1）确定混凝土特征值、强度等级或进行材料性能研究时应采用标准养护；检验现浇混凝土工程或预制构件中混凝土强度时，试件应采用同条件养护。

2）试件一般养护龄期为 28d（由成形时算起），也可以按要求（如需确定拆模、起吊、施加预应力或承受施工荷载等时的力学性能）养护到所需的龄期。

（2）养护条件　养护条件包括以下两种。

1）标准养护的试件：采用标准养护的试件成形后应覆盖表面，以防止水分蒸发，并应

在温度为（20±5）℃、相对湿度>50%的情况下静置 1~2 昼夜（不得超过 2 昼夜），然后编号拆模。

拆模后的试件应立即放在温度为（20±2）℃、相对湿度为 95%以上的标准养护室中养护。在标准养护室内试件应放在架上，彼此间隔为 10~20mm，并应避免用水直接冲淋试件。

当无标准养护室时，混凝土试件可在温度为（20±2）℃的不流动水中养护。水的 pH 值不应小于 7。

2）同条件养护的试件：采用同条件养护的试件成形后应覆盖表面。试件的拆模时间可与实际构件的拆模时间相同。拆模后，试件仍需保持同条件养护。

3. 混凝土立方体抗压强度测定

1）试件从养护地点取出后，应尽快进行试验，以免试件内部的温度、湿度发生显著变化。

2）先将试件擦拭干净，测量尺寸，并检查外观。试件尺寸测量精确至 1mm，并据此计算试件的承压面积。如实测尺寸与公称尺寸之差不超过 1mm，可按公称尺寸进行计算。

试件承压面的平面度应为每 100mm 不超过 0.05mm，承压面与相邻面的垂直度不应超过±0.5°。

3）将试件安放在试验机的下压板或垫板上，试件的承压面应与成形时的顶面垂直。试件的中心应与试验机下压板中心对准。开动试验机，当上板与试件接近时，调整球座，使接触均衡。

混凝土试件的试验应连续而均匀地加荷。混凝土强度等级低于 C30 时，其加荷速度为 0.3~0.5MPa/s；混凝土强度等级≥C30 且<C60 时，加荷速度为 0.5~0.8MPa/s；混凝土强度等级≥C60 时，加荷速度为 0.8~1.0MPa/s。当试件接近破坏而开始迅速变形时，停止调整试验机油门，直到试件破坏，然后记录破坏荷载。

4. 注意事项

1）混凝土物理力学性能试验一般以 3 个试件为 1 组。每一组试件所用的拌合物应从同盘或同一车运送的混凝土中取出，或在实验室用机械或人工单独拌制用以检验现浇混凝土工程或预制构件质量，试件分组及取样原则，应按《混凝土结构工程施工质量验收规范》（GB 50204—2015）及其他有关规定执行。

2）所有试件应在取样后立即制作。坍落度不大于 90mm 的混凝土，宜用振动台振实；大于 90mm 的宜用捣棒人工捣实。检验工程和构件质量的混凝土试件成形方法应尽可能与实际施工采用的方法相同。

3）混凝土集料的最大粒径应不大于试件最小边长的 1/3。

（五）数据处理及结果评定

1）混凝土立方体试件抗压强度按式（12-15）计算（精确至 0.1MPa）。

$$f_{cc}=\frac{F}{A} \tag{12-15}$$

式中　f_{cc}——混凝土立方体试件的抗压强度（MPa）；

F——抗压破坏荷载（N）；

A——试件承压面积（mm^2）。

2）以3个试件测值的算术平均值作为该组试件的抗压强度值，精确至0.1MPa。3个测值中的最大值或最小值中如有1个与中间值的差值超过中间值的15%时，则把最大值及最小值舍去，取中间值作为该组试件的抗压强度值。如最大值和最小值与中间值的差值均超过中间值的15%时，则该组试件的试验结果无效。

3）取150mm×150mm×150mm试件的抗压强度为标准值，混凝土强度等级小于C60时，用其他尺寸试件测得的强度值均应乘以尺寸换算系数，其值对200mm×200mm×200mm试件为1.05，对100mm×100mm×100mm试件为0.95。

第五节　建筑砂浆性能检验

一、一般规定

1. 抽样

1）建筑砂浆试验用料应根据不同要求，可从同一盘搅拌机或同一车运送的砂浆中取出；在实验室取样时，可从机械或人工拌和的砂浆中取出。

2）施工中取样进行砂浆试验时，其取样方法和原则按相应的施工验收规范执行。每一验收批，且不超过250m^3砌体的各种类型及强度等级的砌筑砂浆，每台搅拌机应至少抽检一次。抽样应在使用地点的砂浆槽、砂浆运送车或搅拌机出料口，至少从三个不同部位抽取。所取试样的数量应多于试验用料的1~2倍。

3）砌筑砂浆的验收批，同一类型、强度等级的砂浆试块应不少于3组。

2. 试验条件

1）实验室拌制砂浆进行试验时，拌和用的材料要求提前运入室内，拌和时实验室的温度应保持在20℃±5℃之间。

2）试验用水泥和其他原材料，应与现场使用材料一致。水泥如有结块，应充分混合均匀，以0.9mm筛过筛。砂也应以4.75mm筛过筛。

3）实验室拌制砂浆时，材料称量的精确度：水泥、外加剂等为±0.5%；砂、石灰膏、黏土膏、粉煤灰和磨细生石粉为±1%。

4）实验室用搅拌机搅拌砂浆时，搅拌的用量不宜少于搅拌机容量的20%，搅拌时间不宜少于2min。

5）砂浆拌合物取样后，应尽快进行试验。现场取来试样，在试验前应经人工再翻拌，以保证其质量均匀。

二、稠度试验［《建筑砂浆基本性能试验方法标准》（JGJ/T 70—2009）］

（一）试验原理及方法

测定一定重量的锥体自由沉入砂浆中的深度，反映砂浆抵抗阻力的大小。

（二）试验目的及标准

通过稠度的测定，便于施工过程中控制砂浆稠度，达到控制用水量的目的，同时为确定配合比、合理选择稠度及确定满足施工要求的流动性提供依据。

（三）主要仪器

1）砂浆稠度仪：由试锥、容器和支座三部分组成，如图12-16所示。

2）钢制捣棒：直径10mm，长350mm，端部磨圆。

（四）试验步骤要点及注意事项

1）盛样容器和试锥表面用湿布擦干净，并用少量润滑油轻控滑杆，使滑杆能自由滑动。

2）将砂浆拌合物一次装入容器，使砂浆表面低于容器口约10mm，用捣棒自容器中心向边缘均匀地插捣25次，然后轻轻地将容器摇动或敲击5~6下，使砂浆表面平整，随后将容器置于稠度测定仪的底座上。

3）拧开试锥滑杆的制动螺钉，向下移动滑杆。当试锥尖端与砂浆表面刚接触时，拧紧制动螺钉，使齿条测杆下端刚接触测杆上端，并将指针对准零点上。

4）拧开制动螺钉，同时计时，待10s时立即拧紧螺钉，将齿条测杆下端接触测杆上端，从刻度盘上读出下沉深度（精确至1mm），即为砂浆的稠度值。

注意事项：

盛浆容器内的砂浆，只允许测定一次稠度，重复测定时，应重新取样测定。

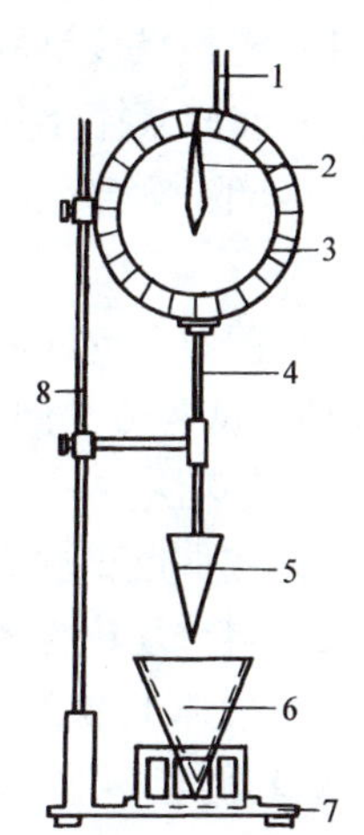

图12-16　砂浆稠度仪

1—齿条测杆　2—指针　3—刻度盘　4—滑杆　5—圆锥体　6—圆锥筒　7—底座　8—支架

（五）数据处理及结果评定

稠度试验结果应按下列要求处理：

1）同盘砂浆应取两次试验结果的算术平均值作为测定值，计算值精确至1mm。

2）当两次试验值之差大于10mm时，则应另取砂浆搅拌后重新测定。

三、分层度试验［《建筑砂浆基本性能试验方法标准》（JGJ/T 70—2009）］

（一）试验原理及方法

测定相隔一定时间后，沉入度的损失，反映砂浆失水程度及内部组成的稳定性。

（二）试验目的及标准

通过分层度的测定，评定砂浆的保水性。

（三）仪器

1）砂浆分层度筒，如图12-17所示。

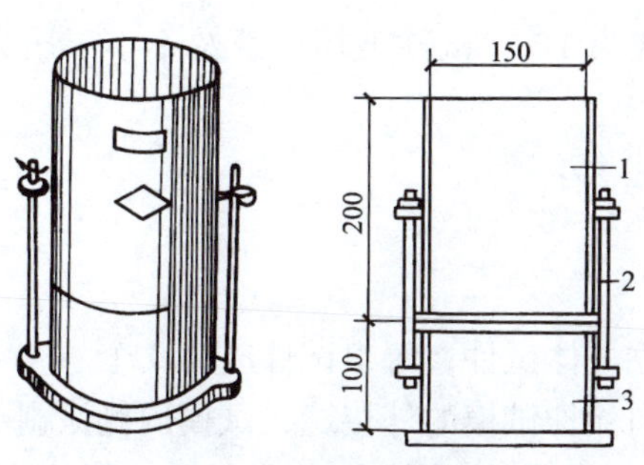

图12-17　砂浆分层度筒

1—无底圆筒　2—连接螺栓　3—有底圆筒

2）水泥胶砂振动台：振幅（0.5±0.05）mm，频率（50±3）Hz。

（四）试验步骤要点及注意事项

1. 标准法

1）先按稠度试验法测定稠度。

2）将砂浆拌合物一次装入分层度筒内，待装满后，用木锤在分层度筒周围距离大致相等的四个不同部位轻轻敲击1~2下，如砂浆沉落到低于筒口，则应随时添加，然后刮去多余的砂浆并用抹刀抹平。

3）静置30min后，去掉上节200mm砂浆，将剩余的100mm砂浆倒在拌合锅内拌2min，再按稠度试验方法测其稠度。前后测得的稠度之差即为该砂浆的分层度值（cm）。

2. 快速法

1）按稠度试验方法测定稠度。

2）将分层度筒预先固定在振动台上，砂浆一次装入分层度筒内，振动20s。

3）去掉上节200mm砂浆，剩余100mm砂浆倒出放在拌合锅内拌2min，再按稠度试验方法测其稠度，前后测得的稠度之差即为该砂浆的分层度值（cm）。

注意事项：

如有争议时，以标准法为准。

（五）数据处理及结果评定

1）取两次试验结果的算术平均值作为该砂浆的分层度值，精确至1mm。

2）两次分层度试验值之差如大于10mm，应重做试验。

四、立方体抗压强度检测［《建筑砂浆基本性能试验方法标准》（JGJ/T 70—2009）］

（一）试验原理及方法

将流动性和保水性符合要求的砂浆拌合物按规定成形，制成标准的立方体试件，经28d养护后，测其抗压破坏荷载，以此计算其抗压强度。

（二）试验目的及标准

通过砂浆试件抗压强度的测定，检验砂浆质量，确定、校核配合比是否满足要求，并确定砂浆强度等级。

（三）主要仪器

1）试模：为70.7mm×70.7mm×70.7mm的带底试模，由铸铁或钢制成，应具有足够的刚度且拆装方便。

2）压力试验机：精度应为1%，试件破坏荷载及不小于压力机量程的20%，且不大于全量程的80%。

（四）试验步骤要点及注意事项

1. 试件成形及养护

（1）试验步骤要点

1）砌筑砂浆试件采用立方体试件，每组试件应为3个。

2）采用黄油等密封材料涂抹试模的外接缝，试模内侧涂刷薄层机油或隔离剂。

3）向试模内一次注满砂浆，用捣棒均匀由外向里按螺旋方向插捣25次。为了防止低稠度砂浆插捣后，可能留下孔洞，允许用油灰刀沿模壁插数次，使砂浆高出试模顶面6~8mm。

4）当砂浆表面开始出现麻斑状态时（约15~30min），将高出部分的砂浆沿试模顶面削去抹平。

5）试件制作后应在20℃±5℃温度环境下停置24h±2h；当气温较低时，可适当延长时间，但不应超过2d，然后对试件进行编号并拆模。试件拆模后，应在标准养护条件下或自然条件下，继续养护至28d，然后进行试压。

（2）注意事项

1）标准养护的条件是：水泥混合砂浆灰应为温度20℃±2℃，相对湿度60%~80%；水泥砂浆和微沫砂浆应为温度20℃±2℃，相对湿度90%以上。

2）采用自然养护的条件是：水泥混合砂浆应在正温度，相对湿度为60%~80%的条件下（如养护箱中或不通风的室内）养护；水泥砂浆和微沫砂浆应在正温度并保持试块表面湿润的状态下（如湿砂堆中）养护。

3）养护期间，试件彼此间隔不少于10mm。

4）砖的使用面要求平整，砖四个垂直面黏过水泥或其胶黏材料后，不允许再使用。

5）在有争议时，以标准养护条件为准。

6）试件从养护地点取出后，应尽快进行试验，以免试件内部的温度、湿度发生显著变化。

2. 抗压强度测定

1）将经28d养护的试件，从养护地点取出后，先将试件擦拭干净，测量尺寸，并检查其外观。试件尺寸测量精确至1mm，并据此计算试件的承压面积。如实测尺寸与公称尺寸之差不超过1mm，可按公称尺寸进行计算。

2）将试件安放在试验机的下压板上（或下垫板上），试件的承压面应与成形时的顶面垂直，试件中心应与试验机下压板（或下垫板）中心对准。开动试验机，当上压板与试件（或上垫板）接近时，调整球座，使接触面均衡受压。承压试验应连续而均匀地加荷，加荷速度应为0.5~1.5kN/s（砂浆强度2.5MPa时，取下限为宜），当试件接近破坏而开始迅速变形时，停止调整试验机油门，直到试件破坏，然后记录破坏荷载。

（五）数据处理及结果评定

砂浆立方体抗压强度应按下式计算：

$$f_{m,cu}=\frac{N_u}{A} \tag{12-16}$$

式中　$f_{m,cu}$——砂浆立方体试件抗压强度（MPa）；

N_u——立方体破坏压力（N）；

A——试件承压面积（mm^2）。

砂浆立方体抗压强度计算应精确至0.1MPa。

以3个试件测值的算术平均值作为该组试件的抗压强度值，平均值计算精确至0.1MPa。当3个测值的最大值或最小值中有一个与中间值的差值超过中间值的15%时，应把最大值及最小值一并舍去，取中间值作为该组试件的抗压强度值。当两个测值与中间值的差值均超过中间值的15%时，该组试验结果无效。

第六节 防水卷材性能检验

一、一般规定

防水材料性能检验依据专业验收规范、防水材料技术标准，根据《建筑防水卷材试验方法 第27部分：沥青和高分子防水卷材 吸水性》(GB/T 328.27—2007) 的规定进行。

1. 取样

以同一类型同一规格 10000m^2 为批，不足 10000m^2 时也可作为一批。每批产品随机抽取5卷进行卷重、面积、厚度与外观检查。从卷重、面积、厚度及外观合格的卷材中随机抽取1卷进行物理力学性能试验。

将取样卷材切除距外层卷头 2500mm 后，顺纵向切取长度为 800mm 的全幅卷材试样2块，一块作物理性能检测用，另一块备用。

2. 试验条件

试样在试验前，应原封放于干燥处并保持在 15~30℃ 范围内一定时间。试验用水为蒸馏水或洁净水。

二、拉力及最大拉力时延伸率试验［《塑性体改性沥青防水卷材》(GB 18243—2008)］

(一) 试验原理及方法

将试样两端置于夹具内并夹牢，然后在两端同时施加拉力，测定试件被拉断时能承受的最大拉力。

(二) 试验目的及标准

通过拉力试验，检验卷材抵抗拉力破坏的能力，作为卷材使用的选择条件。

(三) 主要仪器

1) 拉力试验机：能同时测定拉力和延伸率，测力范围 0~2000N，最小分度值不大于 5N，延伸范围能使夹具间距［(200±2)mm］延伸15倍。

2) 切割刀、温度计等。

(四) 试验步骤要点及注意事项

1. 试验步骤要点

1) 校验试验机，拉伸速度 50mm/min，试件夹持在夹具中心，且不得歪扭，上下夹具间距离为 180mm。

2) 检查试件是否夹牢。

3) 检查完毕满足要求后，启动试验机，至试件拉断止，记录最大拉力及最大拉力时延伸率。

2. 注意事项

1) 试验温度应为 23℃±2℃。

2) 切取的试件放置在试验温度下不少于 24h。

3) 试验机拉伸速度应为 50mm/min。

(五) 数据处理及试验结果

拉力：分别计算纵向和横向5个试件拉力的算术平均值，以其平均值作为卷材的纵向或横向拉力。试验结果的平均值达到标准规定的指标时判为该项指标合格。

最大拉力时的延伸率：最大拉力时的延伸率按下式计算：

$$E=100(L_1-L_0)/L \qquad (12\text{-}17)$$

式中　E——最大拉力时延伸率（%）；

L_1——试件最大拉力时的标距（mm）；

L_0——试件初始标距（mm）；

L——夹具间距离。

分别计算纵向和横向5个试件最大拉力时延伸率的算术平均值，以此作为卷材纵向和横向延伸率。试验结果的平均值达到标准规定的指标时判为该项指标合格。

三、不透水性检测［《塑性体改性沥青防水卷材》（GB 18243—2008）］

（一）试验原理及方法

将试件置于不透水仪的不透水盘上，30min内在一定压力作用下，观察有无透漏现象。

（二）试验目的和标准

通过测定不透水性，检测卷材抵抗水渗透的能力。

（三）主要仪器

不透水仪：由液压系统、测试管路系统、夹紧装置和透水盘等部分组成。

（四）试验步骤要点及注意事项

1. 试验步骤要点

1）将洁净水注满水箱后，分别向水缸、试座充水。

2）将三个试件安装于三个透水盘试座上，检查密封圈是否固定于试座槽内。通过夹脚将试件压紧在试座上。

3）打开试座进水阀，通过缸向装好试件的透水盘底过滤充水，当压力表达到指定压力时，停止加压，关闭进水阀，保持规定压力（24±1）h。

2. 注意事项

1）试验用水温度应为23℃±5℃。

2）以卷材上表面为迎水面；上表面为砂面、矿的粒料时下表面为迎水面。下表面材料为细砂面时，在细砂面沿密封圈一圈去除表面浮砂，然后涂一圈60~100热沥青，涂平并冷却1h后检测。

（五）数据处理及试验结果

以每组三个试件均达到规定要求（无渗漏现象）时，判为该项目指标合格。

四、耐热度检测［《塑性体改性沥青防水卷材》（GB 18243—2008）］

（一）试验原理及方法

将试样置于能达到要求温度的恒温箱内，观察当试样受到高温作用时，有无涂层滑动流淌、滴落气泡等现象，以此判断对温度的敏感程度。

（二）试验目的及标准

通过耐热度检测，评定卷材的耐热性能，作为卷材环境温度要求的选择依据。

（三）主要仪器

1）电热恒温箱：带有热风循环装置。

2）干燥器：ϕ250~ϕ300mm。

（四）试验步骤要点及注意事项

1. 试验步骤要点

1）在每块试件距短边一端1cm处的中心打一小孔。

2）将试件用挂钩穿挂好，放入已定温到规定温度的电热恒温箱内，在每个试件下端放一器皿，用以接淌下的沥青。

3）在规定温度下加热2h后，取出试件，及时观察并记录试件表面有无涂层滑动流淌、滴落和集中性气泡（即覆盖涂层的密集气泡）等现象。

2. 注意事项

1）试件挂钩必须用洁净无锈的细铁丝或回形针。

2）试件在烘箱内的位置应距箱壁及试件间有一定距离，一般不应小于50mm。

（五）数据处理结果评定

试样分别达到标准规定要求时判该项指标合格，任一端涂盖层不应与胎基发生位移，试件下端应与胎基平齐，无流挂、滴落，平均位移超过2mm为不合格。

防水卷材低温柔性检验

五、低温柔性检测

（一）试验原理及方法

试件的上表面和下表面分别绕浸在冷冻液中的机械弯曲装置弯曲180°，弯曲后检查试件涂盖层存在的裂缝。低温柔性测试，必须采用机械自动测试。

（二）试验目的及标准

通过试验，评定试样在规定负温下抵抗弯曲变形无裂缝的能力，作为低温条件下卷材使用的选择依据（一个试验面5个试件在规定温度下至少4个无裂缝为通过）。

（三）主要仪器

1）弯曲装置：如图12-18所示，整个装置浸入能控制测试温度为20~40℃（任意可调）、精度为0.5的冷却液中。

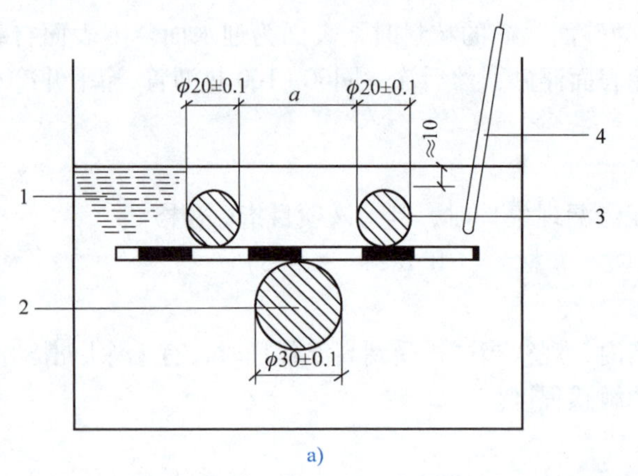

a)

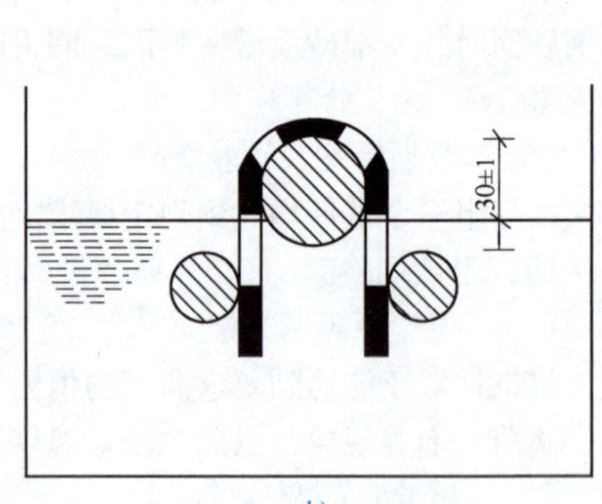

b)

图12-18 试验装置原理及过程

a）开始弯曲 b）弯曲结束

1—冷冻液 2—弯曲轴 3—固定圆筒 4—半导体温度计（热敏探头）

2）低温控制仪：测试温度为40~50℃（任意可调），测试速率为360±40mm/min，试件尺寸为150mm×25mm，弯曲轴尺寸为ϕ20、ϕ30 、ϕ50。

（四）试验步骤要点及注意事项

1. 试验步骤要点

1）试件制备。用于试验的矩形试件尺寸（150±1）mm×（25±1）mm，试件从试样宽度方向上均匀裁取，长边在卷材的纵向，试件裁取时应距卷材边缘不少于150mm，试件应从卷材的一边开始做连续的记号，同时标记卷材的上表面和下表面。

2）仪器准备。在开始所有试验前，两个圆筒间的距离应按试件厚度调节，即弯曲轴直径+2mm+两倍试件的厚度。然后装置放入已冷却的液体中，并且圆筒的上端在冷冻液面下约10mm，弯曲轴在下面的位置。

弯曲轴直径根据产品不同可以为20mm、30mm、50mm。

3）试件条件。冷冻液达到规定的试验温度，误差不超过0.5℃，试件放于支撑装置上，且在圆筒的上端，保证冷冻液完全浸没试件。试件放入冷冻液达到规定温度后，开始保持在该温度1h±5min。半导体温度计的位置靠近试件，检查冷冻液温度，然后试件按规范要求试验。

4）低温柔性。两组各5个试件，全部试件按规范要求在规定温度处理后，一组是上表面试验，另一组下表面试验。试件放置在圆筒和弯曲轴之间，试验面朝上，然后设置弯曲轴以（360±40）mm/min速度顶着试件向上移动，试件同时绕轴弯曲。轴移动的终点在圆筒上面（30±1）mm处。试件的表面明显露出冷冻液，同时液面也因此下降。

在完成弯曲过程10s内，在适宜的光源下用肉眼检查试件有无裂纹，必要时，用辅助光学装置帮助。假若有一条或更多裂纹从涂盖层深入到胎体层，或完全贯穿无增强卷材，即存在裂缝。一组五个试件应分别试验检查。假若装置的尺寸满足要求，可以同时试验几组试件。

2. 注意事项

1）当低温制冷仪前面左下面温度控制器显示-18℃时，即冷冻液的温度为-18℃时，即可进行试验。

2）试件试验前应在（23±2）℃的平板上放置至少4h，并且相互之间不能接触，也不能黏在板上。可以用硅纸垫，表面的松散颗粒用手轻轻敲打除去。

3）试验时去除试件表面的任何保护膜，适宜的方法是常温下用胶带黏在上面，冷却到接近假设的冷弯温度，然后从试件上撕去胶带；另一方法是用压缩空气吹［压力约0.5MPa（5bar），喷嘴直径约0.5mm］；假若上面的方法不能除去保护膜，可用火焰烤，短时间内破坏膜而不损伤试件。

第七节 钢筋力学性能检验

一、一般规定

1. 取样

一般每批由同一牌号、同一等级、同一品种、同一截面尺寸、同一交货状态组成、同一进场时间和同一炉罐号组成的钢筋为一验收批，每批质量不大于60t。

从外观和尺寸合格的每批钢筋中随机抽取2根，试件在截取时，应先在钢筋的任意一端切去500mm后截取。于每根距端部500mm处截取拉伸试件1根（共2根）、冷弯试件1根（共2根）。拉伸试件长度应≥原始标距+200mm，冷弯试件长度应≥原始标距+150mm（试件可分短试件和长试件，短试件的标称标距为$5d$，长试件的标称标距为$10d$，d为钢筋直径）。试件长度同时还应考虑试验机的有关参数，一般施工现场钢筋拉伸试件长度=$5d$+（250~300mm），冷弯试件长度=$5d$+150mm。

在拉伸试验的两根试件中，如其中一根试件的屈服强度、抗拉强度和伸长率三个指标中有一个指标达不到标准中规定的数值，则从同一验收批中再抽取双倍（4根）钢筋，制取双倍（4根）试件复验；复验结果如仍有一根试件的某一个指标达不到标准要求，则不论这个指标在初验中是否达到标准要求，拉伸试验项目也为不合格。即复验即使只有一项指标达不到标准要求，则该批不予验收合格。钢筋应有出厂证明书或试验报告单。验收时应抽样做力学性能试验，包括拉力试验和冷弯试验两个项目。两个项目中如有一个项目不合格，该批钢筋即为不合格品。钢筋在使用中如有脆断、焊接性能不良或力学性能显著不正常，还应进行化学成分分析，或其他专项试验。

2. 试验条件

试验应在10~35℃温度范围内进行；如试验温度超出这一范围，应于试验记录和报告中注明。

拉伸试验用钢筋试件不应进行切削加工。

钢筋拉伸试验

二、拉伸试验［《钢筋混凝土用钢 第2部分：热轧带肋钢筋》（GB/T 1499.2—2018）］

（一）试验原理及方法

将标准试样放在拉力机上，逐渐施加拉力荷载，观察由于这个荷载的作用所产生的弹性和塑性变形，直至拉断为止，并记录拉力值。

（二）试验目的及标准

通过拉伸试验，注意观察拉力与变形之间的变化。确定应力与应变力之间的关系曲线，测定低碳钢筋的屈服强度、抗拉强度与伸长率，评定钢筋的质量是否合格及强度等级。

（三）主要仪器

1）万能材料试验机：为保证机器安全和试验准确，其吨位选择最好是使试件达到最大荷载时，指针位于指示度盘第三象限内。试验机的测力示值误差不大于1%。

2）游标卡尺（精确度为0.1mm）。

（四）试验步骤要点及注意事项

1. 试件制作和准备

抗拉试验用钢筋试件不得进行车削加工，可以用两个或一系列等分小冲击点或细画线标出原始标距（标记不应影响试样断裂），测量标距长度L_0（精确至0.1mm），如图12-19所示。计算钢筋强度用横截面积采用表12-4所列公称横截面面积。

2. 屈服强度和抗拉强度的测定

1）调整试验机测力度盘的指针，使其对准零点。拨动副指针，使其与主指针重叠。

2）将试件固定在试验机夹头内。开动试验机进行拉伸，拉伸速度为：屈服前，应力速率按表12-5规定，并保持试验机控制器固定于这一速率位置上，直至该性能测出为止；屈服后或只需测定抗拉强度时，试验机活动夹头在荷载下的移动速度不大于0.5L/min。

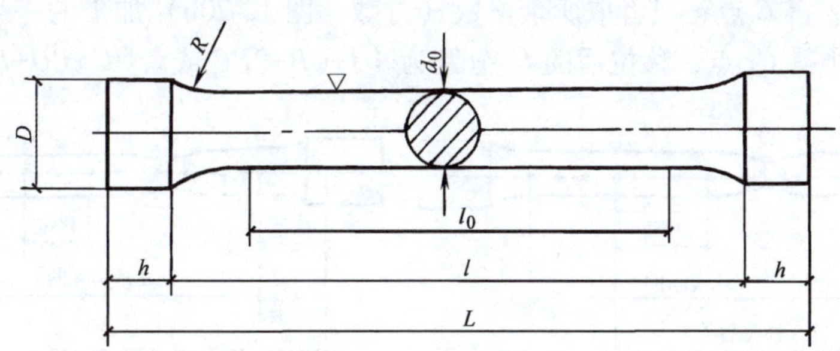

图 12-19　拉伸试验标准试件

表 12-4　钢筋的公称横截面面积

公称直径/mm	公称横截面积/mm^2	公称直径/mm	公称横截面积/mm^2
6	28.27	22	380.1
8	50.27	25	490.9
10	78.54	28	615.8
12	113.1	32	804.2
14	153.9	36	1018
16	201.1	40	1257
18	254.5	50	1964
20	314.2		

表 12-5　屈服前的应力速率

金属材料的弹性模量/MPa	应力速率 $N/(mm^2/s)$	
	最小	最大
<150000	1	10
≥150000	3	30

3）拉伸中，测力度盘的指针停止转动时的恒定荷载，或第一次回转时的最小荷载，即为所求的屈服强度荷载（F_S）。

4）向试件连续施荷直至拉断，由测力度盘读出最大荷载 F_b（N），即抗拉强度的负荷。

3. 伸长率测定

1）将已拉断试件的两端在断裂处对齐，尽量使其轴线位于一条直线上。如拉断处由于各种原因形成缝隙，则此缝隙应计入试件拉断后的标距部分长度内。

2）当拉断处到邻近标距端点的距离大于 1/3（L_0）时，可用卡尺直接量出已被拉长的标距长度 L_1（mm）。

3）如拉断处到邻近标距端点的距离小于或等于 1/3（L_0），可按下述移位法确定（L_1）：在长段上，从拉断处 O 取基本等于短段格数，得 B 点，接着取等于长段所余格数（偶数，

图12-20a）之半，得C点；或者取所余格数（奇数，图12-20b）加1的一半得C点、取所余格数减1的一半得C_1点，移位后的L_1分别为$AO+OB+2BC$或者$AO+BO+BC+BC_1$。

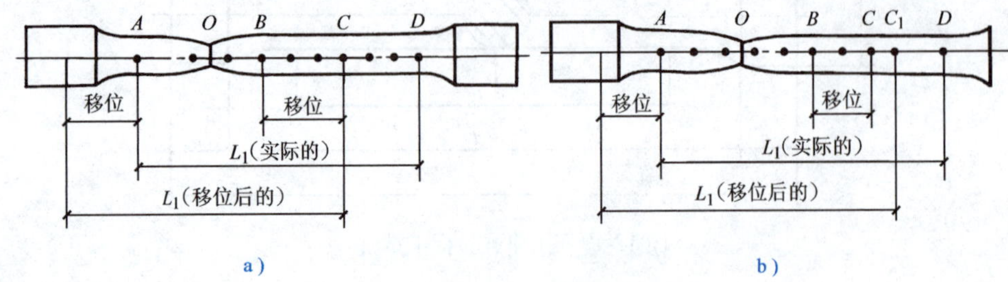

图12-20 试样拉断后的标距长度测量

如果直接量测所求得的伸长率能达到技术条件的规定值，则可不采用移位法。

4. 注意事项

1）试件应对准夹头的中心，试件轴线应绝对垂直。

2）试件标距部分不得夹入钳口中，试件被夹长部分不小于钳口的2/3。

3）如试件在标距端点上或标距处断裂，则试验结果无效，应重做试验。

（五）数据处理及结果评定

屈服强度R_{eL}按下式计算：

$$R_{eL}=\frac{F_s}{A} \tag{12-18}$$

式中 R_{eL}——屈服强度（MPa）；

F_s——屈服强度荷载（N）；

A——试件的公称横截面积（mm^2）。

当$R_{eL}>1000$MPa时，应计算至10MPa；R_{eL}为200～1000MPa时，计算至5MPa；$R_{eL}\leq$200MPa时，计算至1MPa。小数点数字按修约法处理。

抗拉强度R_m按下式计算：

$$R_m=\frac{F_b}{A} \tag{12-19}$$

式中 R_m——抗拉强度（MPa）；

F_b——最大荷载（N）；

A——试件的公称横截面积（mm^2）。

R_m计算精度的要求同R_{eL}。

伸长率按下式计算（精确至1%）：

$$A=\frac{L_1-L_0}{L_0}\times100\% \tag{12-20}$$

式中 A——断后伸长率；

L_0——原标距长度$5d$（mm）；

L_1——试件拉断后直接量出或按移位法确定的标距部分长度（mm）（精确至0.1mm）。

三、冷弯试验［《金属材料　弯曲试验方法》（GB/T 232—2010）］

钢筋冷弯试验

（一）试验原理及方法

冷弯试验是一种工艺试验。常温条件下将标准试件放在拉力机的弯头上，逐渐施加荷载，观察由于这个荷载的作用试件绕一定弯心弯曲至规定角度时，其弯曲处外表面是否有裂纹、起皮、断裂等现象。

（二）试验目的及标准

通过冷弯试验判定其承受弯曲至规定角度及形状的能力，也可以了解钢材对某种工艺加工适合的程度，并可显示其缺陷，作为评定钢筋质量的技术依据。

无裂纹、起皮、裂缝或断裂，则评定试样合格。

（三）主要仪器

1）压力机或万能试验机。

2）具有足够硬度的支承辊，其长度应大于试件的直径和宽度，支承辊间的距离可以调节。

（四）试验步骤要点及注意事项

1. 试验步骤要点

（1）检查试件尺寸是否合格　试件长度通常按下式确定：

$$L \approx 5a+150(\mathrm{mm})\ (a\ \text{为试件原始直径})$$

（2）半导向弯曲　试样一端固定，绕弯心直径进行弯曲，如图 12-21 所示。试样弯曲到规定的弯曲角度或出现裂纹、裂缝或断裂为止。

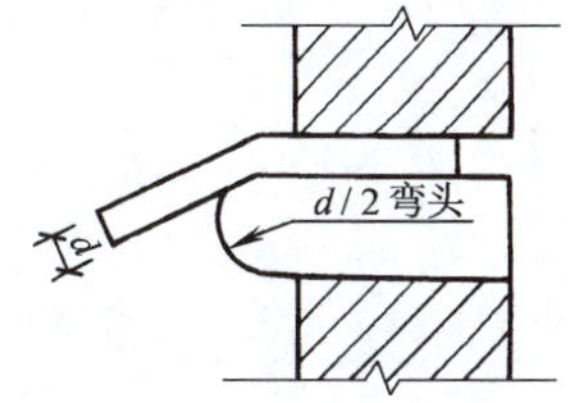

图 12-21　半导向弯曲

（3）导向弯曲　试样放置于两个支点上，将一定直径的弯心在试样两上支点中间施加压力，如图 12-22 所示，弯曲程度可分以下三种情况：

1）使试样弯曲到规定的角度，如图 12-22b 所示。

2）使试样弯曲至两臂平行时，可一次完成试验，也可先弯曲到如图 12-22b 所示的状

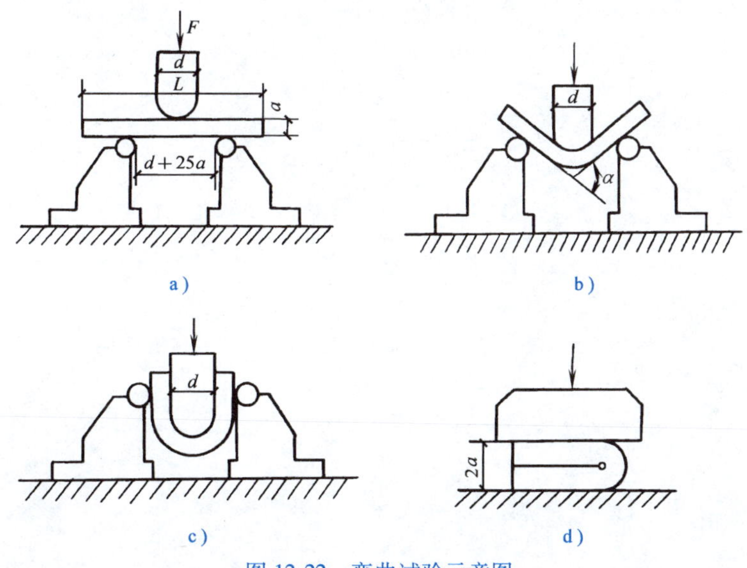

图 12-22　弯曲试验示意图

态，然后放置在试验机平板之间继续施加压力，压至试样两臂平行。此时可以加与弯心直径相同尺寸的衬垫进行试验，如图 12-22c所示。

3）使试样弯曲至两臂接触时。首先将试样弯曲到图 12-22b 所示的状态，然后放置在两平板间继续施加压力，直至两臂接触，如图 12-22d 所示。

2. 注意事项

1）试验应在平稳压力作用下，缓慢施加试验压力。两支辊间距离为（$d+2.5a$）$\pm0.5a$，并且在试验过程中不允许有变化。

2）试验应在 10~35℃或控制条件下 23℃±5℃进行。

3）钢筋冷弯试件不得进行车削加工。

（五）数据处理及结果评定

弯曲后，按有关标准规定检查试样弯曲外表面，进行结果评定。若无裂纹、起皮、裂缝或断裂，则评定试样合格。

附录　建筑材料检测报告

一、工程实例检测报告识读——水泥性能检测

×××建设工程质量检测中心

水泥物理力学性能检测报告

报告编号：2021—007×××　　　　第 1 页（共 1 页）

委托单位	××建筑消防技术有限责任公司			委托单编号	2021-0017××
工程名称	××民族小学校内消防设施维修改造项目			监督登记号	GC2020004××
建设单位	××民族小学			委托日期	2021-06-11
见证单位及见证人	××建筑工程监理有限公司　李××			检测日期	2021-06-15~2021-07-13
施工单位及送样人	××建筑消防技术有限责任公司　林××			签发日期	2021-08-02
结构部位	基础、主体			检测类型	见证送检
生产厂家	××水泥有限责任公司			样品状态	正常、无杂物、无结块
样品编号	sn2021-00092	出厂编号	—	样品数量	12kg
水泥品种	普通硅酸盐水泥	强度等级	42. 5	代表数量	60

项目	安定性（试饼法）	标准稠度用水量（%）	细度	凝结时间/min	
			筛余量（%）	初凝	终凝
技术要求	无裂纹、无弯曲	—	—	≥45	≤600
检测结果	合格	29. 8	—	238	265
单项判定	合格	—	—	合格	合格

项目			技术要求	检测结果			单项判定
抗折强度/MPa	3d	单块值	≥3. 5	4. 4	4. 6	4. 4	合格
		平均值		4. 5			
	28d	单块值	≥6. 5	7. 6	7. 3	7. 5	合格
		平均值		7. 5			

（续）

<table>
<tr><td colspan="3">项目</td><td>技术要求</td><td colspan="6">检测结果</td><td>单项判定</td></tr>
<tr><td rowspan="4">抗压强度
/MPa</td><td rowspan="2">3d</td><td>单块值</td><td rowspan="2">≥17.0</td><td>28.3</td><td>29.1</td><td>30.4</td><td>29.5</td><td>28.4</td><td>30.1</td><td rowspan="2">合格</td></tr>
<tr><td>平均值</td><td colspan="6">29.3</td></tr>
<tr><td rowspan="2">28d</td><td>单块值</td><td rowspan="2">≥42.5</td><td>47.2</td><td>46.0</td><td>45.1</td><td>46.1</td><td>45.2</td><td>46.5</td><td rowspan="2">合格</td></tr>
<tr><td>平均值</td><td colspan="6">46.0</td></tr>
<tr><td>检测设备</td><td colspan="10">水泥净浆搅拌机/NJ-160A（307），伺服抗压抗折试验机/YDW-300C（292），维卡仪/—（037），水泥胶砂搅拌机/JJ-5（306），游标卡尺/0~300mm（388），水泥胶砂流动度测定仪/NLD-3（026），水泥混凝土标准养护箱/HBY-40A（035）</td></tr>
<tr><td>检测环境</td><td colspan="10">温度：22℃；湿度：51%RH</td></tr>
<tr><td>检测依据</td><td colspan="10">《水泥标准稠度用水量、凝结时间、安定性检验方法》（GB/T 1346—2011）、《水泥胶砂流动度测定方法》（GB/T 2419—2005）、《水泥胶砂强度检验方法（ISO法）》（GB/T 17671—2021）</td></tr>
<tr><td>判定依据</td><td colspan="10">《通用硅酸盐水泥》（GB 175—2007）</td></tr>
<tr><td>检测结论</td><td colspan="10">试样sn2021—00092，检测项目：初凝时间、终凝时间、安定性、3d抗折强度、28d抗折强度、3d抗压强度、28d抗压强度符合《通用硅酸盐水泥》（GB 175—2007）中普通硅酸盐水泥强度等级42.5的技术要求</td></tr>
<tr><td>备注</td><td colspan="10">—</td></tr>
<tr><td>检测声明</td><td colspan="10">1. 报告无批准人、审核人签字无效，无检测单位盖章无效
2. 报告未经本检测单位批准，不得复制（全文复制除外），全文复制经本检测单位盖章有效
3. 客户送样委托检验时，检验检测数据和结果仅对接收的样品负责
4. 如对检测结果有异议，请在收到检测报告之日起15d内向本中心书面提出</td></tr>
<tr><td>联系方式</td><td colspan="10">地址： 邮编： 电话：</td></tr>
</table>

批准： 审核： 试验： 检测单位（盖章）

二、工程实例检测报告识读——混凝土性能检测

×××建设工程质量检测中心

混凝土立方体抗压强度检测报告

报告编号：2021—011××× 第1页（共1页）

委托单位	××建设工程有限公司	委托单编号	2021-002×××
工程名称	××商住小区建设项目二标段	监督登记号	GC202000×××
建设单位	××房地产开发有限公司	委托日期	2021-08-04

（续）

见证单位及见证人	××建筑工程监理有限责任公司　耿××				签发日期	2021-08-05		
施工单位及送样人	××建设工程有限公司　李××				检测类型	见证送检		
试样名称	混凝土立方体试件				强度等级	C30		
样品状态	表面平整				代表数量/m^3	—		
结构部位	Ⅱ号楼二十六层墙、柱、梁、板、梯							
试样编号	制作日期	检测日期	养护方法	龄期/d	试样尺寸/mm	荷载/kN	抗压强度/MPa	抗压强度代表值/MPa
hn2021-05××	2021-07-26	2021-08-04	拆模同条件养护	9	100×100	342.4	34.2	36.4
						383.3	38.3	
						366.6	36.7	
检测设备	电液式压力试验机/YA-3000（008）							
检测环境	室温							
检测依据	《混凝土物理力学性能试验方法标准》（GB/T 50081-2019）							
判定依据	《混凝土物理力学性能试验方法标准》（GB/T 50081-2019）							
检测结论	该组混凝土达到设计强度等级的115%							
备注	—							
检测声明	1. 报告无批准人、审核人签字无效，无检测单位盖章无效 2. 报告未经本检测单位批准，不得复制（全文复制除外），全文复制经本检测单盖章有效 3. 客户送样委托检验时，检验检测数据和结果仅对接收的样品负责 4. 如对检测结果有异议，请在收到检测报告之日起15d内向本中心书面提出							
联系方式	地址：　　邮编：　　电话：							

批准：　　　　审核：　　　　试验：　　　　检测单位（盖章）

三、工程实例检测报告识读——轻集料混凝土小型空心砌块性能检测

×××建设工程质量检测中心

轻集料混凝土小型空心砌块检测报告

报告编号：2021—002×××　　　　第1页（共1页）

委托单位	××建设集团有限公司			委托单编号	2020-0008××	
工程名称	××小区商业用房			监督登记号	GC2020000××	
建设单位	××房地产开发有限公司			委托日期	2020-04 28	
见证单位及见证人	××建设项目管理有限公司　刘××			检测日期	2020-04-30	
施工单位及送样人	××建设集团有限公司　刘××			签发日期	2020-05-08	
生产厂家	××建筑材料有限责任公司			检测类型	见证送检	
结构部位	二次砌筑			样品状态	符合检测要求	
试样名称	轻集料混凝土小型空心砌块	试样编号	zq2020-000××	代表数量	300	
强度等级	MU3.5			公称尺寸/mm	390×90×190	
检测项目		技术要求		检测结果		单项结论
抗压强度	平均值/MPa	≥3.5		4.6		合格
	最小值/MPa	≥2.8		3.8		合格
密度/（kg/m^3）		≤1000		980		合格
（以下空白）						
检测设备	电热鼓风恒温干燥箱/101-B（304），电液式压力试验机/YA-2000（003），TCS系列电子台杆/TCS-150（252）					
检测环境	温度：—℃；湿度：—%RH					
检测依据	《混凝土砌块和砖试验方法》（GB/T 4111—2013）					
判定依据	《轻集料混凝土小型空心砌块》（GB/T 15229—2011）					
检测结论	试样zq2020—00036，所检参数均符合《轻集料混凝土小型空心砌块》（GB/T 15229—2011）标准要求					
备注	—					

（续）

检测声明	1. 报告无批准人、审核人签字无效，无检测单位盖章无效 2. 报告未经本检测单位批准，不得复制（全文复制除外），全文复制经本检测单位盖章有效 3. 客户送样委托检验时，检验检测数据和结果仅对接收的样品负责 4. 如对检测结果有异议，请在收到检测报告之日起 15d 内向本中心书面提出
联系方式	地址： 邮编： 电话：

批准： 审核： 试验： 检测单位（盖章）

四、工程实例检测报告识读——钢材性能检测

×××建设工程质量检测中心
钢材性能检测报告

报告编号：2021—002××× 第 1 页（共 1 页）

委托单位	××建筑工程有限公司	委托单编号	2021-0025××
工程名称	××住宅小区	监督登记号	CC2021001××
建设单位	××房地产开发有限公司	委托日期	2021-08-02
见证单位及见证人	××工程监理有限责任公司　徐××	检测日期	2021-08-03
施工单位及送样人	××建筑工程有限公司　闫××	签发日期	2021-08-03
钢材名称及牌号	热轧带肋钢筋 HRB400E16（mm）	检测类型	见证送检
生产厂家	××钢联股份有限公司	样品状态	表面无缺陷，无锈皮
结构部位	5 号住宅楼主体五至十层	炉批号及代表批量	21103667　5.5t

（续）

<table>
<tr><td rowspan="3">试样编号</td><td colspan="2">重量偏差</td><td colspan="9">力学性能</td><td colspan="3">反向弯曲</td></tr>
<tr><td rowspan="2">检测结果（%）</td><td rowspan="2">单项判定</td><td colspan="2">屈服强度</td><td colspan="2">抗拉强度</td><td rowspan="2">断后伸长率（%）</td><td rowspan="2">最大力总延伸率（%）</td><td rowspan="2">实测抗拉强度与实测屈服强度之比</td><td rowspan="2">实测屈服强度与屈服强度标准值之比</td><td rowspan="2">单项判定</td><td rowspan="2">弯芯直径/mm</td><td rowspan="2">弯芯结果</td><td rowspan="2">单项判定</td></tr>
<tr><td>荷载/kN</td><td>强度/MPa</td><td>荷载/kN</td><td>强度/MPa</td></tr>
<tr><td rowspan="2">gj2021-01223</td><td rowspan="2">-2.6</td><td rowspan="2">合格</td><td>81.8</td><td>405</td><td>118.6</td><td>590</td><td>—</td><td>16.5</td><td>1.46</td><td>1.01</td><td rowspan="2">合格</td><td rowspan="2">80</td><td>无裂纹</td><td rowspan="2">合格</td></tr>
<tr><td>85.9</td><td>425</td><td>119.3</td><td>595</td><td>—</td><td>16.5</td><td>1.40</td><td>1.06</td><td>—</td></tr>
<tr><td>检测设备</td><td colspan="14">钢筋弯曲试验机/GW-40B（170），电液式万能试验机/WA-300（006），钢直尺/1000nm（372），电子天平/P15K-1（164）</td></tr>
<tr><td>检测环境</td><td colspan="14">室温</td></tr>
<tr><td>检测依据</td><td colspan="14">《钢筋混凝土用钢材试验方法》（GB/T 28900—2022）、《钢筋混凝土用钢 第2部分：热轧带肋钢筋》（GB/T 1499.2—2018）</td></tr>
<tr><td>判定依据</td><td colspan="14">《钢筋混凝土用钢 第2部分：热轧带肋钢筋》（GB/T 1499.2—2018）、《混凝土结构工程施工质量验收规范》（GB 50204—2015）</td></tr>
<tr><td>检测结论</td><td colspan="14">试样 gj2021—01223，所检参数符合《钢筋混凝土用钢 第2部分：热轧带肋钢筋》（GB/T 1499.2—2018）的要求，依据《混凝土结构工程施工质量验收规范》（GB 50204—2015），所检参数适用于抗震设防要求的结构</td></tr>
<tr><td>备注</td><td colspan="14">—</td></tr>
<tr><td>检测声明</td><td colspan="14">1. 报告无批准人、审核人签字无效，无检测单位盖章无效
2. 报告未经本检测单位批准，不得复制（全文复制除外），全文复制经本检测单位盖章有效
3. 客户送样委托检验时，检验检测数据和结果仅对接收的样品负责
4. 如对检测结果有异议，请在收到检测报告之日起15d内向本中心书面提出</td></tr>
<tr><td>联系方式</td><td colspan="14">地址： 邮编： 电话：</td></tr>
</table>

批准： 审核： 试验： 检测单位（盖章）

参考文献

[1] 胡新萍，刘吉新，王芳. 建筑材料［M］. 北京：北京大学出版社，2018.
[2] 魏鸿汉. 建筑材料［M］. 6 版. 北京：中国建筑工业出版社，2022.
[3] 杜旭斌，雷蕾，朱建秋. 建筑材料检测与试验［M］. 北京：中国水利水电出版社，2016.
[4] 张应力. 现代混凝土配合比设计手册［M］. 2 版. 北京：人民交通出版社，2013.
[5] 龙恩深，欧阳金龙，王子云. 绿色建筑材料及部品［M］. 北京：中国建筑工业出版社，2017.
[6] 徐德容. 新型墙体材料简明手册［M］. 北京：中国建筑工业出版社，2008.
[7] 黄政宇. 土木工程材料［M］. 2 版. 北京：高等教育出版社，2013.
[8] 李风. 建筑室内装饰材料［M］. 2 版. 北京：机械工业出版社，2018.
[9] 孙晓红. 建筑装饰材料与施工工艺［M］. 北京：机械工业出版社，2013.